中国民航业发展报告

ZHONGGUO MINHANGYE FAZHAN BAOGAO

2012

《中国民航业发展报告》编委会 编著

中国民航出版社

图书在版编目（CIP）数据

中国民航业发展报告／《中国民航业发展报告》编委会编著．
——北京：中国民航出版社，2013.5
ISBN 978-7-5128-0018-9

Ⅰ．①中…　Ⅱ．①中…　Ⅲ．①民用航空－交通运输业－经济发展－研究报告－中国－2012　Ⅳ．①F562.3

中国版本图书馆CIP数据核字（2013）第073377号

责任编辑：邢　璐

中国民航业发展报告
《中国民航业发展报告》编委会　编著

出版　中国民航出版社
地址　北京市光熙门北里甲31号楼（100028）
排版　北京海石通印刷有限公司
印刷　北京诚信嘉华印刷有限公司
发行　中国民航出版社　（010）64297307　64290477
开本　880×1230　1/16
印张　22.5
字数　633千字
版本　2013年4月第1版　2013年4月第1次印刷

书号　ISBN 978-7-5128-0118-9
定价　128.00元

深圳航空
Shenzhen Airlines

深圳航空
Shenzhen Airlines

深航总裁冯刚（右）与星空联盟总裁杨·阿布莱奇（左）签署谅解备忘录

深航飞行部要求员工牢固树立安全思想，为安全负责

模拟机培训

飞机维修

深航“大运号”飞机

深航乘务部火炬手田爽（左）与地服部火炬手周敏（右）在大运火炬传递现场

深圳航空
Shenzhen Airlines

深圳航空有限责任公司（以下简称“深航”）于1992年11月成立，1993年9月17日正式开航。股东为中国国际航空股份有限公司、深国际全程物流(深圳)有限公司，主要经营航空客、货、邮运输业务。截止2011年1月,深航共拥有波音747、737，空客320、319等各类型客货机逾百架，经营国内国际航线200多条。

深航秉承“安全第一，预防为主，综合治理”的安全工作方针，注重营造科学务实的安全管理文化，不断强化系统防控能力，严格履行责任体系，努力提升风险管理水平，确保安全链的整体可靠，为旅客提供安全可靠的飞行服务。

安全筑基石，服务塑品牌。深航持续提升服务质量以铸就优秀企业品牌，通过全力打造“尊鹏俱乐部”和“深航女孩”两个子品牌，为旅客提供出行的全程优质服务；陆续推出的“经深飞”、“城市快线”等多项特色产品，使旅客获得最便捷舒适的出行体验。

作为与特区共同成长起来的航空企业，深航扎根深圳，服务大众，搭建起一条条深圳对外经贸往来和文化交流的“空中走廊”。深航不仅注重企业自身发展，还自觉履行社会责任、感恩回报社会，被誉为深圳的一张亮丽名片。

根据公司发展规划，“十二五”期末，深航将达到或超过170架客机，并适时引进宽体客机。在未来发展中，深航将努力打造成具有独立品牌的亚太地区著名的全国性航空公司，并以深圳为基地、航线网络覆盖亚洲及洲际的大型网络航空公司。

2010年8月，深航成为第26届世界大学生夏季运动会航空客运类唯一全球合作伙伴。作为深圳大运会全球唯一航空承运企业，深航为本届大运会量身打造的四架“大运号”飞机将承载着大运精神，为大运会提供“火炬传递”和人员运输等优质航空服务，将大运精神带至每一位关注它的宾客心中。

雄关漫道真如铁，而今迈步从头越。深圳航空将致力于实践贯彻落实科学发展观，当好科学发展排头兵，为建设民航强国做出更大贡献。

风雨十年　凤翔九天

——中航集团成立十年国航发展侧记

10年前的10月，中国国际航空公司与西南航空公司、中国航空总公司联合重组，中航集团与新国航在京宣告成立。重组之初，国航总资产573亿元，飞机118架，员工2万余人，当年利润不到2亿元，企业体制相对僵化，市场竞争能力脆弱。10年后的今天，国航总资产1758亿元，飞机432架，员工队伍超过5万人，利润超过70亿，正弄潮于国际市场，向着世界一流航空公司的目标快速前行。

10年光阴，转瞬飞逝。10年间，世界殊变。10年来，国航从小到大，从低谷到辉煌，都经历了些什么？

回首10年，有改革，有创新，有探索，有突破，有荆棘，有鲜花，有痛彻心扉的挫折，有令人骄傲的业绩……10年的历程，在中航集团的指引下，在几万干部员工的努力中，国航一步一个脚印扎实前行，而那些惊心动魄的往事，依然鲜活如昨。

2002–2004，走出低谷，迈上崛起之路

带着连续三年亏损的账单走入21世纪；三方重组，新国航迎来春天；"非典"席卷，半年巨亏19.2亿，上市险成泡影；飞机进京，枢纽成型；上市一声锣响，国航逐浪资本市场。

世纪之交，中国民航业处于空前的低谷，在持续的市场低迷中，带着连续三年亏损的账单，国航走入了21世纪。尽管在2001年，国航人奋起直追，通过上下一心的努力，实现了扭亏为盈，然而在盈利的喜悦背后，隐藏着一系列棘手的问题。当时，世界航空业的竞争已经呈现出明显的"垄断"趋势，一些具有极强国际竞争能力的大型航空公司脱颖而出，占据其国内主流航空市场绝大部分市场份额的同时，又积极通过成立"星空联盟"、"寰宇一家"等航空联盟分割国际市场。而反观当时的国航，管理体制相对滞后，现代企业机制有待建立；资本结构不尽合理，企业负债率高达90%以上，市场竞争能力脆弱；生产组织链条不够顺畅，生产率低下；市场集中度低，规模小而分散。这些问题的存在，使国航离现代一流航空企业的要求相去甚远，发展如同在钢丝上舞蹈。

关键时刻，党和国家高瞻远瞩，推动中国民航业的联合重组，以应对严峻的现实状况。2002年10月11日，以中国国际航空公司为主体，联合中国航空总公司和中国西南航空公司组建的中国航空集团公司在北京人民大会堂正式宣告成立，国航成为中航集团旗下的航空主业公司，从此掀开了新的历史发展篇章。重组之前的三家企业，各有其光荣的传统与独特的优势，中国国际航空公司是国内唯一的载国旗飞行的航空公司，拥有中国航空公司中最多的国际航线，承担着党和国家领导的专包机任务；西南航空公司在西南地区拥有着强大实力和良好口碑，其飞行队伍因在长期高

2002年7月，中国国际航空公司、西南航空公司和中国航空公司在北京签订联合重组协议

原飞行中保持的安全飞行纪录享有极高声誉；中国航空总公司资本运作优势明显，在海外拥有相当实力。

三方重组，固然因资源的聚合增强了实力，但如果不能迅速有效的成为统一的整体，反而会起到资源浪费、效率低下的反效果。因此，重组之初，一系列大刀阔斧的改革随即展开。

首先开始的是机构设计和人事制度的重置，职能部门由24个缩减到了13个，原基层单位变更为事业部，由18个缩减为12个，而干部人事制度取消了传统的行政级别，引入了竞争机制，现代化的企业管理初现端倪。同时，主业一体化的工作也在紧锣密鼓的展开，三家的航空运输市场、运力与生产组织迅速整合，航线布局、航班编排、代号代码、销售政策、市场管理、预算编制等各个内容都在两个月内得到了统一，在中国民航业中率先完成了主业整合，保证了顺利过渡，2002结束时，新组建的国航在急剧的变革中，实现了超过1亿元的盈利。

开局一片大好，国航上下人心振奋，国航人从低谷中看到希望的春天。2003年初，国航做出了两个重大的战略选择：其一是执行枢纽网络战略，凝聚优势资源，打造北京枢纽；其二则是改制上市，尽快改变资本结构单一、资产负债率高企的困境。这两项战略，凝聚着国航对未来的预期：从规模和运营上，都要成为具有国际竞争力的航空企业。

信心满满的国航人走向2003年，却遭遇当头一棒，蓝图还未展开，“非典”汹汹来袭。非典主疫情区北京，正是国航的主要运营基地，一时间，曾经人头攒动的候机楼旅客稀少，一排排飞机在站坪上排队晒起了太阳，绝大多数外国航空公司终止了来华航班甚至完全停止了服务。恐慌之际，国航显示了国企本色，将社会责任一力挑起，在国内主要城市间、北京与国际主要城市间，国航航班从未间断，人员往来和社会文化交流正常进行；在大量医护人员、药品物资、医疗设备的免费运输保障的“非典”斗争第一线，国航人以不计成本、不惜运力的方式，运输抗击“非典”物资600吨。

尽管在疫情面前显示了非凡的勇气与无私的品格，但残酷的市场状况还是几乎将国航逼入了绝境。整个上半年，运输市场的萎缩使国航亏掉了19.2亿元，连续三年盈利是公司上市的必须资质，已连续盈利两年的国航，很可能将就此功亏一篑。2003年下半年，国航的盈利攻坚战打响了。疫情趋缓后，国航率先启动了市场，增加北京枢纽的运力投放，加强网络整合调控，形成市场合力；坚持客运、货运、财务联合办公，扩大收益；及时调整销售奖励政策，重点发展直销客户，扩大常旅客市场……上半年为社会而战，下半年为生存而战，所有的艰辛与忐忑，都在2003年最后的数字中令人释然，下半年盈利20.1亿，国航以0.9亿的最终利润，实现了不可思议的逆转。

度过了密布暗礁的险滩，国航发展势头如春水奔涌。2004年初，各分公司的部分飞机陆续抽调进京，北京枢纽初步搭建成型。当年9月30日，国航改制为股份制公司，中国国际航空股份有限公司在北京正式成立，为上市做好了最后的准备。管理层兵分两路全球路演，足迹踏遍北欧、北美、东南亚、西欧等9个重要城市，拜访了53个重要机构投资者，用实力与真诚打动着投资者。12月15日，锣声响起，国航在香港和伦敦两地同时上市，国航股票表现强势，开盘即报上涨，通过上市，国航一举融资102亿元，资产负债率降至70%的健康水

2004年12月15日，国航在香港和伦敦两地同时上市

准，通过这个资本运作平台，国航开始走上国际化之路。

2005-2007，自我重塑，走向世界舞台

组织转型历时三年，国航企业管理自我现代化；星辰项目，星空联盟，两“星”带领“新人”国航走向世界大舞台；中国民航品牌价值第一的荣耀花落国航，就此蝉联八年。

2005年伊始，国航站在新的起点，面对更广阔的舞台，在世界竞争中塑造着对自己的认知，按照“主流旅客认可、中国最具价值、盈利能力最强、具有国际竞争力”这一上市之初确立的战略目标，飞速的提升与转变开始了，国航将就此脱胎换骨。

向着现代企业的自我重塑最先被意识到了。改制上市的国航，身份已大不相同，以大型股份制企业的形象进入到国际资本市场的同时，管理机制也转变为法人治理结构下董事会授权的CEO负责制。要向现代先进企业看齐，在复杂的市场环境中立于不败之地，组织结构、管理制度、运营模式与用人机制的改革刻不容缓。2005年3月，轰轰烈烈的组织转型开始了。

组织转型首先改变的，是经营管理与运行体系。原有的分散式资源管控模式被淘汰了，“大运行、大市场、大服务、大保障”的理念得到确立，“大运行”成为新的管控模式的核心。大运行模式下，运行控制系统实行垂直化管理，AOC（运行控制中心）成为国航生产运行的最高指挥机构，通过整合在AOC实现全公司的航班、飞机、机组等重要资源的统一计划和调配，所有的国航航班集中控制，运行动态集中监控，统一签派放行。在此基础上，机务、信息、保障体系都陆续实现了一体化，作为运行管理和安全管理的基础系统SOC与SMS得到研发并陆续投入使用，国航的生产组织，进入到了高效化的新阶段。

国航积极倡导客户导向，不断提升服务品质

组织转型的另一项重要任务，则是根据新的运行方式的要求，梳理各个机构、部门与岗位的职责，对岗位进行明确、调整与重置，制定岗位序列与岗位说明书，为薪酬和绩效管理体系提供依据。新搭建的岗位体系中，各种岗位都有其序列，职业发展通道和人才成长空间被拓宽了。评估时对岗不对人，强化岗位价值观念，引导国航内部形成比业绩、比贡献、比能力的良好风气。以此为基础，在绩效管理中，突出“向岗位价值付薪、向个人能力付薪、向绩效贡献付薪”的收入分配导向，充分发挥了薪酬的激励约束作用。

组织转型历时长达三年，其间经历了诸多问题与阻力，也曾遭到员工的误解与非议，但是，在耐心进行了反复的讲解与宣贯，经历了许多的调研与调整，克服了各种困难之后，组织转型取得成功。新的管控模式、新的组织架构的运行，提升了管理和运行的效率，使得国航的组织、制度、理念创新与建立现代企业制度和改革内部机制的需求融合起来，从组织转型开始，国航的管理真正迈入了具有先进水平的现代企业的轨道。

2005年，在对内启动组织转型，修炼内功的同时，国航开始积极向外谋求合作。站在国际市场的门槛，国航发现了自己的弱小，全球航空巨头们经过数年的发展，已经开始显示出了垄断国际市场的强劲实力，而一直只停留在代码共享这种初级阶段的合作方式上，国航感受到了被孤立和边缘化的危险，于是，“星辰项目”与加入星空联盟两项以“星”为名的重大动作相继展开。

2006年，在资本运作市场，国航展开了上市以来最大动作的运作，与香港国泰航空启动了“星辰项目”，经过一系列让人眼花缭乱的股权交易，国航与国泰实现了互相持股，并在

客运、货运、代理、航线联营等诸多方面实现深度合作，在国际竞争中，国航获得了一个强有力的盟友，而此项目也被国际舆论誉为2006年亚洲最复杂最成功的资本运作。

结盟国泰还远非全部，2006年7月，国航开始与世界上最大的航空联盟组织——星空联盟正式展开对接，向世界上最好的航空公司对标的机遇来临了，同时来临的还有不到一年时间需要达到的57条入盟最低标准。所有的里程数据格式需要在系统上连接与统一，不止一次的测试需要在夜间进行；星空联盟的奖励免票流程，完全打破了国航沿用十几年的常旅客计划结构……即使不算这些业务与技术困难，国航还必须在入盟前，完成与所有星盟合作伙伴的双边协议签署。经过艰苦奋战的日日夜夜，一项项的对照，一次次的调试，2007年11月25日，国航按计划达到了加入星空联盟的57项标准，顺利完成了与星盟所有成员航空公司舱位匹配、双边常旅客协议、行李政策、通程登机、IT系统改造等九大难度项目，实现了运价的自动发布，完成了OMIS系统的升级……2007年12月12日，国航正式加入星盟，当国航空乘身着靓丽的中国红制服，与来自世界各国航空公司的空乘们簇拥在一起，她们的笑容照亮了国航史上伟大的时刻。

“走出去”给国航带来的财富是巨大的，它延展了国航的航线网络，把国航因为运力或者成本原因无法覆盖的空白地区，如中亚、东欧、非洲、中美、南非弥补了起来，同时，通过星盟在运价、产品及常旅客等各方面的共享，国航得到了为数不小的稳定收益。然而，更深层次地看，从合作伙伴身上，国航最真切的感受到了世界顶尖航空公司的水准，他们的运行、服务、经营，从每个方面启发和鞭策着国航的发展和提升。

三年的内外兼修，换来的是三年的硕果累累，北京核心枢纽的优势地位已经确立，成都区域枢纽和上海门户的建设方兴未艾，国航旅客价值大幅提升，常旅客数量成倍增长。从2005年到2007年，每年的盈利数字不断上涨，至2007年突破了50亿大关。2005年，国航被世界品牌实验室选入“中国最具价值品牌500强”，居中国民航品牌价值第一，2007年，国航被世界品牌实验室选入“世界品牌500强”，成为中国民航唯一入选的企业，并将这一殊荣保持至今。

2008-2009，经受考验，困境中执着前行

汶川地震、北京奥运，史无前例的大考；巨亏近百亿，严冬骤降，生存还是灭亡？抱团取暖，一年收复失地；挺进武汉，布局华南，国航系呼之欲出。

2008年初，国航成功转场首都机场T3航站楼，极大助力北京枢纽建设，各项重大改革也顺利推进，华丽转身的国航人举杯欢庆，憧憬着无限远大的未来，然而挑战与灾难却悄然来临。2008年，注定将成为国航发展中最为跌宕起伏、波澜壮阔的年份。

汶川地震期间，国航快速转运担架旅客

最先到来的考验是几十年一遇的冰雪灾害，在应对航班大面积延误、保证生产的同时，国航还承担着运送救灾物资的重任，大年前后，许多员工中止休假回到一线，投入到除冰扫雪的队伍中，当时，没有人料到类似的情节将在两年间反复上演。

不久之后的5月12日，汶川地震震惊了整个世界。双流机场的站坪上攒动着无数惊恐的旅客，而北京和成都通讯也在那个时刻突然中断。国航的管理层齐聚运控

中心，通过空中通讯联系到所有飞往四川的机组，确认人机平安后，一场与大自然的搏斗展开了，保护旅客、保护员工、保护国家财产，“共和国长子”的担当在那一刻迸发，国航的飞机成为第一架飞往四川灾区的民航救援包机，成功降落在当时尚未开放的双流机场，为全民航抗震救灾赢得了宝贵时间。

国航迎来了一次史无前例的大考，无数旅客和伤员滞留在灾区，等待着救援，而机场的设备已被地震损毁，保障条件严重恶化。国航迅速调派了运力，以小换大，将空客A340与波音B777派上前线，各生产部门紧急动员，24小时值班，西南分公司的工作人员在紧急搭起的帐篷中办公，在极其简陋的工作环境中维持着航班的正常。一架又一架搭载着救灾队员与救灾物资的航班从国航的各个基地飞向四川，在3天2夜间，2.1万人搭乘着国航航班从成都飞往北京、上海、广州各地，大批滞留的旅客迅速从四川疏散出去。为了能够将担架伤员安置在机舱中，许多飞机拆除了座椅，机务人员夜以继日地工作。在飞行中，乘务人员强忍着自己也有亲人在灾区的牵挂，把无限关爱凝聚在每个服务细节上，细心照料每一位伤员，为他们盖上毛毯，面带笑容地帮他们进食，只在转身时悄悄擦去眼泪。

地震之后，国航立刻又迎来了另一次史无前例的大考，只不过这次是喜庆的。作为2008年北京奥运会、残奥会唯一航空客运合作伙伴，国航肩负着圣火环球航行和奥运会、残奥会运输保障的任务，在横跨全世界、飞越全中国的圣火传递飞行所到之处，国航的圣火号、奥运号，为中国奥运史涂抹了一笔浓重的亮色。举国欢庆的奥运开幕前后，人们在尽享奥运带来的欢乐时，是国航人最忙碌的时刻，无数涉奥航班、专包机在首都机场起降，包括许多异形物品的行李不断装卸，服务小组深入到奥运村内为运动员提供值机前移服务，在奥运会、残奥会的两个月中，许多员工基本没有过休息日，以全情投入和无数汗水确保奥运的顺利进行，统计数字是枯燥的，也是惊人的，国航保障涉奥航班4992班，运送奥运大家庭成员50908人次，涉奥行李70297件，货物2592件，共计122吨，保障残奥会航班1673班，运送奥运大家庭成员15901人次，行李20708件，带着奥运圣火，国航飞越境外19个国家和地区的21个城市，抵达了国内45个机场，总行程达到11.4万公里，创造了民航专项服务保障的诸多历史记录，这些数字的背后是国航人无数个不眠之夜，是国航人无私的奉献。

奥运火炬传递飞行保障誓师

胜利的欢呼声中，阴影悄悄袭来，猝不及防间，寒冬呼啸而来。金融危机，经济衰退，成本高企，市场低迷，国航的经营形势突然间恶化，2008年底，在连续7年盈利之后，国航首次出现了近百亿的巨大亏损。

2009年的国航工作会笼罩着萧杀的氛围，生死存亡成为了关键词，公司向所有员工宣布，行业严冬来临，大家抱团取暖。

背水一战中，国航人爆发了惊人的勇气，上下同欲，打赢效益攻坚战成为压倒一切的目标，之前推进的各项改革进一步深化，随着SOC系统各个模块的陆续上线，生产运行的一体化越来越得到加强；枢纽运行能力极大加强，旅客结柜时间与中转时间有效缩短，北京枢纽通程登机人数增加一倍；国际国内市场加强精益化管理，结构持续性优化，飞机、机组等核心资源利用效率不断提高。一年间誓打翻身仗的卧薪尝胆，一年间保持战略方向的坚定不移，共同破解了坚冰，2009年，国航再度盈利50.29亿元，并创造了历史新高。

2009年，打赢效益翻身仗的同时，国航审时度势，抓住机遇，战略布局发生着迅速而有力的改变。当年5月，国航进驻武汉，成立了湖北分公司，布局华中地区，在中国的天元之地争得一席之地；8月，台湾分公司成立，国航成为首批获得台湾地区经营执照并投入运营的大陆企业之一；同年底，国航通过收购股权成为深圳航空第一大股东，挺进华南，确立了第四枢纽支点，菱形网络布局浮出水面。在一系列的大手笔之后，新增力量加上原有的山东航空、澳门航空，一个国航系的战略集群呼之欲出。国航，再次站到了新的历史发展节点。

2010–2012，实现跨越，收获季节勾画美好蓝图

“十一五”交接“十二五”，盈利超百亿；一体化、三地枢纽、多品牌造就大国航；服务上“四星”实现历史性突破；利比亚四地救援飞行写就传奇；新生代国航人托起明天。

2010年，国航“十一五”规划的圆满收官，“十一五”的最后，是一张122.08亿元的成绩单，这个全球航空公司最高盈利的数字震撼了世界。2011年，“十二五”规划的开局之年，一份详尽的发展战略摆在了人们面前，发展战略与时俱进地变成了：“竞争实力世界前列，发展能力持续增强，客户体验美好独特，相关利益稳步提升。”新的蓝图在继续勾勒之中。

且不论承前启后的重大意义，单是这阶段性的丰硕成果就已经弥漫出醉人的芬芳。过去数年种下的改革和探索的种子纷纷成熟，绽放出灿烂的花朵，又在收获的季节喜结硕果。

经过了近10年的建设，一体化运行模式已经嵌入了国航人的脑海，主题不再是适应，而是一种自觉，一种习惯，一种理所当然的工作方式。至今，SOC系统的签派放行（DM）、机组排班（AC）、配载管理（LM）和动态控制（MM）四大模块已经在海内外全面上线，飞机、机组、时刻等核心资源的使用效率得到了全面的保证。SMS系统顺利通过民航局的各项审定并全面实施，国航安全管理步入了以风险管理和过程管理为核心的系统化、科学化管理新阶段。同时，一批核心商务管理系统建立了起来，推动了营销创新，增强了销售渠道的控制力，提升了座位资源配置水平和航线收益品质，增强了客户管理能力。

通过近10年的不懈努力，不断拓展航线网络，加大资源投入力度，北京已经基本建设成为具有国际竞争力的航空枢纽，年均运力增长8.95%，搭建了7条城市快线，成功构建了4个航班波，航班衔接品质和运行保障水平逐年提升，实现年均旅客运输量增长12.4%，中转旅客量增长近5倍，达到年449万人次；成都区域枢纽和上海国际门户也在蓬勃发展，成都实现了T2航站楼的成功转场，从成都和上海始发的航线也在不断增加，两地的运行服务保障能力不断完善，年均运力投入分别增长8.5%和3.1%。

利比亚撤回中国同胞

2009年，国航系还只是一个概念，如今，国航系已经成为实实在在的强大整体。深圳航空、山东航空、澳门航空、大连航空、北京航空、内蒙航空，大国航系旗下多品牌协同发展，统一战略步调，优势互补，相互依托，共同发展，共享市场、客户、信息、运行资源、管理资源、维修资源和生产力资源，通过国航系，华中、华南、东北地区等许多市场力量得到了有效填补，竞争力因组合

而更加强大。

过去长期按部就班的服务工作，在近两年掀开了新的篇章。面对新的发展阶段，国航意识到，未来世界航空业的竞争，本质上将成为服务的竞争，服务已成为制约国航发展的瓶颈所在，在“十二五”的开局之年，国航把服务工作提升到公司发展战略层面，提出了举全公司之力提升服务品质的口号。2011年，中国民航业第一个服务管理体系（CSM）在国航上线，作为服务的根本大法，CSM统一了全国航的服务管理流程，确保各界面为旅客提供统一的服务标准、统一的服务产品，实现服务呈现的一致性；全方位的自助服务、更少的旅行环节，满足旅客便捷快速的需求；更安全、更舒适的机型，更多的餐饮选择，更丰富的娱乐产品，更贴心的管家式服务，为旅客带来家的体验；凭借着在提升服务上的显著努力与成效，国航被国际权威服务评审机构SKYTRAX评为“服务四星级航空公司”，国航展馆里的奖牌，见证着国航历史性的突破。

飞抵世界屋脊，展示出雄厚的安全实力

五星红旗的照耀下，在几年的磨练中，承担社会责任，勇挑重担，在紧急飞行中彰显着载旗航的风采，几乎已经成为一项无须动员的常态工作。从海地地震到日本海啸，从玉树地震到埃及撤侨，祖国和人民需要之时，就是国航人的所在之处。2011年年初，利比亚政局动荡，大量中国同胞被困，史上最大规模的海外撤侨行动展开。国航包机第一时间赶到了利比亚机场，成为第一个也是唯一一个直接从利比亚撤回中国公民的航班。之后，国航航班穿梭于吉尔巴岛、克里特岛和突尼斯之间，28架次穿梭飞行，11天的日夜奋战，264个小时的争分夺秒，接回滞留中国同胞近9000人。机舱里经久不息的热烈掌声，和“感谢祖国，感谢国航”的由衷呼喊，至今仍回荡在耳畔。

建设和谐企业，发挥文化引领，成为当前的另一个工作主题，提升员工凝聚力被列入了公司的战略之中。建设沟通渠道，加强与员工的交流，传递员工关注的信息；通过和谐温度计倾听员工心声，了解员工的真想法，使和谐的温度由内而外；通过“幸福心航线”免费心理咨询服务，为员工提供更多精神福利；关注员工职业发展，为员工解决实际困难，引导员工与企业共同成长；推进安全、服务、学习、文化“四型”班组建设，力求“让安全在班组得到保障，服务在班组得到提升，学习在班组见到实效，文化在班组有所建树”……一系列的举措，提升了员工的满意度，强化了组织凝聚力，使企业发展之本更加牢固。

在企业的蓬勃发展中，来自一线的新生代员工模范不断涌现，主动走入客舱与旅客对话的机长彭川；地面服务部第一个免检员工、五四青年奖章获得者赵亚明；勇于创新，将自己的名字缩写铭刻进器材包的机械员戎凯；国航最年轻的班组长值机员许捷；发自内心服务的商委客户经理陈秀青……一个个名字和他们的故事感动和激励着新一代的国航人，于是有了暴雨中为保航班毅然背起乘务员渡水的综保司机，有了国际航班上为老归侨捧上的一杯茉莉香，有了因为一条旅客微博求助信息牵动四地十余部门的在营救……一个个平凡的面孔，一颗颗挚诚的心，担当起国航的明天。

一切的奋斗与探索，挫折与辉煌，都会在历史的书页中盖上难以磨灭的印章。十年，积淀着国航的历史，十年，也折射出国航的未来。在留下扎实而坚定足印的同时，国航人将肩负起民航强国的使命，在国际竞争中，锻造世界一流的航空公司，理想的光芒照亮着国航未来无数个十年。

厦门航空 XIAMENAIR

厦门航空简介

XIAMEN AIRLINES

厦门航空有限公司，成立于1984年7月，是中国民用航空局和福建省合作创办的、中国首家按现代企业制度运行的航空公司，目前股东为中国南方航空股份有限公司（占51%股权）、厦门建发集团有限公司（占34%股权）和河北航空投资集团有限公司（占15%股权）。厦门航空承运人代码为“MF”，企业标志由“蓝天白鹭”升级为“一鹭高飞”。

厦航总部设在福建省厦门市，目前已形成了以厦门、福州、杭州为主基地，覆盖全国、辐射东南亚和东北亚、连接港澳台的航线网络，航点涉及50多个城市，执飞航线超过210条，每周执行航班3200个。目前已有超过230万人加入到厦航的常旅客计划中。

厦航是中国唯一使用全波音系列飞机的航空公司，现拥有近90架飞机，总座位数超过14000个，平均机龄低于5年，是世界上最年轻的机队之一。

2011年，厦航旅客运输量为1584万人次，货邮运输量17.3万吨，完成营业收入146.1亿元，实现盈利25亿元，成为了全中国民航唯一连续25年实现盈利的航空公司。

成立28年来，厦航在保证航空安全，提升服务品质方面做出不懈努力，以周到便捷为核心打造优质航空服务，以优质高效为重点实现成本竞争优势，以系统管控确保持续安全，以精细运营确保持续盈利……厦航在不断创新发展中，形成了具有鲜明特色的运行模式，在安全、服务、经营上均取得了不俗的成绩。厦航的总资产也从股东初始投资2000万元人民币增值到235亿元人民币，其中净资产80亿元人民币，厦航资产负债率始终控制在75%左右，在中国民航业处于领先水平。

在未来的五年中，厦航将积极打造“独具特色、顾客首选，亚太一流”的航空品牌，努力把厦航建设成为亚太地区的优质航空产业集团，实现运力运量翻番，机队规模达到136架以上，并将航线网络拓展到世界范围，成为世界航空市场的一支新兴力量。

日本冲绳——9月20日盛大开航

开航初期，往返2200元起；提前42天购票，往返低至1200元起。

（以上价格均不含税费）

航班编号	航线	出发	抵达	航班编排	机上服务
HO1279	上海浦东 —— 日本冲绳	10：30	13:30	每周二、四、五、七	正 餐
HO1280	日本冲绳 —— 上海浦东	14：30	15:30	每周二、四、五、七	

（以上时间均以当地时间为准）

会员促销信息：吉祥航空常旅客享受额外30%的会员积分奖励。

我们热切期盼 很快能于吉祥班机上为您服务

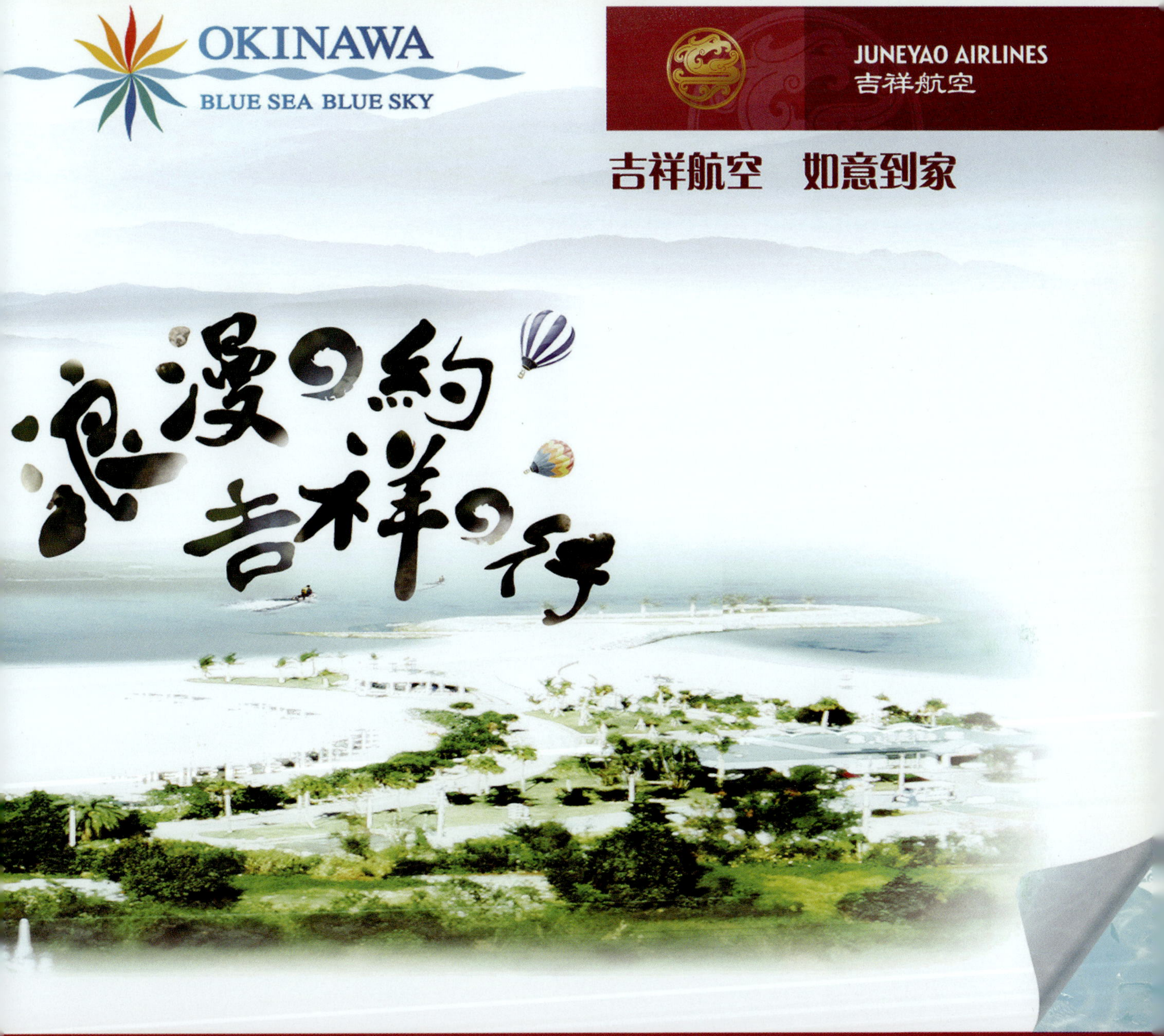

中国民航大学坐落在天津市，前身是1951年9月成立的军委民航局第二民用航空学校，是中国民用航空局直属的一所以培养高级工程技术和管理人才为主的普通高等学校。1958年12月更名为中国民用航空高级航空学校，1963年6月列入普通高校序列，更名为中国民用航空机械专科学校。1981年8月10日，更名为中国民用航空学院。2006年5月30日，更名为中国民航大学。历经60余年的建设与发展，学校已成为目前我国唯一一所民航学科专业门类齐全、将航空宇航科学技术与交通运输工程两大学科群交叉融合的高等学府，被誉为中国民航人才的摇篮，科学技术研究的中心，国际文化交流的窗口。

学校占地面积1654亩，固定资产总值16亿元，其中教学仪器设备总值约10亿元。拥有3个国家级特色专业建设点、1个综合改革试点专业、9个市级品牌专业、9门市级精品课程、6个市级优秀实验室，获得了一批省部级教学成果奖。创办了朝阳飞行学院和新疆天翔航空学院，飞行训练势头发展良好，飞行专业建设取得突破性发展。学校有7个一级学科入选天津市重点学科。现已拥有13个一级学科硕士点，覆盖49个二级学科硕士点，7个工程硕士授权领域，成为民航首家工商管理硕士(MBA)培养单位，中欧航空安全管理硕士项目成功举办了10期。

为提高教学质量，学校不断推进工程教育改革，创新人才培养模式，提升学生工程实践能力和创新能力。2007年创办中欧航空工程师学院，2010年成为教育部CDIO工程教育模式第二批试点院校，2011年加入教育部“卓越工程师教育培养计划”。不断加大实践教学资源建设，成为国家级、天津市工程实践教育中心建设单位，建成工程训练中心、空管实验教学中心等两个国家级实验教学示范中心。学生工程能力和创新能力显著提升，在全美大学生数学建模竞赛、全国智能车控制大赛、全国交通科技大赛、全国大学生数学建模竞赛和全国大学生工程训练综合能力竞赛等均取得优异成绩。

学校不断推进国际化，与国际民航组织、国际航空运输协会、欧盟工业委员

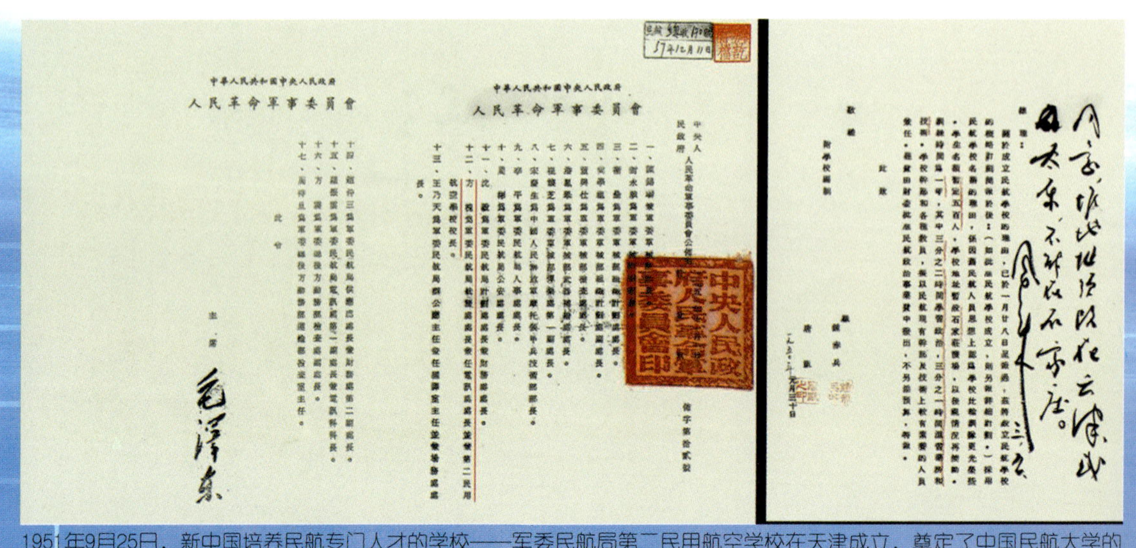

1951年9月25日，新中国培养民航专门人才的学校——军委民航局第二民用航空学校在天津成立，奠定了中国民航大学的第一块基石

3年6月18日，国务院学位委员会批准学校为硕士权单位，实现了中国民航研究生教育零的突破

2002年，中国民航第一个研究基地（民航航空地面特种设备研究基地）落户学校。目前，学校已建成省部级科研基地12个

2005年，学校在教育部本科教学工作水平评估中被评为“优秀”

会、美国联邦航空局等民航组织，与波音公司等知名航空制造企业，与美联航、巴西航空、联邦快递等航空运输企业，与美国普渡大学、法国航空大学集团等国外航空院校建立了广泛而深入的交流与合作关系。与法国国立民航大学、法国航空工业大学合作培养了“中欧航空安全管理硕士”。与澳大利亚皇家墨尔本理工大学合作培养了“航空工商管理硕士”。拥有空客公司、法国赛峰集团航空资料特藏室。学校先后为新加坡、韩国、蒙古、南太平洋地区及非洲的十几个国家和港澳台地区培训了多批民航专业人才。与台湾长荣集团、中华科技大学、高苑科技大学等院校长期开展师资与学生交流。

学校现有省部级科研机构12个，注重发挥民航学科专业门类齐全的综合优势，致力于科研团队和科研平台建设，针对航空运输科技发展的前沿和航空运输安全保障的重大科技问题，不断为社会贡献高水平的科研成果。近年来，学校承担了包括国家高技术研究计划863计划、国家重点基础研究发展计划973计划、国家自然科学基金、国家软科学等多项国家级科研项目；科技成果获国家科技进步二等奖2项、省部级科技成果奖60余项。中国民航大学现已经建成省部级大学科技园，是中国民航科技产业化基地的重要基石，现有科技型企业16家。

建校以来，学校为民航和社会培养了大批运行工程师人才，毕业生遍及全民航领域。全国民航七分之一的员工、三分之一的工程技术和管理人才来自该校，一大批毕业生成为民航工程技术和管理的中坚骨干和业界精英。学校以培养民航高级工程技术和管理人才为主，现有各类在校学生2万2千余人。

2006年5月30日，教育部正式批准学校更名为中国民航大学，各项事业发展步入了新征程

2007年12月20日，经教育部批准，中国民航大学工程技术训练中心成为国家级实验教学示范中心，是学校首个国家级教学项目

2009年9月8日，朝阳飞行学院首期飞行学员开训

12年10月27日，中国民航大学第一次党代会胜利开。学校建设发展掀开了新的篇章

2011年9月17日，中国民航大学举行校庆六十周年庆典

2010年9月14日，中欧航空工程师学院首批学生完预科学习，进入“工程师阶段教育”

九黄空港 镶嵌在川西北高原的明珠

——四川九寨黄龙机场有限责任公司

党委书记、总经理吴国庆（左一）向上级领导介绍机场远景规划

四川九寨黄龙机场有限责任公司（下简称九黄机场）是经四川省人民政府批准组建的国有大二型企业，隶属四川省国资委，是四川省交通投资集团重要成员单位。公司成立于1998年8月6日，所属机场位于阿坝州松潘县川主寺镇东北12公里，距九寨沟88公里、黄龙53公里，是国家及民航"九·五"重点工程之一，是世界自然遗产——九寨沟和黄龙景区面向世界的蓝天门户。

九黄机场自2003年9月28日建成通航以来，发展迅速，航空运输量持续以年平均12%速度递增，旅客吞吐量位居全国高原机场第二位，全国民航机场40位。2007年，在全国支线机场中唯一荣获国家民航局颁发的"全国处置不正常航班优胜奖"，2011年再获民航"2011年航班延误整治工作先进集体"和"2011首届四川旅游贡献力大奖---文明服务旅游企业大奖"。

总经理深入三期建设工地检查督导工作

机场于2005年通过ISO9001－2000质量认证、2006年通过航空保安审计、2008年在全国支线机场中率先通过安全审计，并在同年荣获"全国民航抗震救灾先进单位"。同期，企业精神文明建设也取得丰硕成果，从2003年获得"松潘县文明单位"起，连续获得"松潘县最佳文明单位"、"阿坝州文明单位和最佳文明单位"、"四川省交通厅文明单位和最佳文明单位"、"四川省文明单位和最佳文明单位"，2011年成功通过"全国文明单位"验收。目前，公司正在致力于打造高原文化文明空港。

公司领导班子集体出席公司冬季培训动员大会

为满足社会对机场日益增长的需求，机场在10年时间里历经三期建设，设施设备不断添新，机场安全运行和服务保障能力不断提升。尤其是作为国家民航率先试点的国家第一家以机场为主体的RNP AR公共程序项目机场，2012年5月已进入航班试运行阶段，真正实现了双向起降，加上三期竣工的平行滑行道，机场彻底结束了通航7年无平行滑行道的历史，长期以来困扰机场的大面积航班延误情况将得到极大缓解。三期建设后的九黄机场能满足2020年旅客吞吐量250万人次、货邮吞吐量2250吨、航班起降量25080架次、高峰小时飞机起降量18架次。

着眼未来，公司当下正积极开展市场营销，奋力打造1.5-2.5小时中长航线圈，努力变九黄机场终端机场为中枢机场，以巩固和提升其在西部综合交通枢纽建设中的地位和作用。届时，九黄机场将为地方经济社会发展做出更大的贡献，行业和社会效应将更加突出和明显。

总经理亲临机场一线检查夏秋航班运行准备工作

扩建后的机场新貌与蓝天交相辉映

三期建设新增的机场ADS—B南台站（右）、北台站（左）

国内第一家引进安装的风廓线雷达

国内第一家引进安装新型END—FIRE下滑天线

机场安装应用的跑道ILS航向天线

三期建设后，美丽温馨的机场生活区—空港怡苑及室内健身场

企业资质荣誉

九寨黄龙机场三期扩建工程暨灾后新建项目——机场平行滑行道投入运行

◆主要产品介绍

九洲集团现拥有机载空管应答机、空管地面二次监视雷达、空中防相撞系统、新航行系统、陆基导航系统和出口型空管系统等六大类系列产品，产品种类数十种，其中仅出口型空管系统就有30余种，覆盖飞机从起飞、爬升、巡航、下降到着陆的全过程，涉及空管通信、导航、监视、管理等四个领域，配装我军和10多个友好国家的各型飞机平台和地面雷达，以及国产C919、海鸥-300、AC313等多型民用飞机和民航20多个机场。

● 空管二次雷达系统

空管二次雷达系统是管理飞机起降、航行、保障飞行秩序和安全的重要系统。九洲集团拥有成套成熟的空管地面、机载整机及配套仪表等系列产品，包括空管地面二次监视雷达系统、空管机载应答机、配套维修保障设备及天线等。

● 空中防相撞系统

空中防相撞系统是通过主动或被动监视技术，获取目标机相对位置信息，根据其运行趋势，输出交通告警或决断机动建议，保障飞行安全。九洲集团是目前国内唯一掌握机载防撞系统（TCAS）核心技术并具备研制生产能力的企业，是COMAC919国家大型客机航电综合监视系统国内重要供应商，已有符合RTCA/DO-185A、ARINC735A等国际标准的TCASⅡ型系统设备。

● 新航行系统

新航行系统以卫星导航、数据链通信和计算机技术为基础，集通信、导航、监视和空中交通管理于一体，是国际民航组织大力推行的新一代航行系统。九洲集团与民航数据通信有限公司、中国民航飞行学院合作，承担国家863计划课题，研制了以1090ES数据链和UAT数据链为核心的各类ADS-B系统产品。

1090ES数据链地面站及信标机

● 陆基导航系统

陆基导航系统可以为飞机提供飞行过程中的导航定位信息，在航空区域定位、航路导航、机场引导飞机起降等各方面发挥重要作用，可大大提高飞机飞行安全。九洲集团掌握了陆基导航系统核心技术，研制的DME和DVOR设备具有完全自主的知识产权。

地址：中国四川省绵阳市科创园区九华路6号
Address：No.6, Jiuhua Road. Mianyang, Sichuan, China
电话(TEL)：+86-816-2469823　　传真(FAX)：+86-816-2468035
邮编(P.C)：621000　　网址(HTTP)：www.jiuzhou.com.cn

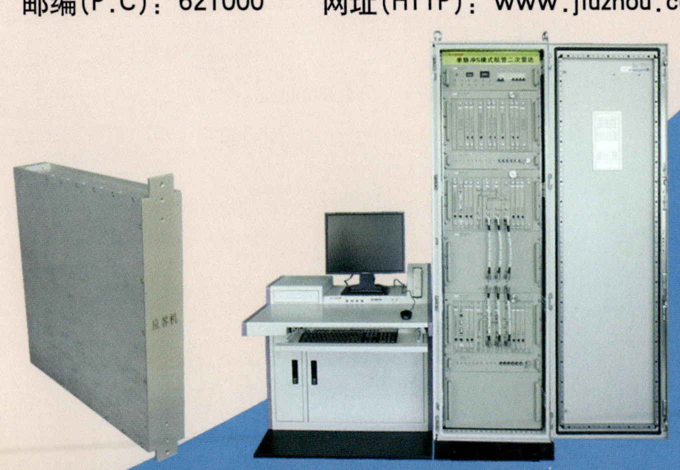

水陆两用飞机S模式应答机　　空管地面二次监视雷达

车载移动式管制中心

中国飞龙通用航空有限公司

中国飞龙通用航空有限公司（以下简称“中国飞龙”）成立于1985年4月，是经中国民用航空局批准成立的第一家地方通用航空公司。经过二十多年的发展，公司积累了丰富的通用航空服务市场经验，同时，也锻炼和培养了一支技术过硬、经验丰富的飞行、机务和管理队伍。

公司经营范围：甲类（国内陆上石油服务、直升机机外载荷飞行、人工降水、医疗救护、航空物探、私用或商用飞行驾驶员执照培训、航空器代管业务、出租飞行、通用航空包机飞行、空中游览）乙类（航空摄影、空中广告、海洋监测、渔业飞行、科学实验、空中巡查）以及丙类（航空护林、空中拍照）项目。兼营：航空器科研试验、航空器维修。

公司拥有注册航空器70余架，同时拥有固定翼飞机和直升机，是目前中国机队规模最大、作业范围最广的通航公司，作业范围已遍及除台湾和西藏之外的全国所有省市自治区。

中国飞龙是国内通航企业中获得资质最全的公司，目前已通过中国民航CCAR-91部、

人工降雨　　教学指导　　电力巡查

CCAR－135部、CCAR－141部和CCAR－145部的审定，并获得相关运营、培训和维修资质，具备小型航空器客/货运输、全部通用航空作业项目、飞行员培训和航空器修理资质。中国飞龙在通航公司中首家取得CCAR－141部培训资质，具备培养、输送优良素质飞行员的强大培训实力，其中，直升机飞行员商照培训在国内具有领先优势。

中国飞龙依托中航工业直升机以及所属科研院所、航空器制造商（包括中航工业哈飞、中航工业昌河、中航工业直升机所等成员单位）强大的科研、技术支援及售后服务，在飞机使用、维护、改装、维修及机场基地配套设施建设等方面具有突出优势。

“十二五”期间，中国飞龙将在中航工业集团公司和中航工业直升机的大力支持下，以促进国产民机发展为己任，紧紧抓住通用航空发展重要机遇期，加快运营基地和运营网点建设，不断扩大在全国通航市场的占有率，配合中国民航局“十二五”发展规划纲要所提出的以中国飞龙为主的应急救援体系建设，使公司成为民航局支持的3－5家通航骨干企业之一。

南极科考 　　警用索降 　　米26灭火

芜湖双翼航空装备科技有限公司

WUHU SHUANYI AERO-TECH CO.,LTD

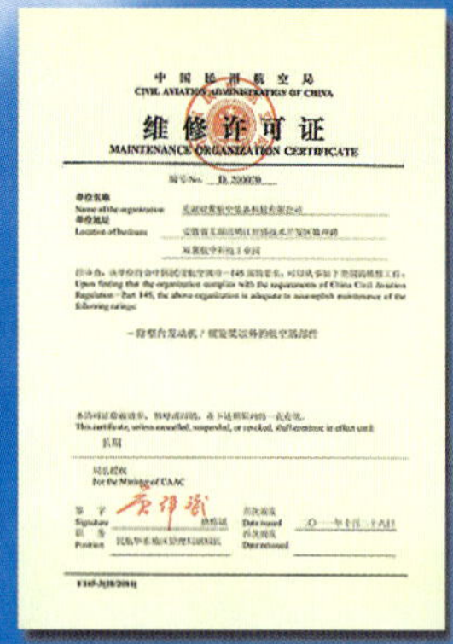
中国民用航空局
CIVIL AVIATION ADMINISTRATION OF CHINA
维修许可证
MAINTENANCE ORGANIZATION CERTIFICATE
D.200070

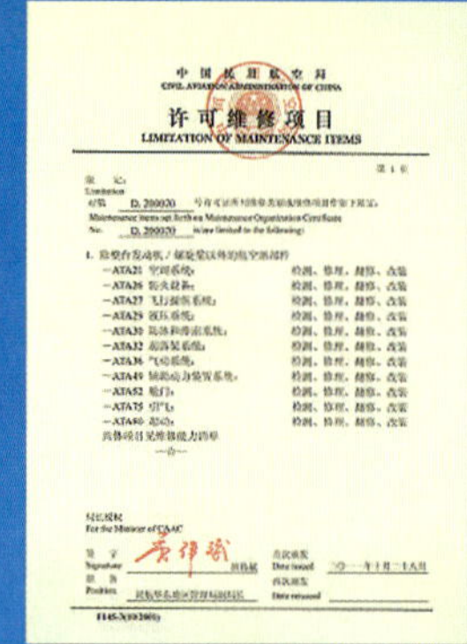
中国民用航空局
CIVIL AVIATION ADMINISTRATION OF CHINA
许可维修项目
LIMITATION OF MAINTENANCE ITEMS
D.200070

公司位于安徽省芜湖市鸠江开发区双翼航空科技工业园，于2009年7月获国家民航局项目立项批准，2011年10月取得民航维修许可证（证号：D.200070），目前已通过东航、深航、国航、海航、厦航、顺丰航空、中货航质量审核，获得合格承修商资格。

公司现有厂房及办公面积12000平方米，专用设备80余台/套，其中关键重要设备均由美国进口，技术水平国际先进，配置各项专用工具1000余件/套。

公司现阶段主营业务为民用航空器机械部件维修，维修能力涵盖气动、空调、液压、操纵、电源等系统的机械部件，涉及ATA12个章节。

公司秉承高技术、高质量、高标准和快速反应的发展策略，为国内外航空公司提供优质安全的部件维修服务。

起步，志于世界同步

Be Synchro With the World

空气涡轮起动机试验台

设备制造商：美国TESTEK公司

主要功能：空气起动机试验台用来测量起动机起动压力、流量、转速、扭矩、振动、加速时间、离合器脱开状态的测试与判断。该试验台满足B777在内的现有飞机空气涡轮起动机的测试和维修。

空气循环机试验台

设备制造商：美国TESTEK公司

主要功能：空气循环机试验台主要由气流系统与测控系统组成，为ACM的各类性能试验提供温度、压力、流量等参数可控的工作气源，并且测量和分析温度、压力、流量、露点、轴跳动、壳体振动、转速等参数，可以满足现有民航飞机空调系统中的两轮式、三轮式、四轮式ACM 的测试要求。

大流量活门综合试验台

设备制造商：自制

主要功能：该试验台由计算机控制，自动化操作可模拟飞机发动机引气的温度、压力、流量参数及高空环境，能够进行包括各种大型飞机在内的所有机型的气动部件，如引气系统部件、空调系统部件、防冰系统部件等的性能试验。

液压泵/马达试验台

设备制造商：美国AVTRON公司

主要功能：该试验台，用于液压泵和液压马达的检测、调试，能测量流量、压力、温度、转速、力矩等性能参数，测试能力已覆盖波音787和空客A380的液压油泵和马达。

液压附件试验台

设备制造商：美国AVTRON公司

主要功能：该试验台用于各类伺服控制器、液压作动筒、液压活门等非旋转类液压部件的功能测试。试验台包括操作台和数据自动采集系统，通过可编程测试平台能自动完成测试数据的采集和分析，并自动生成测试报告。

发电机综合试验台

设备制造商：美国AVTRON公司

主要功能：该试验台用于整体驱动发电机（IDG）、恒速传动装置(CSD)、APU起动发电机的试验和测试，能满足现有各种机型发电机的测试要求。

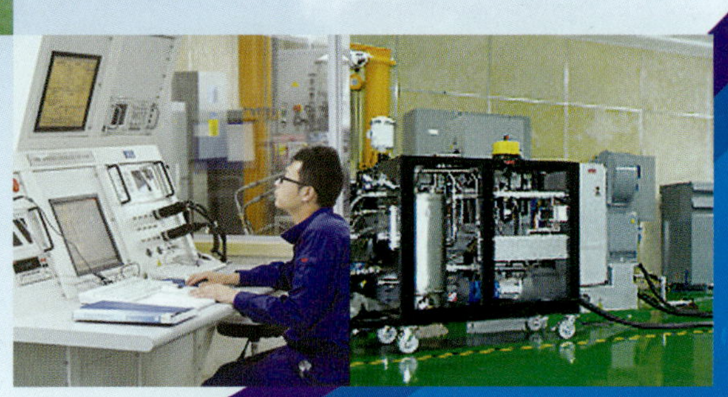

奋进中的中国民航宁夏空中交通管理分局

中国民航宁夏空管分局，成立于2007年8月24日，前身为民航银川空管站，是2001年在全国民航空管体制改革中将中国民用航空宁夏回族自治区管理局的空中交通管制职能及相关人员、资产分离出来，组建成立的直属事业性单位，隶属于民航西北空管局。

领导班子　团结务实

宁夏空管分局现有干部职工207名，平均年龄33岁，大专以上学历占93%，党员108名，具有硕士研究生学历的14人，中级以上职称47人，是一支精干高效的高素质空管队伍。

挂牌成立　豪情满怀

成立以来，宁夏空管分局在民航西北空管局的正确领导下，在全体干部职工的共同努力下，在以“确保持续安全、构建和谐空管“为使命，以“安为基、责为先、诚为本、精于行、和于衷”为核心价值观，以“安全　和谐　文明　进步”为目标，以“立足岗位、追求卓越、奉献空管”为精神、以“胜任本职、真诚朴实、快乐向上”为理念的宁夏空管文化的引领下，始终坚持科学发展、安全发展、和谐发展、内涵发展，逐步实现了安全管理制度化、行业标准规范化、责任落实法制化的目标，安全管理水平持续提升、安全保障能力稳步提高。

银川进近管制区开放启用大会

截至2011年底，共安全保障各类飞行250324架次，多次受到了上级部门的表彰和奖励。先后荣获了国务院和中央军委联合授予的全国空管工作“先进单位”、自治区“文明单位”、民航局空管局“先进基层党组织”、全国民航安全管理年活动“优胜单位”、空管系统“安全优胜单位”、西北空管局“四好党委”、“先进集体”、自治区“朝觐工作先进集体”、人工增雨“团结协作、共创佳绩”奖、银川市“园林单位”，创建了一个国家级“青年文明号”、三个自治区级“青年文明号”先进集体和一个总局空管局“先进基层团支部”。

文明创建　精益求精

在安全迭创佳绩的同时，分局的改革不断深化，服务更加规范，基本建设和发展同步推进，全体员工正满怀信心，不断开拓进取，为建设安全、可靠、先进、和谐的空管单位而努力奋斗，为宁夏的经济腾飞，为宁夏民航事业的发展做出新的更大的贡献！

管制指挥　安全顺畅

气象服务　准确高效

戏曲串烧　空管赞

民航吉林空管分局

分局连续17年保障安全飞行

分局有一支团结奋进，开拓进取的领导班子

民航吉林空管分局成立于2007年9月6日，其前身为2002年1月18日成立的民航长春空管站。负责辖区内的空中交通管制、航行情报、航空气象、通信导航等飞行保障工作。所属管制区内现有航路航线10条（X75，H16，J713，J755，A588，G341，W39，B451，J702和G212），辖区分为长春进近管制区、塔台管制区和由沈阳区域管制室委托长春进近管制室代理指挥的部分中低空管制区。同时负责与当地空军协调涉及航路（线）、空域调整等航行管制方面的重要事项，是东北地区保障飞行安全的重要部门之一。

职工自编自演的春节联欢晚会

民航吉林空管分局在上级领导的亲切关怀下，以持续安全为理念，贯彻落实科学发展观，努力提高空管保障能力和加强党建思想政治工作，较好地保障了空地安全。在2009年10月的国家安全审计中，以99.86%的高符合率圆满通过。连续8年荣获“安康杯”竞赛优胜单位的佳绩，获得了东北地区管理局“安全文化建设年”活动先进单位和2010年全国实施用户满意工程先进单位称号的殊荣，2011年获得全国民航文明单位。目前吉林空管分局累计安全周期达到17年，是全国民航空管系统连续保证飞行安全时间最长的单位之一。

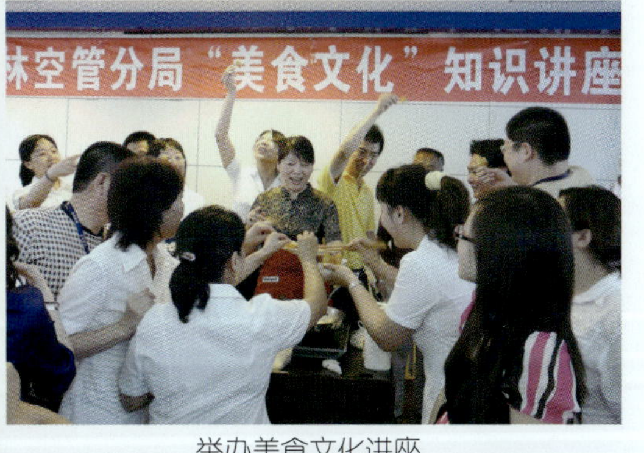

举办美食文化讲座

分局成为全国首家使用国产雷达设备的省会机场

中国民用航空温州空中交通管理站

领导班子合影从左至右分别为：空管站纪委书记、工会主席：周爱华；空管站副站长：张云江；空管站站长、党委副书记：张利尧；空管站党委书记、副站长：陈敏；空管站副站长：陈勇

中国民用航空温州空中交通管理站（简称民航温州空管站）座落于温州永强机场内，其前身是成立于2002年1月8日的民航温州空中交通管理站。目前在册员工190余人，所辖管制区域面积约为4万平方公里。民航温州空管站是提供本区域内航空器空中交通保障服务的事业单位，行政、业务等接受民航华东地区空中交通管理局的领导和管理。

民航温州空管站的主要职责为：贯彻执行国家空管方针政策、法律法规以及民航局的决定、指令和规章制度，执行辖区内航班时刻和空域容量等资源分配工作；提供民航空中交通管制、航行情报、通信导航监视、航空气象服务；负责本地专机、重要飞行活动和民用航空器搜寻救援空管保障工作；根据授权负责本地民航空管工程建设项目。

2007年9月3日温州空管站召开体制改革大会

温州是华东地区主要经济发达城市之一，经济发展迅猛，温州地处浙南闽北，周边辐射地区包括台州、丽水和福建北部大部地区。随着国内航线和国际航线不断开辟，航空公司机队规模不断扩大，温州永强机场的扩建，机场起降架次、旅客、货邮吞吐量不断增加，温州地区的航空运输增长迅猛。2011年民航温州空管站保障飞行架次109081架次，其中本场起降50063架次。

2012年5月温州空管站通过局方SMS现场审核

民航温州空管站内设机构包括办公室、人力资源部、财务部、党委办公室、综合业务部和规划发展办公室等六个职能机构和管制运行部、技术保障部、气象台、后勤服务中心等四个运行单位，并设有大罗山、乐清两个雷达站和东山导航台。

气象台预报员会商台风“苏拉”

为保障设备处于最佳运行状态，设备维护人员在夜航结束后定期对设备进行维护

塔台、进近管制员在指挥飞机

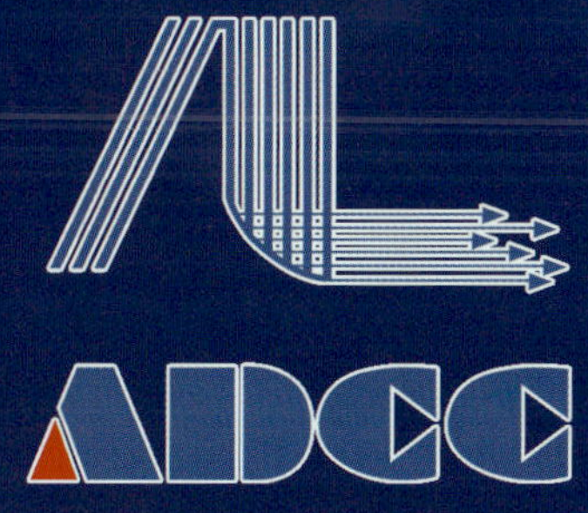

民航数据通信有限责任公司

民航数据公司总经理：牛亦

民航数据通信有限责任公司是中国民用航空总局在1995年建设中国民航地空数据通信网时，经借鉴国外同业的经营模式确立的“一个中性的、由民航总局空管局和各航空公司共同组成的股份制合资公司”。根据民航总局的批示，民航数据通信公司于1996年6月成立，当时公司的主要责任是协助民航总局建设中国民航甚高频地空数据通信网络系统，并进行网络建成后的运行、维护、管理和经营工作。作为民航空管系统第一家合资公司，民航数据通信公司采取了民航空管部门与航空公司“共同建设，共同管理的民航地空数据通信系统运行管理体制”，开创了民航通信系统运行管理的新天地。

经过15年的发展，民航数据公司持续不断地对数据链通信网络进行了建设和升级。现在，公司已经在全国建成了近200座远端地面站，通过7个不同的通信频率和两种不同的数据通信方式对全国主要航路和机场提供全天24小时不间断、无盲区、多覆盖的数据通信服务。此外，公司网络还为西部航路、极地航路以及成都-拉萨ADS-B航路等使用新航行系统相关技术的航路提供基于数据链的管制通信及导航服务。目前，民航数据通信公司运营的数据链网络是世界第三大民航数据通信专用网，已经并正在为中国空域内飞行的4000余架中外民航飞行器提供全球一体的地空数据通信服务。

在成立之初，民航数据通信公司就将科研开发作为公司发展的另一项主要业务。1997年，公司与北京航空航天大学合作建立了民航数据通信研究基地。基地的主要任务就是为当时还不适应数据链服务的国内航空公司用户开发数据链信息处理软件。经过几年的发展，该基地不但把自行开发研制的数据链处理系统安装到了国内主要的航空公司，还帮助用户将数据链的应用从最开始的单一报告飞机位置发展为可以提供发动机状态数据的传输和监控、电子舱单和配载平衡信息的传输、气象信息的采集传送、电子通播和数字放行等很多领域。同时，该基地还利用行业优势开展了空管信息信息系统、流量系统、协同决策等一系列空管应用技术和产品的研究。民航数据公司的科研开发工作取得了快速、全面的发展。

2003年，民航总局在民航数据公司成立了中国民航新航行系统重点实验室，一方面肯定了公司在科研开发方面的成绩，另一方面将未来空管系统研究的任务放在了民航数据公司。在随后的几年里，该重点实验室承接了多项包括863项目和973项目在内的国家重点科研项目，其中“民航一体化信息平台及应用项目”获得了2005年国家科学进步一等奖；“空地协同的民航空域监视新技术及装备”获得了2009年国家发明一等奖。同期，公司还获得了多项行业级科技进步一等奖（包括民航总局、国防科工委、教育部等）。

现在，民航数据通信有限责任公司已经形成了以数据链通信服务和民航应用技术和产品开发为主业，具有基础技术研究、行业应用解决方案开发、民航信息产品研制和民航IT相关工程实施的全面的综合企业实力。公司的发展历程表明，采用新型的企业制度进行民航相关系统的运营管理的道路是成功的。民航数据公司已经快速发展成为国内民航信息化建设和新技术开发的领军力量。未来，公司将会不断地提高在行业内的科研主导作用，利用人才和技术优势将业务领域扩展到包括航空公司、空管部门和机场当局在内的所有民航领域。公司将进一步加快企业发展的步伐，通过引进、消化、吸收和对外合作相结合的方式，不断扩展业务范围。在保证国内一流的同时尽快走出国门，力争尽早参与到国际民航市场的竞争中，继续为国际民航事业发展贡献力量。

民航数据公司产品

西安航空职业技術学院

XAPI XI`AN AERONAUTICAL POLYTECHNIC INSTITUTE

教育部刘贵芹副司长参观我院国家数控实训基地

原省委副书记范肖梅和中国工程院陈一坚院士在学院为陕西航空职业教育集团揭牌

赵居礼院长陪同空军装备部领导参观航空客舱服务实训基地

天津教育代表团参观学院航空科技馆

西安航空职业技术学院（西安航院）始建于1958年，是一所经教育部批准的具有高等学历教育招生资格的全日制普通高等职业院校，直属陕西省教育厅，面向全国31个省、市、自治区招生。学院是国家重点建设的百所示范性高等职业院校之一。学院位于中国著名航空城——西安市阎良区，处于国家级航空产业基地——西安阎良国家航空高技术产业基地的核心区。学院先后被评为“全国职业教育先进单位”、“陕西省职业教育先进单位”、“省级文明校园”。2006年在教育部高职高专院校人才培养工作水平评估中被评为“优秀”。2010年又以优秀的成绩通过了国家示范院校建设项目验收，被教育部、财政部确定为“国家示范性高等职业院校”。

学院目前占地面积680亩。现有全日制普通高职在校生10000余人，开设大学专科层次专业42个，设有航空维修工程系、航空制造工程系、航空材料工程系、航空管理工程系、自动化工程系、电子工程系、计算机工程系、汽车工程系等教学系部。现有航空、机械等实验实训室77个，校内实训基地18个。建有集航空人才培养和航空博览于一体的航空科技馆、国家重点支持的数控实训基地、与国家航空高技术产业基地联办的“国家航空产业基地培训学院”。学院现有国家示范专业7个，省级重点专业8个；国家级精品课程2门，省级精品课程16门。

学院师资队伍结构合理、特色鲜明，现有专、兼职教师718名，专任教师351人，全国优秀教师2名，省级教学名师5名；省级优秀教学团队6个；获得省级教学成果奖6项。学院聘请中国工程院院士陈一坚为名誉教授，美国阿肯色州大学、西安交通大学、西北工业大学等多所高校、科研院所200余名教授及工程技术人员担任教师和客座教授。

学院积极引入国内外优质教学资源，先后与新加坡、德国、澳大利亚、加拿大等国家的十余所学校或教育机构展开了国际合作，接收了新加坡理工学院141名留学生来校学习，开创了陕西省高职院校接收国外留学生的先河。学院密切了与行业企业和兄弟院校的关系，加入了中国航空学会，陕西航空学会等行业组织，牵头组建了陕西航空职教集团，率先探索了高职教育集团化办学之路，充分发挥了国家示范性高等职业院校的引领作用。

学院以就业为导向，与全国30余个省市200多家航空制造、航空修理、民航服务等国有大中型企业建立了长期密切的合作关系，定期举办毕业生就业洽谈会，为学生和用人单位直接见面、双向选择牵线搭桥，毕业生就业率达到98%以上，用人单位满意度达90%以上。

航空科技馆　客舱服务实训

学生在校外实训基地参与实训

专业教师指导新加坡留学生进行发机组装实训

成都华太航空科技有限公司是一家集维修、科研、生产和贸易为一体的综合性航空科技企业，主要从事航空器机载设备及附件维修、航空机载型号产品研制、地面测试设备研发、维护和贸易的高科技企业。公司按照CCAR-145R3、FAA-145 规章及ISO9001:2000和GJB-9001B-2009质量体系标准的要求，建立了符合适航规章和国际质量标准及军用标准的质量管理、监控体系。目前已获得CAAC维修许可项目近2000项、FAA 批准维修 600 余项件号或型号部件的检测、修理、翻修和改装，维修能力涵盖了民用航空器的宽体和窄体干线、支线机型、通用和公务机型、各型直升机和国家航空器的机载设备及附件近 8000 余个件号或型号。近二十年来，为我国多家军、民用航空客户提供了优良的技术服务，累计完成维修、改装项目近十万件。

机载电子维修能力 Airborne Avionics Maintenance

空调系统 Air Conditioning
自动飞行系统 Auto pilot
通讯系统 Communications
飞行操纵系统 Flight control
防冰和排雨系统 Ice and Rain Protection
指示/记录系统 Indicating /Recording systems
导航系统 Navigation

ATEC 6 Series

成都华太引进了欧宇航ATEC6综合测试设备、Aeroflex全套航空电子测试设备、R&S、ELT自动测试仪等数十台CMM手册推荐的专用测试设备。其中，ATEC6测试设备配备的TPS涵盖了空客系列和波音系列的飞管、飞控和油量控制系统，能对新一代飞机控制系统的电子部件提供全面的测试和维修服务。

华腾ATES 6航电综合测试系统

机械附件维修能力 Mechanical Accessories Maintenance

液压系统 Hydraulic System
救生设备 Life-saving System
电源系统 Power System
空调系统 Air-conditioning System
客舱系统 Class System
污水系统 Sewage System

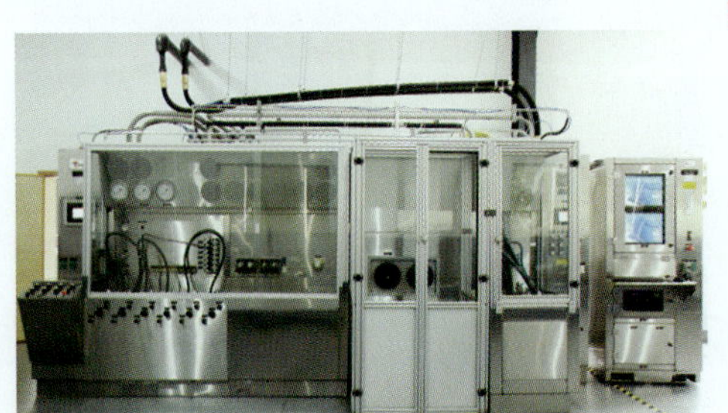
液压系统 Hydraulic test system

从美国TESTEK公司引进了大流量液压附件自动测试系统，该系统技术先进，代表了当今航空机械附件液压测试手段的最高水准，能满足A320系列、A330、A340和B737NG系列、B747、B777等机型的多电或全电系统数百个件号的各类发动机驱动泵、动力转换部附件、活门等项目的测试和维修服务。该测试设备还能满足波音787和空客380机型各类发动机驱动泵、动力转换部附件、活门等项目开发和测试功能。

航空地面测试设备研制 Development and manufacture of Ground test equipment

成都华太开展了航空装备测试系统研发和生产，自行研制了新一代智能化综合测试设备，保证了公司的专用测试设备不断升级和完善，也得到了用户的广泛认可，先后为多家用户设计制作了数十套用于军机和民机的专用测试台、ATE系统，ATES2000系列智能化综合测试设备。其中，华腾ATES 6 航空电子通用ATE测试系统获得国家火炬计划项目。

成都思泰航空科技有限责任公司

Chengdu S&T Aviation Technology Co., Ltd.

STA 思泰航空 AVIATION

成都思泰航空科技有限责任公司（以下简称公司）是由中航工业成都凯天电子股份有限公司（简称中航工业凯天或161厂）、中航工业宜宾三江机械有限责任公司（简称三江厂或570厂）投资，定位于航空器部附件维修、航空零件制造、航空装机产品研发生产、航空设备研发制造等业务领域的航空服务性企业。

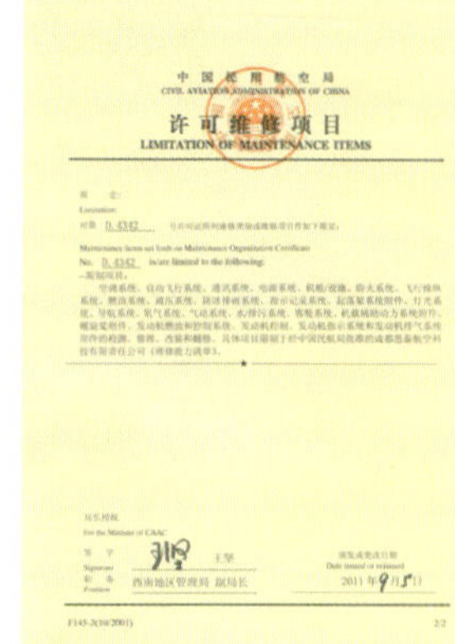

公司具备民用航空产品400多个大件号、2000余个小件号的维修能力，专业覆盖导航系统、通讯系统、发动机控制及指示系统、电源系统、飞行操纵系统、空调系统等。下一步公司将依托自身的专业优势，在电子电气方面强化大气数据系统、飞行参数系统、电参系统、无线传输系统、起落架控制系统、货载系统及各类仪表传感器等专业的维修能力；在航空机械附件方面，依托自身具备的专业基础，发展机轮、客舱设施、瓶体、气动附件、液压附件等专业的维修能力。

民航维修测试设备

综合大气数据测试台

台式航空总线分析仪

便携式航空总线分析仪

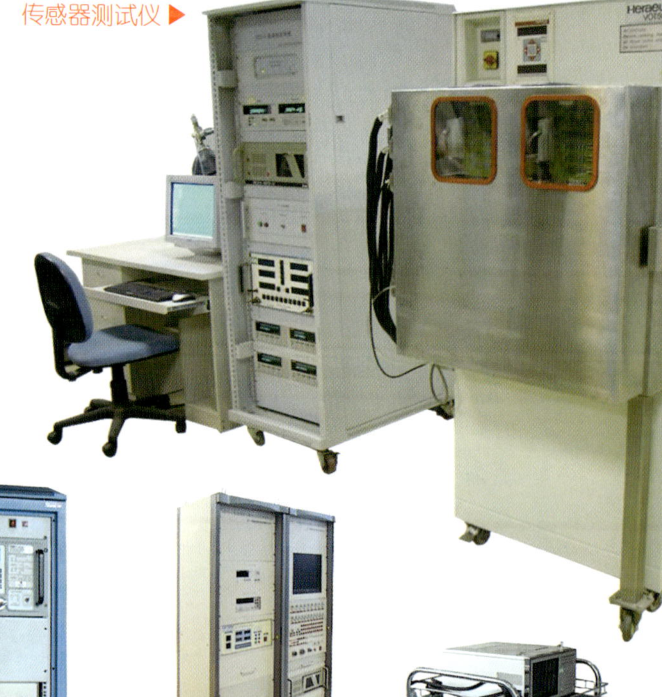

传感器测试仪

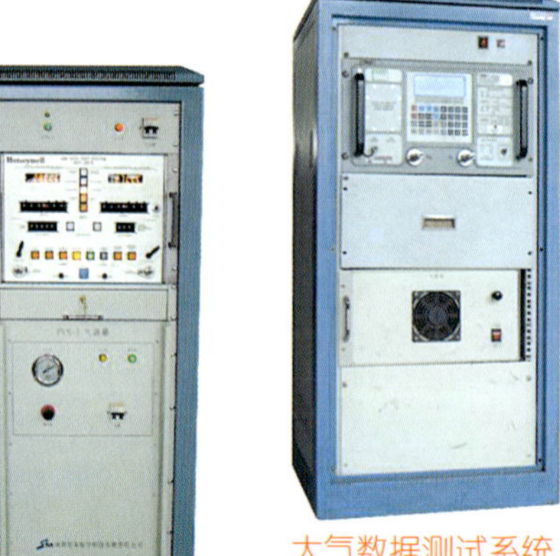

大气参数测试仪

大气数据测试系统

电源参数采集显示系统测试设备

电瓶测试仪

中国民航管理干部学院

Civil Aviation Management Institute of China

中国民航管理干部学院是“民航中高级管理干部培养基地，民航改革与发展的思想库，民航应用型人才培养的摇篮”。“十一五”期间，学院成立中国民航安全学院；接收民航总局培训中心成立学院昆明基地；实行校企合作，组建学院东方大学城教学区；广泛开展国际交流，创立中国民航发展论坛品牌；学院规模持续扩大，发展水平持续提升。到2010年末，学历教育在册学生近5000人，短期培训累计超过12万人次，承担科研项目达600多项，为民航政府、各企事业单位培养输送了大批管理人才和专业技能型人才，为政府的宏观管理、各企事业单位的改革与发展提供了重要的科研咨询支持。目前，学院在编员工251人，教师162人，教师占全院正式职工的比例达64%，其中，博士研究生占29.6%，具有副高级以上职称者占38.9%，享受政府特殊津贴的专家学者5人，外聘专家学者400余人，形成了一支数量适中、素质优良、结构合理、充满活力的员工队伍。未来学院将继续以学历教育为基础，以中高层管理干部培训和科研咨询为龙头，确立在民航管理、安全培训领域中的国内领先地位；建成一流的中国民航发展研究中心；成为在亚太地区航空领域具有影响力的学院。

李家祥局长在2010中国民航发展论坛发表主旨演讲

孙晓梅院长会见国际民航组织前任秘书长塔伊布·谢里夫及国际机场协会代表

新加坡交通部代表团访问我院

中国民航管理干部学院

地址：北京市朝阳区花家地东路3号

邮编：100102

总机：010－5825000

中国民用航空飞行学院

国际民航理事会主席高贝访问飞院　　三国六方合作创办的中国航空发动机维修培训中心　　飞院现代化的辅助教学设施

占地16000多亩的中国民用航空飞行学院，创建于1956年，原名：中国人民解放军第十四航空学校、中国民用航空局高级航校。是目前全球办学规模最大、教学水平一流的民航高等学府之一。

中国民用航空飞行学院位于成都平原的腹地——四川省广汉市，校园建筑面积72万多平方米。校内树木葱茏、绿草如茵，环境宁静、幽雅，是一方读书、治学的净土。

历经51年的建设发展，中国民用航空飞行学院已经形成了以工学为主，理、工、文、管等多学科协调发展的办学格局。学校现有8个二级学院和1个体育部，开设有飞行技术、交通运输、交通工程、热能与动力工程、英语等21个本专科专业，其中，省部级品牌专业2个、精品课程12门，并在飞行技术与航空安全、交通运输规划、机务工程、航空人因工程等6个方向开展研究型硕士生培养，所设专业覆盖了民航运输所需人才的各个专业领域。

学校建有一批高水平的研究院所，其中，民航飞行技术与航空安全科研基地是中国民航的重点科研单位，基地下设部级重点实验室5个。2006年，经国际民航组织和中国民航总局认证，学校成为国内唯一有权开展国际民航（ICAO）英语培训和等级认证的教育机构。

学校现有固定资产近26亿元（不含土地资产值），其综合办学实力和整体水平居国内民航高校之首。目前，学校在四川、河南两省6地市建有4个飞行分院、5个机场、1个通用航空公司和1个飞机修理厂；配有奖状、夏延、西门诺尔、TB、赛斯纳-172等13种共234架初、中、高级教练机和包括波音737-300、800、空客320等在内的全飞行模拟机、固定模拟机和练习器35台；有中、美、法三国六方合作创建的位居全球三大培训中心之列的航空发动机维修培训中心，拥有各型航空发动机400余台；馆藏图书超过百万册、电子图书73万册、国内外数据库33个，建有1000兆校园网。

学校坚持以学生为本，结合从严治校的方针，实施准军事化管理。校内学术氛围浓厚，学风、校风良好。近年来，学校大力加强和改进大学生思想政治工作、学生文化素质教育，建立了令国内高校瞩目的大学生思想政治工作体系和文化素质教育体系。

长期以来，学校十分重视学术和文化技术交流，已同包括波音、空客等知名航空企业，美国佛罗里达理工学院、墨尔本皇家理工学院、北欧飞行学院等在内的国外数十所大学、科研机构、跨国公司建立了友好合作关系。有包括两院院士在内的近100名国内外知名学者、专家被学校聘为名誉教授、客座教授或名誉顾问。

51年沧海桑田，51年栉风沐雨。飞院人根植民航，见证变迁，创造辉煌。据统计，建校51年来，中国民用航空飞行学院为新中国民航和亚洲、非洲20多个国家、地区的民航业培养了近50000名各类专业人才，其中，向中国民航输送的13000余名飞行员，占中国民航飞行员总数的90%以上。

今天，中国民用航空飞行学院，将发扬“忠诚团结、勤奋严谨、安全精飞、求实创新”的优良校风，继续解放思想，以科学发展观统领全局，坚持安全、质量第一的方针，以改革开放促发展、促和谐，努力把世界一流飞行大学建设推向新的阶段。

前言

2012年，对于中国民航来说，是具有里程碑意义的一年。在全面建设小康社会关键时期和深化改革开放、加快转变经济发展方式攻坚时期，党的十八大胜利召开，为全党和全国人民明确了新的奋斗目标，也为民航发展提供了新的战略机遇。《国务院关于促进民航业发展的若干意见》的出台，把发展民航业提升为国家战略，使中国民航的发展站在了一个新的历史起点上。

我们必须锐意进取，将改革创新作为根本驱动力，推动民航有序健康增长。中央提出树立科学发展观，构建和谐社会，乃至将转变经济发展方式作为"十二五"的主线，都表明了改革的必要性和紧迫性。破解民航发展中面临的深层次矛盾和问题，不断增添发展的活力和动力，提高发展质量和效益，实现发展方式转变，促进民航科学发展，根本途径在于深化改革，不断创新。要引导航空公司尽快形成差异化发展的战略定位，强化大中型机场的管理职能。要让创新成为民航行业发展的内生驱动力，通过管理创新、科技创新、人才创新等，推动行业结构的优化和调整。

过去的一年里，全行业在党中央国务院的领导下，以科学发展观为指导，始终突出持续安全重点，牢牢把握持续健康发展主线，团结拼搏，开拓创新，安全生产、扩容增效、基础设施建设、教育科技、党建文化等各项工作均取得了新成绩。运输航空百万小时重大事故率和百万架次重大事故率大大低于世界平均水平，保持了持续安全的好势头；运输旅客3.2亿人次，同比增长9.2%；客座率80%以上，高于世界平均数10个百分点，发展质量明显改善；183个机场辐射91%的经济总量、76%的人口和70%的县级行政单元，民航业服务经济社会大局的作用进一步增强；45个机场周边已规划发展临空经济区，航空经济正在成为新型经济发展形态。

当前，我国仍然是全球最具发展潜力的航空市场，中国民航发展仍处于大有作为的重要战略机遇期。同时也必须看到，全球经济真正摆脱金融危机影响仍需时日，关键资源紧张和发展能力不足的因素仍然存在。我们必须保持坚定的信心和清醒的头脑，全面审视发展大势，准确把握时代要求，积极响应人民期待，科学谋划思路，切实改进工作作风，推进民航持续健康发展，为我国全面建成小康社会作出民航人应有的贡献。

十八大的春风沐浴着中国民航事业，艰巨繁重的工作和更加重大的任务等待着我们去完成。我们要团结一致、再接再厉、开拓创新、真抓实干，努力把民航科学发展提高到新的水平。

《中国民航业发展报告》编委会

2013年2月

规划发展

业内综述

——规划发展——

“十二五”期间民航科技发展研究

中国民航管理干部学院

第一章 “十一五” 民航科技发展回顾和总结

一、“十一五”以来民航科技发展回顾分析

（一）“十一五”以来民航科技工作取得的主要成绩

“十一五”期间，我国民航继续保持了快速发展的良好态势，民航事业的快速发展为民航科技提供了广阔的舞台，民航科技的发展也为民航事业的发展提供了有力的支持，是对民航科学发展的支撑保障和服务作用最为显著的时期。民航局党委大力推进 “科教兴业”战略的实施，加大了对科研的投入力度。几年来，在民航各级政府部门、科研机构、高等院校、民航企业等各方面的共同努力下，全行业科技投入不断加大，科研条件不断改善，创新能力不断增强，突破了一大批民航建设、运输生产和组织管理中的关键技术，提高了科技对民航发展的贡献水平，支撑了民航的快速发展。

2009年9月，民航科教大会召开，李家祥局长从落实国家科教优先发展战略、推动民航科学发展、保证民航持续安全的高度，深刻论述了加强民航科教工作的重要意义，做出了一系列重要分析和判断，提出使民航科教事业来一个大发展是提高综合国力的重要组成部分，是增强民航核心竞争力的关键。2010年1月，《建设民航强国的战略构想》提出建设民航强国，科技工作的任务是建立以政府为主导、企业为主体的开放式科技创新支撑体系，为民航科技未来一段时间工作指明了方向。

1．通过科教振兴行动计划的实施，民航科技事业持续健康发展的基础更加坚实

“十一五”是我国科技发展的重要机遇期，党中央、国务院高度重视科技创新工作。2006年年初，党中央、国务院召开了全国科学技术大会，作出加强自主创新、建设创新型国家的重大战略决策，颁布了《中共中央国务院关于实施科技规划纲要增强自主创新能力的决定》，制定和实施了《国家中长期科学和技术发展规划纲要（2006—2020年）》，出台了支持科技自主创新的一系列配套政策。为促进民航行业科技创新。《民航科教振兴行动计划 （2005—2010年）》明确了到2010年民航科技发展的指导方针和主要目标，提出了在创新能力建设、重大项目攻关、科技管理创新等方面的重点任务。2009年9月，民航局发布了《关于进一步加强民航科教工作的意见》，它是指导今后一个时期民航科教工作的重要纲领性文件。《意见》中把科技和信息化工作归纳为“1516”工程，即“1个民航科技计划体系，5个行业重点实验室，10个科技重大项目，6个信息化工程。”

同时，各地区、各单位也结合各自实际，出台了针对性强、水平较高的促进本地区、本单位民航科技发展的政策。这一系列民航科教政策的出台，有力地指导了民航科技事业的发展，为 “十一五”及今后一个时期民航科技事业的持续健康发展奠定了坚实的基础。

2．大力加强行业科技创新体系建设，科技体制机制进一步顺畅，科研实力更加厚实

建立适应民航现代化要求、充分发挥市场机制作用、符合民航科技自身发展规律的民航

科技创新体系，是推进民航科技创新、促进民航又好又快发展的重要内容。

科研团队水平稳步提高。“十一五”期间，改善了一批民航科研院所、高等院校的科研基础条件，对民航科研基地建设起到了重要的支持作用，也为培养科技人才创造了良好环境。在全行业开展了“全国民航特聘专家及技术带头人才”的遴选活动，增强了中青年科技人员服务民航行业的责任感、使命感和荣誉感，涌现出一大批中青年民航科技骨干，形成了一支相对稳定、能力较强的民航科技研发队伍。“131”工程中的11个科研基地建设进展顺利。国家自然基金民航联合基金的设立、民航科技基金投入的增加与评审水平的提高，对吸引科研人员投入民航科技研发、建设一批稳定的科研队伍，提高民航自身科技水平起到非常重要作用。2008北京奥运会残奥会航空运输保障水平高、服务好，全方位展示了水平，锻炼了队伍，培养了人才。

以我为主、开放融合，建立完善的创新体系初步形成。在发挥行业所属的科研机构、高等院校服务功能的同时，注意面向全社会，采取更加开放的科技管理政策，引入竞争机制，让更多的社会优秀科技力量参与到民航科技领域研发活动中来。“十一五”以来，民航引入了清华大学、国务院发展研究中心、国家发改委等行业外高层次科研单位和力量，开放搞科研，形成了多层次、多形式的产学研合作创新机制，增强了民航科技创新能力。通过与知名机构、专家开展科学合作研究，不仅扩大了民航行业的影响，锻炼了队伍，提高了研究的层次与水平，同时也为民航发展创造了良好的外部环境，成效显著。目前，已基本形成了由中央和地方民航科研机构、国有和民营科研机构、相关高等院校和企业等组成的多形式、多层次的民航科技创新体系。

科研基础条件平台建设稳步推进。“十一五”期间，在行业重点实验室建设的基础上，积极推进行业研发中心平台建设，开始有计划地培育国家重点实验室。民航行业重点实验室的建设，有效调动了行业内外的科技资源，提升了民航行业自主创新能力和持续发展能力。同时，行业重点实验室在科技人才培养、国际交流合作、成果推广应用等方面也都发挥了积极作用。行业科技创新能力的增强，还体现在行业科技资源的共享程度上。为促进民航行业科技资源的共享，避免重复建设和项目重复投入，加强科技成果推广应用，提高科技管理的信息化水平，在“十一五”后期将积极推进民航科技信息资源共享平台建设。

“十一五”期间，民航科技奖励成果水平稳步提高，获得国家各种奖励等级、数量逐步上升。

3．科技项目整体水平不断提高，支撑行业发展和科学决策的效应更加确实

“十一五”以来，民航科技工作在组织实施 “科教兴业”战略的过程中，紧紧跟踪世界民航科技发展的前沿技术，抓住民航基础研究和运输生产以及管理中的关键问题，加强领导，加大投入，采取重点攻关、行业联合科技攻关、引进消化吸收等多种形式，在许多领域取得重大突破。软科学研究得到广泛重视，科技成果向现实生产力转化，科技贡献率不断增长，科技自主创新能力进一步提高。

民航联合基金项目计划进展顺利。国家自然科学基金委员会和中国民用航空局联合研究基金计划设立两期资助计划以来，共受理了711个申报项目，批准资助了139个立项项目，发表学术论文734篇，获批准国家级专利8项，科研成果已推广应用了9项并出版专著14部；建立了民航科技产业化基地，加快推进了民航高新技术的引进、消化、吸收和创新。在国家立项的国家“863”计划重大项目“新一代国家空中民航管理系统”，是我国民航有史以来首次承担的国家级高技术研究项目。该重大项目共设立了12个重点课题和2个技术验证工程，同时，为了加强与空管密切相关的基础性、前沿性研究，还设立30个面上课题。项目研究将以集成创新为重点，突出自主知识产权与行业标准。项目完成后，将较大幅度增加我国民航空管自主知识产权的拥有量，初步形成我国民航空管科技创新体系，培养和造就出一批具有

创新能力的学术带头人和国内高水平的科技创新团队，支撑我国新一代空中交通管理系统的建设。

国家空管委启动民航空管专项。民航系统在国家软科学计划等国家级项目中的立项数量稳步上升。

民航科技基金项目管理成绩显著。到2009年底，共立项381个，民航科技项目政府资助金额达6500多万元，立项总金额达到3亿多元。在应用技术项目稳步提高的同时，民航进一步加大科技投入力度，更加重视行业发展重大问题、局领导关心问题等领域的科学研究。坚持谋大略、观全局、抓大事，积极组织重大决策技术研究。在航空安全、战略管理、发展规划，运输经济、政府监管、航线网络、特许经营、机场财经政策、新一代航空运输系统建设和民航强国等诸多领域获得了很多成果。为领导决策、规章制定、运行规则提供了有力的科技支撑。如，民航强国战略研究、民航科教发展战略、项目的研究成果为决策提供了直接的应用，其他一些重点项目都在不同程度地为民航行业管理中的重大决策发挥了重要的支撑作用。

民航节能减排工作取得初步进展，完成了规划编制工作。

4．注重安全技术的开发和应用，持续安全的保障基础更加夯实

近几年来，高新科技的研制和应用正在并将进一步提升民用航空的安全水平，促进民航持续快速发展。航空安全管理系统功能不断完善，空中交通管理技术装备水平逐年提高，机场建设和管理技术含量明显增强。科技是航空安全的第一推动力，“十一五”期间，民航积极支持鼓励并制定相应政策促进航空新技术的研发与应用。2006年，开始推进新一代航空运输系统等关键技术的研发与推广，充分利用国家科技资金和民航配套资金，以关键核心技术的开发为突破口，带动了一批航空安全技术的应用。通过制定鼓励安全投入等政策鼓励企业开发、引进安全生产的关键技术和装备，持续提高企业安全生产的科技水平。

空管科技方面：空管自动化系统功能不断完善和强大、通信导航监视系统不断完善和强大、新航行技术得到应用和推广。作为新一代航空运输系统的核心技术之一，民航局发布了PBN（基于性能的导航）路线图并积极推进该路线图的实施，它的实施将对民航实现持续安全、增加空域流量、减少地面导航设施投资、提高节能减排和环保效果等具有重要作用，它是实现民航强国战略计划的重要组成部分。“空地协同的民航空域监视新技术及装备”获国家技术发明一等奖，航班信息一体化管理系统研制及应用取得初步成果。

飞行技术方面：在借鉴国际经验的基础上积极开发飞行标准监管系统（FSOP）；加强投资和技术引进。高原飞行综合技术研究（涉及气象、性能、程序、签派、飞行技术）的应用；飞行运行领域中的新技术：RNP运行中的性能问题、降噪程序、初始适航审定、应急程序设计开始使用；对航空器相关部件进行定期检测的方法多种多样，相应的检测设备自主研发能力增强。

机场科技方面：民航机场行李自动处理系统得到了进一步的发展，在技术上更加成熟，性能上更加稳定，应用上更为广泛。机场设备与系统方面取得了较为突出成果，有较好的效益。研制开发了飞机集中除冰系统、飞机除冰车、行李自动分拣系统等，科研成果转化成了能应用于生产实际的具有自主知识产权的产品，同时使国外进口设备价格大大下降。机场建设领域高原高填方技术研究取得重大成果，机场动态仿真系统开发研究取得显著成果。首都机场 3 号航站楼及其他机场的改扩建工程的竣工与应用凝聚着高科技因素，提升民航运输能力和服务水平。

“RFID技术在民航应用研究”的领域正逐步开展科研或放大试验工作，产业化工作也在积极推动之中，应用领域的拓展也在继续研究推进中。绿色机场建设技术研究启动并取得阶段性成果。

研究制定了应急预案，为提高民航应急反应能力，维护人民生命财产安全提供了有效保障。

民航信息化工程得到了大力推进，电子商务和电子客票应用发展，电子客票基本普及。“十一五”期间，民航进一步强化了信息安全体系建设，大力推进了新一代全球分销系统，感到信息化建设呈现出快速和谐、安全、可持续发展的良好势头，为中国民航事业的健康可持续发展提供重要支撑，特别是在围绕简化等一些新技术应用，提高方便快捷自助值机，努力从快捷公众角度出发充分发挥信息优势，大大发展公众乘机出行提高服务质量和水平。

（二）基本经验

回顾几年来的发展历程，我们体会到，民航科技发展不断取得重大突破，民航事业发展不断取得重大成就，有四个经验：

——实施“科教兴业”战略。近年民航局关于科教的几个规划（指导意见）部署均立意高、思路新、目标清、重点明、措施实的规划，是民航科技工作取得重大成绩的基础。发挥科技第一生产力和人才第一资源的作用，强化科研基础条件与科技人才队伍建设，依靠科技进步和创新推动民航增长方式的转变。“十一五”是民航科技人才队伍发展壮大的时期，民航科技探索人才发展的新机制，通过引进人才，培养人才，促进了科研人才和科技管理人才的进步和成长，涌现了一大批青年科技英才，提高了民航科技的可持续发展能力。

——坚持科技为生产服务。工作面向民航生产和建设主战场。围绕民航改革与发展中的重大问题，依托民航重大工程建设项目；领导重视，亲自参与课题攻关，组织开展研发活动；同时注重科技成果的推广和应用，促进民航行业生产力水平的不断提高。

——坚持以开放的姿态发展民航科技事业。在加大科技资金投入，集中有限的政府资金解决民航建设与发展中的重大科技问题的同时，引导社会资金投向民航科技领域，积极开展多种形式的科技交流与合作，利用全社会科技资源为民航发展服务。“十一五”期间，能够不断加大对民航科研的投资力度，是保证民航在“十一五”期间快速、持续、健康发展的源动力。同时，研究领域贴近民航实际需求，科研工作与实际应用需求的结合、研发与产业化的结合是最终将科技成果转化为生产力的关键。

——加强科研基础条件平台建设。着力建设民航的科技创新体系，增强了科研单位的市场竞争能力，增强了科研人员的创新活力，基本形成了适应市场经济，满足民航事业需要，多层次、多形式的民航科技创新新格局。“十一五”是大力加强民航科技创新体系的重要时期，通过科技体制机制改革和创新体系建设增强了民航科技的竞争能力，行业科技创新能力得到了加强。积极建设科研基地，构建科技创新的平台，科技持续发展奠定了牢固的物质基础。科技管理政策到位，运行规范，项目管理水平稳步提升。

第二章　“十二五”民航科技面临的新形势和新要求

一、“十二五”期间民航科技发展环境面临的新形势

（一）民航仍将平稳较快地发展

“十一五”期间，我国民航一直保持持续、快速的发展。2009年，民航全行业去年完成运输总周转量和货邮运输量为4271亿吨公里和4455万吨，分别比上年增长134%和93%。旅客周转量23亿人次，同比增长197%。这是中国民航旅客运输量首次突破2亿人次大关。在国际民航组织缔约国中的排名已稳居第2位。机场和空中交通管理基础设施建设不断取得新成绩，通用航空稳定增长，运输结构进一步优化，继续保持安全态势，服务质量得到较大改善。我国已经连续当选为国际民航组织一类理事国，成为名副其实的民航大国。

“十二五”时期是我国摆脱国际经济危机影响和走出国内经济调整迈向新繁荣的时期，是我国从工业化中期向工业化后期转变的过渡时期；同时，也是推进我国产业结构优化升级、实现经济发展方式转变的关键时期。扩内需、惠民生是今后工作基本政策。“十二五”经济有望保持中高速增长，但经济增长将进入高成本时代。成本上升加大（物流、土地、劳动力、环境）开始影响产业发展。“十二五”期间及今后一段时间，制造业将向服务业转型，根据国际民航发展经验，此时，对航空运输需求明显加大。民航是区域经济发展和产业升级的驱动力，民航是经济全球化的主流形态和主导模式，国家对外开放格局发生了变化，以前集中在东部，以后将是全方位的。

（二）我国民航发展模式面临转变，产业结构升级进程亟待加快

中国民航快速发展30多年，成就举世瞩目。但是，传统发展方式存在的不协调、不平衡与不可持续的问题也日益突出。主要表现在：国际与国内、客运与货运的关系不协调；区域发展不平衡且差距仍在扩大；生态环境压力日益增大；民航生产和管理的技术水平落后，影响行业竞争力。这些问题，有些反映了中国民航发展的阶段性特征，有些则是由于体制机制不适应全面、协调、可持续发展的要求而引致的。因此，加快结构调整、转变发展方式是未来中国民航实现可持续发展的内在要求。时不我待，关键要在“加快”两字上作文章。

“十二五”期间，巨大的需求潜力能够为我国民航的平稳较快发展提供持续的动力。民航比以往任何时候都更加迫切地需要坚实的科学基础和有力的技术支撑。保持民航事业较快的增长，建设资源节约型、环境友好型民航，必须依靠科技进步加快民航发展方式转变；参与日趋激烈的国际航空市场竞争，必须依靠先进技术加快民航产业结构优化升级；必须依靠技术创新显著提高航空安全的保障能力。

（三）建设民航强国是民航今后一段时间的战略目标

进入21世纪以来，民航局为贯彻党的“十七大”落实科学发展观，全面建设小康社会的精神，在全面分析我国民航发展的优势、劣势的基础上，提出到2030年要实现从民航大国到民航强国的战略目标，这是我国民航发展的历史的、必然的要求。2010年民航工作会议明确了今后一段时间内要用建设民航强国战略构想引领各项工作。根据《关于建设民航强国的战略构想》的描绘：到2030年，全面建成安全、高效、绿色的现代化民用航空体系，实现从民航大国到民航强国的转变。科技发展的具体目标是：建立产用研相结合的一流科技创新支撑体系，适应行业持续发展；培育具有自主知识产权和国际竞争力的信息服务系统。

（四）“十二五”期间民航的快速发展呼唤科技先行

建设创新型国家需要强大的民航业为支撑。民航科技产业作为民航业的组成部分，是支撑民航运输可持续发展的重要条件之一，是航空运输企业参与全球竞争的基础。鉴于我国民航科技产业领域相对落后的情形，欲推动我国民航运输市场的长足发展，在该领域进行资源整合和体制创新势在必行。

“十二五”至2030年，是中国民航实现由民航大国向民航强国历史性跨越的重要时期，航空运输业将继续保持快速而稳步的发展。据预计，“十二五”期间航空运输的年增长率将仍保持12%以上的速度，未来航空运输高速增长的趋势，势必带动对运输飞机、飞行、运行、保障等方面的大量需求，与民航运输市场一样，其相关子市场也会呈现出欣欣向荣的趋势。民航科技产业是集研发、制造和销售于一体的完整的产业链，三个部分之间相互关联、相互影响和相互制约，形成了一个有机的整体，是一个系统工程。民航科技产业链上涉及民机产品设计、生产、安装、调试、总装、修配等多个环节，内容涉及民用飞机及附属产品、空中交通管理设备、机场特种设备等的研制与生产，飞机维修、发动机维修、机载设备维修等以及相关的技术服务、培训等。在民航科技产业链上各环节的产品和服务即为民航科技产品。随着我国自主研发和制造航空支线及大飞机项目的开展，将带动一系列的国产飞机适航、维修、零部件配给、市场开发和分析等，民用航空方面的需求。

（五）增强科技创新能力已经刻不容缓

要从民航大国走向民航强国，必须提高科技创新能力，着力突破产业关键核心技术，加快产业结构优化升级，提高产业的国际竞争力。

从需求角度看，日益加剧的国际航空运输市场竞争表明，航空运输服务产业和产品的竞争越来越表现为技术的竞争，以美国为主的发达国家民航凭借对技术的垄断和快速升级，以图长期保持对我国民航的优势，从而获得不对称的经济、甚至政治利益。我国民航已经对产业升级和新一代民航先进技术提出急迫需求，在此情况下，如果继续长期依靠大量引进国外技术而不加强自主创新，我国民航不仅要支付更高的成本，而且必然会丧失竞争的先机。纵观航空运输业发展的历史轨迹，航空运输业的发展在很大程度上要归功于运输成本的持续降低。要保持这种趋势，一方面需要依靠航空制造业技术水平的进一步提高，另一方面则需要更多地依靠航空运输业实施更有效的运营管理模式。

从供给角度看，自20世纪70年代后期以来，我国民航一直将引进国外飞机及空管、机场等技术设备作为发展民航的重要途径，收到了明显成效。但由于缺乏消化、吸收和自主创新不够，又与本国工业、信息产业缺乏合作交流，从而也形成了航空器、空管设备等重大装备以及行业标准对发达国家的长期的高度依赖，在关键技术上又往往受制于人。同时，随着一些技术领先国家加大对我国进口先进技术的限制，先进技术特别是战略高技术很难引进。

“十二五”期间和今后一个时期，应力争以自主创新能力为核心，完善民航创新体系。要以民航重大科技专项的实施为契机，组建产业联盟，推进产学研一体化，逐步掌握产业链关键环节的研发知识和制造技术，促进相关产业的技术进步。民航传统上是作为科技应用为主的行业，有一些是民航内部研究单位和企业自主研究的，对有些民航内部研究较困难的领域，应和国家科技管理部门及科研制造部门加强合作，和国家整体科技规划联系起来，进行国产自主化研究和制造，以降低相关领域国外采购的高成本和关键技术受制于人的风险。

（六）民航的快速发展为科技发展提供了新机遇、新需求

民航是高科技应用最广泛、最直接、最集中的行业之一。“十二五”期间，随着科技进步的日新月异，新技术将进一步应用到民航，使民用航空运输具备了向更安全、更快捷、更舒适方向发展的基本条件。同时，民航快速发展要求不断创新航空器的设计、制造，创新机载、空管、机场等设备和信息技术等，从而拉动高科技产业发展。信息技术已经渗透到航空运输的各个环节、各个领域，并迅速成为增强企业竞争力的一种重要手段。通信技术的迅猛发展，以及其与信息技术的高度融合，使得空中交通管理成为国际航空业发展最快、影响最大的一个领域。综观国际空管领域，以通信、导航、监视为主体的新一代空中交通管理技术发展迅速。

“十二五”期间，我国民航业所面临的挑战是：如何保证航空运输高速、协调、平衡的发展；如何在保证发展的同时，进一步提高航空运输方式的安全性；如何在国际形势复杂多变、竞争日益激烈的情况下，通过信息化、智能化技术的应用，提高我国航空运输业的效率、效益和服务质量。另一方面，低碳环保因素对航空运输的压力明显加大，尤其是国际航空运输，由于碳排放政策的付诸实施，将对国际航空运输产生重大的冲击，也是我们必须正面的事实。因此，充分发挥科技作为第一生产力的作用，无疑对民航业的发展具有十分重要的意义。

民航业科技含量的迅速提高，科技在支撑民航业竞争力中地位的不断提升，民航科技发展的滞后对整体发展的不利影响将会日益显现。“十二五”期间民航发展对科技的需求将集中在安全保障、转变发展方式、运行管理、新技术新装备、信息化、低碳环保建设等方面。

新一代航空运输系统研究是“十二五”民航科技发展的重要内容，“十二五”期间，新一代航空运输系统将继续就中国民航的新一代运输系统框架、定义深入研究，跟踪国际发展趋势，围绕新一代建设，在空管、安全、信息、适航维修、安保等领域进行重点突破，以更好地支撑民航强国建设的需求。

“十二五”期间，加快结构调整、转变民航发展方式的任务十分紧迫。金融危机爆发后，世界航空运输处在动荡、调整之中。加快结构调整，促进民航发展方式转变，推进民航产业升级，需要创新发展理念，进一步理清思路。要通过技术进步和全面创新，着力节能减排和保护环境。提高自主创新能力是优化产业结构的中心环节，是推动发展方式转变的重要杠杆。民航科技如何支撑和引领民航发展方式转变上发挥重要作用，给民航科技提出了新需求。

二、新形势对民航科技工作提出了新要求

在总结前面成绩和经验的同时，也应该清醒地看到，与面临的新形势和新要求相比，民航科技工作还有一些差距和不足，主要体现在以下几个方面：

（一）民航科技整体发展水平还不能满足民航快速发展的要求

基础性、前瞻性研究不足。许多行业重大问题、行业发展关键技术的研发与实际需求还有较大差距；现代信息技术等高新技术的集成与应用还有一些薄弱之处，民航安全保障技术和节能减排技术研发也相对滞后；一些适用的科技成果未能及时纳入技术标准和工程规范；科技积累不能满足民航高速发展的需要。

我国民航自有科技成果、技术、专利、软件著作权等明显落后于民航发展对科技的要求。全行业中大部分主要设备及软件系统均依赖于国外技术。在空中交通管理、航空安全、航空器维修、大型复杂机场的规划、设计和建设等大多数技术含量集中的领域中，我国目前还处于技术跟进式发展阶段，即主要通过采用国际成熟技术，采购国外先进产品来提升技术水平，对引进技术的消化吸收能力差。在信息化网络建设、信息资源共享、数据的综合集成和利用等方面还有很大差距。

民航科技产业发展水平较低，在降低成本、提高运输企业竞争力方面的作用还有很大差距。在民航科技产业化之路上，我国已经做了一定的努力，但现状和民航运输大国的地位依然不相匹配。与发达国家相比，我国民航科技产业领域存在的问题集中体现在以下方面：

（1）关键技术受制于人，航空运输成本居高不下。我国民航设备对进口依赖性强，民航科技还不能完全适应民航的发展和知识经济时代的要求。根据对进口和国产设备占民航总采购量的统计情况来看，近几年，进口设备价值基本相当于国产设备的3～48倍。民航科技水平落后已经成为我国航空运输成本居高不下的主要原因之一；

（2）预备性成本过高造成竞争力低下。在我国现阶段，预备性成本占总购买成本的10%～30%，而国外航空公司这一比例仅为10%～15%，影响了我国航空运输企业的盈利能力和竞争能力。

（二）民航科技投入和成果转化能力仍落后于实际的要求

一是全行业科技投入明显不足。民航发展科技投入严重不足，民航每年投入的科研经费占行业产值的比例偏低，和我国民航所处的世界第二的规模极不相适应。近年来，为增强市场竞争能力，各发达国家无一不重视对民航科研领域的投入。从20世纪80年代起，美国政府开始重视“政府支持–研究开发–产业化”结合的问题，开展了一系列激励民航科技产业界的R＆D活动计划，如“中小企业创新研究计划”、“先进技术计划”和“制造技术推广计划”等，鼓励和支持国内外科研机构、工业企业和高等院校开展多层次、多形式的交流与合作。与美国类似，欧盟对民用航空科技投入也相当大。相比之下，我国民航科技研究的经费严重不足，民航科技资金投入远远不能满足需要已成为共识。据对本届特聘专家和技术带头人的调查显示，在资金投入是否充足上，回答“否”的占回答问题人数的66.6%。同时，科技投入还没有形成多元化、持续稳定增长的投入渠道。

与其他交通方式相比，民航科技研发投入也很低。2008年，交通科技研发资金26亿元（不包括工程科研）。铁道部具有较为稳定的研究开发经费来源渠道和规模，铁道部每年在运输总支出和铁路建设基金中分别安排0.06%和0.25%的研究开发经费，主要用于铁路行业重大、关键性和共性技术的研究开发及科技成果示范性推广。2007年，铁道部研究开发经费为28128亿元。另据有关资料显示，“十一五”期间，铁道部和铁路运输企业把科技投入作为预算保障的重点，每年安排的科技研究与试验资金不低于铁路运输收入的0.5%。

二是政府项目所占比重高，企业科技投入较少，政府科技创新资金的杠杆作用尚未充分发挥。科技项目指南的创设上存在一定缺陷。虽然发布项目指南，但是由于尚未站在产业科技进步的高度缺乏战略规划，实际批准立项的项目往往不能形成完整的系统，更难以统筹关键性战略高技术项目的研究。虽然自然科学基金项目等吸收了民航外高等院校的科研力量，但是在整个行业的应用基础研究和战略高技术项目上利用我国工业和信息产业的优质资源依然不够充分。现有民航科技不少项目在技术装备、行业标准和市场规则等方面在总体上依然没有改变我国民航相对于美、欧的从属地位。

三是与其他交通方式科技立项相比，民航领域在国家立项的项目太少，差距很大。如，《国家中长期科学和技术发展规划纲要》中与民航有关的仅是重大项目智能交通管理系统中的一个子项目：新一代空中交通管理系统。而铁路的重大项目有两项：高速轨道交通系统、高效运输技术与装备。

四是成果有效推广应用和产业化水平不高。科技与生产结合不够紧密，科研成果及时转化为现实生产力的问题还没有从根本上解决；据统计，近5年来我国在民航科技领域的平均投入产出比为1：6.4，而在发达国家，这一比例为1：20。高新技术的跟踪、推广运用力度不够，有些国外已经成熟并广泛应用的技术，我们才开始起步。另外，我国民航科技产业市场化程度相对较低，发展主要靠国家计划而不是市场调节，与市场脱节和企业之间彼此独立封闭的运作形式都不可避免地造成了严重的低层次重复建设情况，自主创新基础差、产业链条不完整等都是我国民航科技产业发展的重重障碍。

（三）民航科技创新体系还不能满足行业科技发展的要求

一是开放、高效的民航科技创新体系尚未建立。

二是民航科研院所技术储备不足，科研基础条件仍比较落后。民航科技界领军人物很少，缺乏多才和多工种经历的专家，缺乏在国际民航技术领域有影响力的专家，缺少具体措施促使特聘专家和中青年技术带头人发挥更大影响力和进一步成长。在国际民航技术标准制定方面参与很少。人才短缺、队伍结构不合理的状况还没有得到根本改善。科技人员意识不够强，企业作为技术创新的主体意识比较淡薄；技术开发与实际需求的结合还不够紧密；有关科技企业转制后相关优惠政策未能落实，造成转制后负担较重。

三是民航行业重点实验室建设、推进民航科技信息资源共享平台建设、推进行业科技管理平台、促进民航科技信息资源共享工作的进度比较缓慢。

四是政府民航科技管理工作机制需要进一步优化，行业科技管理方式有待进一步完善。目前尚未建立一个有效的科技监督和评估体系，来评估科技规划落实情况，审定科技项目是否有助于行业发展目标的实现，是否达到了计划的项目标准，是否存在重复浪费现象。

五是民航科技项目计划（重大科技、应用技术和软科学研究）之间的协调机制需要完善。

（四）民航科技发展环境不适应新形势的要求

一是对科技在民航强国中的支撑和引领作用和地位的认识需要进一步深化。

二是民航科技创新在国家科技创新体系中的作用较小。民航科技定位不能游离于国家体系之外，应提升民航创新体系在国家创新体系中的地位，民航是高科技应用行业，涉及许多高科技，对高科技应用需求很旺，民用航空催生科技创新。

三是加快适应综合运输体系下民航科技发展的要求。民航局并入交通运输部的管理后，民航局科技部门也在加强同交通运输部科技管理和研究部门的沟通和联络，需要对综合交通运输体系规划等方面进行联合研究。新的管理体制要求我们民航部门的科技管理者树立全局观念，不断拓宽视野，加强科技创新，要特别重视其他运输方式的发展，共同研究开发相关的技术，促进相互衔接、协调发展，促进综合运输体系的发展。

四是开展对外民航科技合作与交流的步伐应进一步加快，以适应现代民航科技发展的需要。

第三章　指导思想和目标

一、指导思想

作为国家科技体系的重要组成部分，民航科技是民航科学发展的支撑，是民航安全的保障，是引领民航强国建设的基础和排头兵。把民航科技放在优先发展的战略高度，发挥科技在民航科学发展、持续安全和强国建设中的支撑与引领作用。

全面贯彻落实科学发展观，实施“科教兴业” 战略，坚持“科技创新，重点突破，保障安全，支撑发展”的基本方针，以民航强国战略需求为导向，着力建立以政府为主导、企业为主体、市场为导向、产学研相结合的民航科技创新体系；着力建设集成创新、引进消化吸收再创新的民航科技创新平台；着力解决民航发展的关键技术；着力提高信息安全保障能力。以解决影响民航快速发展的瓶颈问题为重点，围绕民航强国建设目标，把握信息化发展趋势，统筹兼顾，加快推进民航企业信息化，采用信息技术提高民航企业运营和管理水平。适应世情、国情、民航发生的深刻变化，积极稳妥地推进信息化建设体制机制创新，全面构建适应民航持续安全发展的信息化体系。

二、发展目标

“十二五”民航科技发展的总体目标是，从中国民航发展的实际出发，健全政府主导与产学研用有机结合的中国民航科技创新体系；取得一批拥有自主知识产权和具有重大影响的科技研发成果；完善与生产紧密结合、成果快速转化的科技成果推广应用体系；民航科技自主创新能力显著增强，民航科技进步贡献率稳步提高；提升民航网络和信息安全，促进民航信息化的全面、快速发展，以信息化支持民航强国建设。

（一）科技创新能力建设取得重大进展

——完善民航基础研究、软科学研究、应用技术研究及重大项目研究等科技计划体系，力争民航科技创新纳入国家科技计划体系，在国家科技创新体系中占据民航应有的地位。

——培养、造就学科齐备、创新能力强、人才储备足、实力雄厚的民航科技创新团队。

——完善民航行业重点实验室总体布局，建设5个民航行业重点实验室（工程技术中心）。争取将1～2个民航重点实验室（工程技术中心）建设成为国家级重点实验室（工程技术中心）。

——建立和完善行业科技信息资源共享机制，形成覆盖全行业的开放式、网络化的民航科技信息资源共享平台。

（二）科技成果取得集群突破

——重点围绕建立我国新一代航空运输系统的有关工程技术问题，凝练10个重大科技项目，进行创新性研究和集中攻关，并取得集群突破，实现科技的支撑作用。

——紧紧围绕民航改革发展中的重大问题和民航强国战略实施过程中的重大决策课题开展民航软科学研究，提高决策的科学性和规范性，降低决策风险。

——在民航节能减排关键技术、航空安全和应急保障技术等方面研究取得突破。

——完成6个民航信息化工程。紧密围绕民航科学发展、持续安全和实现强国战略目标的需要，集中优势资源，攻克行业急需的关键技术；重点建设政务、商务、物流、公共服务等方面的信息化项目；建设权威专业的民航综合信息网络中心，推进多方式信息服务协同发展；加快相关标准规范的制定，加强组织监管，建立民航信息产品的评价体系和监理机制；完善民航信息安全保障长效机制。

（三）行业科技管理和科技普及工作取得明显成效

——建立健全科研立项与生产紧密结合、科技成果快速转化的民航科技立项和成果推广的机制和制度，形成较为完善的科技立项和成果推广体系。提高民航科技资金投入效益和成果转化率，投入产出比提高到1∶10以上。

——健全适应现代民航运输业发展需要的技术标准体系，提升技术标准总体水平。

——通过开展多种形式的科技普及工作，民航科普和国民航空素质大幅度提高。

第四章　主要任务

围绕“十二五”民航科技发展的指导思想和目标，面向民航科学发展、持续安全和民航强国战略的需要，发挥行业科技的整体优势，集中力量，重点突破，实施科技创新“1516”工程①，提高民航科技创新能力，使科技工作更好的支撑行业发展，“十二五”民航科技发展的四个主要任务是，完善民航科技计划体系、民航科技创新能力建设、开展重大项目研究和实施民航信息化工程。

一、加快完善民航科技计划体系

以支撑建设民航强国为目标，以创新型国家科技体系建设为指引，以新一代民用航空运输系统研究为重要载体，充分发挥民航企业、科研院所及社会力量的积极性，建成政府主导、企业为主体，多层次、开放的民航科技计划体系。

（一）融入国家科技计划体系

积极组织参与国家重点基础研究发展计划（973计划）、高技术研究发展计划（863计划）、科技支撑计划、科技基础条件平台建设计划和国家重大科技专项计划，研究民航发展的基础性理论、方法与技术，提升民航创新能力，促进知识创新与技术创新的结合，逐步使民航科技创新纳入国家科技计划体系，争取国家更大的支持。组织实施国家科技支撑计划重大项目“中国民航协同空管技术综合应用示范”的研究开发工作。

（二）继续推进民航联合研究基金研究工作

稳步扩大国家自然科学基金民航联合研究基金的资助规模和资助强度，对民航发展所面临基础性、系统性、全局性和前瞻性的问题进行基础研究，围绕民航科学发展、强国建设和持续安全等开展重点研究，提升行业应用基础研究能力和关键技术的基础理论。

（三）加大支持民航基础理论和软科学研究

把民航基础理论和软科学作为民航科研的战略重点之一，加大支持力度，重点研究民航发展中的一些全局性、前瞻性和战略性重大问题，为政府宏观决策和行业发展中的管理决策

①“1516”工程的具体含义：
1是指完善1个民航科技计划体系，形成以政府为主导、企业为主体、市场为导向、产学研相结合的民航科技创新体系。
5是指建设5个民航行业重点实验室（工程技术中心），实现建立行业科技创新条件平台和骨干团队。
1是指组织10个民航科技重大项目，实现建设发展新一代航空运输系统关键技术和核心技术的突破。
6是指建设6个民航信息化工程，实现全面建设民航信息化，提升行业核心竞争力。

提供科学依据。重点支持政府宏观管理与政策、民航安全管理、综合交通运输体系、通用航空、民航运输经济理论、民航企业管理、国际环境与竞争、民航法律法规和机场布局与航线规划等。开展科技支撑民航强国战略实施的中长期规划及实施路径研究。

（四）组织实施重大专项研究

根据民航强国建设和民航持续安全的需要，集中科技攻关，掌握关键技术和核心技术，实现自主创新和行业技术升级。启动10项重大专项项目研究。

（五）加强应用技术研究

不断扩大应用技术研究资助领域，突出重点，有所侧重，跟踪世界民航科技发展动态，开展集成创新和引进、消化、吸收再创新的应用技术和前沿技术研究，以满足我国民航发展的切实需要，促进民航运行保障设施的自主研发和国产化。着重支持安全管理，机场运营保障，空中交通管理，通用航空飞行及保障，应急救援等方面的研究，不断提高民航运行保障能力和效率。重点支持拥有自主知识产权的新技术和新产品的研究与开发。

（六）大力扶持民航企业的科技研发工作

通过政策引导、支持和鼓励民航企业开展科技创新活动，支持具有行业进步示范作用的科技项目，重点支持民航企业开展产业结构调整，企业运行新技术的研制攻关和新设备的开发创新，企业运行设施设备的监控技术，维护维修技术及升级改造技术研发，企业信息化技术的应用和综合集成技术创新。

二、突出创新能力建设

把完善创新环境作为科技管理的重点，实现从技术突破的单一目标向科技持续创新能力提高的综合目标转变，通过“十二五”科技发展规划的实施，打造一个创新平台，建设一批创新基地，实现一批技术突破，培养一批创新人才，造就一支创新队伍，持续提高科技创新能力。

（一）科技平台建设

以建立共享机制为核心，扩大实验设备设施、数据、信息等各类科技资源的共享，努力改善民航科技人员的研发和创新条件；以建立产学研紧密结合的创新机制为手段，鼓励科研院所和民航大中企业共同研制开发民航技术装备，以市场需求拉动民航科技创新，促进科研成果的转化。

——科技资源共享平台。围绕民航强国战略，在互利和共赢的基础上，建立资源丰富、面向社会的民航科技资源和信息平台，实现资源与信息共享。建设和完善以数据库为基础，包含生产运行数据、安全管理数据、监督管理数据等的数据共享平台；构建民航文献资料共享平台，为民航科技创新和发展提供资源支撑。

——科技成果转化平台。建立和完善科技成果转让机制，在尊重知识产权和保障原创者权益的条件下，建立民航科技成果交易和转让平台，促进各种科技成果的转化；鼓励发布各项民航研究成果；吸引民航企业和服务保障企业充分利用民航科技成果和转让平台，将科技成果转化为现实的生产力，增加民航科技含量，推进民航科技产业化，促进保障设施和技术装备的国产化。

（二）科研基地建设

组织开展科研基地验收与评估，以现有科研基地为基础，对保障民航科学发展、持续安全作用明显、贡献突出的科研基地，通过遴选可建设为民航重点实验室（工程技术中心）。

（三）重点实验室（工程技术中心）建设

围绕建设民航强国的战略目标，面向民航发展和国际竞争，以增强科技储备和创新能力为目标，以开展基础研究、应用基础研究为主，在继续推进民航现有科研基地的建设和验收的基础上，依托现有民航科研机构，紧密结合民航发展需要和“十二五”的重点研究领域，开展重点实验室的建设。

“十二五”重点扶持和初步建设5个民航重点实验室（工程技术中心）。重点实验室（工程技术中心）将围绕影响民航行业发展的关键技术和重要工程问题开展研究建设。主要包括：航空安全、空管技术、飞行技术、机场建设、维修技术、信息技术和环保节能等领域形成自主技术能力，发扬优势，促进科技与创新能力的可积累、可持续的提升。积极培育国家级重点实验室（工程技术中心），争取将1到2个民航重点实验室（工程技术中心）建设成为国家级重点实验室或工程技术中心。

（四）创新机制建设

建立科学健全的科研评价机制，开展科研立项、科技水平及成果的转化应用的评价；建立科技创新的长效运作机制；逐步完善科技创新的激励和竞争机制，加强对科技创新的绩效管理和过程监管。

营造良好的科技创新环境，鼓励民航院校、中外科研机构和企业的相互合作或建立以科研人员为骨干的科技型企业；吸引国外民航高科技企业将研究开发和生产制造转移到民航科技产业化基地，加强对民航高新科技成果的引进、消化、吸收和再创新；营造吸引、凝聚优秀科技人才创新和经营管理者创业的良好环境，以良好的环境激励、培养和塑造创新型人才。

把握科技创新的正确舆论导向，引导科技管理部门、民航企业和科研人员树立科技创新意识。

（五）创新队伍建设

牢固树立人才资源是第一资源的观念，建立和完善适合民航科技发展需要的人才梯队及结构，不断发展壮大民航科技人才队伍。坚持在创新实践中发现人才、在创新活动中培育人才、在创新事业中凝聚人才，依托国家重大的人才培养计划、重大科研和重大工程项目、重点学科和重点科研基地、国际学术交流和合作项目，积极推进创新团队建设，努力培养一批德才兼备的民航科技领军人物，特别是要抓紧培养造就一批具有国际化、全局化视野的创新团队，培养在国内外民航业具有影响力的专家队伍。

三、实施重大专项研究计划

组织实施重大专项研究计划的目的是紧密结合民航强国战略和持续安全的重大需求，通过集中科技攻关，掌握关键技术和核心技术，打破国外技术垄断，实现行业技术升级。

“十二五”期间重大专项计划的主要领域有：

（一）中国民航协同空管技术综合应用示范工程

研究目标：从航空导航与监视、航班运行与通用航空服务、空管综合验证平台等三方面，建立一批空中交通管理的技术标准，突破基于GNSS的终端区精密导航、机场综合交通态势监视、航班协同运行控制、通用航空综合飞行服务、协同空管系统的验证及飞行校验等多项关键技术，研制一批具有自主知识产权的国产化先进空管技术装备，并在飞行繁忙地区和通用航空低空飞行区域分别开展面向公共运输航空和面向通用航空的协同空管系统综合示范与测试验证。

研究内容：民航协同空管技术综合应用示范总体；基于GNSS的终端区PBN导航系统；GNSS地基增强系统；机场GNSS多波束监测接收系统；机场场面监视雷达系统；机场III级综合交通监视与引导系统；民航广域信息管理技术与平台；航路（航线）和终端区动态设计与评估平台；全国航班协同运行控制系统；通用航空飞行情报服务系统；机动多功能航管雷达系统；通用航空综合运行支持系统；空地协同的飞行校验与验证系统。

（二）机载电子设备关键适航性验证和审定技术研究

研究目标：针对我国机载电子设备适航审定的需要，解决机载电子设备适航性验证的关键性技术问题，为我国自主研制机载电子设备提供技术支持，为我国审定系统和航空工业专业人才培养提供技术条件。研究通过开发一个典型的通用机载电子设备模块（航电全双工交换以太网AFDX互联器）为载体，系统研究其适航性设计、验证过程和方法，研究机载设备全寿命周期的关键审定技术和验证标准，重点解决适航性验证与审定在工程中的融合问题。

研究内容：以典型的通用机载电子设备开发为载体，提出机载电子设备安全性审定的顶层要求，分析设备级安全性评估过程和检查节点，开展机载设备电子硬件适航性验证与审定技术研究，开展机载设备软件适航性验证与审定技术研究，开展相关电子设备电磁环境分析和审定方法研究，以及设计工具、验证工具的鉴定方法研究。

（三）航空器运行节油与排放监测关键技术研究

研究目标：以一种常用机型为载体，系统研究在实际运行中不同飞行阶段和飞行环境下燃油消耗和排放状况，综合分析影响排放强度的因子及其影响度，开发一个基于节油和排放监测要求的具有自主知识产权的飞行运行全过程综合能效分析平台，通过对飞行数据的实证研究，建立针对飞行运行过程的节能减排关键技术优选方法及节能减排效果评估模型与评估工具，并在大中型民航企业实现示范应用，为行业节能减排效果监测提供技术支持平台。

研究内容：通过采集飞机QAR、ACARS报文和飞行运行相关数据，依托分布式网络结构，建立飞行运行数据分析平台，实现对运营安全性和经济性数据的监控和决策支持；建立行业节能减排技术优选方法和监测标准；建立面向企业级的节能减排绩效评估方法，形成行业企业节能减排监控与评估技术，包括飞行排放监测数据系统集成技术等；典型行业企业节能减排优化运行系统的示范应用。

（四）多源信息驱动下的航空安全风险评估及预警关键技术研究

研究目标：研究民航领域安全信息源的结构特征和应用域特点；构建基于元数据层的多源航空安全信息应用平台；开发用于评价航空安全信息中数据质量的参数体系；研究面向行业安全评估应用的分布式信息源的数据清理、集成和归约技术；开发海量安全信息数据支持下的行业安全水平评估指标；设计面向决策与应用的安全评估并行机制，研究目标风险的预警技术，构建行业级安全信息驱动下的民航安全风险评估系统。

研究内容：一是一体化航空安全信息平台研究：在集约化信息管理框架内，整合包括“事故征候报告”、“使用困难报告”、“飞行品质管理信息”、“航空器使用信息”和“适航指令管理信息”等信息系统在内的分布式信息源，建设一体化航空安全信息平台；二是安全信息数据的质量控制体系研究：构建安全信息平台内数据质量控制体系，设计面向实时数据源的数据质量控制体系；三是航空安全评估系统研究：基于现行安全指标规章细则的安全评估指标体系，设计面向行业层安全水平的风险动态评估方法，建立基于安全信息驱动的评估模型原型系统。

（五）高原/复杂条件飞行训练系统

研究目标：针对我国独有的高原运行面临很大的难度和压力，大部分事故以及事故征候均发生在复杂条件，在基于PC的仿真系统和全动模拟机基础上，提供目前训练所没有的、在设备和内容上进行增强的、基于定制和案例基础上的针对性训练，可以避免单纯依赖飞行经历的积累，极大地提高飞行员在复杂情境下的综合能力和事件处置能力，提高飞行安全。

研究内容：主要分为训练平台和训练内容两个层次。训练平台包括基于PC的带高精度视景的仿真系统和基于商用全动模拟机FFS的增强平台，研究内容包括虚拟现实、数字地形、视景合成、飞机系统与EFIS内部逻辑、FMS、模拟机内部数据流、专用键模软件、模拟机数据的装载和输出、全模软件功能增强等等。训练内容方面的研究包括起飞应急程序、航路应急程序、PBN/RNP程序、QAR/FDR数据分析与重建、飞行性能分析、气象建模与分析、人因工程研究等等。

（六）大型枢纽机场行李高速自动分拣系统研制

研究目标：通过对行李高速自动分拣系统的广泛调研和深入研究，突破该分拣系统的核心关键技术及相关的工程技术，并研制出该系统1∶1的完整实物样机，且测定其主要性能指标，进而验证多项关键技术的可行性，最终实现对机场行李的高速自动分拣。

研究内容：在直线电机的驱动下，如何实现主体运载系统在直轨及弯轨上快速、平稳、可靠地运行；如何实现行李在高速运行情况下快速、平稳、准确地分拣；高精度、结构复杂的轨道设计研究；非接触取电、无线通讯技术研究；电气布线方式和器件配置研究；系统下位控制系统控制逻辑、硬件平台、软件实现的分析；如何实现行李高速分拣各个子系统之间的无缝集成。

（七）红外检测在民航运行和维修中的应用研究

研究目标：通过本项目的研究将红外检测技术尽快引入中国民航的运行和维修中，拓宽应用领域，在运行中应用红外检测技术对影响飞行安全的问题加强监控，在维修中应用红外检测技术对在役飞机进行早期、及时的缺陷和损伤检查及评估，尤其是加强老龄飞机维护的监控及评估，尽早发现问题并及时处理，达到保持民航运力的持续增长、提高民航业的经济运行水平、保障民航持续安全的目标。

研究内容：航空器和道面结冰的红外检测。检测航空器关键部位的结冰和机场道面的结冰，针对航空器不同部位、机场道面类型、环境和天气条件优化检测参数，建立起相应的红外图像库，编制标准操作程序；民航飞机复合材料的红外检测：检测民航飞机典型的复合材料缺陷和损伤，研究缺陷和损伤的定性和定量检测，针对不同材料类型和不同的缺陷和损伤类型进行检测参数优化，建立典型缺陷和损伤的红外图像库；航空发动机涡轮叶片的红外检测；航空轮胎的红外检测；航空发动机油箱泄漏点的红外检测。

（八）运输类飞机结构损伤容限与疲劳评定适航审定关键技术研究

研究目标：综合研究25部中结构损伤容限和疲劳评定适航条款及相关的咨询通告、政策公告和工业标准等，研究《运输类飞机的持续适航和安全改进（建议稿）》（26部）E分部的规章要求，研究国外大型客机（波音系列、空客系列）结构损伤容限和疲劳适航验证方法，研究运输类飞机结构损伤容限与疲劳评定相关适航审定政策、符合性方法和适航审定关键技术，编制运输类飞机损伤容限和疲劳适航审定指南，为我国大型客机适航审定提供技术支持和保障。

研究内容：载荷环境和载荷谱适航审定技术；裂纹萌生与扩展的分析方法（理论、试验）适航审定技术；损伤容限适航审定关键技术；离散源损伤容限适航审定技术；结构疲劳适航审定关键技术；声疲劳评定适航审定技术；损伤容限与疲劳环境相关问题适航审定技术；典型飞机结构检查大纲的适航审定技术；新材料、新结构损伤容限与疲劳评定适航审定技术；修理和改装结构损伤容限的适航审定技术。

（九）机场噪声实时监测与智能处理综合平台

研究目标：借鉴国外机场噪声监测系统的先进经验，采用当今业界成熟的网络技术、嵌入式系统技术、数据仓库技术和地理信息系统技术，研制具有完全自主知识产权的国产机场噪声实时监测与智能处理综合平台，为民航相关单位提供降低机场噪声的决策支持；使用人工智能方法对每个噪声事件的影响的进行智能评估与分析。

研究内容：飞机航迹的获取与分析、噪声采集与分析、噪声投诉与处理、数据发布等功能模块；机场噪声管理决策支持系统的主要内容有机场噪声预测与机场规划决策支持系统、降低机场噪声智能辅助决策系统、机场噪声污染事件处理辅助决策系统等三个子系统。

（十）大规模分布式旅客服务信息系统高可用关键技术研究

研究目标：旅客服务信息系统高可用关键技术用以解决大规模分布式旅客服务信息系统中普遍存在的数据存储容量大、业务功能复杂多变、在线并发交易量大、可靠性要求高的问题，实现数据可用性、应用可用性、系统可靠性的设计与评估。课题研究海量异构数据的云存储、大并发在线交易快速响应、可实现应用功能灵活定制的高可用技术、系统可靠性分析技术，建立大规模旅客服务信息云存储原型系统。

研究内容：旅客服务信息系统高可用性系统构架技术；云式信息系统数据高可用存储技术；海量数据高效快速查询技术；支持可灵活定制的复杂应用功能的高可用技术；系统可靠性分析技术。

四、建设民航信息安全与信息化工程

（一）研究建设功能完善的民航电子政务系统工程

建设内容包括：建立民航电子政务技术平台。按照数据与业务系统分离的原则，理清基础数据和业务数据，对基础数据实行集中管理，业务数据按照需求实现共享，建设民航电子政务数据中心；完善民航电子政务标准体系。制定民航电子政务基础数据库建设规划和信息安全总体规划；健全信息资源管理、信息安全、政府网站管理、政务网络管理等方面的法规和制度；加强民航电子政务安全运行维护管理。以安全策略为核心，采用各种安全机制，建立电子政务的安全管理制度体系和安全组织机构，做好电子政务系统的风险管理和等级保护。

（二）推进简化商务和便捷旅行信息系统工程

建设内容包括：推进简化商务工程。充分利用简化商务第一阶段中已经广泛实施取得的成果，以互联网和无线通讯技术，整合和深化电子客票衍生产品和服务，信息自动化水平和处理效率，推进电子货运的发展；提升自助服务比例；制定相关行业标准。进一步建立和完善简化商务和便捷旅行信息系统工程建设所需的配套政策、标准及业务规范，积极参与相关国际标准和规范的制定工作。

（三）研究建设全球分销系统工程

建设内容包括：加快研究和论证我国新一代民航全球分销系统市场发展策略。关注全球分销系统面临的市场环境变化，研究航空公司销售方式的变化，针对传统GDS缺陷，积极应对网络时代GDS面临网络技术模式的挑战；尽早决策相关技术路线；尽早确立市场准入条件。加强国内民航企业的协同，积极拓展海外市场，开展多元化、多层次的国际合作，进一步完善航空旅游分销市场相关法律法规，确立市场准入条件，保障市场健康快速发展；拓展业务范围和分销价值链。

（四）研究建设航空物流信息平台工程

建设内容包括：建设航空物流信息平台示范性工程。研究和论证航空物流信息平台建设主体，建设联系货运承运人、货运代理人、机场（货库）、物流配送以及海关、检验检疫、银行等的航空物流信息平台示范性工程；制定航空物流信息平台接口和数据交换标准。研究和论证航空物流信息平台建设主体的接口标准，制定面向航空公司货运数据接口（Cargo2000标准）、机场货代（地面代理）数据接口（SITA报文等）、海关报关系统数据接口（H2000系统）、检验检疫系统数据接口（CIQ2000系统）以及银行网上支付系统接口等接口规范；推动航空物流信息平台IT新技术的应用。

（五）研究建设民航公共信息服务平台工程

建设内容包括：制定民航公共信息数据接口标准、民航数据交换机制与技术规范、民航数据交换管理规范、民航行业信息共享和信息交换的统一标准等；规范信息服务渠道；提供决策支持。在实时准确的信息采集和整合的基础上，实现对民航生产数据进行统计分析和科学合理预测，通过决策模型，为各类监管决策提供及时、准确及可视化的数据和方案支持。

（六）建设民航网络与信息安全保障系统工程

建设内容包括：研发和建设民航网络与信息安全技术平台；建设民航网络与信息安全管理和监管技术平台；研发自主可控的网络与信息安全技术系统，全面提升重要信息系统安全防护水平和突发信息安全事件处置能力；建设商务信息系统的异地灾备体系，提高系统的容灾和快速恢复能力；建立民航信息安全测评体系。开展民航重要网络和信息系统的等级保护审计、系统安全测评和风险评估，提高对重要信息网络系统的漏洞和安全风险的掌控能力；完善民航信息安全规章制度和标准规范。

第五章 “十二五” 科技规划路线图与保障措施

按照“需求–任务–关键技术”的分析框架，从民航强国建设的需要出发，明确民航科技定位、指导思想和“十二五”科技发展目标，清晰民航“十二五”科技规划主要任务，总结民航科技关键技术，确定 “十二五”科技规划路线图。

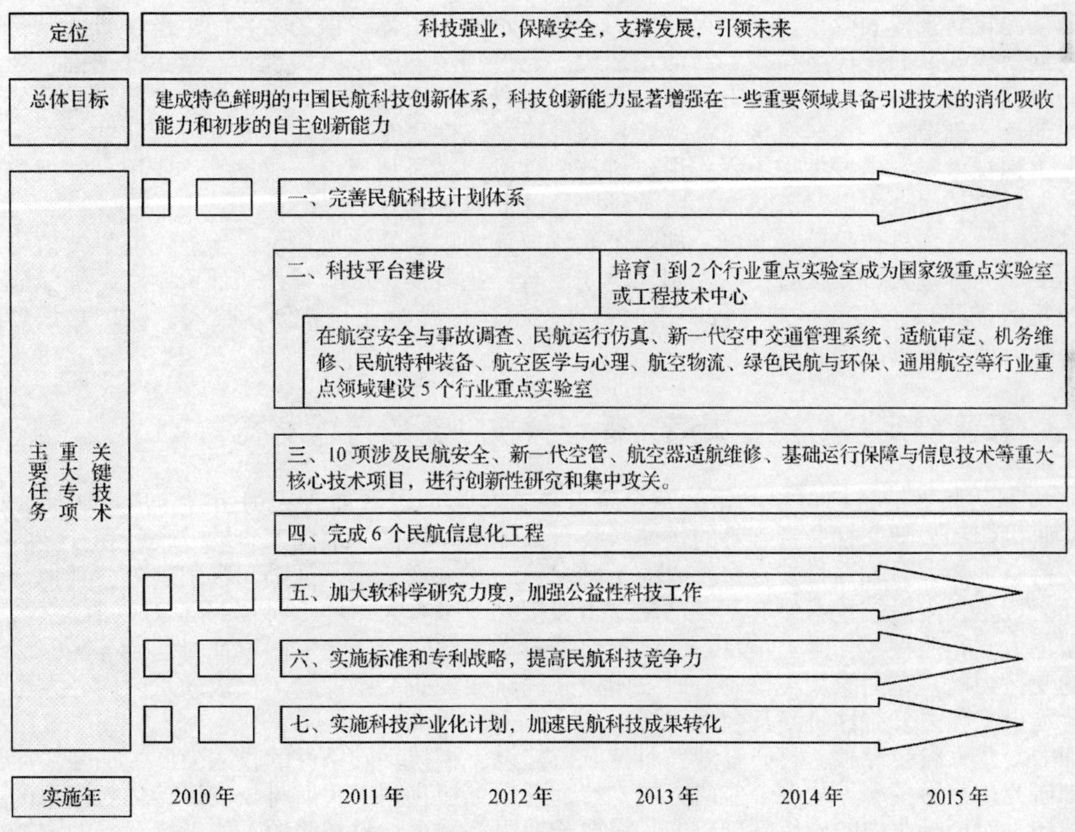

“十二五”科技规划路线图

一、加强组织领导，促进民航科技创新

认真贯彻党中央、国务院提出的增强自主创新能力，建设创新型国家的战略决策，深入实施民航“科教兴业”和“人才强业”战略，积极推进民航科技创新建设。

民航业是以技术应用为主的行业，是科学技术应用的重要领域，民航业的行业特性决定了在重视原始创新的同时，要更加注重集成创新和引进消化吸收再创新。民航各级领导要增强科技创新的责任感和紧迫感，把科技创新摆在突出位置，加强领导，明确责任，分解任务，落实措施，进一步提高科技进步对民航业发展的贡献水平，促进行业持续安全和科学发展，实现民航强国的目标。

充分发挥民航局对民航科技工作的统筹规划、指导规范的作用，充分发挥民航局科学技术委员会等专家团队的作用。做好“顶层设计，统一规划”。

二、深化科技体制改革，完善各项科技政策法规体系

继续深化科技体制改革，按照以政府为主导、企业为主体、市场为导向、产学研相结合的科技创新模式，加快民航科技创新体系建设。通过制定发展战略、规划、政策等把握科技创新的方向，营造科技创新的良好环境；企业作为科技创新的主体，在民航生产建设中充分发挥主动性、创造性；科研机构、高等院校在应用基础性研究、公益性研究、行业共性技术和重大工程技术研发中发挥主力军作用；科技中介机构在科技评价、成果推广应用、知识传播中发挥桥梁和纽带作用，不断提高民航科技的自主创新能力。

继续完善各项科技政策和制度，加强民航科技计划项目的绩效评价，建立民航科技信用管理制度，完善重大科技项目招投标制，建立民航行业科技进步的统计和评价制度，确保财政科技投入的足额落实和科技项目费用的合理使用；鼓励企业科技创新投入，保护知识产权，加强科技与政策法规的宣传。

三、拓宽稳定科研资金渠道，保证科技创新的持续发展

充分调动和吸纳社会可以利用的资金资源，逐步形成以政府投入为引导，广泛吸引企业、科研机构和大学、社会资金等的民航科技投入体系。积极争取国家、地方政府和社会各界的支持，在加大财政性科技资金投入的基础上，广开融资渠道，鼓励和吸引国外、其他部门和社会资金投向民航技术研究开发活动。争取扩大国家重大专项、科技部国家软科学基金（国家重大、行业重大、面上项目）、国家自然科学民航联合基金、国家社科基金等国家级项目的支持力度，在国家大飞机制造研发中设立民航相关研究子课题。积极联系国内外大型企业筹建设立相关公益性研究基金。

加大对重大科技专项、科研基地、科技队伍建设、科技基础条件的投入力度，加强对应用基础研究与前沿技术、社会公益研究的支持，形成更加有利于民航科技成果转化与应用的投入结构。对于行业内的应用基础研究、需要长期跟踪的重大科技问题，给以持续性的支持和长期的科研投入。

到2015年，民航科教投入占当年民航“一金一费”的比例达到5%以上，争取国家相关部门大幅度提高对民航科技的投入（达到“十一五”的2倍以上）。

在增加科技投入的同时，加强对政府科技投入的管理，通过科学立项、鼓励竞争、完善管理、强化信用、加强监督等手段，进一步提高科技资金的使用效率和效果。

四、建立科技服务平台，形成支撑服务体系

构建有利于科技创新与发展的整体环境，其中包括技术支撑服务平台、金融支撑服务平台、学术交流和科技成果转化的支撑服务平台。

继续推进民航科技成果转化，搭建科技成果推广平台。充分利用科技信息资源共享平台和技术交流等多种形式，加大先进技术成果的推广应用力度，提高全行业的科技成果转化和应用水平。以行业需求为导向，以企业应用为主体，组织筹办年度民航行业科技成果推广展示活动。

实行科技成果转化项目认定和奖励制度，认定的科技成果享受优惠政策，鼓励科研机构、高等院校的科研人员从事科技成果转化和产业化工作，鼓励转化职务科技成果。

五、完善民航科技合作交流机制，促进开放合作

完善民航科技合作交流机制，鼓励开展跨部门的科研项目联合攻关，加强民航行业内外各单位间的科技交流与合作，促进民航科技资源的共享，强化科技成果在更大范围的推广应用。

充分利用全球科技资源，提高民航科技交流与合作的层次和水平，既要充分利用国外先进的科技成果，也要对世界科技发展有所作为。广泛开展双边和多边合作与交流，积极参与和组织重大民航国际科技合作计划，充分利用好各类论坛、技术展览等科技交流平台。引进国外先进技术，注重进行消化、吸收和再创新。积极参与国际民航组织和国际民航运输协会的活动，参与国际公约和国际标准的制定工作。与国外相关机构联合研究“新一代航空运输系统”。

六、建立督导机制，保障民航科技规划的落实和实施

按照提高自主创新能力的要求，拓宽民航科技工作视野，创新民航科技管理机制。建立督导机制，对各单位实施科技规划进行督促检查，强化资金、政策的导向作用，激励先进，支持创新。

民航科技管理部门在完善科技政策和制度的基础上，做好科研组织管理工作，抓好科技立项、合同管理、过程评价、质量监督、项目后评估等科研工作的全过程管理；通过民航科技计划项目的绩效评价，建立民航科技信用管理体系，加强民航科技管理队伍建设，提高科技管理人员的能力和水平；制定更有吸引力的科技成果激励机制，充分调动全民航的科技创新积极性，明确科技成果产业化配套政策，为新技术成果应用和推广创造有利条件。

七、深入实施人才战略，加强行业科技人才队伍建设

坚持“以人为本”，将人力资源作为民航持续发展的战略性资源，形成具有凝聚力的人才氛围。围绕培养、吸引和使用人才三个环节，制定科技人才政策制度，建立人才激励、合作、竞争的有效机制，促进民航科技专业队伍整体水平的提高，加速民航科技专家体系的建设，鼓励科技人员创新。

加强“项目-基地-人才”一体化建设，依托重大科研和重大工程项目、重点科研基地、国际学术交流合作项目，培养和锻炼科技人才队伍，形成一批具有国内一流水平并在国际民航界具有影响力的创新团队。尽快发现和培养一批通晓业务、擅长管理、具有战略眼光

和全球视野的科研管理人才。积极支持和促进中国民航专家参加国际民航相关专业组织，增加中国民航在相关国际政策、技术标准中的话语权。

继续加强对民航特聘专家和技术带头人的选拔和培养，落实有关培养措施和政策。建立交流和合作机制，充分发挥和调动科技专家人才的积极性和创造性。

八、抓好民航科技宣传和科学普及工作，提高行业科技水平

进一步发挥民航科学技术委员会的作用，完善科普工作体系，建立科普工作制度。

加大对通用航空、绿色民航、民航在社会经济发展中的地位和作用方面的普及和宣传。组织编写民航科普图书，拓宽民航科学技术知识传播渠道。加大政府科普投入力度，实施针对优秀科技作品的支持鼓励措施。

充分发挥民航院校、报社、出版社和民航企业在科普教育方面的优势，在各类公共媒体中大力推广宣传民航知识。组织形式多样、丰富多彩的活动开展民航科技的普及工作。提高国民的航空素质。

附 录

附录1 “十二五”期间民航科技环境分析

一、世界科技的快速发展为民航科技提供了新的机遇

进入21世纪，经济全球化进程明显加快，世界新科技革命发展的势头更加迅猛，一系列新的重大科学发现和技术发明，正在以更快的速度转化为现实生产力，深刻改变着经济社会的面貌。科学技术推动经济发展、促进社会进步和维护国家安全的主导作用更加凸显，以科技创新为基础的国际竞争更加激烈。世界主要国家都把科技创新作为重要的国家战略，把科技投入作为战略性投入，把发展战略技术及产业作为实现跨越的重要突破口。为促进经济社会协调发展，提升综合国力，维护国家安全，很多国家呈现出大幅度加大科技投入的趋势，不仅发达国家如此，而且新兴工业化国家和发展中大国也是如此。这种新的国际科技投入趋势，可以概括为以下几个方面：

（一）各国大幅度增加科技投入

1．研发经费占GDP的3%已成为主要发达国家和新兴工业化国家共同的投入目标

2002年美国研发经费达2922亿美元，占GDP的2.82%。

欧盟在《关于使研发经费占GNP3%的行动计划》中，明确要求各成员国到2010年将研发投入增至占GDP的3%，目前欧盟主要国家的研发经费占GDP的比例均在2%以上。

2001年日本研发经费为1279亿美元，占GDP的3.09%。

2001年韩国研发经费总支出为125亿美元，占GDP的2.96%。

印度通过科技投入倍增计划，确定到207年研发经费占GDP的比例达到2%，巴西确定到2010年达到2%。

2．政府科技投入大幅度增长，政府科技投入占GDP的1%，成为主要发达国家的投入目标

2003年美国联邦政府科技投入创历史最高记录达112047亿美元，比2002年增加8897亿美元，增幅达86%，占政府总预算的52%，相当于2003财政年度GDP的1%。

日本于2001新财政年度开始实施第二个科技基本计划，该计划提出：

（1）保证政府（含地方政府）科技投入占GDP的1%；

（2）争取5年时间研发总投入达到24万亿日元，约合2000亿美元。

（二）政府科技投入紧密结合国家发展战略

科技投入目标：

1．美国：强调全面领先，保持在所有科学知识前沿的领先地位。

2．德国：强调发展尖端技术，确定了四个投入目标：（1）原始创新的目标；（2）全

国均衡发展的目标；（3）高技术领先的目标；（4）技术尖端目标。

3．日本：强调发展产业共性技术，期望50年内出现30名左右诺贝尔奖获得者。

4．韩国：强调发展产业共性技术，目标到2015年成为亚太地区主要的研究中心，在与七大国相当的领域内，确保科学技术的竞争力。

5．印度与巴西：强调局部领先，资金主要流向工业领域。

政府科技投入的主要领域：

（1）基础研究等与自主创新能力建设相关的研究成为政府投入的优先领域。在各国政府科技投入中，基础研究基本保持在10%以上。

（2）卫生、保健和环境等社会公益研究成为政府科技投入的重点领域。OECD国家政府研发投入中，医疗保健和环保两个领域所占的比例逐年上升；2003年美国政府医疗保健的研发投入达262亿美元，占政府民用研发支出的557%；2001年日本政府科技投入预算中，生命科学投入增长167%，环境科学投入增长187%。

（3）科技基础设施建设成为政府科技投入不断加强的投入领域。

（4）政府支持产业技术研究更加目标导向化，支持力度也在加大。政府科技投入离开了产业技术及产业化这个目标，就很难使科技创新与经济发展形成良性互动的效果并使有限的科技投入发挥更大的作用。1993年克林顿政府在《促进美国经济增长的技术，增强经济实力的新方向》报告中提出：将联邦政府的研究开发预算重新集中系统地加强美国的产业竞争力，在电子、汽车（清洁汽车计划）、能源和环境、先进运输等部门建立与工业界的合作伙伴关系。

（5）实施战略产品计划，正在成为很多国家实现技术集成的重要手段，也是政府科技投入重点部署的领域。战略技术和战略产品对一个国家经济社会发展具有重要作用，不论是发达国家，还是发展中国家，几乎都把其放到政府科技投入的重要地位。美国先后把新型材料、信息技术、生物技术等列为战略技术，其超强、超前的投入对美国科技的全面领先和经济发展起到了重要的支撑和引领作用。印度根据自身特点确定以软件技术为战略技术、软件产业为战略产业，对发展本国经济起到了龙头作用。

（三）科技投入更加强调 “顶层设计、统一规划”

由于科技投入战略对经济增长、社会发展和国家安全的重要性的提升，不少国家倾向于采取相对集中的管理模式，即统一协调政策、统筹配置资源、归口管理预算等。

（1）法国、德国、日本等国的科技部门掌握或调控政府科技预算三分之二以上的经费。

（2）亚洲金融风暴后，韩国对科技投入体制进行了调整，国家研发管理体制由过去的部门分散型 向整合型转变，并成立由总统任委员长的 “国家科学技术委员会”，以增强科技投入战略的顶层设计与协调管理的权威性。

（3）以印度为代表的发展中国家也都采取了高度集中的科技预算管理体制，国家对经济的干预较多，并强调政府对科学、公益类技术和产业技术发展的全面干预。

二、我国科教兴国战略的实施

面对世界科技发展的新形势和日趋激烈的国际竞争，未来五年我国必须切实将科学技术置于国家发展的优先地位，大力推进自主创新，努力建设创新型国家，赢得发展的主动权。

未来五年是战略机遇与矛盾凸显并存的关键时期，是立足科学发展，着力自主创新，完善体制机制，促进社会和谐的关键时期。我国要坚定不移地以科学发展观统领经济社会发展全局，坚持以人为本，转变发展观念，创新发展模式，提高发展质量，把经济社会发展转入全面协调可持续发展的轨道。从国民经济和社会发展的战略全局看，我国比以往任何时候都更加迫切地需要坚实的科学基础和有力的技术支撑。保持国民经济平稳较快的增长，建设资源节约型、环境友好型社会，必须依靠科技进步加快经济增长方式转变；参与日趋激烈的产业国际竞争，提高以自主知识产权为核心的竞争能力，必须依靠先进技术加快产业结构优化升级；培育新兴产业，催生新的增长点，引领未来发展，必须依靠科技在一些新兴领域和前沿领域实现重点突破；促进城乡区域协调发展，建设社会主义新农村，提高人民生活质量，必须依靠社会公益技术进步大幅度提高公共科技的供给能力；保障国家安全和维护社会安定，必须依靠技术创新显著提高保障国防和公共安全的能力。

本世纪头20年是我国科技发展的重要战略机遇期，“十二五”时期尤为关键。建设创新型国家必须突出创新主线，深化体制改革，营造良好环境，切实把提高自主创新能力摆在全国科技工作的首要位置，加快调整科学技术的发展思路和工作部署，推进我国经济增长方式从资源依赖型向创新驱动型转变，推动经济社会发展转入科学的发展轨道。

2006年2月9日，中共中央、国务院同时发布决定公布施行《国家中长期科学和技术发展规划纲要（2006−2020年）》。根据发布的《国家中长期科学和技术发展规划纲要（2006−2020年）》，到2020年，全社会科技研发经费年投入总量将超过9000亿元，投入水平位居世界前列，企业将成为科技创新主体。

纲要确定，到2010年，全社会研究开发投入占国内生产总值（GDP）的比重将提高到2%；到2020年，这一比例将达到25%以上。

中国国家主席胡锦涛全国科学技术大会上说：“要推动中国经济增长从资源依赖型转向创新驱动型，推动经济社会发展切实转入科学发展轨道。”

“十二五”期间，为期15年的国家中长期科技规划纲要将进入全面实施的关键阶段，我国科技事业也将由此步入一个新的发展时期，掀开新的历史篇章。

科技部启动了《国家“十二五”科技规划战略纲要》，全面、深入加快我国科技发展，再次强调了科技发展的重要性。随着“十二五”科技发展战略规划制定工作的开展，国家重点支持科技创新。

科技体制改革将进一步深化。一方面体现为科技体制与经济体制的 “双管齐下”、相互协调；另一方面体现为重点建立企业为主体、市场为导向、产学研结合的技术创新体系。经历了过去20年的改革历程，中国科技体制将在实现科技与经济结合这个核心问题上实现新的突破。科技进步与创新这个命题将历史性地成为国家经济、社会乃至政治的焦点，受到全党全社会前所未有的关注、重视与支持。

科技战略布局将进一步调整。基础研究、前沿技术和社会公益类研究，将得到更多、更大和更加稳定的支持。体现国家意志和战略目标的重大科技专项，将汇集全国科技界、产业界的精锐力量。支撑科技事业持续发展的科技基础条件平台，将成为国家基础建设的重要组成部分。

三、中国民航发展呼唤科技先行

民航科技产业是支持民航运输可持续发展的重要条件之一，是航空运输企业参与全球竞争的基础。鉴于我国民航科技产业领域相对落后的情形，欲推动我国民航运输市场的长足发展，在该领域进行资源整合和体制创新势在必行。

“十二五”至2020年，是中国民航实现由民航大国向民航强国历史性跨越的重要时期，航空运输业将继续保持快速而稳步的发展。据预计，“十二五”期间航空运输的年增长率将仍保持12%以上的速度，未来航空运输高速增长的趋势，势必带动对运输飞机、飞行、运行、保障等方面的大量需求，与民航运输市场一样，其相关子市场也会呈现出欣欣向荣的趋势。民航科技产业是集研发、制造和销售于一体的完整的产业链，三个部分之间相互关联、相互影响和相互制约，形成了一个有机的整体，是一个系统工程。民航科技产业链上涉及到民机产品设计、生产、安装、调试、总装、修配等多个环节，内容涉及民用飞机及附属产品、空中交通管理设备、机场特种设备等的研制与生产，飞机维修、发动机维修、机载设备维修等以及相关的技术服务、培训等。在民航科技产业链上各环节的产品和服务即为民航科技产品。

同时，2008年11月28日12时23分，ARJ21－700新支线飞机腾空而起。当日，我国首架具有完全自主知识产权的新支线飞机ARJ21－700在上海成功首飞。这一在我国航空史上具有里程碑意义的飞行，标志着中国飞机正式飞入了世界新型民用客机的行列。

2007年，中国大飞机项目正式立项，2008年5月，中国商用飞机有限责任公司在上海揭牌成立，标志着中国的“大飞机” 研制工作开始实质性启动。国产大飞机的首个型号已正式命名为C919。《国家中长期科学和技术发展规划纲要（2006-2020年）》也将大型飞机研制作为其16项重大专项之一。

随着我国自主研发和制造航空支线及大飞机项目的开展，将带动一系列的国产飞机适航、维修、零部件配给、市场开发和分析等，民用航空方面的需求。

四、民航科技是国家科技体系的重要组成部分

我国民航科技以往在行业内部开展工作较多，但近年来，民航科技管理部门加强了和国家科技管理部门的联系，创造参与国家级项目研究及与行业外科研单位合作的机会。

民航获得了国家高科技研究发展计划（863计划）的支持。2006年9月28日，国家高科技研究发展计划（863计划）地球观测与导航技术领域 “新一代国家空中交通管理系统”重大项目实施方案通过了科技部组织的专家评审。该项目是民航系统首次获得国家863计划支持的重大研究项目，将以新一代国家空中交通管理重大技术系统为目标，采取“需求驱动、总体规划、分步实施”的方式，重点研究突破基于性能的航空导航、基于数据链与精确定位的航空综合监视、空管运行协同控制和民航空管信息服务平台4大核心技术族。该重大项目共设立了12个重点课题和2个技术验证工程，同时，为了加强与空管密切相关的基础性、前沿性研究，还设立30个面上课题。项目研究将以集成创新为重点，突出自主知识产权与行业标准。项目完成后，将较大幅度增加我国民航空管自主知识产权的拥有量，初步形成我国民航空管科技创新体系，培养和造就出一批具有创新能力的学术带头人和国内高水平的科技创新团队，支撑我国新一代空中交通管理系统的建设。

自2004年始，民航局与国家自然科学基金委员会共同设立民航联合研究基金。基金定位资助基础研究和部分应用基础研究，建立了民航软科学研究专项经费，扩大民航应用科技研究专项经费的投入，加强民航软科学和应用技术开发研究。较快地促进联合资助领域的科学技术发展，吸引和组织社会上较强的研究力量共同解决该领域基础研究中的基础科学问题，促进科学技术进步和经济、社会发展，发现和培养科技人才。目前该联合基金已运作两期，每期三年，吸引了民航行业内、外多所重点大学和科研单位的积极响应和参与，已有上百个项目批准立项，研究内容涉及到民航的适航与维修、空管、管理、飞行、机场、信息和环境与安全等多个领域。已有一些研究成果在民航生产运行中得到应用，收到了较好效果。

同时，民航局并入交通运输部的管理后，民航局科技部门也在加强同交通运输部科技管理和研究部门的沟通和联络，亟待对综合交通运输体系规划等方面进行联合研究。

民航作为科技应用为主的行业，有一些是民航内部研究单位和企业自主研究的，对有些民航内部研究较困难的领域，应和国家科技管理部门及科研制造部门加强合作，和国家整体科技规划联系起来，进行国产自主化研究和制造，以降低相关领域国外采购的高成本和关键

技术受制于人的风险。

五、民航科技发展环境

民航科技产业是一个知识、技术和资金高度密集的产业，是以多学科的基础科学和技术科学为基础发展起来的高科技产业。这个行业集中应用了许多工程技术的新成就，成为衡量一个国家科学技术和工业发展综合水平的标准。从国际情况来看，凡是民航科技产业比较发达的国家，都是国家综合科技水平较高的国家，如美国、德国、日本、法国、英国等。因此，大力发展民航科技产业有利于提高国家的科技综合水平，促进相关学科的发展，加速工程技术的创新。

在民航科技产业化之路上，我国已经做了一定的努力，但现状和民航运输大国的地位依然不相匹配。与发达国家相比，我国民航产业领域存在的问题集中体现在以下方面。

（一）关键技术受制于人，航空运输成本居高不下

我国民航设备对进口依赖性强，民航科技还不能完全适应民航的发展和知识经济时代的要求。根据对进口和国产设备占民航总采购量的统计情况来看，近几年，进口设备价值基本相当于国产设备的3～4.8倍。民航科技水平落后已经成为我国航空运输成本居高不下的主要原因。

从飞机拥有费用看，我国民航运输飞机的预备性成本过高，融资租赁费也均属偏高。预备性成本（是指购买或引进飞机时除飞机价格以外的其他一切费用）主要包括飞机机体的备件、发动机及零部件备份、地面设备、飞机维修的特种设备等的购买成本。在我国现阶段，预备性成本占总购买成本的10%～30%，而国外航空公司这一比例仅为10%～15%，这同样是因国内民航科技水平相对落后造成的。航空公司除从国外购买相关设备外，其他可选性并不高；另一方面为了保证航空运输的正常运营，必须进行大量的航材储备以备不时之需，不可避免造成了国内航空成本过高、竞争力低下的严峻现状。

又如，航空维修，我国国内民用飞机整机、发动机、附件维修项目过去90%以上送国外修理，虽然目前已发展到送国外维修的项目只占国内全部航空维修市场的65%左右，但从国际对比的角度来看，我国民航维修项目的国外送修率仍然过高。加之我国缺乏相关的生产制造基础，不能掌握核心部件的关键技术和相应理论，对相关设备的维修深度和层次都相对较低，大部分设备一旦出现故障都需要国外送修，导致了我国航空运输企业的维修费用较国外同行业高20%～30%，严重影响了我国航空运输企业的盈利能力和竞争能力。

（二）科研投入有限，科技成果转化不足

为增强市场竞争能力，各发达国家无一不重视对民航科研领域的投入。

从20世纪80年代起，美国政府开始重视“政府支持–研究开发–产业化”结合的问题，开展了一系列激励民航科技产业界的R＆D活动计划，如“中小企业创新研究计划”、“先进技术计划”和“制造技术推广计划”等，鼓励和支持国内外科研机构、工业企业和高等院校开展多层次、多形式的交流与合作。

从1988年到2003年的15年里，美国国家航空航天局（NASA）为航空科研共投入135亿美元资金，其中120多亿美元的投入有益于美国民用航空工业，大大推动了美国民航科技产业研发的进展。

与美国类似，欧盟对民用航空科技投入也相当大。2003年欧洲航空工业把销售额的

18%用于研究与发展，而欧洲政府则承担了军用航空计划75%和各航空工业公司研究发展的50%的科研经费。

相比之下，我国民航科技研究的经费严重不足，而且科研投入不集中，缺乏整体规划，不能形成“拳头”力量；另一方面，产学研结合不紧密，导致民航科研工作存在成果多、转化少和转化后很难取得重大经济效益的状况。据统计，近 5 年来我国在民航科技领域的平均投入产出比为1：6.4，而在 发达国家，这一比例为1：20。

除此之外，我国民航科技产业市场化程度相对较低，发展主要靠国家计划而不是市场调节，与市场脱节和企业之间彼此独立封闭的运作形式都不可避免地造成了严重的低层次重复建设情况，自主创新基础差、产业链条不完整等都是我国民航科技产业发展的重重障碍。

附录2 “十二五”信息化发展研究

信息化水平已成为一个国家或地区现代化水平和综合实力的重要标志。“十二五”期间，信息化对全球航空运输业发展的影响将更加深刻。大力推进信息化，是全面贯彻落实科学发展观、实现民航强国战略目标、保证民航持续安全发展的迫切需要。信息化的建设和发展对于民航事业的发展具有十分重要的作用和意义，面向21世纪，必须加快民航信息化建设步伐。

一、“十一五”中国民航信息化发展回顾及存在的问题

（一）中国民航“十一五”信息化发展回顾

“十一五”期间，在党中央、中央十七届三中全会精神指引下，在局党委领导下，中国民航奋力拼搏，克服全球金融危机、世界性油价飙升和各种自然灾害带来的负面影响，继续深化改革，以电子客票的普及应用为亮点，以奥运工程为契机，在电子政务、民航网络和信息安全、电子商务、民航奥运信息化工程、新一轮空管信息化系统、民航综合信息平台等方面，较好地实现了民航“十一五”信息化规划的目标。

——民航电子政务建设成效显著。通过技术创新，民航电子政务带动了制度创新。运用信息技术，打破传统行政界限，构建综合管理决策与服务平台。开展了电子政务一期工程和二期工程，制定了民航电子政务整合的技术规范，基本建成覆盖全国的统一电子政务网络，初步完成电子政务信息资源公开和共享机制，实现了全民航的公文流转。为落实民航局提出的电子政务“四个统一”的要求奠定了坚实基础，对提升民航信息化运行的整体水平提供了有效保障。建设了民航航空安全系统、数字民航信息系统、全民航飞行标准监察管理信息系统，改变了人工监察现状，实行网上无纸化监察，由事后监控为过程监控，改变了民航管理手段。

——民航网络与信息安全建设不断加强。建立了信息安全保障体系和防范机制，对建立民航信息安全管理与测评中心的可行性进行了论证，并逐步开展标准化测评和认证工作。建设网络和信息安全通报平台，实行网络和信息安全通报制度。建成部分关键信息系统和重要生产运营系统的灾备系统，在系统瘫痪、重大灾难情况下，实现了快速恢复系统的主要功能和服务能力。创办信息安全专业，开始培养高层次的民航信息安全专门人才。培训了一批民航信息安全管理和技术人员，使全行业的信息安全水平显著提高。

——空管信息化建设有序开展。通过空管生产运行管理信息系统一期、二期项目建设，搭建了民航空管局、地区空管局、空管分局三级组成的信息系统，形成以民航局空管局为核心，7个地区空管局和37个空管分局为接入点，覆盖全国空管系统的高速信息网络系统和数据信息整合平台，整合了全国空管气象、航班、航行情报等信息，实现了整个空管内部信息的互联互通。完成民航局七个行业标准的制定并颁布实施，出台了相关运行管理规定。在网络和信息安全保障方面，实施了内外网物理隔离、网络和信息安全检查、等级保护定级备

案、风险评估、应急预案的制定和演练。

——全球分销系统功能稳步推进。全球分销系统（GDS）进一步完善，实现了集中信息系统的互联。拓展了中国GDS分销体系在国外的基础工作，加大了在海外的产品及服务能力。通过与更多资源的集成和连接，使GDS系统做好了向多元化服务业延伸的准备。

——电子客票系统日臻完善。2006年民航电子客票的普及应用成为民航信息化最大的亮点，同时颁布实施电子客票的行业标准。电子客票系统与航空公司定座系统、运价系统、离港系统、财务系统、结算系统、常旅客系统和银行支付系统等多个计算机系统直接相连，通过信息化平台，民航旅客可以轻松实现网上订票、网上支付、自助值机、会员里程累计等服务，从而切身体验信息化带来的现代化交通服务。

——简化商务快速推进。在民航局和国际航协的指导下，自2006年起通用自助值机 服务（CUSS）在首都、浦东、白云等55家机场全面使用；2007年开始网上值机，其中支持23家航空公司的国航网上值机已在76家机场投产（海外10家）；2007年国内各航空公司如期实现BSP电子客票普及率100%的目标；2008年CUSS自助值机办理量达630万人次，网上值机办理量785万人次；2009年手机值机等系列自主创新产品的相继推出，极大地推进了 “简化商务”行动。目前，中国航信简化商务日均处理旅客量逾4万人次，预计2009年办理量将突破1000万人次。

——民航信息利用率和信息服务水平日益受到重视。完成了国家863重点课题“基于服务架构的民航公众信息服务平台”的研究，提出了整合民航行业内各种业务信息，构建统一的民航综合信息平台的技术方案，通过多种信息发布手段和渠道，为行业领导、监管部门、公众提供权威的民航信息共享和信息服务奠定了理论基础。信息整合应用在空管、航空公司、枢纽机场开始稳步实施和推进。

——民航奥运信息化工程圆满完成。组织民航奥运信息化发展战略研究，制定了奥运信息化重点工程建设规划。完善了涉奥机场、航空公司和空管部门的信息化建设，使有关系统相互协调、动态联动、整体配合，大幅度地提高了运输、管理、运行、服务、保障的工作效率。建设了满足奥运信息保障需求的商务信息灾难备份系统，实现了对灾难故障的快速响应机制。建立了奥运安保公安系统，取得了较好的效果。

——民航信息技术科研基地建设初见成效。开展民航信息安全技术研究以及信息安全管理规范和制度建设，为民航信息安全防范和行业信息安全检查工作提供支持；进行民航信息化标准和规范的制定工作，提高民航信息化的共享程度，为推进民航行业软件规范和标准化，开展民航软件测评奠定了基础；加大民航全局性关键信息系统技术的研究开发，推进民航信息技术的自主创新。

——机场信息化建设成果丰硕。首都机场T3航站楼等一批现代化机场投入使用，标志着我国机场信息化进入新的发展阶段；民航机场在值机服务、数据分析、安全检查、行李自动分拣、航班旅客信息管理等方面取得突破性进展，服务水平不断改善。同时，机场信息化建设正从运营信息化向管理信息化发展，逐步展开机场的数据整合，为提升机场管理信息化的水平打下了基础。

（二）中国民航“十一五”信息化建设存在问题

“十一五”期间民航体制发生了重大变革。多元化的民航管理体制机制导致了机场、航空公司、空管等多家单位缺乏统一的信息化指导。在信息化建设方面低水平重复开发现象严重，民航信息化无法协调一致地发展，跟不上民航强国建设的需要，突出表现在：

——管理机制不畅。没有专门机构负责制定全民航系统信息技术相关政策和战略、信息技术投资规划、信息保护实施计划等，信息化主线不清楚。由于多元化管理，导致信息平台系统建设重复，数据共享不畅。

——信息安全形势依然严峻。民航信息系统安全法规建设、管理制度、组织机构建设、技术保障体系和培训体系相对滞后，网络信息安全保障和管理的统一协调难以实现。民航主要信息系统的建设、运行维护和升级改造对国外的依赖性强，缺乏自主建设能力，信息安全保障能力异常薄弱。缺乏行业信息安全审计和监管，信息网络系统的等级保护和安全评估工作有待加强。

——缺乏统一标准与规范。国外引进或自主开发的众多信息系统自成体系，相互独立，互联互通性差，导致民航信息资源整体利用率偏低。民航现有空管通信网和商务通信网两大专用通信网络流量已接近饱和，地址资源有限，难以扩容。缺乏行业整体规划和行业内统一的标准、规范，迫切需要政府出面统筹规划、管理。

——信息基础设施建设发展不均衡。枢纽机场和大型航空公司的信息化基础设施已经接近或达到了国际先进水平，支线机场和中小型航空公司则相对滞后。民航东部沿海地区信息化建设成效显著，中西部欠发达地区整体信息化水平偏低。

——自主研发能力不足。面向民航开展信息技术研究开发和投入尚需加强，没有形成完整的行业共性技术研发体系。导致信息研发综合实力不强，核心技术受制于人；技术创新力不足，关键领域拥有的自有品牌产品和自主知识产权数量少；共性技术未得到充分重视，严重制约了民航信息技术的自主创新。

——应对国外GDS准入准备不足。在CRS开放政策上警惕国外GDS以此作为进入中国的敲门砖，来蚕食中国民航市场。各企业对信息外包服务存在较大分歧，企业在信息化建设过程中追求小而全牵扯了过多精力，妨碍了主营业务的发展。

——民航业发展面临国际国内多重压力。国际金融动荡引发航空需求下降，油价波动带来的航空成本不断攀升，天空开放后国际竞争对手虎视眈眈，铁路提速和高铁大规模建设挤压了民航业生存空间，民航业的发展面临多重竞争压力。

二、“十二五”中国民航信息化指导思想与战略目标

（一）中国民航信息化指导思想

按照胡锦涛总书记提出的高举旗帜、围绕大局、服务人民、改革创新的总要求，贯彻落实科学发展观、走科学发展道路，以持续安全为保障，以坚持以人为本、转变发展方式和创新发展模式为手段，以解决影响民航快速发展的瓶颈问题为重点，继续贯彻国家信息化指导方针，围绕民航强国建设目标，把握信息化发展趋势，统筹兼顾长远利益和当前利益、全局利益和局部利益，加快推进民航企业信息化，采用信息技术提高民航企业运营和管理水平。适应世情、国情、民航发生的深刻变化，积极稳妥地推进信息化建设的制度创新、体制创新和机制创新，全面构建适应民航持续安全发展的信息化体系。

（二）中国民航信息化战略目标

紧密围绕民航科学发展、持续安全和实现强国战略目标的需要，集中优势资源，攻克行业急需的关键技术；重点建设政务、商务、物流、公共服务等方面的信息化项目；建设权威专业的民航综合信息网络中心，推进多方式信息服务协同发展；加快相关标准规范的制定，加强组织监管，建立民航信息产品的评价体系和监理机制；确立民航信息安全保障长效机制，提升民航网络和信息安全；促进民航信息化的全面、快速发展，以信息化支持民航强国建设。

三、“十二五”中国民航信息化建设重点任务

（一）强化民航信息化工作组织领导

1．设立信息化工作专门机构。进一步强化信息化领导小组职能，设立民航局领导兼任的民航首席信息官（CIO），确保信息化机构、职能、编制、经费“四落实”。

2．制定实现民航信息化战略目标的行动计划。跟踪民航发达国家信息化进程，结合我国民航实际，根据民航信息化战略目标，制定民航信息化年度行动计划，落实信息化建设投资规划，制定相关法规制度，保障民航信息化顺利推进。

3．跟踪中国民航信息化发展。编撰《中国民航信息化年度发展报告》和《中国民航信息化系列丛书》，系统总结民航信息化建设的成就与经验，分析民航信息化发展趋势，有利于了解民航信息化现状和面临的任务，进一步推进民航信息化工作。

对民航信息化的形势与任务、发展概况、信息技术推广应用、电子政务、电子商务、信息资源开发利用、信息化人才培养、信息产业与信息基础设施、网络与信息安全、信息化法律法规与标准化体系等进行系统的总结与展望。

（二）拓展民航电子政务应用

1．建立民航电子政务技术平台。按照数据与业务系统分离的原则，理清基础数据和业务数据，对基础数据实行集中管理，业务数据按照需求实现共享，建设民航电子政务数据中心。进一步优化民航的业务流程，整合各部门与下属的网站及信息系统，建立连通民航局、地区管理局和安全监察管理局的民航电子政务应用系统平台。积极推动航空安全、宏观调控等电子政务重大项目的实施，完善民航电子政务内网和电子政务业务外网两个网络，实现包括行政办公、行业监管和政务公开等功能。

2．完善民航电子政务标准体系。制定民航电子政务基础数据库建设规划和信息安全总体规划；健全信息资源管理、信息安全、政府网站管理、政务网络管理等方面的法规和制度；依据民航电子政务总体框架，进一步明确标准，为民航电子政务的资源整合提供指导。

3．加强民航电子政务安全运行维护管理。结合民航电子政务运行维护实际，采用先进的技术手段，构建“统一维护，统一管理”的集中运行维护管理体系。以安全策略为核心，采用各种安全机制如物理安全、访问控制安全、系统安全、用户安全、信息加密、安全传输和管理安全等。建立电子政务的安全管理制度体系和安全组织机构，做好电子政务系统的风险管理和等级保护。

（三）推进简化商务信息系统工程

1．提升自助服务比例。在新一轮国际民航技术竞争中，紧密关注国际民航发展趋势，充分利用电子客票带来的便利，提升旅客在购票、离港值机、身份认证、行李托运、登机以及机票改签等全流程中自助服务所占的比例，实现对旅客服务的增值以及成本的控制。

2．制定相关行业标准。继续完善电子客票相关管理规范，制定有关电子交易流程、代理人行为、电子支付安全、电子发票的标准和规范；促进二维条码登机牌、手机电子登机牌、二代身份证、旅客身份生物识别等新技术的应用，深化简化商务系统工程建设，有效降低航空公司的运营成本，提高机场设施利用率，为旅客出行提供更为便捷的服务。

3．主动参与国际合作。在国际合作中，力争从以前的“被动跟随者”角色转变为“主动参与者”角色，积极介入相关国际标准和规范的制定工作，在与国际接轨的同时，也

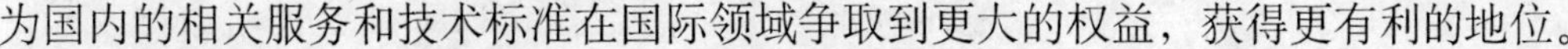

为国内的相关服务和技术标准在国际领域争取到更大的权益，获得更有利的地位。

（四）加快新一代全球分销系统工程建设

1．加快研究和论证我国新一代民航全球分销系统市场发展策略。关注全球分销系统面临的市场环境变化，研究航空公司直销力度不断加大带来的销售方式的变化，针对传统GDS在旅客服务理念的缺失和帮助航空公司在品牌、产品营销方面的乏力，进行旅客为旅游分销价值链条核心理念和发展策略转变，积极应对网络时代GDS面临网络技术模式的挑战。

2．尽早决策相关技术路线。拓展多种分销渠道，同步发展传统代理人分销技术、在线分销技术、支持航空公司直销网络技术，建立、完善和推广多层次的涵盖整个航空旅游产品分销价值链的GDS产品线体系。

3．尽早确立市场准入条件。加强国内民航企业的协同，积极拓展海外市场，开展多元化、多层次的国际合作，在代码共享、联运电子客票、航空联盟等基础上不断推出创新信息技术产品，不断拓展新的市场空间，将触角深入海外新兴市场，进一步完善航空旅游分销市场相关法律法规，确立市场准入条件，保障市场健康快速发展。

4．拓展业务范围和分销价值链。在支持航空公司新业务流程的同时，满足最终消费者的需求，实现从安排旅行到实现多种旅行服务的购买再到完成旅行全过程及后续服务的全方位解决方案，提供更强大的服务选择和价格选择能力，逐步推出满足航空公司产品营销需求的产品线，加强业务多元化经营，把业务重点范围扩大到更宽广的在线旅游分销业。

（五）打造航空物流信息平台

1．建设航空物流信息平台示范性工程。研究和论证航空物流信息平台建设主体，建设联系航空公司（货运承运人）、货运代理人、机场（货库）、物流配送以及海关、检验检疫、银行等的航空物流信息平台示范性工程，提供航班查询、舱位预定、舱位管理、货物跟踪、用户管理等功能的一站式服务，实现对货物运输的自动化管理与全程信息追踪，规范统一货物自动识别标识，实现舱单的自动流转，支持电子通关、网上支付和各部门协同作业服务。

2．制定航空物流信息平台接口和数据交换标准。研究和论证航空物流信息平台建设主体的接口标准，制定面向航空公司货运数据接口（Cargo2000标准）、机场货代（地面代理）数据接口（SITA报文等）、海关报关系统数据接口（H2000系统）、检验检疫系统数据接口（CIQ2000系统）以及银行网上支付系统接口等接口规范，制定航空物流信息平台各系统之间的数据交换标准，实现物流信息数据交换与共享，提供物流全程信息共享和交换服务。

3．推动航空物流信息平台IT新技术的应用。研究航空物流链的关键环节，加强IT新技术应用，重点在条码自动标识、货物监控和信息跟踪、快件自动分拣、网络信息安全等应用方面取得突破。

（六）建设民航综合信息平台

1．整合生产数据。对航空公司、机场、空管以及航信等信息系统中的动态生产信息进行实时收集并有效整合，实现全国范围内民航信息系统的互联互通，打破目前多个单位各自为政、信息封闭和垄断严重、系统之间互联度差的局面，加强民航信息资源的开发和利用，实现民航信息资源共享和交换。

2．制定数据接口和交换标准与规范。制定民航公共信息数据接口标准、民航数据交换机制与技术规范、民航数据交换管理规范、民航行业信息共享和信息交换的统一标准等。

3．规范信息服务渠道。民航综合信息平台作为民航信息服务中心统一对外发布和交互，包括航班动态、交通、天气、新闻和商务等信息，协助提升民航的服务质量。

4．提供决策支持。在实时准确的信息采集和整合的基础上，实现对民航生产数据进行统计分析和科学合理预测，通过决策模型，为各类监管决策提供及时、准确及可视化的数据和方案支持。并在发生突发事件的情况下，承担应急指挥中心的作用，为指挥人员、参与指挥的业务人员和专家提供实时生产数据和决策支持信息，减轻事件对社会和生命安全造成威胁。

（七）建立健全民航网络与信息安全保障系统

1．加快推进民航信息安全保障长效机制建设。建立民航信息安全管理和监管组织体系，强化民航信息安全监管力度，落实信息安全监管岗位，建立应对突发信息安全事件的应急响应和协调处置机制，开展民航信息安全培训。

2．研发和建设民航网络与信息安全技术平台。建设民航网络与信息安全管理和监管技术平台，实现对民航重要信息网络系统的安全态势监测、网站监控和内容安全管理；研发自主可控的网络与信息安全技术系统，全面提升重要信息系统安全防护水平和突发信息安全事件处置能力；建设商务信息系统的异地灾备体系，提高系统的容灾和快速恢复能力。

3．建立民航信息安全测评体系。设立民航网络与信息安全测评机构，研发、建设具有行业特点的信息安全测评技术平台和工具；开展民航重要网络和信息系统的等级保护审计、系统安全测评和风险评估，提高对重要信息网络系统的漏洞和安全风险的掌控能力。

4．完善民航信息安全规章制度和标准规范。制定、颁布民航网络与信息安全法规和相关制度，编制安全管理、技术保障、安全服务等行业性信息安全标准和规范，努力实现民航信息安全工作的标准化、规范化和制度化。

（八）确立民航信息产品准入和监控机制

1．制定民航应用软件开发管理规范。从民航应用软件生命周期、文档编制规范、质量控制和产品测试等多个方面，从规范化项目管理的角度，制定结构完整、标准明确、操作简便和测评可靠的民航应用软件开发管理规范，监督、规范民航信息产品的引进、建设和应用，保证应用软件的可靠性和可用性。

2．建设中国民航信息产品测评认证体系框架。跟踪与研究国内外先进的软件可靠性与测评技术，借鉴国防、航空航天领域行业软件测评技术与经验，建设中国民航软件测评认证体系框架。借助民航软件测试与评估平台，遵循民航信息化标准与规范，针对行业特点，引进、消化吸收国际流行的专业用例测试、回归测试、压力测试等自动化专业测试工具，逐步开展民航软件测评与认证工作。

3．筹建中国民航专业软件测评认证机构。依托民航应用软件开发管理规范、民航公共信息服务数据交换标准、民航软件测评认证体系方面研究的技术积累，筹建中国民航专业软件测评认证机构，对民航行业内相关企事业单位的应用软件提供较为全面的测评认证与测评咨询。以此衍射，逐步确立民航软件企业资质认证体系、软件过程监理体系、软件过程管理人员培训体系，建设功能完善的、权威的中国民航软件测评机构。

（九）实施机场信息与综合交通信息一体化建设

1．建立中小型机场信息系统建设标准。加快研究和论证我国中小型机场信息模型和数据规范，开展中小型机场信息系统建设示范化工程，着力在新建、改扩建中小型机场信息系统建设中推广应用。

2．推进航空信息枢纽建设。加快航空枢纽航班波、中转衔接和运行效率研究，实现航空、机场快轨、机场高速、城市交通等互联互通和信息共享，建立面向旅客信息服务的智能查询系统和旅客引导系统，整合航空枢纽的多机场信息资源，推进多机场资源共享、信息互通和联动协调运行。

3．加快综合交通信息组织与衔接。加快建设以中心城市作为客货运输重要集散地的现代综合交通运输枢纽，合理配置航空、铁路、公路、水运、城市公交等各种交通运输资源，促进各种运输方式之间的信息资源共享，逐步实现客运“零距离换乘”和货运“无缝隙衔接”，强化信息服务的纽带作用，着力改善和方便公众出行为目标，形成各种交通运输方式既自成体系、高效运行，又优势互补、相互衔接的格局。

四、“十二五”中国民航信息化发展的实施路径与保障措施

（一）完善信息化保障机制

1．加强民航局在信息化建设中的领导作用。设立民航局副局长兼任的民航首席信息官（CIO），成立民航信息化工作领导小组。信息化工作领导小组的组成要考虑到政府的主导作用，积极鼓励不同地域、不同专业、民航各企业信息化相关领导的全面参与，充分发挥民航局在信息化进程中的宏观调控和引导作用，畅通管理机制，实施行业信息化工程“一把手”负责制。

2．建立健全民航全行业信息化建设保障制度。民航信息化工作领导小组要在深入研究国内外行业信息化发展历程与发展动向的基础上，建立健全民航信息化建设保障制度。要制定行业信息化的指导政策，引导、推动企业加快民航信息化建设。同时，要加快建立民航信息化行业监管制度、重大项目协同创新制度、信息企业准入制度、企业信息化评价制度、资金管理制度、人才培养制度、科技创新奖励制度等，并疏通渠道，狠抓贯彻落实。

3．加强信息化环境建设。优化信息化推广环境，采取多种形式和手段，有步骤、有重点地开展企业用户信息化培训。加强信息化的宣传普及工作，推动企业全员对信息化推进的关注、支持和参与。支持企业举办各类信息化宣传活动，使更多的员工有机会接触信息技术、感受信息技术、学习信息技术和应用信息技术。学习和借鉴其他行业先进经验。不断加强与国内同行业以及国外先进企业的信息化交流与合作，选择国际同行业一流信息化企业作为系统研究和学习的对象，努力借鉴一切先进的信息化推广理念和方法，促进企业信息化推进环境的不断优化。

4．完善信息化建设经费投入保障体系。资金保障是信息化建设的基本条件，对于公共产品特征的民航信息化建设项目，如电子政务，要纳入政府财政预算，各民航单位事业经费中应规定适当比例投入信息化建设。为了确保资金使用效益，信息化建设实施应仿照基本建设和大型设备采购管理办法，建立审批制度，避免重复投资和浪费。在适当增加国家预算的同时，应注意拓宽投资渠道，采用单位自筹和引进社会资金方式，加快信息化建设步伐，通过挖掘信息资源利用价值，争取外界资金投入。协调好国家863计划、国家支撑技术计划、国家自然科学基金、民航局科研项目、企业自主研发项目的关系，选准重点研究方向，尽可能避免重复研究，产生更大的合力。

（二）加强信息安全建设

1．加强民航网络和信息安全管理。加强民航网络资源的安全保护和网络工程的安全检查，确保民航信息系统的建设与保密设施的建设同步进行，采用信息与网络加密、识别、过滤、控制和抗干扰等安全技术，提高民航信息网络的安全性；制定民航应急措施，防范突发的灾难性破坏，建立民航信息产品日常的安全检查制度。将民航信息安全检查和监督工作制度化，及时发现问题，排除信息安全隐患，保障民航信息系统业务连续、运行可靠。

2．建立民航网络与信息安全测评中心。跟踪国内外信息系统安全测评标准，研发网络与信息安全测评技术平台，支持对民航网络和信息系统的安全评估和测试。积极开展民航网络安全测评和民航信息系统安全审计工作，同时，依据国家信息安全管理法律法规、《认证认可条例》及实施规则、民航行业网络与信息安全相关标准和规范，对进入民航行业的信息安全产品实施认证。

3．成立民航软件测评中心。依据民航信息化标准与民航信息交换规范，结合软件工程与项目管理研究的最新进展，整合行业信息化专家与相关业务专家的建议，建立民航应用软件开发管理规范、民航软件测评认证体系和民航信息工程监理实施规范等；依托民航信息技术科研基地的资源优势和人才优势，设立专门的民航信息产品测评认证机构，配备先进、完善的计算机软硬件和网络系统测试环境与工具，培养软件质量保证专家和技术队伍，致力于民航电子政务评估、软硬件测试、信息工程咨询与监理、资质认证等领域的研究与实践，逐步实现为民航信息化应用系统提供选型测试、验收测试、运维测试、性能测试、标准符合测试等全方位的测评服务，形成评估、评测、认证、监理等纵向业务和咨询、培训等横向业务格局，保证民航信息化建设的高质量和安全有效。

4．重视民航信息安全教育和岗位培训，普及民航信息安全知识。

（三）统筹规划重点

1．集中行业优势进行重大项目攻关。继续坚持“统筹规划、协调发展”的原则。在民航重大项目和公众服务项目上实行统一规划，分步实施，滚动式发展。全行业信息化的规划由民航局带领民航信息化工作领导小组协调各企事业单位进行编制。强调规划的权威性、计划性、可持续发展性和可操作性，明确分阶段建设的重点，明确各相关单位的责、权、利，明确重点工程的组织结构和组织原则。

2．建立健全民航信息化标准工作。贯彻国家标准，跟踪国际标准，参考军用标准和FAA标准，建立健全民航信息化标准与规范，开展信息化标准认证和技术监督管理。加强政府引导，依托重大信息化应用工程，以企业和高校研究院所为主体，加快民航信息产业技术标准体系建设。完善信息技术应用的技术体制和产业、产品等技术规范和标准，促进网络互联互通、系统互为操作和信息共享。加强国际合作，积极参与国际标准制定。

3．加强基础设施投入并均衡区域发展。加强信息化基础设施投入，均衡信息化发展水平。政府在资金投入、政策制定方面要向中西部欠发达地区、重点中小型企事业单位适度倾斜，并设立相关研究课题，提出操作性强的解决方案。

（四）创新信息化建设

1．实现信息化关键技术自主创新。民航局要带领民航信息化领导小组，提炼民航信息化关键技术，全局规划，从行业内外抽调关键技术人员，成立民航信息化关键技术攻关研究组，对攻关小组从人事待遇、经费保障方面大力支持，从组织形式、管理制度、监督检查方面严格把关，以形成合力，进行自主知识产权的关键技术创新研究。在关键项目的确定中，要注意系统的整体性、综合性和科学性，采取充分论证、试点运行、分步实施、全面推广的方法，紧密结合实际，讲求实效，提高效率。

2．建设创新保障制度。技术创新和制度创新必须相辅相成，设立专门的项目，进行信息化创新制度研究。明确各企事业单位信息化主管机构的职能，进一步增强信息化项目统筹和信息数据资源整合的组织协调能力。实行目标责任制和相关措施保障，制定年度信息化建设计划并对各责任单位实行目标责任制考核。

3．吸引信息化创新人才。要采取切实有效措施，加强信息化人才培养工作。充分利用国内国际两种资源、两个市场，建立信息化人才战略高地。加大人才领域的国际合作，建立开放的交流、培训制度。完善人才引进配套政策，吸引高端人才来民航服务。加强信息化人才资源的开发利用。推行信息化高级雇员制度和信息主管制度。面向世界，吸引人才，留住人才，发展人才。

4．拓宽信息化建设资金投入渠道。从政府支持、企业自筹、风险投资等多方面拓宽信息化建设资金来源渠道，提高信息化建设经费在企业总收入中的比例，并按照从点到面、逐步推广的原则引领民航信息化市场开发，保障关键性创新研究的可持续发展。

“十二五”期间机场建设规划研究

中国民航机场建设集团公司

第一章 总 论

一、研究背景和过程

机场作为民航运输业的基本载体，是航空运输和城市发展的重要基础设施，是综合交通运输体系的重要组成部分。

“十二五”时期是我国民航实现由民航大国向民航强国历史性跨越的关键时期，科学合理地编制好“十二五”民航发展规划的意义尤为重大。作为国内民航机场建设行业的重要企业，我公司（中国民航机场建设集团公司）非常荣幸地承担了其中重要的一项专项规划——机场建设规划的研究编制任务。公司领导对研究编制这一国家级的行业专项五年规划高度重视，及时召开会议研究部署，迅速抽调精干人员成立项目组，保障项目顺利开展。

2009年9月12日，民航局在北京市安徽大厦组织召开民航“十二五” 机场建设规划工作布置会，标志着本项目正式全面启动。9月16日，项目组完成开题报告并通过民航局评审，10月在民航局规划司的统一组织下赴各民航地方管理局进行调研，与各省市发改委、交通厅（局）、机场公司及其他有关政府部门进行当面沟通交流，掌握了大量第一手调研资料。

接下来在规划研究编制过程中，项目组需要同时面对当时全国160多个既有机场和近100个新增机场的建设项目，资料庞杂，工作量巨大。对此，项目组全力以赴，加班加点，认真整理各类文献资料和调研资料，积极借鉴铁路公路等行业规划，反复研究讨论，终于在12月完成报告第一版，并参加了2009年12月25日民航局组织的中期评审。

之后，根据多次专家评审的意见、走访座谈的专家意见、国内外经济社会发展的形势及民航行业发展的最新形势，项目组不断对报告进行补充完善：对“十一五”国内机场建设项目进行进一步梳理，整理完成“十一五”末全国176个（当时预测数量）机场的详细参数资料，并在地图上完成坐标定位；科学分析了当前机场建设面临的国内外环境，创造性地提出了推进机场建设实现跨越式发展的指导思想和指导原则；提出了到2015年基本建成布局合理、安全高效、服务优质、节约环保的现代化民航机场网络体系的总体发展目标；提出了规划实施的具体方案（高、中、低三个方案）和保障措施。2010年4月报告第二版出版，8月报告第三版出版，期间项目组多次到民航局进行工作汇报，得到了民航局王昌顺副局长的充分肯定。

根据民航局安排，2010年9月6日，项目组集中在北京市成宏酒店进行封闭工作，起草全国民航“十二五”机场建设规划文本（代拟稿）。经过夜以继日的辛苦工作，项目组完成了高质量的规划文本，并于9月13日到民航局进行汇报，9月20日修改完善后完成规划代拟稿的上报。

另一方面，原本由民航局委托国家发改委综合运输研究所开展的《全国中长期机场布局规划研究》课题，因为各种原因迟迟未能开展，导致本课题中涉及新增机场的问题无法得到有效衔接和落实，进而影响了本课题的研究进度。后来国家发展和改革委员会委托中国国际工程咨询公司开展了有关机场布局的研究，确立了到2015年规划机场总数量不超过244个的总体目标，并确定了70个“十二五”规划新增机场（详见附件1）。2011年4月，民航局正式发布《关于印发中国民用航空发展第十二个五年规划的通知》（民航发〔2011〕43号），提出了“十二五”时期规划新增70个机场的建设任务（但具体机场与国家发改委提出的稍有出入，详见附件2）。

此后，项目组根据国家发改委和民航局意见，以及最新的经济社会发展数据，对报告进行了补充完善，形成了目前的最终版本。

二、研究依据、研究方法和技术路线

1. 研究依据

（1）法律法规文件：《中华人民共和国民用航空法》、《民用机场管理条例》及其他法规文件。

（2）规范性文件：《中国民用航空发展第十一个五年规划》，《全国民用机场布局规划》，《建设民航强国的战略构想》，全国及各地的国民经济发展规划、交通运输发展规划、旅游发展规划、城市总体规划等文件，其他相关规范性文件。

（3）相关研究资料：《全国民用航空运输机场2020年布局和“十一五”建设规划研究报告》（中国国际工程咨询公司、中国民航科学技术研究中心）、专题研究《“十二五”期间国内外社会经济发展对民航发展的影响》的相关预测数据，以及其他相关研究资料。

（4）问卷调查资料：各民航地区管理局、各省（市、自治区）发展和改革委员会、各机场公司反馈的调查表。

（5）机构与专家访谈资料：民航局发展计划司、民航局机场司、民航各地区管理局、有关民航专家的意见及建议。

2. 研究方法

本报告在研究过程中，采用的研究方法主要包括：收集资料法、调查法、案例分析法、计量经济法、对比法等。

3. 技术路线

通过调研等各种渠道收集资料，分析总结“十一五”期间全国民航机场建设情况，取得的成绩及存在的问题，并结合全球机场发展状况和当前我国经济社会发展形势分析民航机场建设面临的发展环境。同时，以国务院批复的《全国民用机场布局规划》为指导，对未来机场业务进行合理预测的基础上，针对实际需求综合权衡，提出民航“十二五”机场建设发展应当遵循的指导思想、规划原则、总体目标和发展思路，重点对“十二五”期间民航机场建设项目的建设思路、建设方案、规模和时机等进行深入分析论证，并对规划实施的成本、效益和风险进行评价。最后，针对“十一五”期间存在的主要问题，提出保障“十二五”机场建设规划实施的政策措施建议。

三、规划范围与规划期限

1. 规划范围

对象范围：民用运输机场。关于通用机场问题另有专题（“十二五”我国通用航空发展政策研究）进行研究，为突出重点本报告不再涉及通用机场的问题（本报告所提“机场”仅指民用运输机场）。

地域范围：限于大陆4个直辖市、22个省和5个自治区共31个省级行政区，不包括港澳台地区。

2．规划期限

规划基准年——2010年；
规划目标年——2015年。

四、运输机场的分类

机场是指供飞机起飞、降落、滑行、停放以及进行其他活动使用的划定区域，包括附属的建筑物、装置和设施等。民用运输机场，是指供应民航航空器开展民用运输使用、主要为定期航班运输服务的机场。

关于运输机场的分类，目前在民航业内较为混乱。本报告综合权衡，参考中国国际工程咨询公司有关研究成果，将运输机场按规模和功能两个角度进行分类。

1．按照机场的航空业务量规模进行分类

- 特大型机场：年旅客吞吐量3500万人次以上的机场；
- 大型机场：年旅客吞吐量800万～3500万人次的机场；
- 中型机场：年旅客吞吐量200万～800万人次的机场；
- 小型机场：年旅客吞吐量200万以下的机场。

2．按照机场的作用和使用功能进行分类

- 国际枢纽机场：在全国民航机场体系中发挥着重要作用，是我国最重要的国际门户枢纽机场；
- 区域枢纽机场：以服务全国各区域间的航空需求为主，兼顾少量国际运输需求，在全国民航体系中发挥重要区域性作用的枢纽机场；
- 干线机场；
- 支线机场。

五、有关问题说明

1．区域划分标准

本报告采用两类地区分类标准。

一是根据民航局地区管理局的行政管辖范围，将全国划分为7个地区：

（1）华北地区，包括北京、天津、河北、山西、内蒙古；
（2）东北地区，包括辽宁、吉林、黑龙江；
（3）华东地区，包括上海、江苏、浙江、安徽、江西、福建、山东；
（4）中南地区，包括河南、湖北、湖南、广东、广西、海南；
（5）西南地区，包括重庆、四川、贵州、云南、西藏；
（6）西北地区，包括陕西、甘肃、青海、宁夏；
（7）新疆地区，仅包括新疆1个省级行政区。

二是根据国家“东部开放”、“西部大开发”、“东北振兴”、“中部崛起”等发展战略的实施和区域发展格局的变化，将全国划分为东部、中部、西部、东北四大经济区域。

（1）东部地区，包括河北、北京、天津、山东、江苏、上海、浙江、福建、广东、海南共10个省级行政区；

（2）中部地区，包括山西、河南、湖北、湖南、安徽、江西共6个省级行政区；

（3）西部地区，包括内蒙古、广西、重庆、四川、贵州、云南、西藏、陕西、甘肃、青海、宁夏、新疆共12个省级行政区；

（4）东北地区，包括黑龙江、吉林、辽宁共3个省级行政区。

2. 地级及以上行政单元确定标准

2010年末，全国有337个地级及以上行政单元（不包括直辖市市辖区），其中中心城市287个（直辖市4个、副省级城市10个、地级市272个）；地区、盟、自治州首府50个（其中地区17个、盟3个、少数民族自治州30个）。

2011年7月，国务院下发《关于同意安徽省撤销地级巢湖市及部分行政区划调整的批复》文件，地级巢湖市被一拆为三，分别并入合肥、芜湖、马鞍山三市。8月22日，地级巢湖市正式解体，撤销原地级巢湖市居巢区，设立县级巢湖市，新设的县级巢湖市由安徽省直辖，合肥市代管。由此导致全国地级及以上行政单元减少为336个。

本报告在评价机场覆盖率指标时，采取与现实一致的原则，对于“十一五”时期的覆盖率，均按照337个地级及以上行政单元进行考虑；对于“十二五”时期的覆盖率，均按照336个地级及以上行政单元进行考虑。

3. 关于加格达奇地区

加格达奇地区从版图上看隶属内蒙古自治区呼伦贝尔市鄂伦春自治旗，但由于历史原因长期以来一直归黑龙江省大兴安岭地区管辖。因此，本报告将加格达奇机场项目列入黑龙江省项目统计。

第二章 “十一五” 机场建设与发展情况回顾

“十一五”时期，民航业坚持以科学发展观为统领，深入贯彻党的十六大、十七大精神，努力克服各种不利因素带来的消极影响，抓住国家“扩大内需”的重要机遇，加速推进机场建设；机场密度逐渐加大，机场等级和现代化程度逐步提高，机场设施对航空运输的保障能力进一步增强，基本满足了经济社会发展的需要，为航空运输业乃至整个国民经济实现又快又好发展提供了重要保障。

一、“十一五”期间机场建设情况

（一）总体建设情况

“十一五”期间，按照《中国民用航空发展第十一个五年规划》提出的“东部提升、中部加强、西部加密”的方针，各级政府加大了对民航机场的建设力度，共对全国135个机场实施了227个建设项目，其中：①“十五”续建项目19个（改扩建8个、迁建2个、新增9个）；②改扩建项目166个；③迁建项目7个；④新增机场项目35个。

通过“十一五”时期的大力建设，我国机场体系已初具规模，机场密度逐渐加大，机场等级和规模逐步提高，现代化程度不断增强，初步形成了以北京、上海、广州等枢纽机场为中心，以成都、昆明、重庆、西安、乌鲁木齐、武汉、沈阳、深圳、杭州等省会或重点城市机场为骨干以及众多其他城市干、支线机场相配合的基本格局；机场体系的功能层次日趋清晰，结构日趋合理，国际竞争力逐步增强。

1. 改扩建项目

继续实施“十五”延续下来的天津机场扩建、上海浦东机场改扩建等8个建设项目。同时实施了北京首都机场总体扩建、上海虹桥机场总体扩建、广州机场总体扩建、成都机场总体扩建、武汉机场二期扩建等166个改扩建项目，极大地改善了机场基础设施，增强了机场保障能力，从根本上保障了机场业务的迅速增长。

2. 迁建项目

继续实施“十五”延续下来的赣州机场迁建、库尔勒机场迁建2个迁建项目。同时实施了昆明机场迁建、合肥机场迁建、烟台机场迁建等7个迁建项目，有效解决了机场发展与城市发展之间的矛盾，消除了限制机场发展的瓶颈因素。

3. 新增机场项目（包括以各种形式增加机场布点的项目，如新建、复航改造、军民合用改造、通用机场升级等）

继续实施“十五”延续下来的达州机场复航、林芝机场新建等9个新增机场项目，9个机场全部在“十一五”时期建成并通航。同时实施了喀纳斯机场新建、漠河新建等35个新增机场项目，其中24个机场在“十一五”期间建成通航，另外11个延续到“十二五”继续建设。

“十一五”期间共有33个机场建成并投入使用，使得全国机场总数由2005年末的142个提高到2010年末的175个，极大提高了机场覆盖范围，完善了全国机场网络体系。

“十一五”时期全国实施的新增机场建设项目

序号	分类	“十一五”是否建成	建设项目	数量
1	“十五”续建项目（9个）	建成	达州*、林芝、克拉玛依*、荔波、文山、那拉提、邯郸、鄂尔多斯、百色#	9
2	“十一五”新增项目（35个）	建成	喀纳斯、漠河、长海、白山、济宁#、康定、中卫、天水#、哈密*、大庆、伊春、鸡西、佛山#、腾冲、玉树、唐山#、二连浩特、淮安、黔江、阿里、日喀则#、固原、吐鲁番、博乐	24
		未建成	阿尔山、吕梁、巴彦淖尔、宜春、池州、神农架、河池、遵义#、张掖#、金昌、三明	11

备注：机场名称后标注*的为复航机场，标注#的为军用机场改造为军民合用机场。

与《全国民用机场布局规划（2020）》的规划内容相比，博乐、长海机场为2020年项目提前到“十一五”实施并建成；唐山、佛山2个机场为规划布局之外的项目；白城、通化、北京第二、良乡、苏中、蚌埠、乐山、稻城、红河、毕节、六盘水、夏河等12个“十一五”规划机场项目未能在“十一五”时期实施。

（二）投资融资情况

1. 投资情况

调研统计显示，“十一五”全国共完成机场建设投资193011亿元，其中包含“十五”续建项目投资16061亿元。如把此项投资扣除，再加另外滚动到“十二五”的55044亿元投资，可以得出“十一五”项目投资总额为232194亿元。

根据规划，“十一五”期间计划实施机场项目326项，计划总投资2684亿元。实际项目数量完成69.6%，项目投资完成86.5%。

各地区“十一五”机场建设项目数量和投资

序号	地区	项目	十五续建	改扩建	迁建	新增	合计
1	华北	项目数（个）	4	50	1	5	60
		投资（亿元）	157.87	187.25	3.50	26.84	375.47
2	东北	项目数（个）		14		6	20
		投资（亿元）		20.28		18.04	38.32
3	华东	项目数（个）	5	60	2	5	72
		投资（亿元）	158.32	376.15	44.8	21.71	600.98

续表

序　号	地　区	项　目	十五续建	改扩建	迁　建	新　增	合　计
4	中南	项目数（个）	1	24	1	3	29
		投资（亿元）	0.58	392.46	10.00	11.43	414.47
5	西南	项目数（个）	4	8	1	6	19
		投资（亿元）	2.70	136.84	153.35	41.02	333.91
6	西北	项目数（个）	1	5	1	6	13
		投资（亿元）	1.71	91.99	4.76	18.05	116.51
7	新疆	项目数（个）	4	5	1	4	14
		投资（亿元）	1.76	35.23	3.31	12.16	52.46
合计		项目数（个）	19	166	7	35	227
		投资（亿元）	322.95	1240.20	219.72	149.24	1932.11

2．融资情况

根据对已完工和在建机场项目所作的统计分析，新建项目和改扩建项目的融资渠道有比较明显的差别。整体来看，新建项目（绝大多数为支线机场）资金来源中政府投资（包括国债、民航建设基金和地方政府投资）所占比例较高，达到54.6%，企业自筹部分比例为45.4%。在规模以上（投资规模10亿元）机场改扩建项目中，企业自筹资金占据主导地位，达到63.9%，各类政府投资所占比例为37.1%。在政府投资中，地方政府投资占主体地位，占到投资总量的70%以上，民航建设基金7所占比例接近30%。

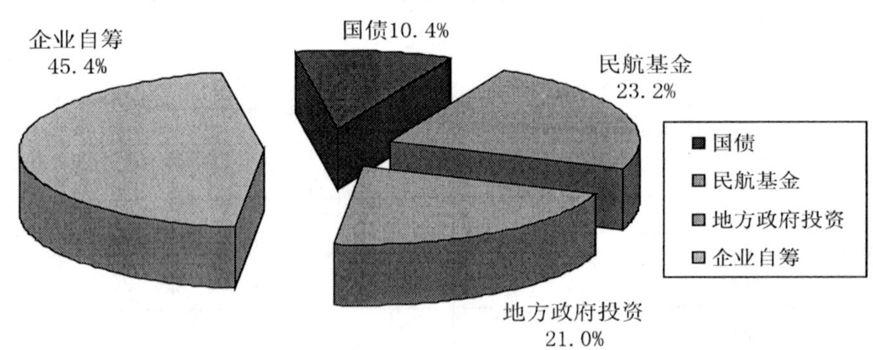

“十一五”新建机场项目资金来源构成（至2008年底）

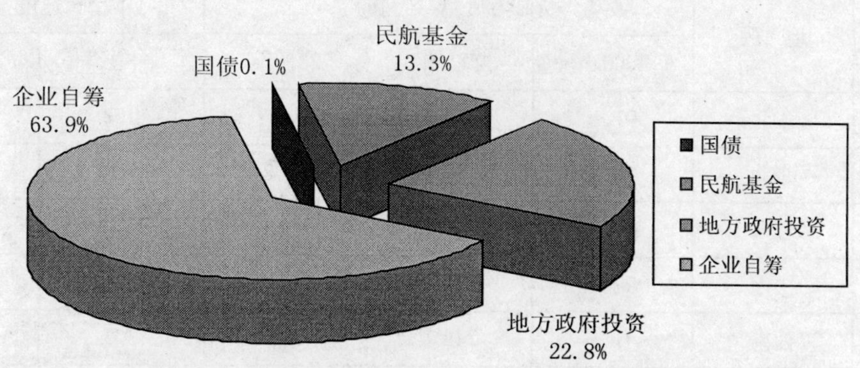

“十一五”规模以上改扩建机场项目资金来源构成（至2008年底）

二、“十一五”期间机场发展情况

“十一五”期间，我国民航机场业务量指标保持了快速增长的势头。2010年全国机场实现旅客吞吐量564亿人次、货邮吞吐量1129万吨、飞机起降量553万架次，这三项指标在“十一五”期间的年均增长率分别为14.7%、12.3%和12.6%（“十五”时期这三项指标的年均增长率分别为16.3%、15.4%和11.7%）。

全国民航机场旅客吞吐量统计

序　号	地　区	旅客吞吐量（万人）			年增长速度（%）	
		2000年	2005年	2010年	“十五”	“十一五”
1	华北	2408	4784	10037	14.7	16.0
2	东北	829	1598	3387	14.0	16.2
3	华东	3905	8902	17251	17.9	14.1
4	中南	3698	7282	13816	14.5	13.7
5	西南	1809	4176	7988	18.2	13.9
6	西北	531	1123	2782	16.2	19.9
7	新疆	191	569	1170	24.5	15.5
	全国	13369	28435	56431	16.3	14.7

全国民航机场货邮吞吐量统计

序　号	地　区	货邮吞吐量（万吨）			年增长速度（%）	
		2000年	2005年	2010年	“十五”	“十一五”
1	华北	91.5	92.0	187.7	0.1	15.3
2	东北	18.8	24.7	40.8	5.6	10.6
3	华东	135.0	300.6	513.6	17.4	11.3
4	中南	97.3	138.3	252.9	7.3	12.8
5	西南	41.5	60.7	101.4	7.3	10.8
6	西北	9.5	10.5	22.5	2.1	16.5
7	新疆	5.7	6.4	10.2	2.5	9.8
	全国	399.2	633.1	1129.0	9.7	12.3

1．我国机场的全球地位明显提高

2010年，北京首都机场完成旅客吞吐量7395万人次，仅次于美国亚特兰大机场位列全球第2位；上海浦东机场货邮吞吐量323万吨，位列全球第3位；广州白云机场旅客吞吐量突破 4000万人次，位列全球第19位。全国机场吞吐量在100万以上的机场数量达到51个，其中，旅客吞吐量突破1000万的机场数量达到16个，吞吐量在100万～1000万的机场数量达到35个。

2．机场业务聚集趋势明显

旅客吞吐量集中度向大、中型机场，特别是向超大型机场集聚的程度非常高。2010年全国排名前51位的机场旅客吞吐量占到全国总量的95.2%，其中仅北京、上海和广州三大城市机场旅客吞吐量占全部机场旅客吞吐量的33.1%。

3．区域枢纽竞争激烈

除京、沪、穗3大国际枢纽外，区域枢纽的竞争成为第二层次机场的主要目标。成渝枢纽发展突出，主要原因在于地理位置优越，但成都、重庆、昆明机场之间的竞争也非常突出；中部地区的区域枢纽呈现武汉、长沙、郑州三大机场相互竞争的格局；珠三角地区的广州和深圳机场之间的竞争也日益加剧；东北地区已经从大连、沈阳双核心领跑，呈现大连机场一枝独秀、沈阳和哈尔滨机场紧随其后、哈尔滨机场突飞猛进的局面；相比较而言，西安和乌鲁木齐机场的区域枢纽地位相对稳定。

4．干线支线机场发展迅速

沿海干线机场（深圳、海口、厦门、青岛、大连、三亚）、门户型枢纽机场（昆明、乌鲁木齐）和中东部地区的西安、成都、昆明、重庆、杭州、南京、武汉、长沙、郑州、贵阳、银川，北方地区的哈尔滨、沈阳、太原、呼和浩特等干线机场发展迅速，我国航线以城市对干线为主的格局未改变。主要旅游机场所在地（三亚、九寨沟、丽江、腾冲、西双版纳、张家界、漠河等为代表的旅游机场）和政策性扶持力度大的支线机场（以榆林、运城、鄂尔多斯、包头等为代表性的机场）发展迅速。旅游机场的迅速发展，说明我国居民旅游消费的增长潜力在逐渐扩大；而政策性扶持力度大的机场的迅速发展，说明支线机场的航空需求量是客观存在的。“十一五”期间支线机场获得全面发展，支线机场的航空业务量呈现增长势头，民航局支线机场扶持政策成效显著，支线航空的发展有了一定起色。

三、2010年末全国民航运输机场概况

“十一五”末（2010年末），全国民航颁证运输机场数量达到175个，与“十五”末（2005年末）的142个相比增加33个；机场密度达到0.182个/万平方公里，与“十五”末相比提高23.2%。按直线距离100公里服务半径计算，全国337个地级及以上行政单元之中，44.6%的中心城市、88.2%的地区、66.7%的盟、60.0%的自治州拥有机场，76.0.%的中心城市、94.1%的地区、100%的盟、76.7%的自治州实现机场覆盖。

全国民航运输机场地区分布

序号	地区	2005年既有机场		“十一五”新增机场		数量合计
		机　场	数量	机　场	数量	
	全国		142		33	175
211	华北		18		4	22
1.1	北京	北京首都、北京南苑	2			2
1.2	天津	天津	1			1
1.3	河北	石家庄、秦皇岛	2	邯郸、唐山	2	4
1.4	山西	太原、长治、运城、大同	4			4
1.5	内蒙古	呼和浩特、包头、海拉尔、满洲里、锡林浩特、赤峰、通辽、乌兰浩特、乌海	9	鄂尔多斯、二连浩特	2	11
2	东北		12		6	18
2.1	辽宁	大连、沈阳、丹东、锦州、朝阳	5	长海	1	6
2.2	吉林	吉林、延吉	2	白山	1	3
2.3	黑龙江	哈尔滨、牡丹江、齐齐哈尔、佳木斯、黑河	5	漠河、鸡西、大庆、伊春	4	9
3	华东		37		2	39
3.1	上海	上海虹桥、上海浦东	2			2
3.2	江苏	南京、无锡、常州、徐州、连云港、南通、盐城	7	淮安	1	8

续表

序号	地区	2005年既有机场		"十一五"新增机场		数量合计
		机　场	数量	机　场	数量	
3.3	浙江	杭州、温州、宁波、舟山、黄岩、义乌、衢州	7			7
3.4	安徽	合肥、黄山、安庆、阜阳	4			4
3.5	江西	南昌、景德镇、赣州、井冈山、九江	5			5
3.6	福建	厦门、福州、泉州、武夷山、连城	5			5
3.7	山东	青岛、济南、烟台、威海、临沂、潍坊、东营	7	济宁	1	8
4	中南		25		2	27
4.1	河南	郑州、洛阳、南阳	3			3
4.2	湖北	武汉、宜昌、恩施、襄樊	4			4
4.2	湖南	长沙、张家界、常德、永州、怀化	5			5
4.4	广东	广州、深圳、汕头、珠海、湛江、梅州	6	佛山	1	7
4.5	广西	桂林、南宁、北海、柳州、梧州	5	百色	1	6
4.6	海南	海口、三亚	2			2
5	西南		28		9	37
5.1	重庆	重庆、万州	2	黔江	1	3
5.2	四川	成都、九寨沟、攀枝花、西昌、宜宾、绵阳、南充、泸州、广元	9	达州、康定	2	11
5.3	贵州	贵阳、铜仁、兴义、安顺、黎平	5	荔波	1	7
5.4	云南	昆明、西双版纳、丽江、大理、德宏、迪庆、保山、临沧、普洱、昭通	10	文山、腾冲	2	12
5.5	西藏	拉萨、昌都	2	林芝、阿里、日喀则	3	5
6	西北		12		4	16
6.1	陕西	西安、榆林、汉中、延安、安康	5			5
6.2	甘肃	兰州、敦煌、嘉峪关、庆阳	4	天水	1	5
6.3	青海	西宁、格尔木	2	玉树	1	3
6.4	宁夏	银川	1	中卫、固原	2	3
7	新疆		10		6	16
7.1	新疆	乌鲁木齐、喀什、伊宁、库尔勒、阿勒泰、和田、阿克苏、库车、塔城、且末	10	克拉玛依、那拉提、喀纳斯、哈密、吐鲁番、博乐	6	16

（一）地区分布

从地区分布来看，“十一五”末，华东地区机场密度最高，达到0.492个/万平方公里，其次为中南地区和东北地区，新疆地区最低，仅为0.096个/万平方公里。但从每亿人口所拥有的机场数量来看，新疆地区最高，为77.93个/亿人，其次为西北地区，中南地区最低，仅为7.10个/亿人。

从经济地理区划来看，“十一五”末，东部地区机场密度最高，达到0.502个/万平方公里，中部地区次之，东北再次之，西部地区最低。但从每亿人口所拥有的机场数量来看，西部地区最高，为22.58个/亿人，其次为东北地区，再次为东部地区，中部地区最低。按面积平均和按人口平均的机场密度排序几乎完全相反，这主要是由于我国东部人口稠密、西部地广人稀的地理及人口分布特点造成的。

“十一五”末七大地区机场分布

序　号	地　区	机场数量（个）	机场数量（个/万平方公里）	机场密度（个/亿人）
1	华北地区	22	0.142	13.86
2	东北地区	18	0.228	16.01
3	华东地区	39	0.492	10.03
4	中南地区	27	0.267	7.10
5	西南地区	37	0.157	17.58
6	西北地区	16	0.110	22.35
7	新疆地区	16	0.096	77.93
合计	全国	175	0.182	12.77

“十一五”末四大经济区域机场分布

序　号	地　区	机场数量（个）	机场数量（个/万平方公里）	机场密度（个/亿人）
1	东部地区	46	0.502	9.60
2	中部地区	25	0.244	6.07
3	西部地区	86	0.125	22.58
4	东北地区	18	0.228	16.01
合计	全国	175	0.183	12.77

（二）机场功能和保障能力

1．飞行区指标

2010年末全国175个运输机场中，具备运行F类飞机能力的4F机场有4个，即北京首都机场、上海浦东机场、广州白云机场、成都双流机场；具备运行B747、B777、A340等E类飞机能力的4E机场有31个；具备运行B767、A300等D类飞机能力的4D机场有39个；具备运行B737、A320等C类飞机能力的4C机场93个；3C及以下机场8个（占46%），即长海、梅州、梧州、汉中、安康、庆阳、天水、且末。

2010年末全国各地区运输机场飞行区指标分类

序　号	地区名称	机场数量	机场飞行区指标				
			4F	4D	4E	4C	3C及以下
1	华北地区	22	1	2	2	9	8
2	东北地区	18	0	3	1	13	1
3	华东地区	39	1	7	14	17	0
4	中南地区	27	1	8	7	9	2
5	西南地区	37	1	4	6	26	0
6	西北地区	16	0	1	5	6	4
7	新疆地区	16	0	2	4	7	3
	全国	175	4	27	39	87	18

2．机场跑道保障能力

2010年末全国175个运输机场中，具备2条或2条以上跑道的机场7个，即北京首都、广州、上海浦东、上海虹桥、成都、重庆、天津机场。

2010年末全国175个运输机场全部能够保障航空器在仪表气象条件下的起降（林芝机场采用RNP运行），其中能够实施II类ILS运行的机场4个（北京首都、西安、上海浦东、成都）、占2.3%；能够实施I类ILS运行的机场153个（其中天津、上海虹桥、南京、杭州、广州、深圳、珠海、海口、武汉、乌鲁木齐10个机场安装有II类ILS设施，目前实施I类运行，林芝机场实施RNP按I类ILS对待），占87.4%；实施非精密仪表运行的机场仅剩下18个（VOR运行13个：乌兰浩特、朝阳、漠河、鸡西、伊春、百色、格尔木、庆阳、汉中、塔城、那拉提、喀纳斯、哈密），占7.4%；实施NDB运行5个（长海、安康、天水、库车、且末，占2.85%），占10.3%。

2010年末全国各地区机场跑道仪表运行分类

序　号	地　区	机场数量（个）	机场跑道仪表运行类别		
			II类	I类	非精密
1	华北地区	22	1	20	1
2	东北地区	18	0	13	5
3	华东地区	39	1	38	0
4	中南地区	27	0	26	1
5	西南地区	37	1	36	0
6	西北地区	16	1	10	5
7	新疆地区	16	0	10	6
	全国	175	4	153	18

目前，国际民航组织（ICAO）要求各成员国在2009年底前制定完成PBN实施规划，2016年完成全部实施工作，以全球一致和协调的方式从传统运行模式完全过渡到PBN运行（“基于性能的导航（PBN）”的概念源于国际民航组织（ICAO）定义的“新航行系统（CNS/ATM）”概念，PBN既是一个导航概念，也是一个运行概念，包括区域导航（RNAV）和所需要性能导航（RNP）两类导航范畴）。2009年10月，中国民航局正式向全球发布了《中国民航PBN实施路线图》，路线图明确，中国民航的PBN实施分为三个阶段：第一阶段（2009—2012年）是PBN重点应用阶段，2012年底必须在30%的机场实施PBN运行，所有国际机场全面实现PBN运行；第二阶段（2013—2016年）实现PBN的全面应用，2016年底完成所有机场的PBN运行；第三阶段（2017—2025年）实现PBN与“新航行系统（CNS/ATM）”的系统整合，构建我国 “新一代航空运输系统”。

3. 高原机场

高原机场可分为一般高原机场和高高原机场两类。前者是指海拔高度在1500米至2438米的机场，后者是指海拔高度在2438米及以上的机场。2010年末全国175个运输机场中，高高原机场有10个、高原机场13个。

高原机场的建设和运行有很多特殊性：如地形、地貌、地质条件复杂，选址难度大、工程量大等，此外还受到空气稀薄、气象条件复杂等因素制约。这些特殊性客观上导致高原机场的初建、改扩建难度很大，在运行管理和保障上的投入更多。但是从我国国情出发，高原机场的建设，对于促进西南部经济发展、维护民族团结和巩固国防无疑具有极其重要的战略意义。

2010年末全国高原机场分布

序　号	机场名称	海拔高度（m）	跑道长度（m）	备　注
高高原机场（2438米/8000英尺及以上）				
1	昌都邦达机场	4344.8	4200	
2	康定机场	4238.3	4000	
3	玉树机场	3905	3800	
4	拉萨贡嘎机场	3569.5	4000	
5	九寨黄龙机场	3447	3400	
6	迪庆香格里拉机场	3287.8	3600	
7	林芝米林机场	2948	3000	
8	格尔木机场	2841.5	4800	
9	阿里昆莎机场	4272	4500	
10	日喀则和平机场	3872	5000	
高原机场（1500米/4922英尺（含）至2438米/8000英尺）				
1	丽江机场	2242.6	3000	
2	西宁机场	2179	3400	
3	大理机场	2155.4	2600	
4	攀枝花机场	1980.2	2800	
5	兰州机场	1947.2	3600	
6	昭通机场	1935.7	2600	
7	临沧机场	1896.5	2400	
8	昆明机场	1894.9	3400	
9	腾冲机场	1887.0	2400	
10	保山机场	1664.1	2400	
11	文山机场	1590.4	2400	
12	嘉峪关机场	1559.1	3000	
13	西昌机场	1558	3600	

4. 军民合用机场

2010年末全国175个运输机场中，军民合用机场有60个，占民航机场总数的34.3%，即北京南苑、秦皇岛、唐山、赤峰、运城、长治、大连、丹东、锦州、延吉、齐齐哈尔、佳木斯、牡丹江、无锡、常州、连云港、盐城、义乌、台州、衢州、安庆、泉州、武夷山、连城、青岛、烟台、威海、潍坊、济宁、井冈山、九江、汕头、怀化、永州、百色、南宁、柳州、佛山、西昌、绵阳、宜宾、泸州、南充、广元、安顺、昆明、普洱、腾冲、拉萨、林芝、昌都、阿里、日喀则、汉中、延安、格尔木、天水、库尔勒、和田、阿克苏、哈密。

2011年末各地区军民合用机场分布

序　号	地　区	机场总数量（个）	军民合用机场数量（个）	占比例
1	华北地区	22	6	27.3%
2	东北地区	18	7	38.9%
3	华东地区	39	18	46.2%
4	中南地区	27	7	25.9%
5	西南地区	37	14	37.8%
6	西北地区	16	4	25.0%
7	新疆地区	16	4	25.0%
	合计	175	60	34.3%

注：大连、昆明、青岛三机场空军飞行部队已经退出；南宁机场计划空军搬迁，南充为彭山军用机场搬迁到南充实施军民合用。

四、“十一五”机场建设发展基本评价

总体上看，“十一五”期间机场建设投资规模和新增机场数量均创造了机场建设历史的新记录，机场对区域经济社会发展的支持作用明显增强。民航机场的建设，进一步促进了项目实施地区现代物流的加快，促进了旅游地区旅游资源的开发，直接和间接增加了当地就业机会，促进了居民收入的提高和区域经济的发展，逐渐开始显现其巨大的社会效益。不仅如此，机场建设在国家经济社会发展过程中所发挥的独特作用日益突出：成都机场的扩建和玉树机场的建设，确保了在汶川地震和玉树地震发生之际能够把救援人员和救灾物资以最快速度运抵灾区；首都机场T3航站楼工程和浦东、虹桥机场的改扩建，为北京奥运会、上海世博会提供了安全高效、便捷优质的航空运输保障，提升了国家形象。

以机场数量不断增加和保障能力不断提高为基础，航空运输以其快捷、方便、舒适和安全的比较优势，在综合交通运输体系中的地位和作用日益突出，在我国中长途旅客运输、国际间客货运输、城际间快速运输及特定区域运输方面逐步占据主导地位，对促进国际间人员交往、对外贸易和出入境旅游发展发挥了重要作用。民航旅客运输周转量在迅速增长的同时，在各种交通运输方式业务总量中所占的比重也不断提高；2000年旅客运输周转量中民航所占比例仅为8.17%，2005年上升为11.70%，2010年上升为14.51%。

民航在综合交通体系中的比重变化

序　号	指　标	单　位	2000年		2005年		2010年	
			完成量	比重（%）	完成量	比重（%）	完成量	比重（%）
1	旅客运输总量	亿人	147.86	100.00	184.20	100.00	328.00	100.00
①	铁路	亿人	10.51	7.11	11.60	6.30	16.80	5.12
②	公路	亿人	134.74	91.13	169.20	91.86	306.30	93.38
③	水运	亿人	1.94	1.31	2.00	1.09	2.20	0.74
④	民航	亿人	0.67	0.45	1.38	0.75	2.70	0.82
2	旅客运输总量	亿人公里	12188.00	100.00	17473.00	100.00	27779.20	100.00
①	铁路	亿人公里	4488.00	36.82	6061.80	34.69	8762.20	31.54
②	公路	亿人公里	6600.00	54.15	9299.10	53.22	14913.90	53.69
③	水运	亿人公里	104.00	0.85	67.10	0.38	71.50	0.26
④	民航	亿人公里	996.00	8.17	2044.90	11.70	4031.60	14.51

尽管我国机场建设取得了巨大成绩，但当前状况与建设民航强国战略目标、综合交通运输体系要求、未来经济社会发展需求相比，仍存在许多不足和差距。主要表现以下几个方面。

1．现有机场数量难以满足多层次发展的需求

尽管“十一五”期间我国机场建设取得了显著的成绩，机场数量大幅增加，但与发达国家水平、区域经济协调发展要求，以及未来经济社会发展需求相比，均存在明显差距。“十一五”末我国民航运输机场数量达到175个，密度是0.182个/万平方公里；机场数量仅相当于美国1/4左右的水平，即使与发展中国家巴西相比也相对偏低。全国287个地级以上城市中只有128个拥有机场，50个少数民族自治州、盟、地区中有35个拥有机场。以地级城市为代表的中心城市的很大部分尚不能提供航空服务，这与机场作为基础设施的地位是不相符合的。由于地区发展不平衡，我国机场数量分布不均，地区差距仍较大，“十一五”末东部地区机场密度将达到5.02个/十万平方公里，大大高于中部、东北和西部地区；这种东密西疏的现状格局与带动中西部地区经济社会发展、开发旅游资源之间的矛盾也非常突出。此外，我国现在的机场体系覆盖的人口和面积还较为有限，许多地区的居民无法选择航空出行，居民出行的社会公平性还有待提高，随着未来我国经济社会的持续快速发展，也必将对机场密度的进一步提高提出迫切要求。

2．目前大中型机场容量普遍饱和的问题仍然比较突出

由于机场业务需求的高速增长，许多机场的实际增长远高于当初规划和建设时的预测，使得机场在投入运营后很快就达到饱和或接近饱和，其中以大中型机场表现尤为突出。到“十一五”末，50个主要机场之中有22个机场的航站楼达到饱和，4个机场的跑道达到饱和；其他尚未饱和的机场大部分也将在“十二五”期间达到饱和。另外，由于许多大中型机

场容量已经饱和或接近饱和，较难接纳支线机场飞机，也抑制了支线机场的业务提高和发展。因此，必须加快机场建设步伐，大力提升主要机场的容量，缓解机场容量饱和与航空业务增长之间的矛盾。

3．机场建设融资渠道狭窄、投资不足现象普遍存在

长期以来我国机场建设的融资渠道狭窄，国家投资不足，支持性政策有限。目前民航“一金一费”（民航基础设施建设基金和民航机场管理建设费）为主体的资金来源已远远不能满足机场建设的需要，尤其是在2008年国际金融危机的影响下，为补贴航空公司的亏损对其进行建设基金返还，已造成巨额民航建设资金赤字，难以对机场建设进行大规模投入。机场建设的五年或十年规划，往往缺少资金的配套计划和落实渠道，在执行过程中许多项目经常因资金匮乏而搁浅。由于资金不足，一些机场在建设中大量使用贷款，造成债务负担过重；机场投入运营后需支付巨额财务费用，部分机场的财务费用甚至超过了运营收入，亏损的包袱越来越重，造成恶性循环的被动局面。尤其是西部地区大部分支线机场，如果不能落实国家资金投入，又基本不可能靠市场化运作筹资资金，在这种情况下难以推动项目予以实施。

4．空域资源不足严重制约既有机场的扩建和新建机场的选址

在发达国家，民用航空使用了大部分国家空域资源，如美国民航使用的空域达82%左右，而目前我国民航使用的空域仅为全国空域的22.9%，民航可用空域资源严重不足。尤其是近年来，随着民用航空业务量的迅猛增长，枢纽机场、大型机场的空域资源紧张问题日益突出，特别是北京、上海、广州、深圳、大连等地区，民航可用空域严重不足，军、民航空域活动相互干扰的矛盾日益突出。由于受空域资源以及空管能力的限制，机场跑道的增加并不能带来起降能力的同步增加，因此限制了一些既有机场的扩建。此外，由于空域资源限制，一些迁建机场或新建机场项目的选址困难重重，以大连新机场和北京新机场为例，在选址过程中受空域因素限制很大，导致选址难以按照人口分布、经济分布、地理方位、综合交通等因素进行资源的优化配置，影响了机场建成后功能和效益的最大化。

5．机场与其他交通方式衔接不够，国际枢纽尚未真正形成

由于部分机场的建设和发展与所在城市规划、军航规划以及其他运输方式缺乏有效衔接，导致机场建成后与其他交通方式缺乏有效衔接，在很大程度上降低了附近居民的航空需求，制约了机场业务的发展。此外，虽然近年来我国三大枢纽机场在世界机场业务排名中的名次不断提高，但由于国际中转的比例偏低、国际航线网络的全球覆盖能力较弱，国内枢纽机场的国际枢纽地位尚未形成。由于缺乏能够参与全球竞争的国际枢纽机场，也导致难以有效发挥和提高我国民用航空资源的整体优势和地位。

第三章　机场建设面临的形势与业务量预测

一、国内外经济社会发展环境

（一）世界经济将在不稳定中保持复苏态势

21世纪头10年的世界经济先是繁荣发展，随后便经历了风雨飘摇的国际金融危机和经济衰退阶段，2008年9月，起源于美国的次贷危机爆发成一场席卷全球的金融危机，危机迅速波及到绝大部分的发达国家和新兴市场国家。危机覆盖了所有的金融市场和金融机构，房地产、信贷、债券、股票、商品、外汇市场无一幸免，商业银行、保险公司、证券公司以及包括退休基金、私募股权基金甚至对冲基金在内的基金公司等均受到冲击。这种情况的出现和近年来经济全球化和信息化高速发展、投机资本在国际间大规模流动以及金融创新和金融衍生产品泛滥密不可分。这场危机发展速度之快、影响范围之广、恐慌程度之深出乎了所有人的预料，各国政府则采取了一系列大规模的救市行动。

在各国政府的积极干预下，世界经济进入了艰难复苏的“后国际金融危机时期”。2010年世界经济开始实现复苏性增长，但复苏进程还很脆弱、很不稳定。中东、北非局势动荡不定，大宗商品价格上涨引发的全球性通胀压力增大，日本地震和海啸，以及近一段时期欧美债务危机愈演愈烈和一些发达国家经济明显放缓，都为世界经济增长带来了新的不确定性。

2011年4月国际货币基金组织发布的《世界经济展望》报告显示，预计2011和2012年世界经济的年均增长率将为4.5%左右，发达经济体的增长率为2.5%，新兴经济体和发展中国家经济增长率为6.5%，世界经济总体上在上年的基础上保持着复苏态势。总体上，可以得出一个基本判断，世界经济和发达经济体最坏的时期已经过去，但也不可能在短期内恢复到2002−2007年的增长水平，而是将在不断的调整中逐步恢复增长。

（二）我国经济持续快速发展，在世界经济版图中的地位迅速提升

近年来，我国经济保持了快速增长的势头，在世界经济版图中的地位迅速提升。从经济总量看，我国早在2005年就已超过英国成为世界第四大经济体，2007年超过德国成为世界第三大经济体。

2008年金融危机席卷全球，对我国经济也造成了严重冲击，外部需求减弱，出口大幅下降，对外金融投资受损。为应对金融危机，国务院迅速推出了4万亿的扩内需保增长的投资计划，同时连续降息，实施宽松的货币政策，以消费和投资拉动国民经济。在各项政策措施的推动下，2009年我国GDP增长8.7%，成功实现保八目标；进出口贸易总额达到22072亿美元，超过德国成为世界最大出口国。

进入2010年，我国经济在错综复杂的国际经济环境中，开始面临严重的通胀压力，经济出现一定程度放缓，为控制物价，我国货币政策出现重大转变，开始连续加息和提高银行存款准备金，实施稳健货币政策，并取得了积极效果。2010年我国GDP超过日本成为全球仅次

于美国的第二大经济体。

当前，我国面临的国内外环境仍然十分复杂，特别是欧洲主权债务危机不断升级，对我国经济继续保持平稳较快发展、巩固和扩大遏制通胀初步成果、加快国内产业结构调整步伐，都带来新的不确定性和挑战。但总体上，我国经济增长的内在动力较强，社会总需求总体旺盛，发展前景依然光明，并将成为促进世界经济复苏的强大力量。

（三）我国改革开放事业将向纵深层次推进

我国已进入全面建设小康社会的重要时期。经济总体上将保持平稳较快增长，经济发展方式加快转变，经济结构优化调整，居民收入持续增加，消费结构快速升级。随着国家经济的持续发展，工业化、城镇化、信息化、市场化、国际化进入新阶段，人流、物流和信息流迅速增加，为民航发展提供了巨大的市场需求。

当前我国改革开放事业将进一步向纵深层次推进，主要表现在以下几个方面。

1．经济发展方式进一步向集约型转变，科技化信息化推动产业结构优化升级

长期以来，我国经济发展过多地依靠扩大投资规模和增加物质投入，这种工业化初期的粗放型增长方式，不断增加对资源环境的压力，难以长期坚持；企业和产品的科技含量低、经济效益低，同时导致我国长期处于产业链的低端，严重影响我国的国际竞争力。粗放型向集约型增长方式转变，要改变只注重数量不注重质量和效益的做法，致力于通过扩大企业的科技投入来实现企业产品的升级换代，以质取胜；要改变传统的工业生产方式，坚持以科技化信息化带动产业结构优化升级，走新型工业化道路。

2．区域发展规划将进一步促进区域经济协调发展

2005年，国务院发展研究中心提出“四大板块八大经济区”方案，将全国划分为东部、中部、西部、东北四大板块，并将这四大板块划分为八大综合经济区，即东部板块划分为北部沿海、东部沿海、南部沿海三个综合经济区；中部板块划分为黄河中游、长江中游两个综合经济区；西部板块划分为大西南、大西北两个综合经济区，东北板块即东北综合经济区。

目前区域经济发展明显不平衡，东部地区在经历多年高增长之后面临产业转移与升级的抉择，而欠发达地区仍在努力寻求经济发展的方向。金融危机以后，国家更加注意区域经济协调发展的 紧迫性，2009年以来批复的区域经济发展规划比过去四年的总和还多，我国新的区域经济版图逐渐成型，将包括以下经济区域：长三角、珠三角、北部湾、环渤海、海峡西岸、东北三省、黄河三角洲、中部和西部。政策的着眼点已从东部、南部延伸到中部、西部、东北等地。目前，东部仍将是中国经济最具活力和潜力的地区，中部地区城市化进程加速，西部与东北地区的基础相对薄弱，但具有政策倾斜的优势以及自身比较优势。实施区域发展总体战略，重在发挥各地比较优势，有针对性地解决各地发展中的突出矛盾和问题；重在扭转区域经济社会发展差距扩大的趋势，增强发展的协调性。

我国区域协调发展将全面推进。区域发展规划的实施将为国家经济社会协调发展注入新的活力，以长三角、珠三角、京津冀等地区为代表的东部最发达地区将率先实现区域经济一体化和现代化，与此同时，国家更加注重全力推进西部开发、中部崛起、东北振兴，缩小地区间经济社会发展的不平衡，形成 “全面开花”的改革开放新格局。区域协调发展将促进民航资源配置的进一步扩大和优化。

当前我国的区域发展规划

地　区	省　份	区域规划	备　注
	北京	京津冀都市圈区域规划	1
	天津	京津冀都市圈区域规划	1
	河北	京津冀都市圈区域规划	1
	天津	滨海新区综合配套改革试验总体方案	2
	山东	黄河三角洲高效生态经济区发展规划	3
	上海	建设国际金融中心和国际航运中心 长江三角洲地区区域规划纲要	4 5
	江苏	长江三角洲地区区域规划纲要 沿海地区发展规划	5 6
	浙江	长江三角洲地区区域规划纲要	5
	福建	海峡西岸经济区	7
	广东	珠江三角洲地区改革发展规划纲要 横琴总体发展规划	8 9
	海南	国际旅游岛规划	10
中部	中部6省	促进中部地区崛起规划	11
	湖北	武汉城市圈“两型社会”建设综合配套改革试验区	12
	湖南	长株潭城市群“两型社会”　建设综合配套改革试验区	13
	江西	鄱阳湖生态经济区规划	14
	安徽	皖江城市带承接产业转移示范区规划	15
东北	辽宁	沿海经济带发展规划	16
	吉林	中国图们江区域合作开发规划纲要——以长吉图为开发开放先导区	17
西部	广西	北部湾经济区发展规划	18
	甘肃	关中-天水经济区发展规划	19
	四川	成渝经济区区域规划	20
	重庆	成渝经济区区域规划 两江新区	20 21

3. 城镇化稳步推进，城市群加速形成

我国城镇化进程将稳步推进，城镇发展布局和结构日趋合理，城镇经济在国民经济中重要作用日益显著。我国城镇化率即将过半，城市群发展迅速。除原有的长江三角洲、珠江三角洲、京津冀、厦泉漳闽南三角地带外，山东半岛城市群、辽中南城市群、中原城市群、长江中游城市群、海峡西岸城市群、川渝城市群和关中城市群，也开始显露端倪。城市群模式，能更大程度地发挥城市经济的集聚效应和辐射功能。我国将形成三大都市区、十大人口产业集聚区和部分城市带。区域中心城市的增加使人口由分散到集中，将促使经济社会结构和生产生活方式发生深刻转变，城乡社会结构呈现新格局。城镇化使机场辐射人口增加，潜在市场扩大，有利于都市间运输大通道的形成。

4. 国际贸易结构面临优化调整，国际交往更加密切

改革开放30多年来，我国国际贸易围绕“出口创汇”这一核心目标，通过有利出口的汇率、出口退税、外贸权改革、出口补贴、出口奖励、出口促进等手段致力于鼓励本土企业出口，增强出口竞争力。2008年国际金融危机发生以后，我国出口遭遇严重挑战，出口后劲严重不足，长达6年的外贸高增长明显减缓，2009年甚至出现了大幅下降，尽管2010年又出现了一定增长，但包括出口订单指数、对主要市场增值、大宗产品出口及合同外资的众多外贸先行指标均不乐观。在当前形势下，必须对国际贸易结构进行优化调整，促进出口产品向高技术含量、高附加值的产品转变。总体上，在全球一体化的大背景和发展趋势下，国际交往必将越来越频繁，越来越密切。

二、“十二五”机场建设同时面临重大机遇和严峻挑战

（一）机场建设面临的重大机遇

伴随着经济的进一步全球化，“天空开放”进程将深入推进，航空自由化和机场联盟化进入新的发展阶段。国际航空运输市场发展空间广阔，亚太地区仍将是航空运输增长最快的地区之一，有利于我国航空运输全球化战略的推进。当前，我国机场建设正面临着良好的重大机遇。

1. 民航强国战略的实施将极大促进机场建设步伐的加快

民航业是国民经济的重要基础产业，是综合交通运输体系的有机组成部分，其发达程度体现了国家的综合实力和科技水平。目前我国已成为名副其实的民航大国，具备了由“大”向“强”跨越的内在条件。在这一新的历史起点，国家民航局站在全国经济社会发展的高度，提出了《建设民航强国的战略构想》。

所谓民航强国，是指民航业综合实力位居世界前列的国家，表现为民航业在国家经济社会发展中发挥战略作用，安全好，贡献大，运行品质高，具有很强的国际竞争力、影响力和创新能力。《建设民航强国的战略构想》是未来引领我国民航事业又好又快发展的纲领性文件，根据构想：到2020年，伴随我国全面建成小康社会，民航强国初步成形；到2030年，全面建成安全、高效、优质、绿色的现代化民用航空体系，实现从民航大国到民航强国的历史性转变，成为引领世界民航发展的国家。围绕这一战略目标，中国民航将分两步走：第一步，从现在起到2020年，为全面强化基础阶段；第二步，从2020年到2030年，为全面提升飞跃阶段。到2030年，全面建成世界公认、可堪自豪的民航强国。

《建设民航强国的战略构想》明确提出了机场建设的任务和目标：着力构建布局合理的机场网络体系，培育具有国际竞争力的大型航空客货枢纽。到2020年，我国机场布局基本完善，机场数量将达到240个以上，建成2个以上国际枢纽机场。到2030年，我国机场数量及布局在100公里范围内覆盖全国95%以上的县级行政区、95%以上人口，98%以上的国内生产总值，建成3个以上国际枢纽机场、10个以上全国性和区域性航空枢纽机场。

不仅如此，《建设民航强国的战略构想》还从国家发展战略、政策等方面提出了保障措

施，明确要积极争取各级政府、有关机构加大对民航业发展的支持力度，进一步发挥国家民航主管部门的职能作用，全面提高对行业发展引领和安全监管能力，进一步加强关键人才队伍建设，着力推进科教创新体系建设。所有这些都将为加快机场建设提供良好的政策保障和难得的发展环境。

2．区域协调发展等宏观政策导向为加速机场建设提供了良好的政策环境

2008年全球性的金融危机爆发以来，世界各国经济受到明显冲击。为刺激经济增长，国务院迅速推出了4万亿的扩内需保增长的投资计划，其中包括机场在内的交通基础设施建设是一个重要的投资领域。2009年以来，为促进区域经济协调发展，国务院先后批复了《珠三角地区改革发展规划纲要》、《关于支持福建省加快建设海峡西岸经济区的若干意见》、《关中－天水经济区发展规划》、《江苏沿海地区发展规划》、《横琴总体发展规划》、《辽宁沿海经济带发展规划》、《促进中部地区崛起规划》和《中国图们江区域合作开发规划纲要》、《鄱阳湖生态经济区规划》、《黄河三角洲高效生态经济区发展规划》、《海南国际旅游岛建设意见》等一批区域发展规划。这些区域规划连同原来的区域发展规划，除了注重沿海布局外还开始开发沿边，从东部、南部延伸到中部、西部、东北等地，将以往的外向型增长结构转变为“外需、内需共同发展”，这必将对包括民航机场在内的综合交通运输体系提出极为迫切的现实需求，从而将大大加快民航机场的建设。

3．《民用机场管理条例》将机场定位为公共基础设施，为机场建设明确了责任主体

我国第一部民用机场业的行政法规、同时也是2002年民用机场属地化改革后民航领域的唯一一部行政法规——《民用机场管理条例》于2009年7月1日实施，这是机场行业发展史上的一个重要里程碑。“条例”首次明确了民用机场的公共基础设施定位，要求各级人民政府应当采取必要的措施，鼓励、支持民用机场发展。

《民用机场管理条例》对机场做出明确的公共基础设施定位，对今后机场的建设、改革和发展必将产生深远的影响。机场是以地区经济社会发展、实现国家或行业整体目标及服务社会公众为出发点的，其重要的特点是提供公共产品，不是简单地以企业盈利为目的。机场的管理具有明显的公共管理性质，强调政府、企业、公民社会的互动以及在处理机场问题中的责任共负，以社会公共的福祉和公共利益为目标。机场的公共性定位进一步明确了政府投资建设机场的责任与义务条例的实施，有利于政府部门规范民用机场规划建设程序、形成政府主导的机场建设和投资模式，有利于机场建设从各级政府获得更多的资金和政策支持。

4．综合交通运输体系的建立完善将推动机场建设

我国交通运输业的发展阶段特征：一是仍处于大建设大发展阶段，基础设施建设任务很重；二是逐步向现代交通运输业转型的阶段，需要加快完善综合运输体系，促进行业科学发展。总的来看，面临“量”增长和“质”提高的双重压力。为优化交通运输布局，发挥整体优势和组合运输效率，加快形成便捷、通畅、高效、安全的综合运输体系，国家于2008年将交通部、民航总局和邮政局合并组建成交通运输部，与铁道部一起统筹考虑和规划全国运输体系。

在国家综合交通运输体系中，铁路是骨架、公路是基础，机场是龙头。民用航空运输以其装备现代化、服务最优质、运行最安全、网络全球化、占用土地资源最少、投资最小、建设周期最短等比较优势在综合运输体系中占据重要地位，是综合交通体系中提高效率的关键；尤其是在国际交往和西部地面交通不便的地区，航空运输更占据了不可替代的显著地位。综合运输体系的发展、高速公路和城际铁路的建设，地面交通枢纽的形成，为航空运输的集散提供了更加便利的条件，进而必将促进民航机场的建设。

5．国家大飞机工程的实施将与机场建设尤其是支线机场的建设形成相互促进的良性发展局面

所谓大飞机一般是指起飞总重超过100吨的运输类飞机，包括军用、民用大型运输机，也包括150座以上的干线客机。经济合作与发展组织（OECD）将大飞机制造业列于知识经济产业的首位，目前只有美国、俄罗斯、欧盟能够制造大飞机。2007年，中国大飞机项目正式立项，2008年5月，中国商用飞机有限责任公司在上海揭牌成立，标志着中国的“大飞机” 研制工作开始实质性启动。国产大飞机的首个型号已正式命名为C919。中国制造的大型飞机要在2014年首飞，在今后三到五年要投入600亿元，而到最终投放市场，相关投入总体上将达到2000亿元。国家自主研制生产ARJ21支线飞机、C919大型飞机将陆续投入使用，将带动国家产业结构升级，促进我国航空产业发展，同时也为民航运输降低成本、吸引旅客、扩大服务创造条件，势必与民航机场建设尤其是支线机场建设形成相互促进、协调发展的良性互动局面。

6．民航机场的社会效益开始显现，各级政府建设机场的积极性空前高涨

以机场为载体的民航业具有市场增长潜力大、产业价值链长、外部效益突出的技术经济特点，民航机场具有明显的带动相关产业发展、提升城市形象、加快经贸交流、扩大就业等积极的社会效益。正是有鉴于此，近年来，地方政府对机场建设表现得积极性空前高涨，这对机场建设提供了强有力的政策和资金支持。从“十一五”期间建设的情况来看，2008年以后机场建设项目明显增多，这一方面与国际扩大内需的宏观政策有关，另一方面也凸显了地方政府建设机场的积极性。

（二）机场建设面临的严峻挑战

以机场为载体的航空运输业，面临的最大挑战当属高速铁路。高铁被誉为20世纪后期及 21世纪最具革命性的交通工具，在200公里至1000公里或以上的范围内拥有极大优势，能大大缩短城市间的时空距离。根据UIC（国际铁路联盟）的定义，高速铁路是指透过改造原有线路（直线化、轨距标准化），使营运速率达到每小时200公里以上，或者专门修建新的“高速新线”，使营运速率达到每小时250公里以上的铁路系统。自1964年世界首条高速铁路——日本新干线正式营运以来，高速铁路开始逐渐成为各国关注的焦点。

2004年1月，国务院常务会议讨论并原则通过我国历史上第一个《中长期铁路网规划》，提出到2020年，建立省会城市及大中城市间的快速客运通道，规划“四纵四横”铁路快速客运通道以及三个城际快速客运系统；建设客运专线12万公里以上，全国铁路营业里程达到10万公里。2008年，国务院根据我国综合交通体系建设的需要，对《中长期铁路网规划》进行了调整，确定到2020年，全国铁路营业里程达到12万公里以上，建设客运专线16万公里以上。中国铁路尤其是高速铁路由此迎来了快速发展的黄金机遇期。经过5年多时间的 “大跃进”式发展，我国现已成为世界上高速铁路系统技术最全、集成能力最强、运营里程最长、运行速度最高、在建规模最大的国家。截至目前，我国投入运营的高铁里程已达 6552公里，居世界首位，正在建设中的高速铁路还有1万多公里；到2012年，全国将建成“四纵四横”高速铁路网，总里程13万公里，超过目前世界高速铁路的总和。

我国迅速发展的高速铁路已成为民航业不得不面对的严峻挑战：受高铁冲击，2010年3月25日，西安至郑州的航班全部停运，此时距中国中西部第一条高速铁路郑州至西安高铁开通运营仅48天。尽管目前高铁的建设由于各种原因的影响出现一定回落，但未来几年，即将建设完成的中国“四纵四横”高铁客运专线将覆盖了几乎全部经济最发达、人口最密集的地区，国内60%以上的民航市场都会受到冲击，对中国国内航空业将构成直接和持久的压力。

面对高速铁路的冲击，民航机场业必须未雨绸缪，合理筹划，一要避开高铁优势，大力发展中西部地面交通不便地区的支线机场；二要不断完善经济发达或人口稠密地区的机场设施，利用长途优势同高铁展开竞争；三要在大型机场建设综合交通枢纽，与高速铁路展开合作，共同把市场做大。高铁的发展在一定程度上有利于航空旅客通过铁路向大型枢纽机场聚集，因此要加强与公路、铁路等交通方式的规划协调，促成各种交通方式之间建立真正的综合换乘枢纽。

此外，受国际金融危机影响全球经济复苏的速度存在不确定性，对机场安全以及整个航空运输业造成严重潜在威胁的国际恐怖主义在未来一段时期内仍将存在，空域资源紧张、资金投入不足等问题也都制约机场建设；这些因素都对机场建设形成一定挑战，必须引起高度重视并切实采取相应措施。

（三）推动机场建设实现跨越式发展

放眼全国整个综合交通运输体系，不难发现民航机场的建设已大幅滞后于高速铁路和高速公路的建设。“十二五”时期是全面建设小康社会承上启下的关键时期，也是我国民航实现由民航大国向民航强国历史性跨越的重要时期；大力推进民航机场建设，则是迈向这一宏伟目标的根本保障和重要前提。党的十七大提出了在优化结构、提高效益、降低消耗、保护环境的基础上，实现人均国内生产总值到2020年比2000年翻两番的奋斗目标。可以预见，“十二五”时期我国经济将持续快速发展，人均GDP将从4000美元向6000美元迈进。根据民航与经济发展的互动规律，人均收入增长到这个台阶，民航将从高端消费逐渐向大众化消费转变，旅客出行选择将逐渐以价格为主转向时间价值取向。坚实的经济基础和持续快速增长的势头，不仅为机场建设提供了旺盛的市场需求，也为机场建设提供了雄厚的财力支持。我国民航仍将长期处于快速增长时期。

“十二五”时期，机场业必须牢牢抓住民航强国战略、宏观政策导向、综合交通建设、法规标准完善等因素带来的空前良好的历史机遇，借鉴高铁发展经验，科学筹划，认真落实，应对挑战，全力促进机场建设项目的实施，推动我国机场建设实现跨越式发展，为整个航空运输业的快速协调发展提供根本保障，实现国家综合交通运输体系的同步发展与提升。

三、影响民航运输机场建设的要素

1．人口因素

第六次全国人口普查数据显示，2010年我国人口总量达到13.7亿人，居住城镇的人口接近6.66亿人，城镇化率达到49.68%，全国已有近一半的人口居住在城镇，这意味着我国将进入城市圈。预计2015年我国人口将达到14.1亿人，“十二五”期间增加约4000万人，城镇化率将继续提高。

我国庞大的人口基数、快速推进的城市化进程、各地区间大量的人口流动是未来经济和航空运输市场发展的基本动力，也是影响航空运输市场需求的重要因素。

2．经济发展水平因素

“十一五”期间我国经济实现快速增长，2010年国内生产总值达到39.8万亿元，人均国内生产总值达到29038元，按当年年末汇率计算折合人均4385美元，超过4000美元。“十二五”期间，我国的国内生产总值预期增速为7%，到2015年GDP将达到55万亿元人民币，按当前汇率计算人均GDP突破6000美元。

参照国外航空运输的发展历程，人均GDP在4000美元以上时，民航将从高端消费逐渐向大众化消费转变，旅客出行选择将逐渐以价格为主转向时间价值取向。“十二五”期间，我国人均GDP将从4000美元向6000美元目标迈进，民航面临的客户群体将快速扩大，有效需求进一步提升。

3. 对外贸易和国际交往

2010年我国实现对外贸易总额2.97万亿美元，未来将实现由大到强的转变，预计到2015年我国进出口总额达到4万亿美元左右。

随着经济结构的调整和后金融危机时代对外贸易结构的优化，我国对外出口将逐渐降低劳动密集型、低附加值以及初级原材料等商品的比重，逐步增加高技术、高附加值产品的比重，这对国际货运航空是一个重要契机，必将大幅促进货运航空的业务增长。

4. 旅游资源开发

2010年我国国内出游人数已达到21.0人次，比上年增长10.6%。目前，我国是全球第四大入境旅游接待国、亚洲最大的出境旅游客源国，形成了全球最大的国内旅游市场。据世界旅游组织预测，到2015年，我国将成为全球第一大入境旅游接待国、第四大出境旅游客源国。这将为我国民航发展提供庞大的消费群体和广阔的市场空间。

5. 地面环境与地面交通

我国西部地区地域辽阔，地形地貌多样，高原、平川、河谷、沙漠、戈壁交错分布，自然条件较差。相比较而言机场建设投资少，难度小，见效快，更凸显了航空运输的优势和重要性。而东中部地区人口密度大，不断完善的地面交通运输体系将对短途航空运输形成较大冲击，但航空运输在长途客运的比重将明显提高。

6. 特殊价值

机场作为公共交通基础设施、准军事设施所具有的特殊价值因素，决定了以下几个方面对机场建设具有巨大需求，如：加快发展偏远和边疆地区经济，尽快摆脱贫困的需要；确保少数民族地区稳定，促进民族团结的需要；加强西部地区生态环境保护，实施可持续发展战略的需要；巩固国防和维护国家安全的需要。

四、机场业务量增长预测

2010年全国机场旅客吞吐量达到5.64亿人次，预计2010−2015年机场旅客吞吐量年均增长10.8%，2015年达到9.44亿人次；2015−2020年均增长为8.8%，2020年达到14.40亿人次；2020−2025年均增长为8.0%，2025年达到21.16亿人次。

（一）旅客吞吐量增长预测

1.各地区机场旅客吞吐量增长情况预测

2010−2025年各地区机场旅客吞吐量增长情况和比重的预测详见下图。

2010—2025年各地区机场旅客吞吐量预测

地区	旅客吞吐量（万人）					增长率（%）		
	2009年	2010年	2015年	2020年	2025年	2011—2015年	2016—2020年	2021—2025年
华北	8554	10037	16231	25063	36826	10.1	9.1	8.0
东北	2916	3387	5379	8354	12275	9.7	9.2	8.0
华东	14318	17251	27366	40332	59260	9.7	8.1	8.0
中南	12480	13816	24818	38315	56297	12.4	9.1	8.0
西南	7198	7988	14344	22327	32805	12.4	9.3	8.0
西北	2294	2782	4435	6914	10159	9.8	9.3	8.0
新疆	826	1170	1793	2737	4021	8.9	8.8	8.0
全国	48586	56431	94366	144042	211645	10.8	8.8	8.0

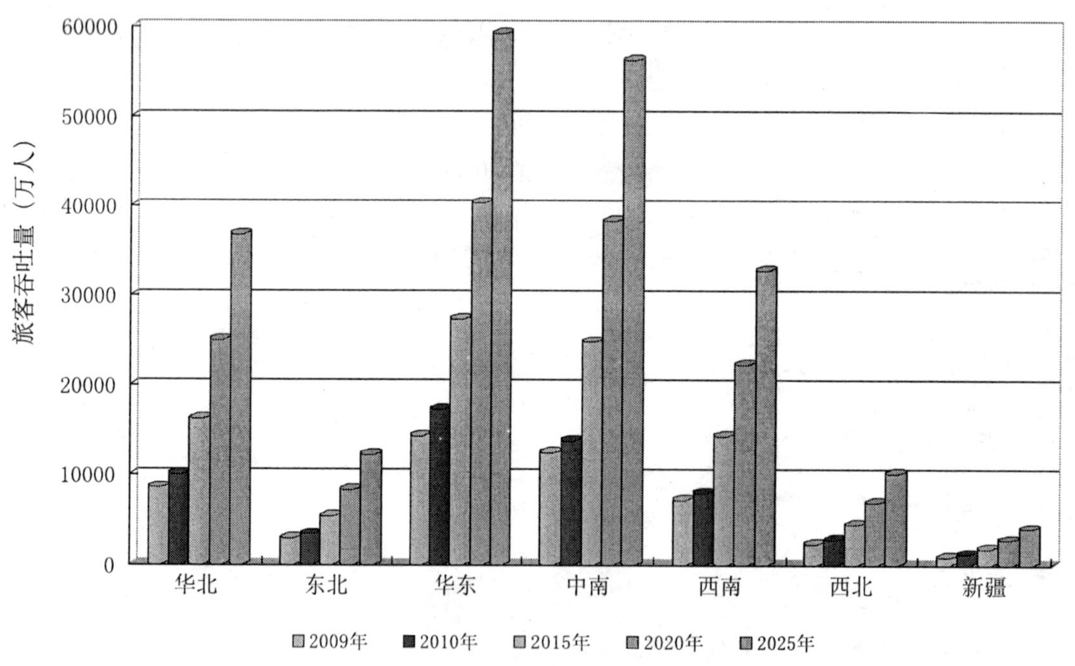

2010—2025年各地区旅客吞吐量预测

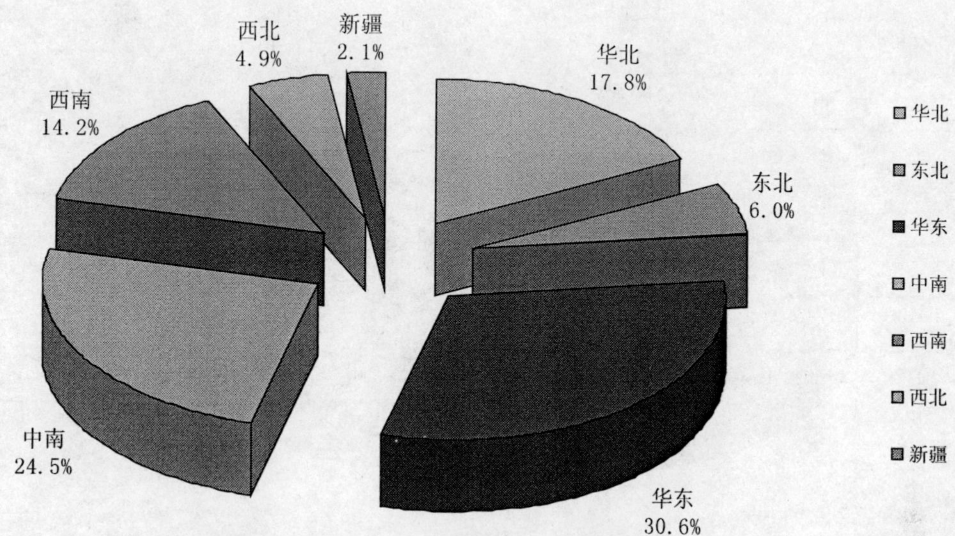

2010年全国各地区机场旅客吞吐量比重图

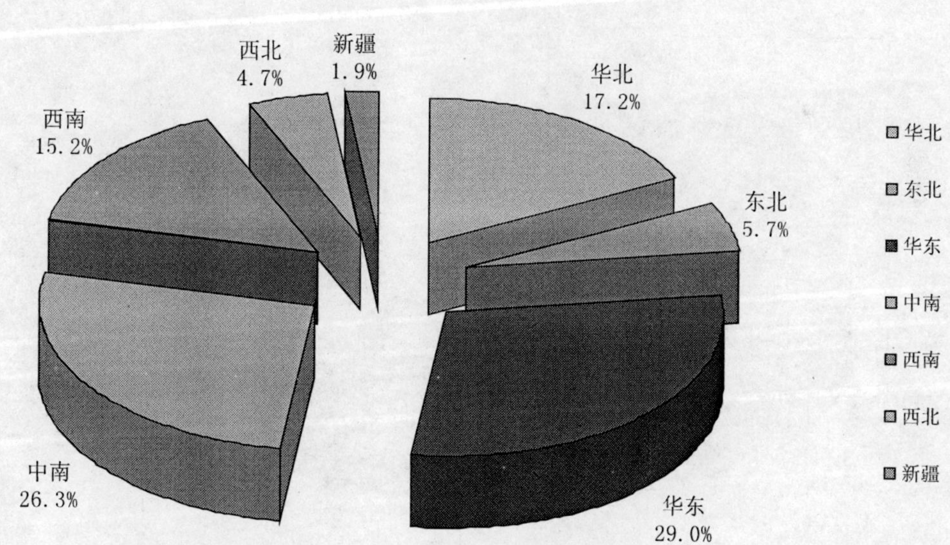

2015年全国各地区机场旅客吞吐量比重图

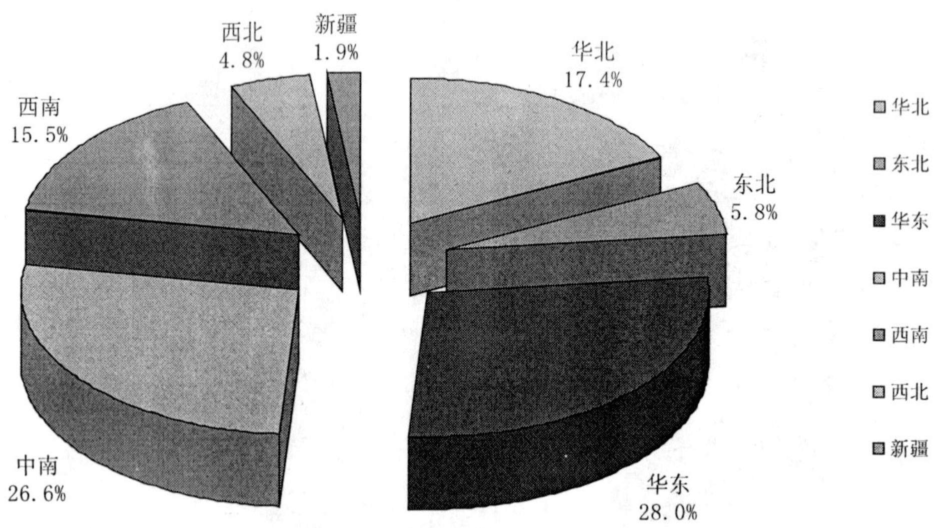

2020年全国各地区机场旅客吞吐量比重图

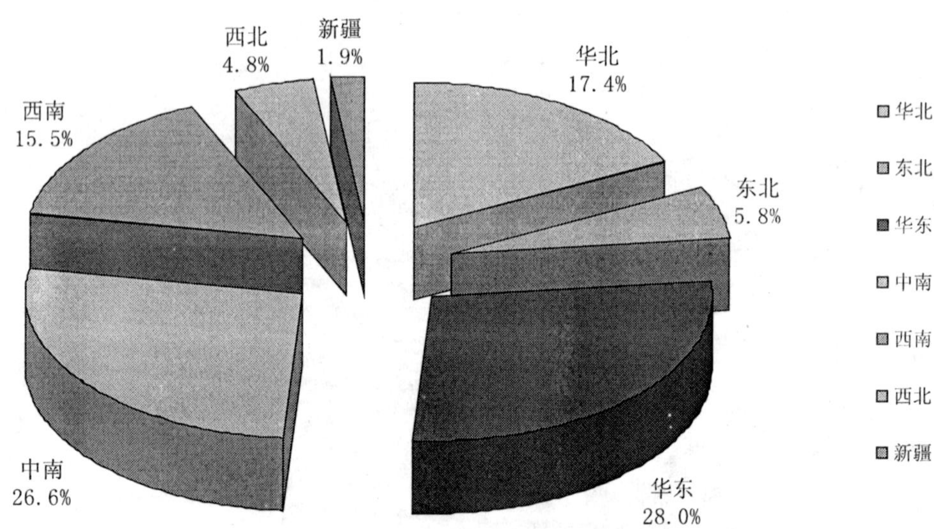

2025年全国各地区机场旅客吞吐量比重图

2．重点城市机场预测

2010年全国49个主要城市机场完成旅客吞吐量53655万人次，预计到2015年、2020年、2025年将分别达到87630万人次、132900万人次和187107万人次，其中2010－2015年平均增长率为10.3%，2015－2020年平均增长率为8.7%，2020－2025年平均增长率为7.1%。

2010—2025年主要机场旅客吞吐量预测表

序号	机场	旅客吞吐量（万人）					年均增长率（%）		
		2009年	2010年	2015年	2020年	2025年	2010—2015年	2016—2020年	2021—2025年
1	北京地区	6698	7609	12500	19000	26000	10.4	8.7	6.5
2	天津	578	728	1365	2460	3800	13.4	12.0	9.6
3	太原	463	463	1000	1762	2800	16.6	12.0	9.7
4	包头	107	133	207	366	589	9.3	12.0	10.0
5	呼和浩特	290	366	520	800	1000	7.3	9.0	4.6
6	石家庄	132	272	280	500	800	0.6	12.3	9.9
华北上述合计		8268	9571	15873	24834	34989	10.6	9.4	7.1
7	大连	955	1070	1680	2650	3600	9.4	9.5	6.3
8	沈阳	750	862	1463	2465	3622	11.2	11.0	8.0
9	哈尔滨	656	726	1200	1700	2200	10.6	7.2	5.3
10	长春	388	475	675	1040	1400	7.3	9.0	6.1
东北上述合计		2749	3133	5018	7855	10822	9.9	9.4	6.6
11	上海地区	5700	7188	9735	13654	19150	6.3	7.0	7.0
12	杭州	1494	1707	2900	4300	5754	11.2	8.2	6.0
13	厦门	1133	1321	2316	3730	5480	11.9	10.0	8.0
14	青岛	966	1110	2009	2952	3950	12.6	8.0	6.0
15	南京	1084	1253	1900	2857	3823	8.7	8.5	6.0
16	济南	585	690	1150	1769	2600	10.8	9.0	8.0
17	福州	545	648	1316	2024	2974	15.2	9.0	8.0
18	温州	482	533	1225	2159	3478	18.1	12.0	10.0
19	宁波	403	452	734	1129	1659	10.2	9.0	8.0
20	南昌	394	475	800	1350	2000	11.0	11.0	8.2
21	合肥	321	382	824	1388	1946	16.6	11.0	7.0
22	烟台	209	250	506	743	1092	15.1	8.0	8.0
23	无锡	222	254	697	1341	2364	22.4	14.0	12.0

续表

序号	机场	旅客吞吐量（万人）					年均增长率（%）		
		2009年	2010年	2015年	2020年	2025年	2010—2015年	2016—2020年	2021—2025年
24	泉州	166	200	447	861	1517	17.5	14.0	12.0
华东上述合计		13704	16463	26557	40257	57787	10.0	8.7	7.5
25	广州	3705	4098	5454	6961	8884	5.9	5.0	5.0
26	深圳	2449	2671	4102	5753	7698	9.0	7.0	6.0
27	武汉	1130	1165	2849	4588	7390	19.6	10.0	10.0
28	长沙	1128	1262	2400	3865	5679	13.7	10.0	8.0
29	海口	839	877	1294	1732	2211	8.1	6.0	5.0
30	三亚	794	929	1450	2100	2700	9.3	7.7	5.2
31	郑州	734	871	2000	3500	5000	18.1	11.8	7.4
32	桂林	532	526	1100	2400	3526	15.9	16.9	8.0
33	南宁	452	563	1300	2615	4608	18.2	15.0	12.0
34	珠海	139	182	350	600	1000	14.0	11.4	10.8
35	汕头	127	173	259	417	613	8.4	10.0	8.0
36	张家界	120	113	250	441	709	17.2	12.0	10.0
中南上述合计		12149	13430	22808	34971	50018	11.2	8.9	7.4
37	成都	2264	2581	3500	4500	5500	6.3	5.2	4.1
38	昆明	1894	2019	3200	4700	6000	9.6	8.0	5.0
39	重庆	1404	1580	2500	3400	4200	9.6	6.3	4.3
40	贵阳	569	627	1303	2099	3084	15.8	10.0	8.0
41	丽江	230	222	480	705	1000	16.7	8.0	7.2
42	拉萨	112	130	259	418	614	14.8	10.0	8.0
43	九寨沟	175	174	422	744	1198	19.4	12.0	10.0
44	西双版纳	194	189	461	677	995	19.5	8.0	8.0
西南上述合计		6842	7522	12126	17243	22591	10.0	7.3	5.6
45	西安	1529	1801	2600	3500	4500	7.6	6.1	5.2
46	西宁	135	166	250	360	500	8.5	7.6	6.8

续表

序号	机场	旅客吞吐量（万人）					年均增长率（%）		
		2009年	2010年	2015年	2020年	2025年	2010–2015年	2016–2020年	2021–2025年
47	兰州	286	360	520	820	1100	7.6	9.5	6.1
48	银川	231	294	380	560	800	5.3	8.1	7.4
西北上述合计		2181	2621	3750	5240	6900	7.4	6.9	5.7
49	乌鲁木齐	658	915	1500	2500	4000	10.4	10.8	9.9
新疆上述合计		658	915	1500	2500	4000	10.4	10.8	9.9
上述机场合计		46551	52396	87631	132900	187107	10.8	8.7	7.1
全国机场合计		48586	53858	94366	144042	211645	11.9	8.8	8.0

3．旅客吞吐量超过1000万和2000万人次的机场预测

2010年旅客吞吐量超过2000万人次的机场为7个，其中北京首都机场超过了7000万人次。旅客吞吐量为1000～2000万人次的机场有9个。

预计2015年旅客吞吐量超过3000万人次的机场将达到8个；年旅客吞吐量为2000～3000万人次的机场有9个；1000～2000万人次的机场有15个。

未来年旅客吞吐量1000万人次以上机场预测

预测目标年	类　别	数　量	机场名称
2010年	旅客吞吐量2000万人次以上	7	北京首都、上海浦东、上海虹桥、广州、深圳、成都、昆明
	旅客吞吐量1000万～2000万人次	9	大连、杭州、厦门、青岛、南京、武汉、长沙、重庆、西安
2015年	旅客吞吐量3000万人次以上	8	北京首都、上海浦东、上海虹桥、广州、深圳、杭州、成都、昆明
	旅客吞吐量2000万～3000万人次	9	杭州、厦门、青岛、南京、武汉、长沙、郑州、重庆、西安
	旅客吞吐量1000万～2000万人次	15	天津、太原、大连、沈阳、哈尔滨、南京、济南、福州、温州、海口、三亚、桂林、南宁、贵阳、乌鲁木齐

（二）货邮吞吐量增长预测

2010年全国机场货邮吞吐量达到1129.0万吨。预计2010–2015年均增长9.0%，2015年全国机场货邮吞吐量达到1738万吨；2015–2020年均增长为8.0%，2020年达到2554万吨；2020–2025年均增长为7.0%，2025年达到3583万吨。

2010–2025年全国各地区机场货邮吞吐量预测

地区	吞吐量预测（万吨）					增长率（%）		
	2009年	2010年	2015年	2020年	2025年	2011–2015年	2016–2020年	2021–2025年
华北	174	188	320	475	666	11.3	8.2	7.0
东北	36	41	70	107	154	11.4	9.1	7.5
华东	414	514	760	1119	1497	8.2	8.0	6.0
中南	205	253	377	546	731	8.3	7.7	6.0
西南	91	101	163	232	297	10.0	7.4	5.0
西北	18	23	33	51	75	8.0	9.1	8.0
新疆	8	10	15	24	35	8.0	9.9	8.0
全国	945.6	1129	1738	2554	3583	9.0	8.0	7.0

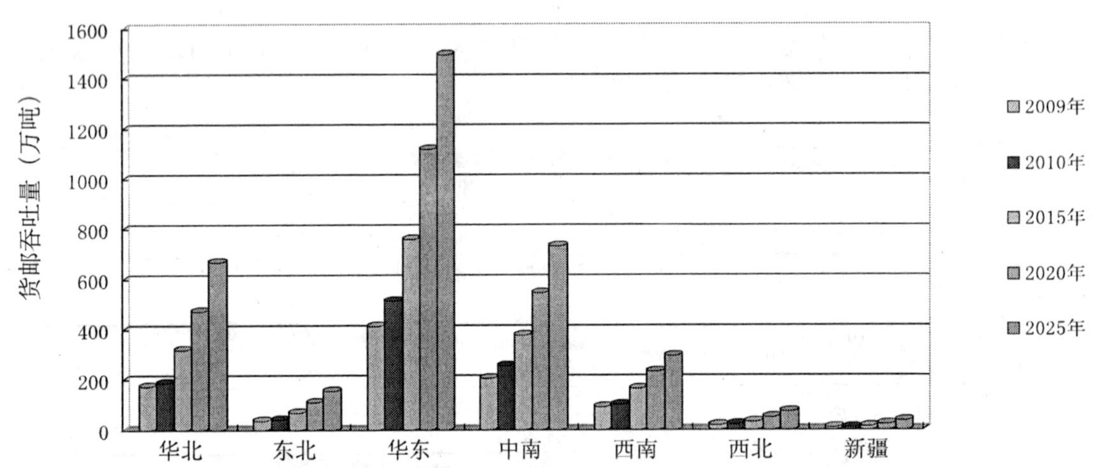

2009–2025年各地区货邮吞吐量预测

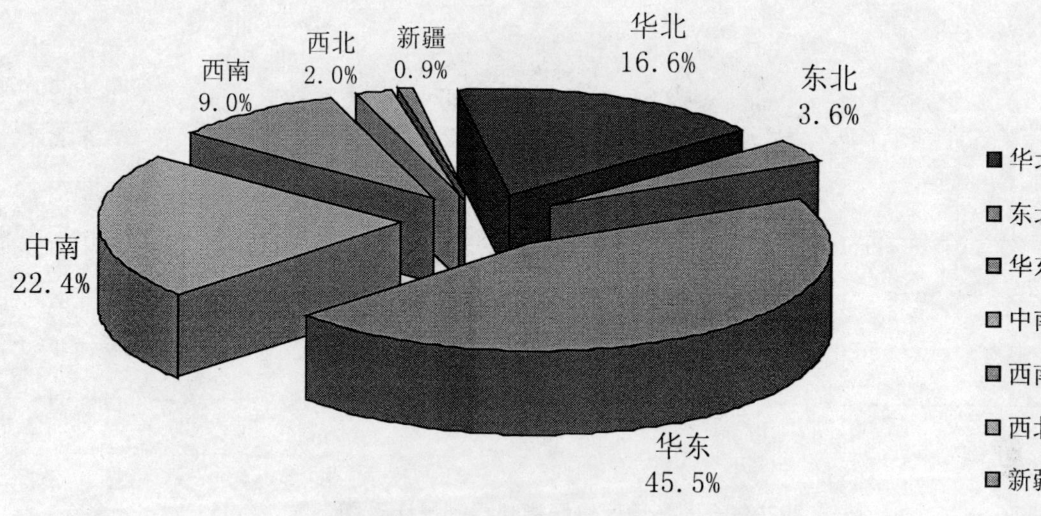

2010年全国各地区机场货邮吞吐量比重图

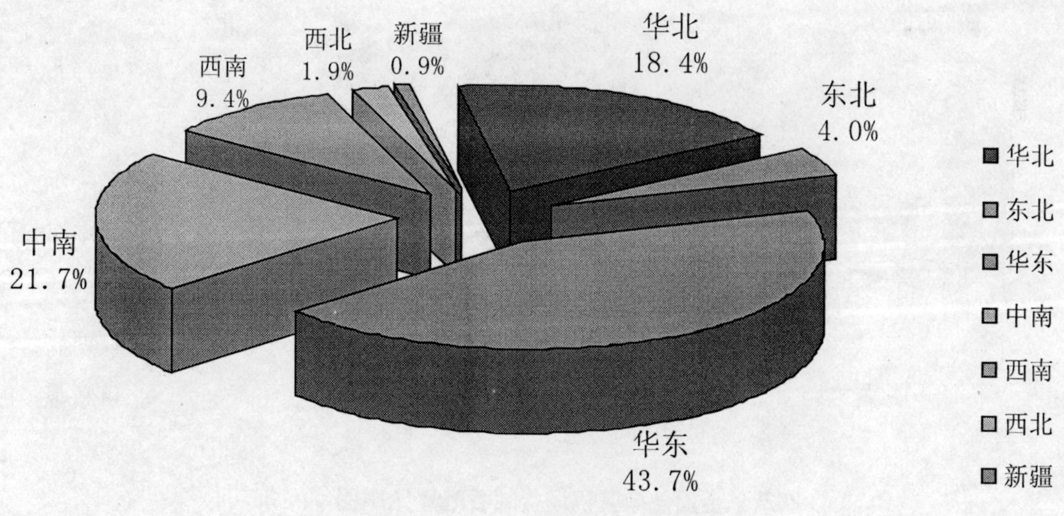

2015年全国各地区机场货邮吞吐量比重图

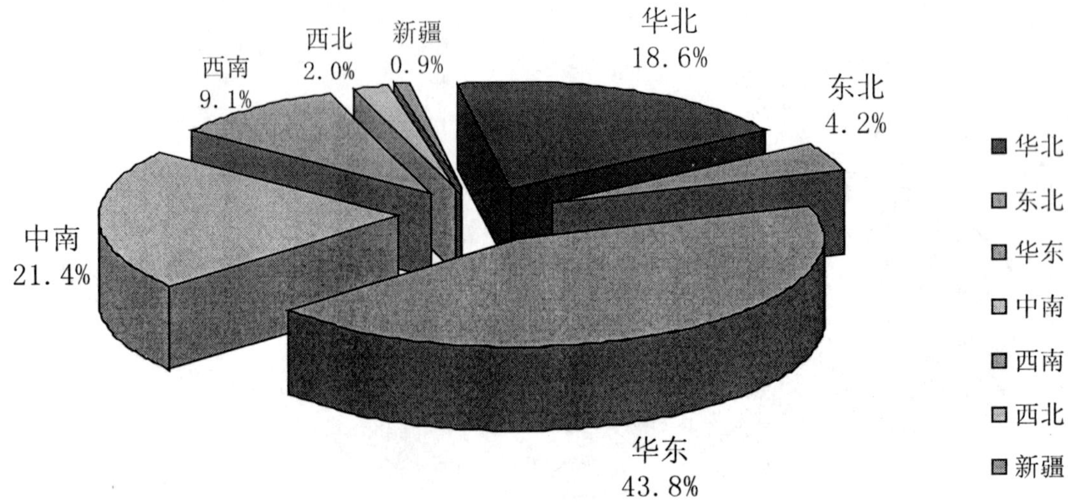

2020年全国各地区机场货邮吞吐量比重图

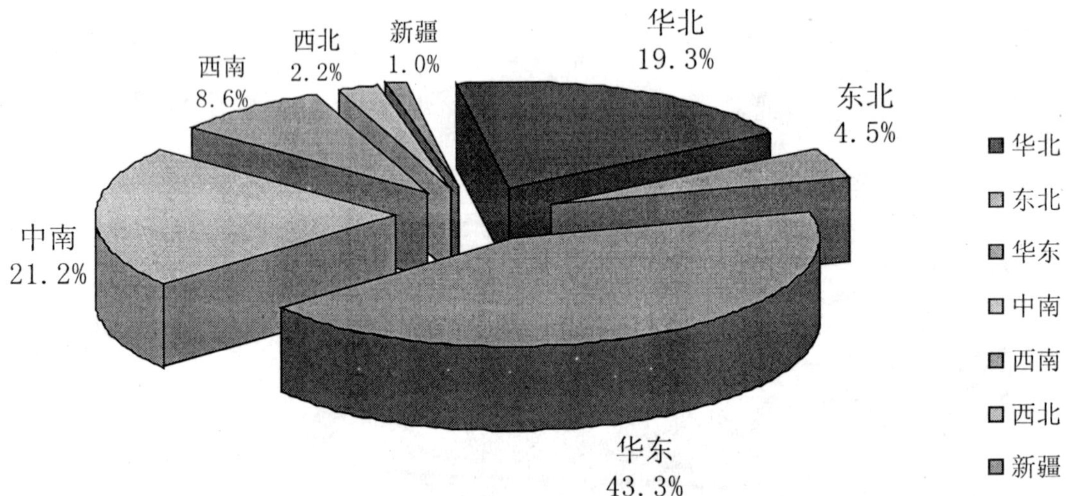

2025年全国各地区机场货邮吞吐量比重图

第四章　规划指导思想、指导原则和发展目标

“十二五”时期是我国全面建设小康社会承上启下的关键时期，也是我国民航实现由民航大国向民航强国历史性跨越的重要时期。未来一段时期我国宏观经济发展仍将持续向好，民航市场需求仍将高速增长。根据预测，“十二五”期间民航旅客吞吐量将保持10.8%的年均增长速度，2015年将达到9.44亿人次，是2010年的1.67倍；货邮吞吐量将保持9.0%的年均增长速度，2015年将达到1738万吨，是2010年的1.54倍。“十二五”时期，民航机场必须抓住机遇，充分利用当前有利的宏观环境加快建设发展。

一、指导思想

“十二五”时期民航运输机场建设的指导思想是：

坚持以科学发展观为统领，深入贯彻构建社会主义和谐社会和建立资源节约型环境友好型社会的要求，紧紧抓住实施民航强国战略的历史机遇，大力提升既有机场的容量和保障能力，着力加快新增机场的建设步伐，构建布局合理、安全高效、服务优质、节约环保的现代化民航机场网络体系，推进机场业实现跨越式发展，为航空运输业持续快速协调发展以及参与国际竞争提供根本保障，促进国家综合交通运输体系的建立和完善。

二、指导原则

“十二五”时期民航运输机场建设的指导原则是：

一是坚持体现国家意志。民航机场的建设发展要与国民经济和社会发展相适应，立足于优化国家航空资源配置，满足国民经济和社会发展的需要；要坚决贯彻国家关于边疆稳定、民族团结、巩固国防等方面的战略意图，坚持平战结合，体现国防要求。

二是坚持“公共基础设施”定位。将民航机场定位为城市发展和交通运输的重要公共基础设施，加大财政投入和政策支持力度，促进机场由经营型向管理型转变；保障公众的航空出行选择权，大力推进航空基本服务，逐步在地级市普及机场覆盖。

三是坚持安全发展。把安全问题放在所有问题的第一位，坚决消除机场设施设备存在的一切安全隐患，切实保持机场安全设施设备的存在、充足和完好，提高机场设施对航空运输安全的保障能力。

四是坚持绿色发展。积极响应国家关于建设资源节约型环境友好型社会的号召，把节能减排作为民航机场建设发展过程中的一项重要任务，在机场设计和建设的过程中认真贯彻“节约、环保、科技、人性化”的绿色理念，实现民航机场的可持续发展。

五是坚持协调发展。立足于构建并完善综合交通运输体系，坚持机场与铁路、公路、城市交通等其他交通方式的有机衔接与协调发展，加强机场枢纽建设，逐步实现各种运输方式在枢纽机场航站楼的“零换乘”，促进综合运输一体化发展。

三、发展目标

到2015年，基本建成安全高效、布局合理、服务优质、绿色环保的现代化民航机场网络体系，满足国家经济社会发展的需要。

——机场网络体系进一步完善

全国民航运输机场规划数量达到244个，提前5年实现《全国民用机场布局规划》提出的2020年数量目标。按100公里服务半径计算，全国90%以上的地级以上城市（含直辖市、副省级城市、地级市）和90%以上的少数民族自治州、盟、地区首府实现机场覆盖。

——航空枢纽建设取得成果

培育具有国际竞争力的航空客货枢纽，建成2个以上功能完善的国际枢纽机场，8个以上区域枢纽机场。

——机场保障能力稳步提升

大中型机场容量普遍饱和和中小机场设施不完善的状况得到有效缓解，机场综合保障能力全面提升。

——绿色机场建设取得进展

机场节能减排工作取得新进展，建成一批示范性绿色机场。

第五章　规划建设方案

一、规划总体思路

根据规划的指导思想和指导原则，“十二五”期间总体应继续坚持“东部提升、中部加强、西部加密”的建设布局方针，着力于提升既有机场容量和加快新增机场建设两大重点，完善全国机场网络体系。

——增加机场数量，提高机场覆盖范围，满足人们出行需要。随着我国经济社会的快速发展和小康社会的全面建设，民航出行需求将快速增长，民航运输将成为人们重要的出行方式之一。而我国机场数量少、密度偏低，与未来经济社会发展需求的矛盾依然突出，需要继续加强机场建设，提高机场覆盖范围。

——加强国际枢纽机场和区域枢纽机场的建设，完善航空网络体系。从实现民航强国战略、提升民航在国际和国内竞争能力、提高服务水平的角度出发，大力推进枢纽机场建设，形成若干个国际和区域枢纽，完善航空网络。

——加强大中型机场建设，提高机场容量，满足经济社会发展的需求和民航普遍服务的要求。要通过建设充分发挥大中型机场对民航运输的重要支撑作用，促进民航周转量的迅速提高。

——机场建设适度向中西部倾斜，充分发挥机场在保障国防安全、促进国土开发、维护民族团结、应急抢险救灾等方面的功能。要从优化机场空间结构、发挥机场在西部地区快速运输的作用以及社会效益等角度，加强中西部地区机场建设，提高西部地区机场密度。

二、主要机场容量分析与建设需求

（一）容量分析

跑道和航站楼作为机场最重要的基本设施，是制约机场容量的最关键因素。由于全国机场数量较多，情况复杂各不相同，难以逐个进行详尽的分析论证；本报告拟选取跑道和航站楼这两个指标，对主要机场进行容量分析。根据机场建设前期研究工作的经验，机场跑道容量按1500万～2000万人次/条考虑，航站楼容量按100万人次/万平方米考虑。

2010年旅客吞吐量在100万人次以上的机场有51个，这51个机场完成的旅客吞吐量占全国总量的95.2%，呈现出极高的集中度。本报告选取这51个主要机场作为研究对象，在掌握这些机场“十一五”末航站楼和跑道参数的基础上，利用经验数据计算其饱和容量（由于瓶颈效应，机场整体容量为航站楼容量和跑道容量之中的较小值），再结合旅客吞吐量预测增长速度，计算出航站楼和跑道的饱和年份，从而提出“十二五”期间既有机场的建设需求，并根据饱和年份的前后判断建设需求的紧迫性。分析结果详见下表。

分析结果显示，“十一五”末，全国51个主要机场的容量之和为5.78亿人次旅客吞吐量，而这51个主要机场2010年机场旅客吞吐量已达到5.37亿人次，从总量上看已基本趋于饱和；从各机场情况看，在整体已经基本趋于饱和的情况下，考虑到各地区发展的不平衡，必然有相当一部分机场已经严重饱和，亟待扩建。

（二）建设需求

根据容量分析结果及“十一五”末建设项目进展情况，把主要机场“十二五”建设需求归纳为以下三类：

（1）在2010年末之前达到饱和的跑道/航站楼，目前应当已开始建设（含改扩建、迁建，下同），“十二五”期间要做好续建工作；没有开工的，“十二五”期间应抓紧启动建设并争取早日竣工。

（2）在2011–2015年达到饱和的跑道/航站楼，目前大部分应当已开始建设，“十二五”期间要做好续建工作；没有开始的，“十二五”期间应尽快启动建设并在争取饱和前竣工。

（3）在2016–2018年达到饱和的跑道/航站楼，应在“十二五” 期间完成前期研究工作并在“十二五”期间适时启动建设。

全国主要机场容量及“十二五”期间机场主要设施需求分析

序号	机场	2009年客运量（万人次）	2010年客运量（万人次）	2010年底主要设施		机场容量（万人次）	饱和年份		目前建设状况	“十二五”建设需求
				跑道（条）	航站楼（万平米）		跑道	航站楼		
1	北京/首都（含南苑机场业务量）	6698	7609	3	141.2	6000	已饱和	2017年	已完成新机场选址工作	尽快建设第四跑道 适时启动新机场建设
2	广州/白云	3705	4098	2	35.3	3530	2010年	已饱和		尽快启动第三跑道、新航站楼建设
3	上海/浦东	3192	4058	3	82.4	6000	2017年	2020年		适时启动建设第四跑道建设
4	上海/虹桥	2508	3130	2	44.42	4000	2015年	2016年		适时启动航站楼扩建
5	深圳/宝安	2449	2671	1	15.24	1524	已饱和	已饱和	正进行第二跑道的建设	续建第二跑道 尽快启动新航站楼建设
6	成都/双流	2264	2581	2	42.4	4000	2018年	2019年	正进行新航站楼的建设	续建
7	昆明/巫家坝	1894	2019	1	9.35	935	2010年	已饱和	正进行新机场的建设	续建新机场并转场
8	西安/咸阳	1529	1801	1	10.1	1010	2012年	已饱和	正进行第二跑道及新航站楼建设	续建
9	杭州/萧山	1494	1707	1	16.87	1687	2012年	2010年	已启动第二跑道和新航站楼建设	续建

续表

序号	机场	2009年客运量（万人次）	2010年客运量（万人次）	2010年底主要设施		机场容量（万人次）	饱和年份		目前建设状况	“十二五”建设需求
				跑道（条）	航站楼（万平米）		跑道	航站楼		
10	重庆/江北	1404	1580	2	18.2	1820	2017年	2012年		尽快启动新航站楼建设 适时启动第三跑道建设
11	厦门/高崎	1133	1320	1	15.1	1510	2014年	2012年		尽快启动第二跑道、新航站楼建设
12	武汉/天河	1130	1165	1	17.85	1785	2013年	2012年	已启动第二跑道和新航站楼建设	续建
13	长沙/黄花	1128	1262	1	3.4	340	2014年	已饱和	正进行新航站楼建设	续建新航站楼工程 适时启动第二跑道建设
14	南京/禄口	1084	1253	1	13.3	1330	2016年	2012年	已启动第二跑道和新航站楼建设	续建
15	青岛/流亭	966	1110	1	18.0	1800	2015年	2014年		尽快启动本地扩建或异地新建
16	大连/周子水	955	1070	1	6.5	650	2017年	已饱和	已启动新航站楼建设和新机场选址工作	续建新航站楼 适时启动新机场建设
17	海口/美兰	839	877	1	9.93	993	2023年	2012年	已启动航站楼建设	续建
18	三亚/凤凰	794	929	1	5	500	2019年	已饱和	已启动航站楼建设	续建
19	沈阳/桃仙	750	862	1	8.3	830	2018年	已饱和	已启动航站楼建设	续建
20	郑州/新郑	734	871	1	12.8	1280	2015年	2013年		尽快启动第二跑道、新航站楼建设
21	乌鲁木齐/地窝堡	658	915	1	18.0	1800	2018年	2017年		适时启动第二跑道、新航站楼建设
22	哈尔滨/太平	656	726	1	6.7	670	2023年	已饱和	已启动航站楼建设	续建
23	济南/遥墙	585	690	1	8	800	2022年	2012年		尽快启动航站楼建设
24	天津/滨海	578	728	2	11.6	1160	2025年以后	2014年	已启动新航站楼建设	续建
25	贵阳/龙洞堡	569	627	1	3.49	349	2020年	已饱和	已启动新航站楼建设	续建
26	福州/长乐	545	648	1	13.7	1370	2020年	2016年		适时启动新航站楼建设

续表

序号	机场	2009年客运量（万人次）	2010年客运量（万人次）	2010年底主要设施		机场容量（万人次）	饱和年份		目前建设状况	"十二五"建设需求
				跑道（条）	航站楼（万平米）		跑道	航站楼		
27	桂林/两江	532	526	1	5	500	2018年	已饱和	已启动新航站楼建设	续建新航站楼适时考虑第二跑道
28	温州/永强	482	533	1	3.6	360	2020年	已饱和		尽快启动新航站楼建设
29	太原/武宿	463	525	1	8.08	808	2022年	2014年		尽快启动新航站楼建设
30	南宁/吴圩	452	563	1	2.59	259	2019年	已饱和	已启动新航站楼建设	续建
31	宁波/栎社	403	452	1	4.35	435	2025年	已饱和		尽快启动新航站楼建设
32	南昌/昌北	394	475	1	12.3	1230	2025年	2019年		
33	长春/龙嘉	388	475	1	7	700	2025年以后	2016年		适时启动新航站楼建设
34	合肥/骆岗	321	382	1	1.88	188	2025年	已饱和	正进行新机场建设	做好新机场续建并转场
35	呼和浩特/白塔	290	366	1	5.5	550	2025年以后	2016年		适时启动新航站楼建设
36	兰州/中川	286	360	1	3.2	320	2025年以后	2010年		尽快启动新航站楼建设
37	无锡/硕放	222	253	1	4.2	420	2025年以后	2013年		尽快启动新航站楼建设
38	银川/河东	231	294	1	4.7	470	2025年以后	2018年		适时启动新航站楼建设
39	丽江/三义	230	222	1	4.05	405	2025年以后	2014年		尽快启动新航站楼建设
40	烟台/莱山	209	250	1	2.2	220	2025年以后	已饱和		尽快启动新航站楼建设
41	西双版纳/嘎洒	194	189	1	4.12	412	2025年以后	2014年		尽快启动新航站楼建设
42	九寨/黄龙	175	174	1	1.7	170	2025年以后	已饱和		尽快启动新航站楼建设
43	泉州/晋江	166	200	1	1.5	150	2025年以后	已饱和		尽快启动新航站楼建设
44	珠海/三灶	139	182	1	9.16	916	2025年以后	2023年		
45	西宁/曹家堡	135	166	1	1.07	107	2025年以后	已饱和	正进行新航站楼建设	续建
46	石家庄/正定	132	272	1	5.5	550	2025年以后	2021年		
47	汕头/外砂	127	173	1	2.29	229	2025年以后	2014年	正建设揭阳潮汕机场	做好新机场续建工作并转场
48	张家界/荷花	120	113	1	1.1	110	2025年以后	已饱和	正进行新航站楼建设	续建

续表

序号	机场	2009年客运量（万人次）	2010年客运量（万人次）	2010年底主要设施		机场容量（万人次）	饱和年份		目前建设状况	“十二五”建设需求
				跑道（条）	航站楼（万平米）		跑道	航站楼		
49	拉萨/贡嘎	112	130	1	2.56	256	2025年以后	2015年	正进行新航站楼建设	续建
50	包头/二里半	107	133	1	3.8	380	2025年以后	2021年		

说明：1．其中北京南苑机场情况特殊，如果在北京南部地区建设新机场，则南苑机场需要关闭，因此本报告将南苑机场业务量纳入首都机场统一考虑。

2．▩区域——已饱和或2010年饱和；▩区域——2011—2015年达到饱和；▩区域——2016—2018年达到饱和。

三、新增机场比选

（一）指标评价体系

影响航空市场需求和机场建设紧迫性的因素有很多，其中较为重要的因素主要有以下四个方面：空间导向、市场需求、特殊价值、前期工作基础。本报告选取这些指标组织指标体系，对“十二五”主要潜在新增布点项目进行综合评价。

（1）空间导向指标（30分）。以被评价地区距离最近机场的直线距离来衡量，150km及以上得30分，150km以下按比例折算得分。

（2）市场需求指标（30分）。分人口指标和经济指标两个子类。

①对于地级评价地区，人口指标以市辖区非农业人口进行考核，50万人及以上得15分，不足50万人按比例进行折算；由于西部地区人口稀少，为避免分差过大，对得分低于3分的地区统一修正为3分。经济指标以市辖区GDP进行考核，300亿元及以上得15分，不足300亿元按比例进行折算；得分低于3分的地区统一修正为3分。

②对于县级评价地区，人口指标以全县人口进行考核，100万人及以上得15分，不足100万人按比例进行折算；得分低于3分的地区统一修正为3分。经济指标以全县GDP进行考核，300亿元及以上得15分，不足300亿元按比例进行折算；得分低于3分的地区统一修正为3分。

（3）特殊价值指标（30分）。按照是否为（或者是否存在）世界遗产、5A景区、既有资源利用、少数民族地区、重要口岸、特殊行业6个方面进行考核，每个方面满分为5分。其中既有资源利用是指通过改造军用机场、升级通用机场、复航改造等利用现有资源的方式实现运输机场建设。

（4）前期工作基础（10分）。对于已经通过国家立项审批的项目，得10分；对于已经通过选址审批的项目，得5分。

（5）考虑到其他若干因素可能对机场建设的必要和紧迫性造成影响，评价体系增加了一项“特殊原因扣减”指标，根据项目的特殊情况对其得分进行扣减，扣除分数不超过10分。

（二）指标评价结果

“十一五”时期已经开工并延续下来的新增机场项目有吕梁、巴彦淖尔、宜春、池州、神农架、河池、遵义、张掖、金昌、阿尔山、三明共11个机场。这11个项目由于已经实施，不再进行评价。北京新机场由于情况相当特殊，也不参与评价。

通过对93个主要潜在新增布点项目的综合评价，形成以下排序结果。

潜在新增机场项目综合评价得分排序

名次	机场	评价尺度	综合得分	名次	机场	评价尺度	综合得分
1	乐山	地级	75	48	朔州	地级	42
2	十堰	地级	74	49	荆门	地级	41
3	通化	地级	69	50	加格达奇	县级	41
4	张家口	地级	68	51	那曲	县级	41
5	苏中	地级	62	52	额济纳旗	地级	41
6	平顶山	地级	60	53	花土沟	县级	41
7	韶关	地级	59	54	甘孜	县级	41
8	承德	地级	59	55	塔中	县级	41
9	豫东北	地级	57	56	四平	地级	41
10	嘉兴	地级	56	57	阜新	地级	40
11	建三江	县级	55	58	镇雄	县级	40
12	衡阳	地级	55	59	泸沽湖	县级	40
13	毕节	县级	55	60	会泽	县级	40
14	霍林郭勒	县级	55	61	巫山	县级	40
15	莎车	县级	54	62	鞍山	地级	39
16	石河子	县级	54	63	五台山	地级	39
17	松原	地级	53	64	图木舒克	县级	39
18	商丘	地级	53	65	鼎新	县级	39
19	临汾	地级	53	66	陇南	地级	38
20	蚌埠	地级	52	67	平凉	地级	37
21	岳阳	地级	52	68	澜沧	县级	37
22	夏河	县级	51	69	定边	县级	31

续表

名次	机场	评价尺度	综合得分	名次	机场	评价尺度	综合得分
23	德令哈	县级	51	70	抚州	地级	37
24	日照	地级	51	71	乌兰察布	地级	37
25	扎兰屯	县级	50	72	勐腊	县级	36
26	信阳	地级	50	73	武冈	县级	36
27	吉林	地级	49	74	抚远	县级	36
28	五大连池	县级	48	75	白城	地级	36
29	红河	地级	48	76	琼海	县级	35
30	宝鸡	地级	48	77	贺州	地级	34
31	六盘水	地级	48	78	莆田	地级	34
32	富蕴	县级	47	79	黄南	地级	33
33	上饶	地级	47	80	邢台	地级	33
34	果洛	地级	47	81	娄底	地级	33
35	儋州	县级	46	82	商洛	地级	32
36	辽源	地级	46	83	黄平	县级	31
37	稻城	县级	46	84	绥芬河	县级	31
38	惠州	地级	46	85	府谷	县级	31
39	武威	地级	46	86	怒江	地级	29
40	武隆	县级	46	87	壶口	县级	29
41	丽水	地级	44	88	邵阳	地级	28
42	营口	地级	44	89	衡水	地级	28
43	桓仁	县级	44	90	德钦	县级	27
44	郴州	地级	44	91	苍源	县级	26
45	红原	县级	42	92	遂宁	地级	23
46	沧州	地级	42	93	宁德*	地级	20
47	芜湖	地级	42				

（三）新增机场多方案比选

由于“十二五”时期经济发展及宏观政策存在一定的不确定性，国家对新增机场的需求数量及建设能力也呈现出一定的不确定性。本部分内容将结合“十一五”时期新机场建设速度、“十二五”发展目标以及地方政府需求等因素提出新增机场建设的多方案。

1．低方案（规划新增机场50个）

考虑“十一五”末期新机场建设速度基本为10个／年，若保持这种建设速度，“十二五”可以建设50个新增机场，此数量暂定为低方案数量。由于已有11个“十一五”延续下来的新增机场项目，再从评价表中取前39名，组成50个机场的低方案。

2．中方案（推荐方案）（规划新增机场70个）

考虑民航机场跨越式发展的需求，争取提前5年实现《全国民用机场布局规划》提出的2020年244个规划机场的目标。扣除现状175个机场，“十二五”可规划新增69个机场。如北京南苑机场关闭还可以增加北京新机场1个布点，此时可规划新增70个机场。

11个在建项目，评价表前53个项目，再加排名虽靠后但已经批复立项的泸沽湖、巫山、五台山、琼海、黄平5个项目，同时考虑北京新机场，共计70个项目；此方案定为中方案，也是本报告的推荐方案。

3．高方案（规划新增机场105个）

考虑民航高速发展的可能，将11个在建项目、93个评价项目、1个北京新机场项目，共计105个项目的方案定为高方案。

多方案比选结果见下表。

“十二五”规划新增机场的多方案比选结果

方案	布局规划内	布局规划外	数量合计
低方案	吕梁、巴彦淖尔、宜春、池州、神农架、河池、遵义、张掖、金昌、阿尔山、三明、乐山、通化、张家口、苏中、韶关、承德、衡阳、毕节、霍林郭勒、石河子、商丘、蚌埠、岳阳、夏河、德令哈、信阳、红河、宝鸡、六盘水、富蕴、上饶、果洛、稻城、武威（35个）	十堰、平顶山、豫东北、嘉兴、建三江、莎车、松原、临汾、日照、扎兰屯、吉林、五大连池、儋州、辽源、惠州（15个）	（50个）
中方案	丽水、红原、芜湖、加格达奇、那曲、额济纳旗、花土沟、泸沽湖、巫山、五台山、琼海、黄平、北京新（35+13=48个）	武隆、营口、桓仁、郴州、沧州、朔州、荆门（15+7=22个）	（70个）
高方案	塔中、阜新、会泽、鼎新、陇南、抚州、勐腊、武冈、抚远白城、商洛、怒江、壶口、邵阳、衡水、宁德（48+16=64个）	甘孜、四平、镇雄、鞍山、图木舒克、平凉、澜沧、定边、乌兰察布、贺州、莆田、黄南、邢台、娄底、绥芬河、府谷、德钦、苍源、遂宁（22+19=41个）	（105个）

四、规划方案

（一）加快建设新增机场，完善全国民航机场网络体系

为提高机场覆盖范围、推进航空基本服务，要加快新增机场建设步伐，提高民航通达范围，完善民航机场网络。新增机场布点有多种实现形式，如新建、复航改造、军民合用改造、通用机场升级等。新建民用机场，选址要兼顾周边其他城市，提高人口覆盖范围，提高区域服务能力；同时合理控制建设标准，节约资源和能源，增强可持续发展能力。为充分利用国家现有资源，鼓励军用机场改造为军民合用机场，鼓励通用机场升级为运输机场，鼓励停航机场进行复航改造，鼓励积极利用其他现有资源建设运输机场。

综合考虑“十一五”末全国民航机场分布状况、各地区人口分布及区域经济发展情况等因素，结合国家关于西部开发、东北振兴、中部崛起等战略和国防建设的要求，新增机场布点重点向中西部及东北地区倾斜。

关于新增机场的建设规划，本报告推荐多方案比选中的中方案。“十二五”全国规划建设新增机场70个。

——根据实际需要在北京地区新建第二机场

为满足北京地区航空业务快速增长的需要，规划新建北京新机场。

——在边远地区、旅游资源丰富地区、机场密度低而市场潜力大的地区，加快新建中小型机场

继续推进“十一五”时期延续的吕梁、阿尔山、巴彦淖尔、池州、宜春、三明、神农架、河池等8个新建机场项目。

规划新建承德、扎兰屯、霍林郭勒、额济纳旗、营口、桓仁、辽源、松原、五大连池、苏中、丽水、芜湖、上饶、日照、豫东北、十堰、衡阳、岳阳、郴州、琼海、儋州、巫山、武隆、红原、稻城、六盘水、毕节、黄平、泸沽湖、那曲、宝鸡、夏河、武威、果洛、德令哈、花土沟、莎车等37个民用机场。

——积极利用军用机场改造为军民合用机场

继续推进“十一五”延续的遵义、金昌、张掖等3个军用机场改造为军民合用机场项目。

规划实施张家口、五台山、沧州、通化、嘉兴、蚌埠（军用迁建为军民合用）、信阳、平顶山、商丘、韶关、惠州、乐山（军用迁建为军民合用）、红河（军用迁建为军民合用）等13个军用机场的军民合用机场改造项目。

——积极推动停航机场实施复航改造

规划实施临汾、朔州（复航迁建）、吉林、荆门、富蕴（复航迁建）等5个机场复航改造项目。

——积极推动通用机场升级为运输机场

规划实施建三江、加格达奇、石河子等3个通用机场升级为运输机场项目。

（二）适时迁建发展受限的机场，从根本上消除发展瓶颈

对于距离市区过近的机场、空域资源限制严重的机场、不具发展潜力的军民合用机场，应根据航空业务增长的实际情况，适时实施迁建工程，以彻底消除限制发展的瓶颈。机场迁建选址时应兼顾周边其他城市，提高区域服务能力，并根据节约投资的原则合理确定机场建设规模和标准。

“十二五”时期，要继续推进“十一五”延续的昆明机场、合肥机场、烟台机场、汕头

机场、秦皇岛机场等5个机场的迁建工程。

“十二五”时期，规划迁建长治机场、大连机场、厦门机场、锦州机场、连云港机场、台州机场、延吉机场、佳木斯机场、安庆机场、盐城机场、衢州机场、青岛机场、临沂机场、潍坊机场、湛江机场、泸州机场、宜宾机场、普洱机场、昭通机场、延安机场、汉中机场、安康机场、天水机场、且末机场等24个机场。

（三）改扩建容量不足的机场，满足航空需求快速增长的需要

根据机场容量分析结果，我国主要机场之中的大部分已基本趋于饱和，其中有相当一部分机场已经严重饱和，亟待扩建。

“十二五”期间，应继续强化北京首都、上海浦东、广州白云三大枢纽机场的建设，改善机场硬件设施和软件环境，提升航空业务处理质量和服务水平，提高参与国际竞争的能力，培育国际枢纽机场。加强昆明、成都、西安、乌鲁木齐、沈阳、武汉、长沙、郑州、重庆、大连、哈尔滨、杭州、南京、青岛、深圳等省会或重点城市机场的建设，提升机场现代化水平和中转能力，进一步发挥在全国机场网络体系中的骨干作用，培育区域枢纽机场。根据市场需要加强中小机场的改扩建，满足当地居民的航空出行需求和应急救援需要。

——实施总体扩建工程

继续推进“十一五”延续的深圳机场、成都机场、西安机场、杭州机场、大连机场、三亚机场、哈尔滨机场、温州机场、长沙机场、泉州机场、南宁机场、张家界机场、无锡机场、西宁机场、徐州机场等15个机场的总体扩建工程。

重点规划实施上海浦东机场、广州机场、重庆机场、武汉机场、南京机场、郑州机场、天津机场、厦门机场、海口机场、乌鲁木齐机场、沈阳机场、宁波机场、济南机场、石家庄机场等14个机场的总体扩建工程。

另外，规划实施南通机场、黄山机场、阜阳机场、长海机场、恩施机场、连城机场、洛阳机场、银川机场、宜昌机场、常德机场、怀化机场、佛山机场、百色机场、铜仁机场、腾冲机场、榆林机场、兰州机场、敦煌机场、庆阳机场等19个机场的总体扩建工程。

——实施航站区扩建工程

继续推进“十一五”延续的连云港机场、武夷山机场、义乌机场、丹东机场、威海机场、海拉尔机场、乌海机场、福州机场、桂林机场、襄樊机场、贵阳机场等11个机场的航站区扩建工程。

规划实施上海虹桥机场、温州机场、呼和浩特机场、长春机场、拉萨机场、柳州机场、赤峰机场、通辽机场、乌兰浩特机场、安顺机场、库尔勒机场、和田机场、林芝机场等13个机场的航站区扩建工程。

——实施飞行区扩建工程

继续推进“十一五”延续的南通机场飞行区扩建工程。

规划实施北京首都机场、长沙机场、盐城机场、义乌机场、南阳机场、梅州机场、梧州机场、万州机场、南充机场等9个机场的飞行区扩建工程。

——实施维护完善工程

维护完善工程是指针对除航站楼、跑道、机坪以外的其他机场设施实施改造或维护的工程项目。

继续推进“十一五”延续的北京首都机场、天津机场、福州机场等机场的维护完善工程。

规划实施无锡机场、桂林机场、齐齐哈尔机场、济南机场、榆林机场等机场的维护完善工程。

（四）科学筹划，合理储备一批建设项目

由于机场建设周期较长，且未来民航机场建设存在加速推进的可能性，因此各地方政府及机场管理部门应根据经济社会发展形势科学筹划，合理储备一批机场建设项目，在“十二五”期间可启动前期研究工作。待条件成熟且确有必要时，部分项目可提前实施。

第六章　规划实施成本、效果评价和风险分析

一、规划实施成本及融资

机场建设所需资金较大，预计“十二五”规划项目总投资约4358亿元，“十二五”期间发生投资约3553亿元。“十二五”期间发生投资之中，“十一五”续建项目投资550亿元，改扩建项目投资1781亿元，迁建项目投资312亿元，新增机场项目投资910亿元。详见下表。

“十二五”规划机场建设项目投资估算

序号	地区	项目	“十一五”续建项目				“十二五”计划项目				合计
			改扩建	迁建	新增	小计	改扩建	迁建	新增	小计	
1	华北	项目数（个）	6	1	3	10	15	1	10	26	36
		投资（亿元）	9.10	1.37	3.81	14.28	191.89	4.50	563.57	759.96	774.239
2	东北	项目数（个）	2	–	–	2	7	4	9	20	22
		投资（亿元）	16.19	–	–	16.19	151.44	83.30	35.30	270.04	286.231
3	华东	项目数（个）	12	2	3	17	16	9	7	32	49
		投资（亿元）	60.91	37.32	15.44	113.67	381.46	129.73	64.21	575.40	689.07
4	中南	项目数（个）	7	1	2	10	19	1	13	33	43
		投资（亿元）	199.72	27.60	9.00	236.32	602.39	5.00	61.35	668.74	905.07
5	西南	项目数（个）	3	1	1	5	8	4	11	23	28
		投资（亿元）	94.48	35.00	3.00	132.48	235.41	34.80	131.84	402.05	534.53
6	西北	项目数（个）	2	–	2	4	5	4	6	15	19
		投资（亿元）	35.41	–	2.09	37.50	54.75	49.70	44.17	148.62	186.12
7	新疆	项目数（个）	–	–	–	0	3	1	3	7	7
		投资（亿元）	–	–	–	0.00	163.50	4.80	9.91	178.21	178.21
合计		项目数（个）	32	5	11	48	73	24	59	156	204
		投资（亿元）	415.82	101.29	33.34	550.45	1780.84	311.83	910.35	3003.01	3553.46

建设资金是实施建设项目的重要先决条件；列入规划的机场建设项目，资金来源得到落实之后，方可安排实施。各建设单位法人应高度重视资金筹措问题，力争通过多种渠道及时筹措所需资金。“十二五”规划建设项目的融资压力很大，必须按照“政府主导、多元化投资、市场化运作”的投资体制改革总体思路，通过实现民航投资体制和融资机制创新，筹措所需资金。机场建设资金筹措可按以下三个部分考虑：

（1）继续争取国家财政性资金，并确保机场自有资金到位。

机场作为基础设施，国家应为与国家利益密切相关的机场建设，尤其是西部地区、边境地区的机场建设项目承担建设责任。“十二五”期间，应积极争取国债等财政性资金投入，同时建议民航“一金一费”继续投入机场建设。随着我国航空业务量的快速增长，大中型机场的经济效益越来越好，可用于机场建设资金的折旧和利润将增加机场建设自有资金的比例。

（2）地方政府及社会资金。

民航改制后，机场由地方建设和经营，近年来地方政府大规模投资机场建设的力度很大。“十二五”期间，继续发挥地方政府建设机场的主动性，并积极鼓励各类社会资本以合资、合作、联营等方式参与机场建设和经营。

（3）债务融资。

银行贷款是大中型机场建设资金的一项重要来源，大中型机场作为优质客户，除国家开发银行以外，商业银行进入的积极性也很高。机场建设应拓展贷款品种，争取低利率和长期限的政策性贷款。另外，机场建设还应拓宽融资渠道，争取多种融资方式，如积极利用外资、扩大机场建设债券发行、争取推出BOT、TOT等项目融资试点等等。

从近年来国内机场建设和运营的总体情况看，为保证机场具有一定的可持续运营能力，“十二五”期间，大中型机场建设项目资本金比例应在40%以上，债务资金比例应控制在60%以内；小型机场建设项目应全部为自有资金。

二、实施效果评价

机场作为民航运输和城市发展的重要公共基础设施，其建设对于完善综合交通运输体系，促进区域经济发展，促进民族团结和巩固国防等方面都具有广泛的经济和社会效益。本节对“十二五”期间机场保障能力进行适应性分析，并对机场建设投资的国民经济效益和社会效益进行评价。

（一）机场保障能力适应性评价

本建设规划的实施，将明显改善现有机场主要设施，大幅提高机场容量，提高机场对航空运输的综合保障能力；将显著增加机场数量，完善全国民航机场网络体系，进一步加强以北京、上海和广州三大枢纽为核心，成都、武汉、西安、昆明等地区枢纽机场和天津等干线机场为骨干及众多支线机场构成的机场布局结构，形成较为完备、协调的机场网络体系。同时，“十二五”机场建设不仅适应了航空市场的需求，也将适应西部大开发、中部崛起、东北振兴等国家战略的实施，极大增强民航运输对国民经济发展的服务和保障作用。

2015年全国运输机场规划数量将达到244个，密度达0.254个/万平方公里。按直线距离100公里服务半径计算，全国336个地级及以上行政单元之中，59.9%的中心城市、94.1%的地区、100%的盟、70.0%的自治州将拥有机场，92.3%的中心城市、100%的地区、100%的盟、86.7%的自治州将实现机场覆盖。

我国地级及以上城市机场拥有与覆盖情况

项　目	2010年		2015年	
	数　量	比　例	数　量	比　例
拥有机场的地级单元数	163	48.4%	212	63.1%
中心城市	128	44.6%	172	59.9%
地区	15	88.2%	16	94.1%
盟	2	66.7%	3	100%
自治州	18	60.0%	21	70.0%
机场覆盖的地级单元数	260	77.2%	310	92.3%
中心城市	218	76.0%	264	92.0%
地区	16	94.1%	17	100%
盟	3	100%	3	100%
自治州	23	76.7%	26	86.7%

（二）国民经济评价

实施“十二五”机场建设规划的投入将产生显著的国民经济效益。机场建设经济效益的特点是国民经济效益远远高于财务效益。将“十二五”建设规划当作一个大项目采用项目评价的方法进行国民经济效益评价。根据“十二五” 期间机场建设投资情况和业务增长状况，按照有无对比原则，认为原有机场设施基本饱和，把规划运量增量看作是新投资项目所产生。计算期设定为25年，通过国民经济效益和费用测算，预测出本项目的经济内部收益率（EIRR）为10.2%，大于8%的社会折现率，经济净现值为745亿元，国民经济效益较好。

（三）社会效益评价

民航是国家提供国际运输最有效和最现代化的方式，产业价值链长，是国家增强综合国力、国际竞争力和抗风险能力的基础。民航机场具有基础性和先导性的特点，作为公共基础设施具有明显的外部经济性。

1．促进就业、旅游开发和经济发展

“十二五”机场建设，将进一步促进项目实施地区现代商贸和物流的加快，促进旅游地区旅游资源的开发，直接和间接增加地方就业机会，促进居民的收入水平和生活质量进一步提高；机场建设还可以带动项目实施地区众多行业发展，比如钢铁、水泥、建设材料等，从而促进区域经济发展。

在大型机场周边形成的临空港经济区，不仅具有运输功能，而且可以通过与多种产业有机结合，形成颇具带动力和辐射力的地区经济增长极。以云南省迪庆藏族自治州为例，首府中甸距昆明659公里，山高路远，交通不便，经济十分落后。投资256亿元的香格里拉机场1999年建成通航后，举世闻名的“香格里拉”旅游胜地吸引了世界各地的游客。旅游业的迅猛发展极大地带动了地区经济发展，其中民航业的发展功不可没。

2．完善综合交通运输体系，显著改善居民出行条件

综合交通运输体系指将铁路、公路、水运、航空和管道等部门进行综合调整和统筹，统一规划各种不同的运输方式，防止不同运输方式间过度垄断或竞争，避免交通运输设施重复建设和不合理利用，实现各种运输方式的最优整合和利用。综合交通运输体系是国民经济和社会发展重要的基础设施，是现代经济社会赖以运行和发展的基础，是国家现代化建设的重要标志，其发达程度既代表着一个国家交通运输的发展水平，也是区域经济发展规模与发展水平的重要影响因素。

“十二五”期间，我国高速铁路和高速公路建设都将实现巨大飞跃，机场作为整个综合交通系统中提高效率的关键，也必须同步发展才能消除瓶颈，以促进整个综合交通系统的协调发展。由于航空具有快速、安全、高效、通达全球的技术经济特点，机场的建设，可以保障更多的居民具有选择航空出行的权利。另外，在我国西部地面交通非常不便的地区，铁路和公路难以到达，通过修建机场实施点对点运输可以有效降低投资，将偏远地区通过航空与国家的综合交通系统连接起来，提高整个综合交通系统的可达性，同时也可以快速改善当地居民的出行条件，有助于当地居民享受均等的基本公共服务，有助于当地经济社会融入国家整个发展体系。

3．应急救援、民族团结、巩固国防

我国西部地区自然灾害较多，经济发展落后，社会问题复杂，尤其是新疆、西藏地区，反恐反分裂任务非常重，对航空应急需求多。在这些地区加强机场建设，不但可以在紧急情况下有效应对各种突发事件，还可以加强东中部地区与当地的经济社会文化交流，促进当地与外界的联络，促进民族团结。

军事基础设施建设，是国防建设的重要组成部分，是关乎国家长远利益的重要工程。空军在现代战争中的极端重要性意味着，和平时期的民用机场，一旦进入战争状态就立即成为极其重要的军事设施。从这个意义上看，每一个民用机场的建设，尤其是边疆地区和高原地区机场的建设，都将对我国完善军事布局、提高军事运输能力、延伸解放军的作战平台、有效履行积极防御的守土职责产生潜在的深远的军事影响。

三、风险分析与控制

（一）航空市场风险

当前世界经济复苏的基础并不稳固，经济回暖速度存在不确定性，再加上自然灾害等各种不可预测因素的影响，导致我国未来经济发展也存在一定的不确定性。尤其是具体到各个地区、各个城市，由于发展水平和速度的差异，市场竞争分化的影响，容易使得地区航空市场出现大幅偏离原有预测值的风险。因此，在各地区实施具体机场建设项目时，应充分做好前期研究工作，要结合当地经济社会发展现状和发展形势，进行认真的分析、论证和预测，保证机场建设项目根据航空市场需求适时开工。

（二）建设进度风险

以北京新机场、大连新机场等为代表的一批大型项目投资数额巨大，但受国家审批政

策、地方政府推动速度以及前期研究工作充分程度等因素的影响，在“十二五”哪年实施甚至能否在“十二五”期间实施存在很大的不确定性，从而将对“十二五”建设规划的投资规模造成很大的影响。

（三）融资风险

机场建设工程一般投资数额较大，尤其是一些大中型机场的整体扩建及迁建项目，投资甚至高达百亿以上。这些项目的资金来源和筹措方案有待在具体工作开展的过程中一步步落实，存在增加融资成本甚至无法融资的可能，从而影响项目的预期实施时间。对此，各建设法人单位应高度重视融资问题，提前做好预案。

第七章　保障规划实施的政策措施

一、国家层面

1．完善与机场建设相关的法规和标准

进一步完善机场规划设计、建设标准、环境保护和土地利用等方面的相关法规、标准、程序，使民航机场的建设做到有章可循，有条不紊；同时也使民航管理部门的监管做到有法可依，依法行政。针对支线机场经营亏损的困局，建议加强支线航空运行标准、技术和法规的研究及制定工作，简化对中小机场建设项目的审批环节和程序，为支线机场建设发展提供便利。

2．适时补充或调整机场布局规划

2008年初，《全国民用机场布局规划（2020年）》（以下简称《布局规划》）获得国务院批准出台；根据该规划，到2020年，我国民航运输机场总数将达到244个，新增机场97个（以2006年底数量为基数），形成北方、华东、中南、西南、西北五大区域机场群。

随着改革开放的不断推进，我国已呈现出由沿海开放向沿边沿江开发转移的趋势，同时由于各地区经济、社会等发展状况和形势发生了很大变化，对机场布局产生了一定影响。在地方政府需求及当前“十二五”规划建设方案的“高方案”中，不在《布局规划》范围内的新增机场数量众多。如果因为规划的原因制约或阻碍了地方的机场建设需求，则无疑会对当地经济社会发展造成一定的负面影响。因此，有必要选择合适时机对《布局规划》进行调整或补充，以满足地方经济社会发展的现实需求。

3．完善多元化投融资体制，加大对机场建设的财政投入和政策支持力度

继续深化投融资体制改革，不断创新民航机场建设投融资机制，进一步拓宽融资渠道，广泛吸收社会资本，鼓励国内多种投资主体参与民航机场建设。加大利用外资力度，引导外资更多地投向中西部地区和东北等老工业基地的民航机场建设。支持和鼓励已上市民航机场通过公开增发、定向增发等再融资方式进行并购和重组，迅速做大做强。支持多方筹集资金投入机场设施建设，保障机场建设资金的持续投入。

积极推进机场收费制度改革，完善机场收费体系，调整收费结构，扩大机场定价自主权。继续加强对机场管理建设费的征管，稳定中央资金来源。加大中央和地方政府财政资金对机场的投资力度，建立中央财政资金对中小机场亏损补贴的长效机制，对部分西部和东北等地中小机场实行优惠政策（如增加建设投资和运营补贴）。研究对机场飞行区工程由中央政府和地方政府按一定比例进行全额投资的可能性。

4．改革国家空域资源管理体制，缓解空域对机场扩建和选址的制约作用

改革国家空域资源管理体制，构建科学合理的空域结构，提高空域的使用效率。总体思路是，国家统一管理空域资源，军、民航空管指挥独立运行，建立军、民航空管指挥的有效

协调机制，待条件成熟时，军、民航统一实施空中管制。一方面推动空域机制创新，实施空域分类，调整优化空域结构，加强空域的相对集中管理；另一方面统一规划、完善全国航路航线网络，增大航路运行容量，优化协调飞行线路，提高运行效率，推广区域导航技术的应用，实施平行航路增加干线航路容量，提高空管保障设施薄弱地区航空运输的保障能力。

5．加强对机场的监管力度，规范机场的建设与经营行为

民航行政主管部门应加强对机场的监管力度，规范机场的建设与经营行为，统筹处理好公共基础设施定位和经营收益之间的关系。把一般经营性项目推向市场，采用招投标、租赁等多种方式进行市场化运作；集中管理优势、人才优势，提高机场主营业务的运行质量、服务水平和市场竞争力；从而促进机场管理机构由经营型向管理型转变，实现机场管理专业化和商业经营市场化。

二、民航行业层面

1．加强机场建设领域宏观课题研究，为政府部门提供决策依据

民航行业研究机构应站在“民航强国战略”的高度，在机场布局、机场建设、通用航空、综合交通运输系统、区域发展、城市发展等领域深入开展宏观、重大问题的研究，为机场业建设发展献计献策，为政府部门的行政行为提供决策依据和智力支持。

鉴于世界大都会地区大多采用多机场系统，且我国的上海市采用 “一市两场”后引发了诸多事先没有预料到的问题，因此民航系统还应加强对多机场系统布局、管理模式、定位分工等方面问题的研究，以适应未来若干重点城市发展 “一市多场”机场系统的需要。

2．加强机场建设工程前期研究工作，从源头贯彻“绿色、节约、环保”理念

民航行业研究和设计单位应加强对机场总体规划的研究和编制工作。规划可操作性要强，要为未来发展留有充分的余地，充分发挥机场总体规划的前瞻性和指导性，要充分考虑到土地、资源、能源的利用效率，与节约土地、能源等资源和保护生态环境相统一。在（预）可行性研究和初步设计阶段，要充分利用和整合既有机场资源，合理确定建设规模，防止出现无序建设和过度高标准、大规模而造成的资源浪费，提高资源利用率，促进机场的可持续发展。

三、地方政府层面

1．充分认识机场的公共基础设施属性，加大政策支持和财政投入

地方各级人民政府应充分认识民用机场的公共基础设施定位，要采取必要的措施，鼓励、支持民用机场的发展，提高民用机场的管理水平；要统一规划、统筹建设运输机场外的供水、供电、供气、通信、道路等基础设施；要加大对机场建设项目的政策支持力度，并确保一定数额或比例的财政投入。

2．统筹区域规划，加强机场枢纽建设，促进综合交通运输体系的建立和完善

要符合国民经济的总体发展战略和航空市场的需求，使机场的区域布局同区域经济、城市规划相适应，促进区域内航空资源的优化配置、社会经济协调发展和城市功能的提升完善。地方政府有关部门在制定交通相关规划时，要加强机场与铁路、公路网的衔接，在大型机场地区建立以机场为核心，汇集民航、铁路、轻轨、公共汽车、出租车等多种交通方式的“一体化”的机场枢纽，实现各种运输方式间和方式内 “零换乘”，提高城市综合运输效

率和机场综合利用效率，进一步扩大机场社会服务范围。

3．保护机场场址和净空

地方政府要将运输机场场址纳入土地利用总体规划和城乡规划统筹安排，并对场址实施保护；要按照国际有关规划划定民用机场净空保护区域，向社会公布，并禁止在机场净空保护区域内从事妨碍或危害飞行安全的活动。

对于未建设的新建机场项目，地方政府要按照机场规划和有关法规，妥善保护备选场址的净空和土地，避免因其他建设项目或经济活动对场址造成影响，进而增加未来建设机场时的拆迁成本。

4．加强机场建设工程全过程监督

地方政府有关部门要对机场工程项目从工程的建设启动到竣工交付使用全过程的经济活动和管理进行不间断的监督，包括设计阶段、招投标阶段、施工阶段和验收阶段，努力确保整个工程建设质量，控制建设投资，提高资金使用效益，按期完成工程项目建设任务。

四、机场管理机构层面

1．实现自身由经营型向管理型转变

从全球机场发展里程来看，在民航发达国家和地区，机场管理机构不直接经营机场业务，普遍以特许经营或者专营的方式给专业公司经营，机场收取特许经营费。以美国大型机场为例，其机场运营管理是完全通过特许经营权招标的形式，面向全国、全世界选择最优者，由最优者负责资源深度开发与日常经营管理；如美国大型机场的地勤服务几乎全部由私营公司承担，机场商业零售等特许经营项目更是由私营企业经营。我国2009年实施的《民用机场管理条例》明确提出，对于机场范围内的零售、餐饮、航空地面服务等经营性业务采取有偿转让经营权的方式经营的，机场管理机构应当按照国务院民用航空主管部门的规定与取得经营权的企业签订协议，明确服务标准、收费水平、安全规范和责任等事项，通过专业化公司的竞争，提高为旅客和航空公司服务的质量。

机场管理机构要按照国家要求，积极变革，努力促进自身从商业经营性业务中解脱出来，将管理职能转移到机场规划、建设、航线开拓、经营战略、机场安全等核心业务，真正成为管理型机构，适应民航强国战略的需要。考虑到当前我国机场经营管理模式的多样性这一特点，不可能采取“一刀切”的方式来改革机场的经营管理模式。采取什么样的经营管理模式，需要各机场根据各自的实际情况，并按照公共基础设施这一定位，具体研究探索适合自身发展需要的经营管理模式。

2．科学筹划，适时启动机场建设工程

机场建设工程是复杂的系统工程，一般涉及专业广泛，投资巨大，且建设周期较长，因此，及时预测机场饱和时机，选择合适的时机启动建设工程显得尤为重要。机场管理机构应结合所在地区的经济社会发展形势和相关规划，根据自身业务增长趋势，科学筹划，合理安排，适时启动相应的改扩建工程。要及时委托有资质的设计单位启动工程前期的研究工作，要协调与当地政府各部门之间的各种联系，要切实落实建设项目的资金来源，保障建设工程的及时启动和顺利实施。

附 录

附录1 国家发展和改革委员会确定的70个“十二五”规划新增机场项目

“十二五”新增机场70个（带*的为规划外项目），具体有：
北京：北京新
河北：张家口、承德、邢台*
山西：吕梁、五台山、临汾
内蒙古：巴彦淖尔、阿尔山、霍林郭勒、扎兰屯*、乌兰察布
黑龙江：抚远、加格达奇、建三江*、绥芬河*、五大连池*
吉林：通化、白城、松原*
辽宁：营口*
陕西：府谷*
甘肃：张掖、金昌、夏河、陇南
青海：德令哈、果洛、花土沟
新疆：石河子、富蕴、莎车*
山东：日照*
江苏：苏中
浙江：嘉兴、丽水
江西：宜春、上饶
福建：三明、莆田*
安徽：九华山、芜湖
河南：信阳、商丘、豫东北*、鲁山*
湖北：神农架、武当山*
湖南：衡阳、岳阳、武冈
广东：韶关、惠州
广西：河池
海南：琼海、儋州*（置换“东方”）
四川：乐山、红原、稻城
重庆：巫山、武隆*
贵州：遵义、六盘水、毕节、黄平
云南：泸沽湖、红河、沧源*、澜沧*
西藏：那曲

附录2　中国民用航空局《中国民用航空发展第十二个五年规划》关于机场建设的内容

第五章　增强运输机场保障能力

运输机场是国家综合交通基础设施的重要组成部分，是民航最重要的基础设施。要以需求为导向，优化机场布局，加快机场建设，完善和提高机场保障能力。重点是缓解大型机场容量饱和问题和积极发展支线机场。

第一节　优化运输机场布局

全面落实《全国民用机场布局规划》。实施枢纽战略，满足综合交通一体化需求。加强珠三角、长三角、京津冀等区域机场的功能互补，促进多机场体系的形成。到2015年，全国运输机场总数达到230个以上，覆盖全国94%的经济总量、83%的人口和81%的县级行政单元。

北方机场群：将北京首都机场建设成为具有较强竞争力的国际枢纽机场，新建北京新机场。加快发展区域枢纽机场，发挥哈尔滨、沈阳、大连、天津机场分别在东北振兴和天津滨海新区发展中的重要作用。培育哈尔滨机场面向远东地区、东北亚地区的门户功能。发挥石家庄、太原、呼和浩特、长春等机场的骨干作用。发展漠河、大庆、二连浩特等支线机场，新增抚远等支线机场。

华东机场群：培育上海浦东机场成为具有较强竞争力的国际枢纽机场。加快发展上海虹桥、杭州、南京、厦门、青岛等区域枢纽机场，满足长三角、上海浦东新区、海西和山东半岛蓝色经济区等国家区域发展战略需要。培育青岛机场面向日韩地区的门户功能。发挥济南、福州、南昌、合肥等机场的骨干作用。发展淮安等支线机场，新增九华山等支线机场。

中南机场群：培育广州机场成为具有较强竞争力的国际枢纽机场。完善深圳、武汉、郑州、长沙、南宁、海口等机场区域枢纽功能，满足珠三角地区、中部崛起、北部湾地区、海南国际旅游岛等国家发展战略和国际区域合作战略需要。增强三亚、桂林等旅游机场功能。发展百色等支线机场，新增衡阳等支线机场。

西南机场群：强化成都、重庆、昆明机场的区域枢纽功能，加快培育昆明机场面向东南亚、南亚地区的门户功能，服务于云南桥头堡发展需要。提升拉萨、贵阳等机场的骨干功能，满足国家加快发展藏区和偏远地区发展需要。发展腾冲等支线机场，新增稻城等支线机场。

西北机场群：强化西安、乌鲁木齐机场区域枢纽功能，满足关中－天水经济区和新疆地区快速发展需要。培育乌鲁木齐机场面向西亚、中亚地区的门户功能。提升兰州、银川、西宁等机场的骨干功能。加快将库尔勒、喀什机场发展成为南疆主要机场，发展玉树等支线机场，新增石河子等支线机场。

第二节　加快运输机场建设

加快提升既有机场容量。积极推进机场改扩建工程，提高机场保障能力。继续强化北京、上海、广州枢纽机场的建设，完善国际枢纽功能。加强哈尔滨、沈阳、杭州、郑州、武汉、长沙、深圳、重庆、成都、昆明、西安等大型机场建设，满足区域枢纽发展需要。

大力推进容量受限机场建设。迁建秦皇岛、锦州、泸州、延安等机场，研究建设成都、青岛、厦门、大连新机场。

合理新建支线机场。积极推进非运输机场改建或迁建为运输机场，鼓励利用现有军用机场。实施复航机场建设和通用机场升级工程。加快建设通化、五台山、三明、黄平、夏河等支线机场，扩大民航服务覆盖面。

加强中小机场空管设施建设。加快推进中小机场空管设施设备更新改造，逐步实现标准化配置，全面改善和提升机场空管保障能力。

规划实施集疏运体系建设。建设以枢纽机场为核心，多种交通方式汇集的“零换乘”、“一体化”的综合交通枢纽。吞吐量较大的枢纽机场建设机场轨道交通，省会及部分经济发达城市的机场建设机场快速通道。

“十二五”时期运输机场建设项目

性　质	机场名称
改扩建	哈尔滨、长春、延吉、沈阳、丹东、长海、大连、天津、石家庄、邯郸、唐山、大同、长治、运城、呼和浩特、海拉尔、乌兰浩特、通辽、赤峰、包头、鄂尔多斯、济南、威海、东营、上海浦东、上海虹桥、南京、徐州、常州、南通、淮安、盐城、无锡、阜阳、安庆、宁波、舟山、杭州、义乌、温州、黄山、福州、武夷山、厦门、泉州、连城、南昌、景德镇、赣州、井冈山、郑州、洛阳、南阳、武汉、襄樊、宜昌、恩施、长沙、常德、张家界、怀化、永州、广州、梅州、深圳、佛山、湛江、南宁、桂林、柳州、百色、海口、三亚、重庆、万州、成都、达州、南充、九寨、西昌、攀枝花、贵阳、铜仁、安顺、丽江、腾冲、西双版纳、拉萨、昌都、林芝、西安、榆林、银川、兰州、庆阳、敦煌、西宁、乌鲁木齐、哈密、库尔勒、和田等
迁建	秦皇岛、锦州、台州、梧州、泸州、宜宾、延安、安康、天水、且末等。研究建设大连、青岛、厦门、成都新机场
新建	加格达奇、抚远、五大连池、建三江、绥芬河、通化、白城、松原、营口、北京新、承德、张家口、邢台、吕梁、五台山、临汾、朔州、阿尔山、巴彦淖尔、霍林河、扎兰屯、乌兰察布、日照、苏中、丽水、嘉兴、三明、莆田、上饶、宜春、芜湖、九华山、商丘、信阳、豫东北、平顶山、神农架、十堰、衡阳、武冈、韶关、惠州、岳阳、河池、儋州、琼海、巫山、武隆、乐山、稻城、红原、遵义、黄平、毕节、六盘水、泸沽湖、红河、沧源、澜沧、那曲、府谷、陇南、金昌、张掖、夏河、德令哈、果洛、石河子、富蕴、莎车等
开展前期研究	饶河、宝清、吉林、鞍山、阜新、本溪、沧州、曹妃甸、承德围场、晋城、图木舒克、林西、聊城、滨州、亳州、漳州、抚州、荆门、娄底、郴州、贺州、德钦、定边、平凉、石嘴山、吴忠、楼兰、塔中等

注：所有项目以国家批复意见为准。

“十二五”期间我国民航运输机场管理模式研究

中国民航管理干部学院

第一章　机场管理模式的内涵与研究内容

一、机场管理模式的内涵

（一）机场管理模式的一般含义

机场管理是一个含义广泛的概念，它既指政府对机场的管理，也指机场自身的运营管理。因此，机场管理模式包含两个层次：政府对机场的管理模式和机场自身的运营管理模式。

1. 政府管理机场的模式

政府对机场的管理更多指的是机场的管理体制，主要涉及政府管理机场的机构与职责。我国民航管理体制的发展大致经历了三个阶段：

在1987年以前的三十多年里，我国民航一直是政企合一、行业一体的准军事化管理体制，机场由国家投资建设、民航局统一管理与经营。

1988年以后，我国民航业的改革按照建立社会主义市场体制的要求，政企分开，简政放权，开始了“分家式”的改革。相继经过“一分为三”、“一分为五”的改革，我国民用机场作为市场主体之一，开始从原来管理局、航空公司、空管、油料、机场一体化的管理体制中，作为独立的法人单位分设出来，并成为单独的运行实体逐步开始实施企业化经营。但此时的民航管理体制仍然是政企合一的管理体制，民航总局直接管理全国大部分机场的资产、人员以及业务，政府管理模式依然相对单一。

2002年国家对机场进行了属地化管理的改革，这是我国机场改革发展历程中的重要一步，也是机场管理体制发生重大变化的一次。2002年国务院批准的《民航体制改革方案》（以下简称国务院6号文件）第十一条规定：机场实行属地化管理。第十二条规定：鉴于北京首都国际机场的重要性，首都机场由民航总局管理，但也要实行政企分开，企业化经营。西藏自治区内的民用机场仍由民航总局管理。到2004年7月，民航总局将甘肃省的机场移交甘肃省政府，标志着民航总局向地方政府移交机场的工作全部结束。同时也意味着我国民用机场的政府管理模式发生了根本性的改变，由以往民航总局全面管理开始向民航总局负责行业管理、地方政府负责资产、人员以及投资建设管理的体制转变。

改革前，原民航总局一直管理机场；改革后，国务院6号文件对民航总局的职责界定也比较清晰，主要是从安全监督、空中交通管理、行业宏观调控、航空市场监管和民航国际关系等五个方面对民航系统实施行业管理。所以，虽然在民航局对机场的行业管理中也面临诸多严峻的问题与挑战，但行业管理的思路比较明确。而对于机场的所在地政府来讲，管理机场则是一项新内容，加之各地的经济发展、地理情况差异较大，各地政府建设和发展机场的积极性不尽相同，对机场的定位也不一样，体现在对机场的建设投资、运营管理以及绩效考核等方面的管理与控制程度、方式方法上就有很大差别。因此从全国的角度来看，地方政府对机场的管理模式多种多样。

2．机场运营管理模式

机场自身的管理主要包括机场的安全管理、运营管理、服务质量管理、经营性管理以及对机场发展战略方面的管理等等。或者说，机场作为一项公共基础设施建成投入使用后，机场管理机构如何进行运营，如何在保证国家财产与社会公众生命财产安全的前提下，在协调好与各营运主体关系的基础上，既能为公众提供优质的服务，又能使机场自身的资源价值最大化。这些同属于机场运营管理的内容。

我国民用机场自身的运营管理模式与政府对机场的管理体制是密不可分的。在政企不分大一统的机场管理体制下，机场的生产保障、安全运营完全执行管理部门的意志，机场运营管理者缺乏选择探索机场运营管理模式的自主权。伴随着民航管理体制的改革，我国民用机场所面对的航空运输市场环境、机场投资主体、机场与民航业相关服务体系的关系都发生了深刻变化，机场作为航空运输市场的主体之一，运营的自主性逐步扩大，对机场资产保值增值的经营压力也日益加大。因此探索建立适应市场化机场管理体制的机场自身运营管理模式的改革也日益提上议事日程。2003年，民航总局提出“引导和推进机场建立新的管理模式，逐步实现从直接经营型向管理经营型转变”的战略思路。2004年，国家民航总局在全国机场工作会议上再次明确提出，具备企业化经营条件的机场，一定要坚持管理与经营分离的原则，构建规范的公司体制，实行商业化运营和管理，实现从直接经营型向管理经营型的转变。

几年来，民航主管部门与各机场在持续加强安全管理、提高服务质量的同时，对机场的运营管理、经营方式、发展机制等进行了积极的探索和创新，实践中全国机场的运营管理模式出现了多种类型。不过从行业发展战略的层面，我国现行的机场运营管理模式改革还任重道远。正是从这种意义上，2010年李家祥局长在全国民航工作会议的讲话中再次指出，“要紧紧围绕公共基础设施定位，积极探索机场公益性设施和经营性设施分类管理的新模式，进一步推动机场由经营型向管理型转变，促进机场建设发展、提高运营管理水平。”

（二）本研究对机场管理模式的界定

根据民航主管部门所提出的“民用机场管理模式转型”的特定含义，本课题需要研究的民用机场管理模式主要是指机场管理机构对机场的运营管理方式。管理模式转型指的则是机场管理机构对机场运营方式的转变，也即“机场管理机构由直接经营型向管理经营型的转变”。

一般来说，分析机场的运营管理，通常的逻辑起点是探讨机场管理机构的职责和权限。但从机场管理过程分析，机场运行并不是机场管理机构的单独行为，机场管理机构的职责和权限的行使必然要涉及到政府、机场用户以及其他驻场单位等诸多利益主体，机场运行是相关利益主体共同行为的结果。因此探讨机场运营管理模式是探讨一个包含了多层次利益关系的机场运行体系。

1．探讨机场运营管理模式不能脱离政府对机场的管理

机场运行系统的主要利益主体首先是政府，在机场属地化管理之后特指中央和地方两级政府。这是机场运行区别于其他竞争性企业的一个重要方面。在后者，政府作为企业外部治理要素而存在。但在机场运行中，由于机场区域内具有“直接关系公共安全、人身健康、生命财产安全的重要设备、设施”，其运行“直接涉及国家安全、公共安全、经济宏观调控、生态环境保护以及直接关系人身安全、生命财产安全”，因此政府必须作为控制主体监督与管理机场的安全与协调运行。不管政府是直接行使对机场的行政管理职能，还是通过授权由其他利益主体代行职责，它都是最终决策机场发展目标的关键主体。

因此探索机场的运营管理模式，政府对机场和机场管理机构的性质定位、对机场管理机构的管理与考核方式，甚至政府对机场的投资建设、政策支持都会起着决定性的作用。

2．探讨机场运营管理模式必须结合与其他运营主体的关系

机场是实现航空运输的基地，但要体现这一功能，机场区域内需要进驻一些诸如海关、卫生检疫、空中交通管制、航空公司、燃油运输及其加注等机关、团体、企业事业单位以及其他组织，这些相关利益主体的协调行为是实现航空运输的基本条件。因此机场运行就包含了机场管理机构对这些驻场单位的协调与管理。但机场管理机构本身是一个独立的法人组织，其他驻场单位与它具有平等甚至高于它的地位，因此，赋予机场管理机构与驻场单位各自具有哪些权利，承担哪些义务，获取多大利益等，是研究机场运营管理必须要涉及的问题。

二、机场运营管理模式研究的基本内容

概括而言，在本课题所指机场管理模式的特定含义下，研究机场管理模式主要是研究“两个概念”和 “一种关系”。

“两个概念”是指机场、机场管理机构。在机场运营管理模式中，机场与机场管理机构是两个含义不同又密切相关的概念，机场的性质与功能直接决定着机场管理机构的性质、职责及其权限，而机场管理机构的性质与职责权限又直接决定了机场管理机构对机场的运营管理方式。

“一种关系”是指机场管理机构对机场的运营管理关系。但与这一 “关系”相关联的还包括机场管理机构与其他诸如政府、机场用户、机场驻场单位等相关利益主体之间的关系。

（一）机场及其功能

机场就其用途，分军用机场、民用机场以及军民合用机场，本文所称机场是指民用机场和军民合用机场的民用部分（下同）。我国《民用航空法》第五十三条规定，“民用机场是指专供民用航空器起飞、降落、滑行、停放以及进行其他活动使用的特定区域，包括附属的建筑物、装置和设施。”

机场是一个区域，是航空运输的基地，航空公司的运营必须以机场为基点，客货的组织、集散与流转也多在机场内进行，因此，民用航空运输生产基本围绕机场进行。机场作为区域可以划分为飞行区、地面运输区和候机楼3个大部分。飞行区是飞机运行的区域；地面运输区是车辆和旅客活动的区域；候机楼是旅客登机的区域，是飞行区和地面运输区的接合部位。

机场的基本功能是为飞机、旅客与行李以及货物提供服务，在飞行区内为飞机提供飞行安全保障服务；在地面运输区内为旅客、货物、航空公司、内部员工等提供地面运输服务；在候机楼区提供候机和商务服务，以及根据现代化机场的功能提供更宽范围的延伸服务项目。

（二）机场管理机构及其法定职能

根据民用机场的功能，机场要为飞机、旅客与行李以及货物提供必要的服务，这些服务需要相应的组织与人员来提供。而为了实现上述功能，机场需要一定范围的土地，相应的建

筑及设备设施，并在机场区域内进驻一些相应的诸如航空公司、空中交通管制、燃油运输及其加注等驻场单位，因此机场又是带有部分社区性的区域概念。为了能够使机场区域运行有序，它同样需要相应的组织进行协调与管理，这一组织即机场管理机构。

因此，机场与机场管理机构的含义不同。机场是一个包括附属建（构）筑物在内的划定区域或者特定区域；机场管理机构是一个实现机场功能，提供机场服务的组织，是由机场所有者（包括本轮民航管理体制改革后建立的行使机场所有者职能的机场管理集团公司）依法组建并专司机场这一特定区域内的安全保障、运营管理、环境保护和公共事务管理，或者接受法律授权和政府委托实施行政处罚等法定职能的组织。

（三）机场的业务分类

机场管理机构是运营管理机场这一区域的组织，它对机场采取什么样的运营管理方式，实际上取决于它如何运作机场范围内的机场业务。机场的业务分为两大类：

1．机场服务业务

机场服务业务具体包括以下三种：

一是为飞机起降提供保障的机场功能性业务。这一部分机场业务主要包括安全检查、行李分拣、问讯、广播、航显、离港、飞机监护、场道维护、场区清洁、场区绿化、垃圾、污水处理、医疗救护、能源供应、其他社会职能等服务业务。这些项目属于机场管理机构有责任、有义务提供的服务。

二是直接为旅客和航空公司服务的地面服务业务。这一部分业务包括旅客值机、特服、配载、货运代理、货站经营、站坪服务、飞机维护/维修、特勤车辆、配餐、航油供应、机场交通等业务活动，由于这些服务项目直接面对航空公司，因此机场管理机构需要与航空公司密切合作，从有利于协调航空运输、提高效率的要求出发，选择合适的提供方式。

三是机场商业性服务业务。具体包括停车场、汽车租赁、航站楼商业、出租车、机场与市区的地面运输、通讯、广告、宾馆、旅游、其他商业延伸/增值服务等项目。这些经营项目主要以机场的旅客、货主及与其相关联的个人或企业为对象，属于盈利性项目，是机场重要的经营资源，也是其重要收入来源。

2．机场管理业务

除去以上三类属于机场具体的服务业务之外，机场管理机构还负责对机场的安全运营管理；驻场单位的统一协调管理；机场设施设备以及基础设施的管理；对机场的整体规划、战略与市场管理；机场建设、投融资、人员培训等管理业务。这些业务关乎到机场的发展方向和价值开发，是机场的核心业务。

（四）机场管理机构提供机场业务的不同方式

1．机场管理业务是必须由机场管理机构自己负责的业务。

2．为飞机起降提供保障的机场功能性服务业务是机场管理机构有义务、有责任必须提供且要保格公平、服务质量好的业务，为了实现这一目的，机场管理机构可以自己提供这些服务，也可以通过招标方式以公平的价格外包给专业化服务公司，但由于这一部分业务是机场的保障性功能业务，机场管理机构外包的目的是节省成本和提高服务质量，而不是盈利。

3．对于直接为旅客和航空公司服务的地面服务业务以及商业性服务业务的不同提供方式，就形成了不同的机场运营管理模式：机场管理机构自己或由其分、子公司直接参与和具体提供机场内全部或部分服务业务的方式是直接经营型的机场运营管理模式。机场管理机构不直接从事面对机场用户的具体服务业务的是管理型机场运营管理模式。在这种运营管理模式下，机场管理机构是把自己具有经营权的某些经营性服务业务面向市场以公开招标或其他竞争方式，转让给有相应资质和资信的专业化服务提供商（包括航空公司的相关专业公司），由中标者向机场用户和消费者提供经营性服务业务，机场管理机构则以资源所有者的身份依据法律法规和合同协议对专业化公司行使管理者职能，收取特许经营权费，这就是国际上通行的机场服务业务特许经营的运营模式。

（五）管理型机场运营管理模式的内容

管理型机场管理机构不直接从事具体服务业务并不是不管理经营机场，只是改变了经营的方式，是变亲历亲为的方式为主要为专业化服务公司提供正常运行资源和环境、创造公平运营平台的方式来管理经营机场。而且，在管理型机场经营模式下，机场管理机构也不是一点也不从事具体的机场服务内容，只是经营的内容少了，更具挑战性了。管理型机场管理机构的主要职责包括：

1．统一协调管理机场的安全运行

一是负责制定、修订及发布机场安全运行规范与标准，以及包括机场各个区域、所有经营者的运营管理规则，并监督执行。

二是负责对机场各相关利益主体进行契约管理，包括同与机场相关的服务提供主体以及服务受让主体以合同的方式规定相互间的行为、途径、结果等的法律限定。

三是负责对机场设施、设备的管理，机场管理机构需要根据环境变化以及业务量增长预测对设施设备的使用进行有效地规划，为机场运营配备相应的设施设备，并且为现有的设施设备进行调度和协调，增强其利用效果，提高机场运营的经济性。

四是对机场的日常运营进行管理，日常管理既是管理型机场管理职能的落实体现，又是其根本保证。这些管理包括对日常管理的监控及调度，日常运营信息的交流与沟通，申述及反馈结果处理等。

2．对机场发展进行总体规划

一是规划本机场的发展战略，具体包括本机场的市场定位、机场规划期内发展目标、机场战略实施的具体保障措施等等关乎本机场发展方向的规划与设计。

二是进行具体包括航站楼、飞行区及其设施设备，实现机场功能性服务提供能力和机场整体运行保障能力的区域性规划，以及整个机场的地面交通等在内的机场总体规划与设计。

3．建设机场

机场建设是机场的关键性业务，机场设施是保障机场战略发展目标和管理决策能够顺利实现，以及机场管理与业务流程顺畅执行的硬件基础。因此机场建设不仅仅指工程技术方面，它还必须包括本机场的定位——枢纽机场、干线机场还是支线机场，因为这对于机场的布局设计和功能配备都非常重要。

所以，具备一定实力的机场必须自身储备一定的专业建设力量，使其能够将机场工程建设与管理需求系统有机地结合。并且可以将其在机场建设工作中积累的经验，在其他机场的建设中提供专业性服务，进行技术和管理输出。

4．不断开发机场资源的新价值

机场管理机构需要依托自身特点大力进行市场开发，提升本机场业务资源的价值，并根据市场需求，开发其他增值性业务或者新业务，为机场的发展寻求新的利润增长点，保证机场的长期稳定协调发展。

三、管理型机场运营管理模式对机场发展的重要意义

（一）有利于机场服务市场的公平竞争

管理型机场经营方式的内涵之一是机场管理机构并不直接从事机场经营性服务业务，而是通过市场竞争的方式引入专业化机场服务机构。如此就改变了以往机场管理机构在机场服务领域既是运动员又是裁判员身份的现状，为参与机场服务业务的航空公司和第三方企业提供了公平竞争的环境，从而调动机场管理机构、航空公司和第三方企业等各方面积极性，保护消费者以及行业整体利益。

（二）有利于提高机场的安全运行水平

管理型的机场管理机构可以专职于制定机场安全运营的规则、标准及其管理制度，并严格按照规则和标准监督检查机场区域内各专业化公司的运营状况，促进机场的法制化管理，客观上必然会提高机场的安全运行水平。

（三）有利于提升机场的服务水平和质量

机场服务市场一旦实施专业化运作、商业化经营、法制化管理，一方面机场服务的水平、质量和效率具有了有效的激励与约束机制，另一方面专业化公司的专业性也为机场服务的水平和质量提供了客观保障。

第二章　我国机场运营管理模式现状

根据机场管理模式所要涉及的内容，机场运营管理模式的现状主要是指在当前的机场管理体制下，我国机场与机场管理机构定位的现状，地方政府对机场管理机构的支持与投资建设的情况，目前的机场运营管理方式，在机场的运营管理中所形成的机场运营管理组织架构，机场管理机构与航空公司的运营关系，机场的投融资改革等几方面内容。

一、机场定位的现状

从功能上看，机场是衔接民用航空器与社会需求间的平台与纽带，属于城市公共基础保障设施。但在法规层面上，2009年7月1日开始实施的《民用机场管理条例》第三条指出："民用机场是公共基础设施。各级人民政府应当采取必要的措施，鼓励、支持民用机场发展，提高民用机场的管理水平。"这是我国从法律上第一次明确机场的公共基础性质，这一定位不仅彻底结束了业界多年来对机场性质的分歧与争论，并且在下面的论述我们还会看到，它必将对机场的发展起到极大的促进作用。

二、机场管理机构定性的现状

关于我国机场管理机构的性质同样是业界讨论多年且直至今日仍无明确结论的问题。

（一）我国机场管理机构法律定性的历史沿革

1．最初的事业单位性质

从我国民航管理体制的历史沿革来看，1985年民航局按照国务院国发〔1985〕3号文件的精神，依照政企分开、简政放权的原则，除国际和国内主要干线机场由民航局管理外，其他逐步下放地方。机场作为事业单位，但按企业办法进行管理。

机场管理机构的称谓最早出现在民航总局于1989年12月1日颁布实施并于2005年7月28日废止的《关于地方、部门组建民用机场管理机构的暂行规定》（民航局〔1989〕383号令）。按照其中的相关规定，地方、部门组建的机场管理机构名称一律定为（市、县和机场地名）机场。管理机构的领导职称以及组织机构编制由地方、部门确定。

因此，按照《关于地方、部门组建民用机场管理机构的暂行规定》的规定并结合其出台的时代 背景来看，当时的机场管理机构是由地方政府和相关部门组建的事业单位。组建的目的是为了加强对机场的行业管理，确保飞行安全和营运正常，民用机场管理机构履行的是行业管理的职能。

2．改革后的企业性质

1992年民航总局在“加强航空公司和机场企业的内部和经营机制的改革”中将机场管理机构直接划归为了企业。

2002年初国务院正式批准民航的体制改革方案中规定，这一阶段机场业改革的主要任务是改革企业的隶属关系；实现政企脱钩；实现机场管理属地化；民航直属和股份制管理的机场属地化，实行企业化管理。

2003年9月4日国务院以国函〔2003〕97号批复了民航总局《关于省（区、市）民航机场管理体制和行政管理体制改革实施方案》。该方案规定，机场移交地方政府管理，撤销民航各省（区、市）局，原则上以省（区、市）为单位组建机场管理公司，实行企业化经营，统一管理省（区、市）内机场。

因此，按照《关于省 （区、市）民航机场管理体制和行政管理体制改革实施方案》的规定并结合其出台的时代背景，此时的机场管理机构是地方组建的机场管理公司或机场管理集团公司，对地方所辖机场实施统一管理与经营。机场管理公司或机场管理集团公司是经地方国资委代表地方政府授权的，具有独立法人资格的国有独资公司，接受地方国资委对企业国有资产的监督管理；对其授权范围内的国有资产行使投资收益、重大决策、选择经营者等出资人权利，并承担国有资产保值增值的责任；依据产权关系，实行母子公司或总分公司相结合的管理体制。

（二）我国机场管理机构定性的现状

机场属地化管理之后，地方政府首先要明确机场管理机构的性质。国务院批准的《民航体制改革方案》只提出机场要实行企业化经营，但并没有对机场管理机构加以明确定性。

《民用机场管理条例》第十五条规定，“运输机场的安全和运营管理由依法组建的或者受委托的具有法人资格的机构负责。”第二十八条规定，“机场管理机构对运输机场的安全运营实施统一协调管理，负责建立健全机场安全运营责任制，组织制定机场安全运营规章制度等。”第三十三条规定，“机场管理机构统一协调、管理运输机场的生产运营，维护运输机场的正常秩序，为航空运输企业及其他驻场单位、旅客和货主提供公平、公正、便捷的服务。”《民用机场使用许可规定》第十九条规定，“申请民用机场使用许可证的机场，机场管理机构具有中华人民共和国法人资格。”这些法规从不同的角度对机场管理机构的性质和职责进行了规定，但都没有明确机场管理机构究竟是事业法人还是企业法人。

因此实践中各地的做法也不相同，大部分地方政府把机场管理机构定性为企业，按照企业的性质对机场实施管理；也有一小部分地方政府，如台州、黔南、衢州、宜宾、义乌、威海、盐城、阜阳、泸州等9个小型机场的所在市政府，是把机场管理机构定性为事业单位，按照事业单位进行管理的。

把机场管理机构定性为企业，按照企业的性质对机场实施管理，有利于按照市场规则配置资源，有利于完善法人治理结构、建立现代企业制度，有利于发挥机场自主经营的积极性，提高机场的运营效率与管理水平。但由于大部分中小机场处于亏损状态，按照企业性质进行管理造成了这部分机场经营负担沉重，安全投入不足。把机场管理机构定性为事业单位虽然能够使机场在体制内更直接地得到地方政府的财政补贴和税收优惠，但也容易导致机场管理机构的经营积极性和主动性不足，使机场管理机构产生“等、靠、要”的思想。另一方面，地方政府按照事业单位管理机场，在人员配置、干部任免、工资待遇、经营业务等方面管得比较具体，机场缺乏自主权，造成人员干好干不好都一样，并且无法根据市场的变化开展灵活经营，一定程度上制约了机场的自我发展。

（三）在不同定性基础上地方政府对机场的管理情况

1．地方政府对机场管理机构的考核管理

根据对机场管理机构的不同定性，地方政府对机场的考核相应的也有两种方式。一种是由国资委按照企业考核办法对机场管理机构进行考核，目前大部分地方政府采取这种考核方式。第二种是由地方政府的编制办、人事局等相关部门按照事业单位对机场管理机构进行考核。

总体来看，各地国资委按照考核企业的指标对机场进行考核，从某种程度上确实调动了机场管理机构的经营积极性，但机场是公共基础设施，最主要的功能是提供公共服务，更加注重经营绩效的企业考核方式容易使机场管理机构在追求经济效益的过程中不能正确处理安全、服务和效益的关系，这是把机场管理机构作为普通经营性企业进行考核造成的主要问题。经过六年多的实践，一些地方政府已经开始认识到这一问题。例如，深圳市空港办正在研究制定对机场管理机构的综合考核办法，考核指标中增加了机场发展、安全、服务、环保等指标；云南省对机场管理机构的考核也增加了这些方面的指标。

按照事业单位进行考核，虽然有利于减轻机场管理机构的经营压力，但考核大部分是定性的，缺乏定量指标，而且侧重于人事和管理，其结果是失去了考核的激励作用。而且有些地方的考核指标侧重于对机场的内部管理，一定程度上限制了机场管理机构主动性和创新性的发挥。

2．地方政府对机场的支持

对机场管理机构的不同定性也决定了地方政府对机场建设与发展的支持程度。机场实行属地化管理的目的之一，就是要发挥地方政府建设和发展机场的积极性。当前，我国部分地方政府对机场的发展比较重视，并采取各种措施对机场的发展予以扶持。但也有一些地方政府还没有充分认识到机场在完善当地综合交通体系、促进社会经济发展方面的重要作用，而是仅仅把机场管理机构作为一个普通竞争性企业来看待。政府不愿为机场建设投入资金，机场运行亏损也不想办法解决，致使这些地方的机场发展极其困难。机场已经移交地方政府，如果得不到地方政府的重视和支持，无论大中型机场，还是小型机场，都难以全面、协调、可持续发展。

一些地方政府对机场的扶持措施主要有：

一是通过立法来促进和保障机场发展。上海市于2005年颁布了《上海市民用机场地区管理条例》，深圳市于2006年颁布了《深圳市宝安国际机场管理办法》，安徽、重庆等地则颁布了保护机场净空的相关地方法规。

二是在机场建设方面给予资金投入。总体上看，大部分地方政府能够按照承诺投资机场建设，但是也存在不兑现承诺或者等国家和民航资金到位后将地方资本金投入转为贷款的情况。

三是对机场亏损政府直接给予财政补贴。采用这种做法的主要是一些小型机场的所在地政府。例如，舟山市在1997–2005年间，用于舟山机场设施设备改造和弥补亏损的财政补贴累计达1.85亿元，运城市2005年补贴运城机场运行管理费用达700万元。

四是对航线航班进行补贴。大部分小型机场新开航线航班初期效益不好，一些地方政府为了培育当地航空市场，促进机场发展，对亏损航线给予补贴。威海市从1998年开始每年拿出1000万元，补贴机场运行和航线航班的开发，并且航班开到哪里，就在哪里设办事处帮助航空公司开展市场营销。另外，一些大型机场所在地政府也对机场开发新航线航班进行财政补贴，广州市为了拓展白云机场的国际航线，专门成立了白云机场国际航线拓展工作领导小组，并从2006年开始给予南方航空公司新开通广州始发国际航线补贴1000万元/条，截至目前已拨款9000万元。

还有一些地方政府通过减免税收、贴息等方式解决机场建设和运行中的资金压力，扶持机场发展。

三、机场管理机构的运营管理方式

总体上概括，目前在我国大多数机场管理机构采用的依然是直接经营性的机场运营管理模式，只是有部分业务在部分机场实行了专业化经营。

（一）机场管理机构对地面服务业务的提供方式

这里的地面服务主要指航空配餐、航空货运、飞机维修以及机场的其他地面服务业务，在这项业务的提供方面，目前在我国机场业存在着三种方式：

1. 纯粹自营

也即机场管理机构自身或通过其分子公司或关联企业自己提供这些服务业务。除如邯郸机场、安庆机场、运城机场等极个别小机场没有此种业务之外，据统计，全国有近80%的机场由机场管理机构直接提供地面服务业务。

机场管理机构直接提供地面服务业务的方式又分为两种情况：一是直接由机场管理机构的服务部门或成立分公司经营。我国大部分机场采取这种方式。二是由机场管理机构成立独立的子公司或参控股公司（或称专业公司，包括关联企业）经营。

自营方式具有一定的优势：可以积累经营机场业务资源的经验；对旅客需求、目标市场的判断相对准确；在安全和服务管理方面比较规范；内部资源调整相对容易。但其最大的弊端是无法实现机场服务业务的专业化。

2. 过渡性自营

也即由机场集团公司或其分子公司经营，虽然这种做法仍然不是规范的管理型机场的运营模式，但确实是在目前情况下机场管理机构考虑逐步退出经营性业务的途径之一。

目前这种经营方式也有两种情况：一是由集团公司或独资子公司提供地面服务业务，比如安徽合肥机场、贵阳机场、太原机场等即是由集团公司或其下属公司提供地面服务业务的。二是集团公司与其他专业化公司共同合作经营，实施资源共享。机场管理机构在不转让机场业务经营权的同时寻求机场经营的专业化。比如黄山机场航食业务即由集团公司（60%股份）和香港（40%股份）合资的公司经营，成都机场地面服务业务由集团公司（60%股份）与英国明捷航空（40%股份）合资公司经营。由集团公司或其分子公司经营（包括集团公司与外国资本合资、与香港合资、与内地企业合资等方式），从公司的法人地位上看，已经不属于机场管理机构的性质，虽然具有一定的关联性，但也可以作为机场管理机构最终退出经营性业务的迂回方式之一。

3. 少量的专业化经营

伴随着机场的发展，有些机场管理机构开始探索管理型机场的运作模式，也取得了一些成效。比如宁波机场、银川机场和攀枝花机场不从事地面服务业务，完全由航空公司或第三方专业化公司经营，从地面服务业务的角度看，已经属于管理型机场管理机构的性质。

（二）地面服务业务引入专业化公司的情况

根据2009年统计公报，我国机场引入专业化地面服务经营主体的情况大致为：

旅客吞吐量1000万人次以上的14个机场，基本都有航空公司或第三方专业化公司提供地面服务业务，并且集中在机务维修企业。集团公司及其所属企业经营的和股份公司（机场管理机构）及其所属企业经营的各占一半左右；

旅客吞吐量500万～1000万人次的13个机场，绝大部分由股份公司及其所属企业经营，也普遍有航空公司经营主体，第三方经营主体提供航空配餐服务；

旅客吞吐量100万～500万人次的24个机场，大部分是由股份公司及其所属企业经营，一般机场有航空公司经营主体，无第三方经营主体；

旅客吞吐量100万人次以下的机场115个，绝大多数是机场管理机构在经营，少数机场有航空公司经营主体，只有一家第三方经营主体，为物流企业。其中航空公司大都是自我服务，少部分为其他航空公司提供代理。

由此可以看出，机场服务业务的专业化程度与机场的业务量有直接的关系，吞吐量越大，机场地面服务业务的竞争主体越多，如前十大机场的地面服务业务基本都有航空公司和机场管理机构经营，吞吐量小的机场尤其是100万人次以下的小机场基本都是机场管理机构在提供地面服务保障业务。而且，第三方经营主体主要集中在机务维修、航食和物流这几个比较成熟的业务。具体情况如下表。

机场地面服务业务经营主体情况

旅客吞吐量	机场总数	集团公司经营主体	股份公司（机场管理机构）经营主体	航空公司经营主体	第三方经营主体
1000万人以上	14	7	8	13	3
500～1000万人	13	2	8	9	2
100～500万人	24	8	15	9	0
100万人以下	115	7	85	12	1
总　计	166	24	116	43	6

注：有3个机场没有地面服务业务，个别机场没有数据资料。

旅客吞吐量1000万以上的14个机场地面服务经营主体情况

机场	旅客吞吐量（万人）	业务名称	经营主体		
			机场或其参控股公司	航空公司或其参控股公司	独立第三方
北京/首都	6537.51	地服	集团公司合资公司（60%股份）	国航、海航、南航、东航	
		配餐	集团公司合资公司（60%股份）	国航合资、海航合资	
		飞机维修	集团公司合资公司（60%股份）	国航合资	厦门太古

续表

机场	旅客吞吐量（万人）	业务名称	经营主体		
			机场或其参控股公司	航空公司或其参控股公司	独立第三方
广州	3704.872	地服	股份公司	南航	
上海/浦东	3192.10	地服	机场下属分公司	东航	
		配餐	集团公司合资公司（20%股份）		
上海/虹桥	2507.85	地服	机场下属分公司	东航、上航、国航、春秋	
		配餐	机场下属公司	东航、上航	
深圳	2448.64	地服	股份公司部门	深航、南航	
成都	2263.78	地服	集团公司合资公司（60%股份）	川航、国航	
昆明	1894.47	地服	集团公司下属分公司	东航	
西安	1529.49	–			
杭州	1494.47	地服	机场	国航	
重庆	1403.80	地服	集团公司合资公司（60%股份）	国航	
		配餐		川航合资公司、国航合资公司	
		飞机维修		川航、国航	重庆空港维修
厦门	1132.79		机场股份全资子公司、集团公司合资公司（51%、55%股份）	厦航	厦门太古
武汉	1130.38		集团公司合资公司（60%股份）	南航、东航、东星	
长沙	1128.43		机场	基地航	
南京	1083.72		机场、机场合资公司（60%股份）	东航、东航食品公司	

（三）机场管理机构对商业性服务业务的提供方式

与地面服务业务不同，机场管理机构对商业性业务的自主权较大，尤其在大型机场，由于航空业务量较大，随之带来的商业性业务的市场容量也较大，并且此类业务专业化的运营商也较多，市场化程度较强，容易找到符合条件的特许运营商。因此实施专业化经营的进展较快。如广告、候机楼商业零售、餐饮、娱乐等业务，大型机场采取招投标形式，或者由集团公司或股份公司的关联企业作为特许运营商采取的模拟特许经营，都在一定程度上促进机场管理机构走向管理型运营模式。

小型机场由于航空业务量的限制，机场的商业性业务需求量不大，目前多由机场部门或成立专门的分子公司提供服务。

（四）机场管理机构对核心业务的提供方式

机场核心业务可以分为两个部分：一部分是机场运营的核心，比如机场基础设施的规划、建设、融资、安全管理等，这些业务不仅现在而且今后都应当由机场管理机构自营；另一部分业务是机场为适应市场需要，结合自身特点需要或者可能需要大力发展的新兴业务，比如管理输出、资本运作、临空经济的开发等等。目前国内机场在这两部分尤其是后一种业务开展力度不足，是今后应大力发展的业务和价值提升空间。

（五）机场运营管理方式的发展趋势

在现有的组织架构下，机场的管理模式呈现出集团内趋同的迹象，即同一集团内采用相类似的管理模式，如首都机场集团所属机场，大多由集团公司或其参控股公司经营；新疆机场集团、西部机场集团、广东机场集团所属机场，由机场公司（即机场管理机构）经营；内蒙古机场集团所属机场，由机场全资子公司和内蒙古机场集团所属企业经营，等等。因此，机场运营管理模式转型可采取以集团为单位推进实施的方式。

从近两年发展的新情况看，根据民航局提出的建设管理型机场的理念，一些机场已经提出或开始向管理型机场运营模式转型，将机场业务委托专业化公司经营，逐步从直接经营机场业务的领域退出。

四、机场运营管理组织现状

机场管理机构是运营管理机场的组织，这个组织采取什么样的组织架构，从某种意义上也决定着这个组织的运作模式。目前在我国，各地机场在寻求发展的同时也形成了诸多类型的机场管理组织架构，概括起来大致有以下六种组织形式。

（一）省机场集团

这是一种以省会机场为核心机场，以省内机场为成员机场的机场集团组织架构。国务院6号文件批准下发的《民航体制改革方案》明确指出：机场实行属地化管理。机场下放后，原则上以省（区、市）为单位组建机场管理公司，实行企业化经营。实践中，除北京市和西藏自治区，其他29个省（区、市）中成立省机场管理集团公司或管理公司的共有24个（区、市），其中分为两种不同的情况：

第一种是成立了省（区、市）机场管理集团公司或管理公司，并且由机场公司统一管理本省（区、市）内所有的机场。属于这种情况的有上海、天津、黑龙江、吉林、江西、湖南、广西、海南、云南、新疆、陕西、青海、宁夏等13个省（区、市）。

第二种是成立了省（区、市）机场管理集团公司或机场管理公司，但机场公司只管理省（区、市）内部分而不是全部机场，属于这种情况的有重庆、河北、山西、内蒙古、辽宁、安徽、湖北、广东、四川、贵州、甘肃等11个省（区、市）。

上述24个省（区、市）机场管理集团公司或机场管理公司中，天津、黑龙江、吉林、江西、重庆、内蒙古、湖北、贵州的机场集团先后被首都机场集团收购或委托管理，青海、宁夏的机场集团被西部机场集团收购，甘肃机场集团被海航集团兼并。

在成立省（区、市）机场管理集团公司或机场管理公司的省份中，浙江省的情况比较特殊。2004年民航总局将浙江省内的杭州、宁波和温州机场移交给了浙江省。浙江省也成立了省机场管理公司接收了这三个机场。但在后来的运作中，由于种种原因，省机场管理公司实际上成了空壳公司。杭州机场由省国资委直接管理，宁波和温州两个机场却一直没有明确管理主体，目前机场的资产归属没有明确，甚至温州机场的干部档案还留在华东管理局。除了这三个机场，浙江省内其他4个小机场由当地市政府管理。因此本报告将浙江省杭州萧山机场的情况归入省会机场公司模式，将浙江省内其他机场归入市属机场公司模式。

以省为单位将全省的机场统一管理，一是省政府可以把全省的资源调动起来扶持省内各机场的建设和发展；二是可以从全省的角度统一规划机场布局，统一考虑全省机场的建设，避免各地市各自为政；三是把全省的航空运输和机场的建设统筹考虑，一体化发展，更好地服务于全省的社会经济发展需要；四是能够发挥省机场集团公司的优势，在管理、人员、资金等方面形成规模优势，以大带小，有利于省内小型机场的生存和发展。省机场管理集团最大的优势就在于省内资源的统一。但是，目前有一些省机场管理集团没有统一管理省内所有机场，只管理了省内部分机场。没有纳入省机场管理集团的机场大部分是小型机场，融资渠道单一，自我经营困难，管理水平不高，安全保障能力较低，如果再得不到当地政府的支持，生存和发展就非常困难了。因此，理想的省机场集团管理模式应当是把全省的大小机场都统一管理起来。当然，省机场管理集团这种模式也会在一定程度上造成机场所在地的地市政府缺乏扶持机场建设和发展的主动性和积极性。

（二）跨省机场集团

各地在以省为单位成立机场管理集团以后，出现了省机场管理集团之间兼并与收购的情况。首都机场集团先后收购天津机场、重庆机场和贵州、湖北、吉林、江西等省的机场，参股了沈阳和大连机场，并委托管理了黑龙江和内蒙古机场集团，目前成员机场达到35个，分布于10个省份；陕西机场集团于2004年和2006年分别与宁夏、青海机场公司实施了联合重组，并更名为西部机场集团，2007年又接管了甘肃天水机场，目前拥有陕西、宁夏、青海、甘肃四省（区）的11个机场。

这是一种超省机场管理集团的运营管理架构，它是几个省的机场管理集团通过资产重组，组建为一个跨省的机场集团。虽然这种模式仍然是机场集团的组织形式，但其管理范围已经超出了2002年国务院6号文件确定的以省（区、市）为单位的管理区域。

跨省收购的主要目的是要在资源配置、航线网络、人力资源等方面发挥超省机场集团的更大规模 效应。但从实际情况看，这种效应还没有得到充分体现，目前能够体现出来的规模优势有以下几个方面：一是集团公司将成员机场的地面服务、商贸、广告等非航空性业务实行了一体化经营和管理，发挥了专业化公司的规模优势；二是在人员使用和资金运作方面，统一调配，统一运作，提高了运营效率；三是利用机场集团公司的管理优势，一定程度提高了小型机场的管理水平。但在航线网络的构建方面，跨省收购的优势并不明显。因为要形成航空运输的一体化发展，关键不是机场的运作而是航空公司的航线航班调配，只有航空公司的航线才能形成网络，机场只是网络中的一些节点。

跨省机场集团的模式存在以下不足：一是降低了成员机场所在省、市政府投资机场建设和扶持机场发展的积极性；二是机场集团公司归当地国资委管理，当地的国资委没有动力和义务把机场集团公司的资金投入到其他省份的机场去；三是集团公司将成员机场的非航空性业务采用专业化公司的模式实行条条管理，航空性业务则由各成员机场分块管理，专业化公司和成员机场在集团内处于同一层级，成员机场无法对整个机场实施统一管理，不利于机场的安全运行和服务水平的提高；四是当地政府把机场交给省外的跨省机场集团公司管理以后，没有了机场建设投资的压力，往往要求机场建设的标准要高、规模要大，超出了适度、合理的范围，同时也给跨省机场集团公司造成资金等方面很大的压力。

（三）省会机场公司

这是一种在没有以省为单位成立机场管理集团的情况下，省政府只负责管理省会机场，其他机场由所在地市政府管理的模式。属于这一模式的有江苏、山东、河南等3省。南京、济南、郑州这3个省会机场分别由该省的国资委管理，而其他省内机场则由所在地市政府管理。

省会机场由省政府管理，优势在于能够调动全省的资源和力量来扶持省会机场的建设和发展。但这种模式的不利之处是：我国各省会机场一般都是本省业务量最大的机场，资源优势明显，管理水平也较高，而省内其他机场大部分是小型机场，资源匮乏，经营困难，管理水平也不高，如果不利用省会机场的优势来带动这些小型机场，势必造成这些机场难以很好地发展。而且，省政府直接管理省会机场，也不利于充分发挥省会城市建设发展机场的积极性。

另外，杭州机场实际上也属于这种模式。但不同于上述三个机场的是：杭州机场在名义上还属于浙江省设立的省机场管理公司（该公司是在2004年民航总局将浙江省内的杭州、宁波和温州机场移交给了浙江省时成立的，后来在实际运作中成了空壳公司），但实际上由省国资委直接管理。

（四）市属机场公司

目前，全国共有31个机场由所在地市政府管理，分别是：深圳、大连、青岛、厦门、宁波、泉州、烟台、威海、临沂、大同、运城、邯郸、温州、舟山、台州、衢州、义乌、连云港、无锡、徐州、南通、盐城、绵阳、南充、攀枝花、宜宾、泸州、万州、阜阳、黔南、安顺等机场。这些机场公司只管理本地一个机场。但有两个特殊情况，一个是大连机场。大连机场集团除管理大连机场外，还受托管理2007年建成通航的长海机场。另一个是厦门机场。2003年，由于福州机场亏损严重，厦门机场集团收购了福州机场以及福建省的龙岩机场。厦门市不是省会城市，但厦门机场却收购了福州机场，这种情况比较特殊。

市机场公司这种模式，在不同的城市，情况也不同。如果机场所在城市的经济实力强，当地政府又重视和大力扶持机场，机场就发展得好。例如，深圳、大连、青岛、厦门、宁波等机场。这几个城市既是沿海改革开放城市，又是计划单列市，经济实力雄厚，政府有能力支持本地机场的建设与发展，而且机场自身的发展能力也比较强。但是，除了上述几个机场外，其他26个机场业务量普遍较小，机场所在地经济欠发达，地方政府的财力也有限，往往是"心有余而力不足"，客观上缺乏足够的资源支持机场。另一方面，这些机场游离于省机场集团之外，既不能得到省政府的直接扶持，也不能获得省会机场的带动，因此，发展起来步履维艰。

（五）航空公司管理机场

目前全国有14个机场分别由4家航空公司管理：海航集团管理了甘肃机场集团（兰州、敦煌、嘉峪关、庆阳机场，不包括天水机场）和海口、三亚、东营、宜昌、安庆、满洲里、潍坊等11个机场；深圳航空公司管理常州机场；南方航空公司管理南阳机场；厦门航空公司管理武夷山机场。这14个机场中，除海口、三亚和兰州机场外，其他11个机场都是小型机场。

这种模式的代表是海航集团管理的机场。2006年，海航集团以海口机场的名义收购了甘肃机场集团。甘肃省机场集团的资产并入海口机场以后，甘肃省国资委变成海口机场的单一最大股东，持股24.9%。但实际上，无论是海口机场，还是甘肃省机场集团，实际的管理权在海航集团。目前，海航集团下属的机场和航空两个板块公司合计持有海口机场35.6%的股权，另外，海南省的海南发展有限公司持有海口机场的23.3%的股权也委托海航集团管理，海航集团实际管理的股权合计占58.9%，对海口机场具有绝对控制权。而海口机场全资拥有甘肃机场集团。另外，甘肃机场集团的管理人员任免也是由海航集团决定的。

从这4家航空公司管理的机场的情况看，航空公司管理机场，有利于小型机场利用航空公司的优势来增加航线航班，培育市场，提高机场的业务量，促进小型机场发展。对于大中型机场，这种优势就不太明显。相对而言，把机场交给航空公司管理，不利的地方较多，主要有：一是机场交给航空公司，机场所在地政府容易产生“但求所在，不求所有”的思想，投资建设发展机场的积极性受到削弱；二是对于航空公司投资管理机场，法规规定航空公司的股权比例不能超过25%，这是法律形式的限制。关键是航空公司是否实际上控制机场。如果航空公司实际控制机场，即使股权不超过25%，也会带来不公平竞争。不管是大中型机场，还是小型机场，当资源紧缺时，航空公司必然利用实际控制机场的这种优势，对其他航空公司采取歧视性的行为；三是存在这样的可能性，有的航空公司收购管理机场以后，把机场的资产纳入到航空公司一起搞资本运作，而忽视对机场建设的投入，缺乏对机场长远发展的考虑，甚至以管理机场为由，要求地方政府在地产开发、商业经营等与机场航空性业务关联不大的方面给予优惠。

（六）委托管理机场

在受委托管理的机场中，按照受托方的情况，目前有以下两种：

一是内地机场委托内地机场进行管理。例如，黑龙江和内蒙古机场集团委托首都机场集团管理，鄂尔多斯机场委托内蒙古机场集团管理，克拉玛依机场委托新疆机场集团管理。

二是内地机场委托港资管理。这种情况目前只有珠海机场1家。2006年10月，珠海市国资委与香港机场管理局合作，双方共同出资组建国内第一家合资的机场管理公司——珠港机场管理有限公司，其中珠海市出资1.62亿人民币持股45%，香港机场管理局出资1.98亿人民币持股55%。珠港机场管理有限公司不拥有机场的资产，只受托管理珠海机场，期限为20年。

机场委托管理有利于被委托机场利用受托机场的经营机制和管理优势来提高经营管理水平（包括安全、服务、效率等）。例如，香港机场受托管理珠海机场以后，引入了香港机场的管理方式，机场规范化管理的水平得以提高，并且对珠海机场进行流程改造，把闲置资源利用起来发展非航空业务，促进了机场的发展。但委托管理也因受托方往往缺乏主人翁意识，探索、规划所管理机场长远发展战略的积极性不高，容易产生短期行为。珠海机场是通过把受托方的利益和机场的长远发展捆绑在一起，这个问题表现得还不突出。另外，如果将机场委托给外商或港商管理，在涉及国家安全、救灾等特殊情况时，这些机场相对于其他机场而言，在统一调动、应急响应等方面会产生一些问题。

在以上六种管理模式的机场中，杭州、西安机场先后实施了中外合资，北京、上海、广州、深圳、厦门、海口机场先后成为上市公司。这两种情况都是资本运作的模式，不属于机场运营管理架构的范畴。

从机场属地化以后各机场的实践情况看，在前述六种机场运营管理模式中，跨省机场集团虽然具有构建区域机场网络体系，优化地区航空运输资源，促进所属机场管理水平提高等优势，但这种模式的最大弊端是减弱了地方政府对机场发展的责任，在跨省之间公共基础设施投资、集团规模效应发挥等方面也有明显的弊端。航空公司管理机场，容易形成航空公司对机场的实际控制权，从而影响机场作为公共基础设施的公平性，同样也不能调动地方政府的积极性，尤其是在大中型机场，弊多利少；省会机场公司模式，不利于发挥省会城市建设发展机场的积极性，同时省内其他机场难以获得省会机场的带动，生存、发展困难。因此，建立省机场集团，将全省所有机场统一管理，利多弊少，比较符合当前我国机场的实际情况和发展需要。当然，我国机场的实际情况千差万别，所有省份或机场都采取这种模式也不现实，需要根据各省份的实际情况加以确定。

五、机场管理机构和航空公司的运营关系

机场管理机构与航空公司是航空运输业的两大主体，两者的分工不同，但根本利益一致，具有“唇齿相依”的依赖关系。机场自身的发展要依靠航空公司的发展，航空公司也需要机场管理机构提供有力保障和良好的服务。但是由于历史原因，当前机场管理机构与航空公司的运营关系不顺，还存在一些矛盾与冲突。

（一）在部分业务上相互竞争

目前我国机场管理机构大都直接从事地面服务、商业等经营活动。随着民航管理体制改革的深入，机场管理机构、航空公司等相继转变为企业。出于增加经营收入、拓宽经营业务和谋求自身发展等方面的需要，一些大中型机场与航空公司在地面服务等业务上相互竞争，“既是裁判员，又是运动员”，导致机场管理机构与航空公司出现相互关系不顺、经营业务重叠、设施重复投资以及资源浪费等问题，已经影响了民航的整体运营效率和经营效益，在一定程度上制约了航空运输业的健康发展。这是目前机场管理机构和航空公司运营关系不顺的主要方面。

（二）航班延误时缺乏协调与配合

在航空旅客服务链中，航空公司和机场管理机构是两个最主要的服务主体。如果这两个主体不能密切协调和配合，就不能为旅客提供良好的服务，尤其是航班延误时，这种协调和配合的重要性更加明显。在市场经济条件下，双方这一权利义务关系应当采用协议的方式来明确。但目前有些航空公司不与机场管理机构签订协议，因此在发生大面积航班延误时，航空公司不愿直接也不能正确面对旅客，致使旅客往往将矛盾集中到机场方面，但机场管理机构又缺乏相应的资源和权力处置航班延误，致使旅客在航班延误后不能得到应有的服务。另外，也有部分机场管理机构在发生航班延误时，不能主动配合航空公司，共同做好服务工作。

（三）中小机场开辟航线受航空公司制约

目前各机场开辟航线航班主要依靠自身向航空公司争取，而中小机场受其业务量少的局限，在开辟航线航班方面处于弱势。对一些客座率较低的新开航线，航空公司首先考虑的是自身的经济效益，而不愿意进行市场培育和先期投入，因此造成了中小机场开辟航线难度很大。另外，对已经开辟的航线，客座率高、效益较好时，航空公司就飞，客座率低、效益不好时，航空公司就停飞，致使一些小机场的运营稳定性较差，完全依赖于航空公司的取向，对机场的发展造成了负面影响。

（四）机场利益缺乏保障

机场管理机构与航空公司作为航空市场的两大主体，从事经营活动时需要依照法律法规明晰权利义务关系，以此规范双方的经营行为。但目前的现状是缺乏这样完善的法律法规。机场管理机构为了确保旅客的服务，对不遵守契约的航空公司缺乏有效的制约手段，即使航空公司欠费对机场的运营产生了不良影响，机场管理机构也无法停止对其的服务，市场经济手段在一定程度上失效。

六、我国民用机场的投融资改革

机场的公共性定位进一步明确了政府投资建设机场的责任与义务，机场发展将会从各级政府获得更多的资金和政策支持。机场是准公共产品，从公共产品供给的理论角度，纯公共产品比如国防的供给需要政府财政全额负担，准公共产品比如水、电、煤气的供给可以由市场与政府共同分担。由此可见无论是纯公共产品还是准公共产品，政府都有责任承担供给。因此机场的投资、建设以及建成后的投入使用可以实施市场化配置和民营化提供，但决不能完全依赖于市场机制。也正是在这种意义上，我国机场建设与运营经历了由国家全面负责向市场与国家共同分担的转变。

（一）我国机场引入外商投资的现状

在民用机场领域，外资进入的比较早，国家鼓励外商投资融资能力弱、经营管理水平较低的中小型机场。而对于融资能力较强、管理水平较高的大型机场则作了一定限制。

目前，全国166个机场中已经与境外合资的有杭州机场和西安机场。南京机场的合资还没有获得国家有关部门的批准。另外，海航集团下属的机场控股公司也是合资公司。合资的具体情况为：

杭州机场的合资公司注册资本56.86亿元人民币，其中，杭州萧山国际机场有限公司以净资产36.959亿元出资，持股65%，香港机场管理局以等值19.901亿元人民币的现汇出资，持股35%。合资公司于2006年12月成立，合资期限为30年。合资公司拥有杭州机场现有所有资产。

西安机场的合资公司注册资本20亿元，其中，西部机场集团以净资产出资10.18亿元，持股50.9%，德国法兰克福机场亚洲公司和英属维尔京群岛注册的中国航空机场投资有限公司以现金分别出资4.9亿元，各持股24.5%，西部机场集团空港物流（西安）有限责任公司以现金出资200万元，持股0.1%。合资公司于2008年8月成立，合资期限为30年。合资公司拥有的资产为：西安机场航站区、能源供应区的土地及其上的建筑物、管线等，机场运营的所有设备和车辆，不包括飞行区、公共区的土地及其上的设施设备。西部机场集团公司授权合资公司经营管理飞行区、公共区等，并收取合资公司航空性业务收入的15%。

南京机场的合资公司注册资本31.03亿元，其中，新加坡樟宜机场（中国）股份有限公司以外汇折合人民币11.03亿元认购合资公司注册资本9亿元，持股29%，溢价部分计入资本公积。南京禄口国际机场有限公司以净资产22.03亿元出资，持股71%。合资期限为30年。合资公司拥有南京机场现有所有资产。目前，合资公司尚未得到国家发改委批准。

海航机场控股（集团）有限公司成立于2004年9月，原为海航集团全资子公司。2007年，公司引入香港战略投资者，成为中港合资公司。合资公司注册资本为4.08亿美元，其中，海航集团出资2.08亿美元，持股51%，KINGWARD INVESTMENT LIMITED和WORLDWIDE UNITED LIMITED分别出资1亿美元，各持股24.5%。海航机场控股（集团）有限公司目前拥有或管理海航集团所属的11个机场。其拥有的机场股权情况是：海口机场23.26%的股权（海口机场全资拥有甘肃机场集团，下辖兰州、敦煌、嘉峪关、庆阳四个机场），三亚机场67%的股权，宜昌机场90%的股权，满洲里机场67%的股权，东营、潍坊、安庆机场100%的股权。

除合资机场外，目前我国还有6家机场是上市公司，其中，首都机场和海口机场在香港上市，厦6门、上海、深圳、广州四个机场在国内A股上市。

（二）外商投资境内民用机场所存在的一些问题

民用机场的投资改革有利于解决机场发展中的资金不足问题，但也存在一些问题，主要表现在：

1. 忽视机场的公益属性和所担负的社会责任

这突出表现在机场的改扩建、机场的安全投入以及机场承担必要的公共责任方面。由于投资者投资机场最大的目的是要获得投资回报，在经济效益与社会效益之间更注重经济效益，容易出现在机场改扩建时或者不投入，或者只注重投入经济效益好的项目，甚至对安全设施投入不积极。机场是公共基础设施，最主要的功能是提供公共服务，不是单纯追求投资回报的工具。因此，机场合资或上市会造成股东的经济利益与机场的公益属性产生冲突，导致机场在实际运营中忽视机场的公益属性和所应担负的社会责任。

2.机场合资或上市的都是优质资产

一般来讲，外商投资和机场上市的大都是航站楼等优质资产，而不具备经营性质的飞行区、公用设施等都留在机场集团公司。机场集团公司是国有企业，从某种意义上讲，存在国有资产流失的问题。

3. 无法顺利实施政府的一些扶持政策

机场作为重要的公共基础设施，国家在建设投资、运行补贴、土地使用等方面均给予扶持。但是机场合资或上市后，在落实这些扶持政策时遇到了一些障碍，包括政府资金怎么投入，机场建设划拨的土地怎么使用等。例如，杭州萧山机场在二期扩建的问题上，香港机场就明确表示不再投资，但又不同意股权比例发生变化，因此在扩建用地、国家资本金投入方面出现很大的障碍。

4. 无法及时落实机场的政治责任

对于合资的机场，在涉及国家安全、救灾等特殊情况时，由于理念和国情不同，这些机场相对于其他机场而言，在统一调动、应急响应等方面会产生一些问题。

5. 背离了引入外资的初衷

按照国家鼓励外商投资的指导原则，在民用机场领域，应当鼓励外商投资融资能力弱、经营管理水平较低的中小型机场，而不是融资能力较强、管理水平较高的大型机场，但目前已经合资和外商感兴趣的都是大型机场。

第三章　“十二五”我国机场运营管理模式面临的形势和要求

“十二五”期间，机场的公共基础设施定位和建设民航强国两大发展形势对机场管理模式的转型提出了更高的要求。

一、机场的公共性定位需要机场运营管理模式转型

机场的公共性定位在法律上的确立即蕴含着对我国机场管理模式转型的内在要求。

（一）机场作为公共基础设施的主要特征

1．机场提供的是公共性服务

机场的公共性首先表现在它所提供产品的公共性，即机场提供的是一种公共性服务。机场是民航运输市场体系中的一个重要组成部分，是为社会公众和社会经济活动提供便利交通的服务性公共产品，体现的是社会价值。

与所有的公共产品一样，机场的消费和受益对象之间是公平的，一部分旅客和货主使用机场并不排斥另一部分人对机场的消费，一部分旅客和货主从这一产品中受益也不会影响其他人从这一产品中受益。但机场在使用或消费上的非竞争性和收益上的非排他性是受限的，现实中为了弥补部分巨大的建设投资，机场建设后的日常运营一般采用“以设施养设施”的原则向使用者收取一定的费用，机场的使用在进入上存在选择性，是兼有公共消费与私人消费特点的准公共产品。但这一特点并没有改变机场是为社会公众服务的公共性质。

同时，机场的管理具有明显的公共管理性质。机场的公共管理强调政府、企业、公民社会的互动以及在处理机场问题中的责任共负，以社会公共的福祉和公共利益为目标。

2．机场运行关系社会公共安全

我国民航法规定，“民用机场是专供民用航空器起飞、降落、滑行、停放以及进行其他活动使用的划定区域，包括附属的建筑物、装置和设施。”机场的运行本身直接涉及社会公共安全。航空器作为运送旅客与货物的载体，是“直接关系公共安全、人身健康、生命财产安全的重要设备、设施”，而机场是航空器起降的场所，保证航空器安全是机场的首要任务，机场的一切设施，机场的所有机构及其活动都与保证飞行安全具有直接或间接的关系。因此机场运行同样属于 “直接涉及国家安全、公共安全、经济宏观调控、生态环境保护以及直接关系人身健康、生命财产安全”的特定活动，不能简单地依靠市场调节，必须要受到更多来自于国家权力干预的外在强制性。机场布局要由国家统一规划，机场建设要由政府审批，机场使用需要政府许可，大中型机场要由国家独资或控股，机场停业、歇业、解散、关闭以及其他涉及重大公共利益的事项都需要得到政府主管部门的批准。

3．机场运行推动区域经济社会发展

机场作为民用航空运输和城市发展的重要基础设施，是国家及区域综合交通运输体系的重要组成部分，具有广泛的社会和经济效应，其发展具有较强的正外部性。机场的建设和发展对于改善区域投资环境、加强经贸往来、塑造地方形象具有不可替代的作用。一方面，机场的建设与发展不仅满足了旅客、货主以及社会经济活动日益增长的交通运输需求，并在周边地区或相关产业没有付出成本的情况下增加了区域就业机会，带动了旅游、物流、现代服务、高新技术等相关产业的快速发展；另一方面，机场的发展能够促进当地的社会和谐，推动区域经济的可持续发展。机场运行的这种巨大社会经济贡献使其具有较强的公益性质。

4．机场建设投资巨大，回收期长

机场行业属于资金密集型行业，存在着建设周期长、建设投资数额大、投资超前、周期性循环建设投入、投资回报率低、投资回收期长等特点，尤其是投资初期面临着资金需求大、债务负担重的较大风险。

课题组通过对全国前二十位机场及部分中小机场的投资回收所做的初步统计与分析，总体上看，机场的投资额远远高出历年税后利润总额。下表是首都、重庆、长沙、武夷山等不同规模的部分机场近十年来的投资总额与利润的基本情况。

近十年来部分机场的投资回收情况

机场名称	改扩建投资（亿元）	同期总利润（亿元）
首都机场	112.3	56.58
重庆机场	20.8	−0.38
长沙机场	5.64	1.93
武夷山机场	0.96	−0.0127
绵阳机场	10.34	−2.2466
柳州机场	1.8	−1.4117

从上表可以看出，在我国，机场无论规模大小，都无法单靠机场自身的盈利来收回投资、扩大再生产。

5．机场管理具有区域社会性

机场投入使用后，机场就成为了包含诸多相关单位的区域，为了实现机场的运输功能，机场区域内需要进驻航空公司、空中交通管理、燃油运输及其加注、口岸管理、公安、出入境检查机构等驻场单位与机构；为了实现机场的公共服务职能，在机场范围内，除了以上部门，还需要酒店、车辆出租等诸多服务机构提供相关服务，尤其是伴随着机场业务量的增多，机场服务的范围越来越广泛。随着机场区域内的组织增多，人流聚集，机场的社区性质越来越浓，机场日益成为一个带有部分社区性的区域，因此，机场的管理也呈现出区域社会管理性质。

（二）公共性基础上机场管理机构的职责及其特点

由机场的公共性所决定，负责管理运营机场的机场管理机构就应该具有如下的职责、特点及其所应该采取的机场运营管理方式。

1．机场管理机构的职责

基于机场公共性的特点，机场管理机构职责主要有：

1）安全职责。因为机场运行直接关系到社会公共安全，因此，安全职责是机场管理机构的首要职责。机场管理条例第二十八条规定，“机场管理机构对运输机场的安全运营实施统一协调管理，负责建立健全机场安全运营责任制，组织制定机场安全运营规章制度，保障机场安全投入的有效实施，督促检查安全运营工作，及时消除安全事故隐患，依法报告生产安全事故。”

2）统一协调管理职责。机场是一个包含诸多相关单位的区域，为了保证航空运输的正常有序开展，机场管理条例第三十三条规定，“机场管理机构统一协调、管理运输机场的生产运营，维护运输机场的正常秩序，为航空运输企业及其他驻场单位、旅客和货主提供公平、公正、便捷的服务。”

3）普遍服务的职责。机场发展所依托的空域和机场资源是国家所有的公共资源，这意味着机场管理机构有义务服务于国家和社会，为社会公众和社会经济活动提供舒适、快捷、方便的航空服务。而且这种服务应该是公平的、普遍的和规范的服务。服务范围不仅包括航空服务、公共开放区的服务和延伸商业服务，而且随着机场规模的扩大和功能的完善，还要为社会提供会议、休闲、购物、旅游等多种增值服务。

4）提高效率、增加效益的职责。机场兼具公益性和商业性双重特征。民用机场作为公共交通基础设施，是航空运输的平台，是为区域社会经济发展服务的，承担着为广大旅客、航空运输企业和货主提供安全优质服务的职能，从这个角度讲，民用机场具有公益性。民用机场投资大、运行成本高，如果只强调公益性，既大大增加了政府的财政负担，也会制约机场的经营主动性，也不利于机场运营效率和管理水平的提高，因此，机场管理机构也有一定的提高效率、增加效益的职责，也负有回收机场建设投资和运营成本的职责，尤其是在通过市场机制提供机场供给的情况下，机场管理机构是按照现代企业“所有权-经营权”的分开原则行使法人财产权的，它的使命之一是要保证机场投资者或所有者资产的保值增值。因此这就需要机场管理机构通过经营机场服务业务，特别是经营那些与航空运输关联度较弱、竞争性较强的非航空性服务业务获取经济效益，以保证机场投资者或所有者的合理合法收益。

当然，机场公共基础设施的特性决定了其必须承担相应的社会责任，经营责任不能放在首要地位，或者片面地追求经济效益，而忽视机场的安全与发展要求。

2．公共性基础上机场管理机构的特点

我国民用机场管理条例第15条规定，“运输机场的安全和运营管理由依法组建的或者受委托的具有法人资格的机构（以下简称机场管理机构）负责。”由此可见，机场管理机构应该具有两个法定特点：第一，机场管理机构必须从事民用机场运营，承担机场运行的直接安全责任；第二，机场管理机构是法人组织，具备承担法律责任的能力。

但是，条例并未明确规定机场管理机构的性质，即机场管理机构究竟应该是企业法人还是事业法人或者其他性质的法人机构。从机场公共性特点和机场管理机构的主要职责来看，机场管理机构的特点首先是不单纯的以营利为主要目的，是具体从事安全运营和提供公共服务的公用性企业或事业组织。

（三）公共性基础上机场管理机构的运营管理方式及其实现途径

1．机场管理机构对机场的运营管理方式

随着机场公共性定位的体现，机场管理机构的运营模式将会产生根本性的变化，机场管理机构走管理型机场之路可以说是机场公共性定位的内在要求。

根据上述机场管理机构的职责与定性，机场管理机构是一个管理者，其主要职责是整体规划和建设机场、利用契约化手段管理专业化公司、制定机场运行规定与服务标准、建立机场运行协调机制。而对于直接面对机场用户的业务，主要是通过合同约定的方式有偿转让经营业务，监督专业公司的安全、服务、收费等经营行为和方式，为机场内的所有用户提供一个平等、公正、协调、有序的运营平台及相应的优质服务。一方面向机场使用者提供优质公平的资源环境，同时为社会公众提供更好的安全保障和更高水平的服务，最终实现机场资源价值最大化，提高机场运营效率，推动和维护行业和谐发展。

据此，机场管理条例第三十八条指出，“机场范围内的零售、餐饮、航空地面服务等经营性业务采取有偿转让经营权的方式经营的，机场管理机构应当按照国务院民用航空主管部门的规定与取得经营权的企业签订协议，明确服务标准、收费水平、安全规范和责任等事项。对于采取有偿转让经营权的方式经营的业务，机场管理机构及其关联企业不得参与经营。”此条中也蕴含了将来机场管理机构从经营性业务中脱离出来，不直接经营业务，只从事管理性业务的含义。

2．专业化经营是实现管理型机场运营方式的主要途径

实现我国机场管理模式转型的途径主要是对机场服务业务的专业化提供，但要根据不同的机场服务业务采取不同的运作方式：对机场功能性服务业务实施外包，从而实现机场功能性服务的专业化；对机场带有经营性的服务业务实施经营权的有偿转让，实现机场业务经营的专业化。机场管理机构从这些服务业务中脱离出来，专门从事法律所赋予的管理型业务，最终即可实现由直接经营型向管理型的转变。

二、我国机场的发展需要建立现代化的机场运营管理模式

从世界民航发展的历史来看，机场管理机构如何管理和经营机场取决于机场的发展水平。

（一）机场发展初期不存在机场运营管理模式的选择问题

在机场发展的初期，机场业务量较少，技术水平较低，机场管理机构运营机场的目的与手段主要具有以下特点：

1．以保障为主要功能

机场运行的目的基本上以保证满足航空公司、旅客、货主的业务需求为中心。机场运营的基本内容主要包括：为航空器提供技术、安全保障，如空中交通管制、通信、导航、气象、保安及消防等服务；为航空公司提供商务服务保障，如客货运地面服务、飞机加油、机务维修，以及国际机场提供联检等；为机场用户提供少量的附属商业服务，如商业、餐馆及停车场服务等。

2．以航空性收入为主

由机场的服务内容所决定，机场管理机构的收入主要来源于飞机的起降费、旅客服务费

以及向航空公司收取的设施使用费和服务费等航空性收费。出于机场的公益性特点考虑，这些航空性收费的性质是成本补偿，而且为保证整个航空运输行业的运转和发展，机场管理机构对航空公司的收费价格往往还要低于成本。

3．政府补贴机场管理机构的运营成本

由于机场管理机构的使命与职责仅仅是为航空公司和社会公众提供公正良好的竞争环境和服务，其一切活动都不能以赢利为目的，因此机场管理机构的运营亏损由政府补贴。

4．各级政府是机场的所有者

机场建设与维护由政府投资，政府是机场的所有者，机场由政府直接管理或组织机场管理机构对机场进行管理。

在机场发展的初期，机场的业务水平与发展机制决定了机场管理机构所提供的服务业务主要是保障性的，因此不存在机场管理机构队业务提供方式的选择问题。

（二）现代机场的发展改变了传统的机场运营管理模式

随着机场业务的发展，业务量逐渐增多，机场作为具有稳定的客流、货流的区域，机场的功能逐渐丰富，在保持与加强其保障性的同时，添加了诸多的商业设施与业务。在这一前提下，机场管理机构运营机场的目的与手段出现了以下变化：

1．机场服务业务范围逐渐扩大

在机场业务量增加的情况下，机场用户的范围增大，各方面需求增多，因此机场的服务业务就不能仅仅单纯的为航空公司、旅客、货主等传统客户提供保障性服务，服务对象要扩展到包括航空公司雇员、当地居民、接机者、观光游客等一切潜在顾客以及当地工商企业。服务内容也从单纯的保障性服务延伸到其他的诸如购物、餐饮、娱乐等商业性服务。

2．机场功能逐渐综合化

相应的，机场在服务内容日益丰富的同时，机场管理机构就不仅仅履行单一的保障功能，而是通过规划与开发航空运输的配套服务，增设商业购物中心、旅馆、办公楼、会议中心、娱乐设施等等，逐步实现机场的综合服务功能。并以此来开发机场区域的增值服务，增加机场管理机构的收入。

3．机场的发展机制发生变化

由于机场的规模不断扩大，所需的建设资金越来越多，仅凭政府的投资远远不能满足发展的需求；而完全通过行政手段管理机场，也制约了机场的经营，使机场亏损现象严重。因此对机场商业性业务的重视与开发越来越得到世界各国的重视。机场管理机构在保障机场基本航空服务业务的基础上，通过对机场商业功能的开发，扩展机场收入来源，特别是非航空收入来源。具有了资金保障的机场能够更好地经营、管理、建设与发展机场。因此，世界各国的发达机场都呈现出由纯保障性基础设施向保障性与商业性相结合发展的趋势。

4．机场服务的提供方式开始专业化

伴随着机场服务功能的综合化和商业性服务业务的增多，机场管理机构的精力也发生了转移，由直接经营机场的各项服务业务而更多转向将场地、设施出租给机场直接用户，如航空公司、地面代理公司等。同时将餐饮、商贸、银行等各种服务转让与专业化服务提供商，机场管理机构则主要是以地主与管理者的身份，对航空公司及其特许服务商进行管理，并收取这些服务提供商在机场进行经营性服务活动的特许费用。如果具备条件，机场管理机构还可以充分利用积累的机场专业管理知识和人才资源，对外提供专业咨询和有偿管理服务。因此在机场收入中，由租金收入与特许权收入组成的非航空业务收入占有的比例越来越大。

从当前世界机场的运营现状看，无论是机场的产权构成、具体运营方式、还是收入取得与成本支出都不存在一个被各方接受的统一模式，但是机场的发展，特别是20世纪90年代以来的发展表明，在保证机场的保障功能的同时，机场的商业性收入和特许权收入不断得到加强与提高，而且实践证明具有一定吞吐量的机场是可以取得良好的收益的。

（三）我国机场的发展需要建立现代机场运营管理模式

1. 我国机场业务量的迅猛发展为建立专业化的现代机场运营管理模式提供了基础与条件

改革开放以来，我国民航的发展极为迅速，年均增长17.3%，其中旅客运输量、货邮运输量分别保持年均增长15.7%和14.9%。“十五”期间，旅客运输量、货邮运输量年均增长分别为16.4%和15.5%。在金融危机过后经济刚刚复苏的2009年，我国旅客吞吐量4.86亿人次，比上年增长19.8%；货邮吞吐量945.6万吨，比上年增长7%；飞机起降架次4841万架次，比上年增长14.5%。其中，全国年旅客吞吐量超过1000万人次的大型机场，已从2002年的4个跃升为2008年的10个，2009年这一数字又增加到14个。年旅客吞吐量100万以上的机场2009年达到了51个。

我国航空旅客运输总周转量占全社会交通运输总周转量的比重也在逐年提高，2000-2009年，该比重即由8%上升到了13%，增长5%。预计在 “十二五”期间我国机场业务量的增长速度仍然保持在11%～12%左右。

机场航空业务量的增加一般会带来相关业务市场容量的增加，也即为机场经营性业务带来更为广阔的市场空间，为机场管理机构采取市场化的方式选择专业化服务提供商创造了更好的条件。

但机场管理机构是选择直接经营型的机场运营管理模式，还是选择管理型的机场运营管理模式，主要取决于各机场管理机构不同的利益取向以及对机场运营管理模式的战略定位。依据国内外先进机场的发展经验，选择管理型的机场运营模式更能实现机场的资源价值。

2. 实现民航强国战略需要建立现代机场运营管理模式

在2010年全国民航工作会议上，民航局李家祥局长提出了民航人要为民航强国战略而努力的要求。民航强国战略的核心内容是实现民航的和谐可持续发展。但在直接经营型的机场运营管理模式下，机场管理机构既是管理者，又是经营者，既是裁判员，又当运动员，因此直接或间接地影响着机场管理机构与航空公司及其他驻场单位的运营关系。诸如，一些机场管理机构利用自己的地主地位，限制基地航空公司代理其他航空公司的业务，个别机场甚至要求在本场运作的非基地航空公司只能选择本机场提供的地面服务。同样，在运行资源的分配及使用方面，机场管理机构自然也会优先考虑自己提供的服务，由此在机场服务业务领域形成了不公平甚至恶性竞争，严重阻碍着机场业乃至整个民航业的发展。正是从规范行业和谐发展、促进机场管理现代化的意义上，民航局将建立管理型的机场运营模式作为我国迈向民航现代化、实现民航强国战略的重要内容。并且提出，机场发展的战略任务之一是落实《民用机场管理条例》，强化机场特别是大中型机场的公共基础设施服务功能，逐步实现机场管理机构由经营管理型向管理服务型的转变；以及积极探索机场公益性设施和经营性设施分类管理的新模式。

三、我国已经积累了部分机场运营管理模式转型的经验

虽然，我国民用机场的规模、所在地区经济发展水平以及自身的经营状况差异很大，不可能在所有机场都同时实现管理型机场经营模式，机场管理机构也不可能一下子就转变为管理型，机场经营转型需要根据机场本身的特点有计划、分步骤地进行。但在民航管理体制改革完成后的几年间，民航人在机场管理模式的转型方面进行了不懈的努力与探索，并且取得了一定的经验与成果，客观上已经部分具备了建立基于价值运营的现代机场经营模式的基础条件。

（一）我国正在开展机场运营管理模式转型的试点

2002年机场属地化改革之后，地方政府成为机场管理的主体，各地在不断探索的基础上，形成了多种多样的机场管理模式，这些不同模式在促进机场发展的同时，也出现了不少问题。为了进一步深化改革，规范机场管理，切实贯彻落实国务院《民用机场管理条例》，2009年民航局确定将烟台新机场作为全国唯一的单体机场管理模式转型的试点单位。

1．试点的任务和目的

本次试点的主要任务是：突出机场的公共性定位，加大政府对公益性资产的投入力度，研究机场经营性项目的投资建设模式；强化机场管理机构作为资源平台管理者的职责，研究有偿转让机场业务经营权的不同方式，建立管理经营型的机场业务经营模式。

通过对以上任务的研究与试点改革，探索一条适应中国国情的政府投资建设机场和监督管理机场的新模式，并实现机场内部业务经营模式从直接经营型向管理经营型的转变，理顺机场管理机构与航空公司、空管、油料、专业公司以及其他相关驻场单位和部门之间的关系，提升机场服务水平、运行效率与效益。为全国机场的改革与发展积累经验，为政府制定机场管理政策提供实践依据。

2．试点的基本思路

烟台新机场管理模式转型试点的基本思路是：新机场的建设由机场管理机构投资的部分（除确定由航油和基地航空公司投资之外的部分）采取政府投资和市场融资相结合的方式，体现机场公共基础设施特性的设施设备（如飞行区）由政府投资，体现机场经营特性（如航站楼）的由市场融资，最大程度上减轻机场的债务负担。机场管理机构将经营性业务（如广告、飞机维修等）以特许经营或者专营的方式委托给专业公司经营，机场管理机构收取特许经营费；功能性业务（如设施设备维护、绿化、保洁等）也委托给专业公司负责，机场管理机构向专业公司付费。机场作为管理者，主要通过合同约定的方式，监督这些专业公司的安全、服务、收费以及经营行为和方式，为机场内的所有业务主体提供一个协调、有序、公平、高效的运营平台，为所有用户提供优质服务。

3．试点的主要内容

1）机场建设投资。鉴于烟台新机场为新建机场，所以，改革试点工作必须与机场建设同步运行。为保证烟台新机场运营管理模式改革试点工作的顺利进行，民航局、山东省政府和烟台市政府在建设资金方面予以倾斜和扶持。

“管理型”机场的主要前提之一是机场统一拥有机场范围内的土地。因此，烟台新机场的土地由政府无偿划拨，由机场管理机构统一拥有、统一规划、统一管理。各驻场单位、专业公司在机场内需要建设的建筑、设施，由机场管理机构负责投资建设，驻场单位或专业公司租用所需的建筑物、设施开展业务；或由有关驻场单位、专业公司投资入股建设并开展相

关业务。

机场征地拆迁、飞行区、安全设施设备全部使用政府投资，其他项目、设施根据试点确定的运营模式视情况在建设时予以资金支持，并最大限度地减轻机场建成后的运营负担。另外，鉴于烟台机场业务量较小，自我生存和发展能力不强，为减轻机场建成后的运营负担，顺利推进试点工作，新机场建设过程中，机场用地红线范围外的道路、水、电、气、通信等公用设施线路以及这些公用设施在机场内建设的中心站，由烟台市政府负责协调筹措资金投资建设。

航站楼的建设及运营管理模式是本次试点的主要内容之一。总的原则是，烟台新机场航站楼在市政府的统筹下，由机场建设单位负责以多种方式筹措资金进行建设。除机场投资、特许经营外，航站区还可以面向国内外招商，引进专业公司，以独资、合资、合作等形式进行建设、运营、管理。

2）机场业务经营方式。烟台新机场航空地面服务分为地面服务、飞机维修、航空货站、航油供应、航空配餐五类，实施特许专营权模式。其中，飞机维修、航空货站和航空配餐以特许专营权形式，对国内外航空公司、机场公司和航空基地公司招商。机场管理机构可统一规划，采取BOT形式，由专营商投资建设、组织经营，并在协议签订的专营期满后把设施移交给机场管理机构；或重签协议继续经营。地面服务暂由原机场地服部分改组为地服公司，承担地服业务；业务量较大的基地公司也可成立自己的地面服务公司。航油供应可暂由现有公司投资建设、经营。机场管理机构根据每项业务投资成本以及业务性质确定专营权期限，根据不同情况收取专营权费。对于暂不具备条件的专营业务，前期可由1家专业公司经营。对于一家公司独家经营某一类地面服务业务的，机场管理机构需要从监管方式、机制等方面消除独家经营带来的服务质量等方面的弊端，保证专业公司为用户提供价廉、质优、高效的服务。一旦机场业务量增长到具备条件时，应当及时引进第二家专业公司，通过竞争实现降低成本、提高效率、提高服务水平的目标。

对航站楼内的所有商业经营性业务，包括免税商品、地产商品、餐饮、精品商品、旅客服务和广告、娱乐设施等，实行特许经营，通过招标引进专业公司进行运营管理。机场管理机构根据不同业务以及预计投资回报确定特许经营期限，对经营品种、范围、部分价格以及其他经营业务进行指导性管理，并对经营活动进行守法、安全监督检查，机场合理收取有关费用。

除上述业务外，对于其他具有经营性的业务，采取特许经营权（专营权）的方式由专业公司负责经营，机场管理机构收取特许经营权（专营权）费。不具备经营性的，如绿化、道路、设施设备维护、公用设施的运行等，采取有偿服务的方式，委托给专业公司负责，机场管理机构向专业公司付费。

由于机场管理机构将所有经营性业务和部分非经营性业务委托给专业公司负责，因此，机场管理机构要对每一类业务制定安全、收费、运行、服务等方面的规定和标准，并主要按照与专业公司签订的合同，对各专业公司进行监督管理，保证机场安全、统一、高效运行。

4．试点的进展情况

烟台新机场管理模式转型试点方案已于2010年初设计完成，方案本着合法性、适度超前和促进发展的原则，对新机场的建设投资模式、机场管理机构的组建及其基本运作方式、新机场业务的经营模式选择及其收益测算、新机场土地的使用与管理、新老机场对接方案、新机场的招商引资项目及其引资方式、《烟台机场管理办法》进行了设计，其中新机场业务的收益测算以及新机场的招商引资项目及其引资方式需要紧密结合下一步新机场的建设才能设计详细方案。

（二）行业主管部门对机场业务特许经营的研究与试行

民航管理体制改革以后，作为行业主管部门的民航总局的法定职责之一是对民航市场进行监管。2003年，面对机场属地化之后的机场管理走向以及市场竞争的现状，民航总局提出了“引导和推进机场建立新的管理模式，逐步实现从直接经营型向管理经营型转变。开展机场委托管理、机场特许经营的研究，并进行试点。要通过试点和立法的办法，调整、理顺航空公司与机场管理机构的生产运营关系和权益关系”的机场运营管理的基本指导思想。2004年12月27日，全国民航工作会议再次提出“继续引导大中型机场由直接经营型向管理型转变，稳步推进机场特许经营试点工作，并根据试点情况及时总结经验，研究制定相关政策”。

1．行业主管部门研究并推行的机场特许经营的业务范围

从一般意义上讲，我国民用机场可以实施特许经营的业务范围包括机场所有的经营业务，目前国内一部分机场已经实行的是机场的商业活动。而原民航总局试点推行特许经营的业务范围主要针对涉及机场管理机构与航空公司关系的地面服务业务。而且具体到每个机场，并不是要求所有地面服务业务同时开展特许经营，而是分项目进行，成熟一项开放一项。

民航局之所以要选择机场地面服务实施特许经营，主要是由于这些服务项目在目前大中型机场的运营实践中存在着不同程度的恶性竞争，其中最为突出的即为机场管理机构与航空公司的运营关系，需要行业主管部门进行宏观协调和调控。

机场管理机构与航空公司是民航业的两大市场主体，两者的根本利益应该是一致的。但由于历史原因，一些大中型机场与航空公司在一些经营业务上职能重叠、设施建设重复投资，以致出现资源浪费、恶性竞争等问题。民航局推行机场特许经营，就是希望通过引入这种经营方式，促使机场管理机构退出机场经营性服务业务，消除其既是运动员又是裁判员的角色冲突，理顺机场和航空公司的关系，营造公平竞争的市场环境，从而调动机场管理机构、航空公司和第三方企业等各方面积极性，保护消费者以及行业整体利益，促进民航业的健康发展。

2．原民航总局对机场实施特许经营的试点

1）试点原则：尽管实施特许经营是机场经营管理模式的改革，但它必然涉及有关各方的利益调整。为了保证改革的顺利实施，民航总局确定了以下基本原则：

先行试点，逐步推进：第一，用特许经营的办法在保证机场投资者利益的前提下，机场管理机构从经营部分地面服务工作中退出。第二，妥善处理好机场土地已分划的现实情况。第三，先行试点，再出法规，逐步推进。

保证各方利益相对平衡：在引导机场管理机构从直接经营型向管理型转变时，要暂时维持有关各方利益的相对平衡，不能因利益调整引起大的震动。

在稳定的基础上开展特许经营试点工作：目前在机场实施特许经营的问题上存在着两种认识误区：一是认为机场实施特许经营给航空公司增加了费用；二是认为机场实施特许经营使机场管理机构增加了额外收入。

民航总局在推行机场特许经营试点工作中一再强调：制定机场特许经营权的收费标准要在维持航空公司、机场管理机构以及其他有关各方利益基本不动的基础上确定。本次改革不解决类似像地面服务收入分成这样的历史遗留问题，这些问题要在机场收费改革中逐步解决。

2）试点单位及其试点业务：2004年9月，民航总局决定在首都、上海、厦门和深圳四个机场先行开展特许经营试点。其中，首都机场初步确定将地面服务、航空配餐作为试点项

目；上海机场初步确定试点项目为虹桥机场地面服务、磁悬浮车站宾馆、浦东机场通信业务；深圳机场初步确定将航空配餐、深港机场货运快线、航空货站作为试点项目；厦门机场初步确定将航空油料作为试点项目。

3）试点单位进展情况：四个试点机场先后成立了特许经营试点工作领导机构，研究制定工作方案，并与航空公司、服务商等有关各方进行沟通、协商。但四个试点单位的进度不尽平衡：首都机场被确定为试点机场后，集团公司积极与有关各方多次沟通、协商，并做了大量工作，并已开始实施；上海、深圳、厦门三个机场的特许经营试点工作正在进行中。

（三）机场管理机构对机场管理模式转型的探索

目前国内一部分机场管理机构已经开始进行机场管理模式转型的思考与探索，一些机场管理机构已经制定了实施方案并稳步推进。

1．对机场商业性业务经营方式的探索

国内大部分机场对其商业性服务业务已经开始进行特许经营，首都机场在除了民航局试点的地面服务业务之外，对机场的商业性业务也在进行特许经营方式的探索，包括商品零售、餐饮、停车、汽车租赁、广告、宾馆、外币兑换等业务实行特许经营。集团内餐饮、广告和商业零售三项业务与机场主业分离，成立专业的公司进行统一经营；2010年初，首都机场航站楼内的零售业通过招投标方式选择了10家经营单位，并在网上公示；对即将到期的航站楼金融业务（银行）向中资、中外合资以及外资独资银行进行公开招商。黄花机场也在进行业务特许经营的研究，旨在提高机场的收益和管理水平。

但不可否认的是大部分机场的运作还不规范，虽然已有一部分机场管理机构对机场商业性服务业务进行了外包，但还不是严格意义上的特许经营。而且各机场的特许经营权收入还比较低。

2．对保障性服务业务有偿转让的尝试

由于历史的原因对这部分机场服务业务特许经营的探索还不充分，仅有少部分机场管理机构开始试行：首都机场股份公司根据民航总局的试点规定对航空公司代理的部分地面服务业务收取了特许经营权费（或叫比例提成），深圳机场也向航空公司收取了货站经营费和机坪通行费，云南机场集团公司仅对关联企业进行的货运等机场服务业务实施了特许经营，而涉及到航空公司的业务暂时并未收取特许经营权费部分等等。

3．部分机场管理机构正在进行管理模式转型的准备

1）进行资源整合：为了下一步能够顺利实施特许经营，已有部分机场管理机构本着价值最大化的原则对现有业务资源进行评估，并对存量资源进行优化整合。比如云南机场集团公司、辽宁机场集团公司都对这一问题进行了充分的研究与方案设计。

2）切断产权联系：实行机场特许经营的首要条件是机场管理机构不参加特许经营项目的竞争。部分机场管理机构已开始对目前自营而又决定实行特许经营的项目开始进行退出机制的探索，或是根据业务发展，组建参股或控股的具有独立法人地位的地面服务公司，为建立新型机场经营模式、开展地面服务业务特许经营奠定组织基础；或是通过引进外部投资者、职工持股和管理者收购等方式对这些公司或部门尽快完成社会化工作，逐步切断机场管理机构与地面服务业务的产权联系，为下一步全面退出地面服务业务进行股权转让准备。

3）培育、引进专业的机场地面服务提供者：在机场服务领域开展有序竞争的措施之一是引入与机场管理机构和航空公司不存在任何关联的第三方服务提供商，部分机场管理机构要想办法引进国内外专业的机场服务公司。

4．运营管理模式转型的典型案例

在各机场的特许经营探索过程中，比较典型的是云南机场集团。根据云南机场集团公司的发展战略，集团内各机场的经营模式要从直接经营型向管理经营型转变，从2006年开始，集团公司决定在集团范围内推行模拟有偿转让业务经营权（特许经营）的工作，对所属昆明巫家坝、丽江、西双版纳、大理、保山、德宏芒市、迪庆香格里拉、思茅、昭通、临沧等十个机场的物流、配餐、机务维修、广告、贵宾服务、餐饮、商贸、免税店、散客旅游、停车场、机场宾馆等十一项业务的经营主体（即集团公司参控股的20多家关联企业）实行模拟特许经营。集团公司作为特许人，各关联企业为受许人经营各机场的相关业务，并通过协议约定双方的权利义务。关联企业作为机场经营业务的经营主体，其经营行为一方面要接受集团公司的监督管理，另一方面要向集团公司交特许经营费。而集团公司凭借契约和标准来监督管理经营主体的经营行为。

在近三年的特许经营管理工作过程中，除文山、腾冲机场外其余各集团公司所属机场均有业务实施特许经营管理，同时集团公司通过市场化运作按照公开招投标、竞争性谈判、邀标等方式选取专业化公司作为各机场特许运营商，各机场管理机构认真按照特许经营管理办法的要求开展特许经营项目报审批工作，初步建立了日常监管规定和程序。通过上述工作的开展，云南机场集团非航资源得到有效的开发利用，非航收入水平和品质得到提升，非航业务管理逐步走向正轨。

云南机场集团公司通过近三年的模拟特许经营实施，不仅规范了所属各机场业务的经营和管理行为，同时提升了集团公司的管理水平和各经营单位的业务经营能力，而且提高了整个集团的非航业务盈利水平。2008年集团公司的特许经营费收入比2006年增长了65%，占非航收入的比重也明显增加，昆明机场特许经营费收入比2006年增长了20%，仅广告一项，就比以前增加了几千万的特许经营收入，并积累了一定的特许经营经验，为全面实施机场业务的有偿转让奠定了基础。

云南机场集团公司在特许经营的探索过程中，也出现了一些问题：一是《民用机场管理条例》下发后，规定关联企业不得参与机场业务的有偿转让，而云南机场集团特许经营的受许人大多数是集团公司的关联企业。二是集团特许经营管理制度还有待完善，如特许经营商的准入标准和选择程序、特许经营费的标准和收取方式、特许经营项目的监督管理等，还需要进一步规范。三是目前业务范围仅限于商业性业务，地面服务业务缺乏行业规范和法律支持，还没有开展。

但云南机场集团公司坚定不移地在集团所属机场内部推行机场业务的特许经营，包括新纳入集团的腾冲和文山机场，以及在建的昆明新机场，新机场在建设阶段即引入特许经营的思路，并专门成立了集团公司特许经营业务领导小组和十几个项目工作小组，开展机场的特许经营工作。计划在2010年3−4月，举办全集团的特许经营工作宣贯大会，进一步推进机场业务的特许经营工作。

四、有国外民航发达国家成功的机场运作经验可供参考

机场管理机构走管理型的道路在国外民航发达国家的机场经营中已经成为一种普遍的模式，形成了比较规范的机场特许经营运作程序，这些都是我国民用机场管理机构从经营型向管理型转变可资借鉴的成功经验。

第四章 民航发达国家和地区的机场管理模式

美国、欧洲、新加坡以及中国香港等几个有代表性国家和地区的大型机场，虽然由于运行管理体制、机场发展水平不同，在机场管理模式方面各具特色，但其中具有一些共性的成功经验值得我们学习与借鉴。

一、美国

美国机场的运营管理模式具有十分鲜明的特点。

（一）机场的定位

在美国，大多数航空运输机场属于政府所有，其运行和管理体制受地方政府政策和立法的影响较大，但美国政府对机场均定位成为公民提供航空旅行服务的公共交通设施。机场管理机构一般为政府下设的机场当局（Airport Authority），属于公共实体（Public Entity）负责运营管理机场，不以盈利为目的。美国机场管理机构的管理目标非常明确：就是发展机场，以最优惠的条件吸引航空公司，为公众提供便利的机场设施与服务。

由于机场归政府所有，机场的投资与建设由政府负责。美国机场的建设投资主要有两个渠道：一是联邦政府和各级地方政府的投入，约占40%。政府的投入主要来源于财政预算、机场及航路信托基金和向旅客收取的旅客设施费。二是免税债券。美国的机场在筹集机场建设资金时，法律规定可以发行免税债券，这部分资金占45%左右。需要机场自筹的建设资金平均只占5%左右。由于机场建设投资主要来源于政府，所以美国的运输航班机场绝大部分是各级政府拥有。据国际机场协会北美分会统计，美国前100位运输航班机场的所有权是：市政府拥有的占40%，地方政府联合拥有的占23%，县政府拥有的占15%，州政府拥有的占9%，政府有关部门拥有的占4%，其他机构拥有的占9%。

政府对机场的管理规范非常明确。政府规定机场的利润收入只能用于机场的建设投入。美国机场起降费实行成本定价，机场受到严格的财务监督，甚至机场的建设投入及人员工资支出预算，也要经过使用机场的航空公司监督同意。

政府对机场的发展具有强大的政策支持。政府不仅对机场征收的税费给予减免，还会返还部分从机场商店等经营收益中征收的税费来支持机场的发展。各级政府和联邦航空局（FAA）对机场的建设和经营给予的资金补贴，为绝大多数中小机场的生存和发展创造了条件。

（二）机场的运营管理

美国机场的运营管理主要有两种方式：一种是政府部门直接管理机场，另一种是由政府组建独立的机场当局负责机场的运营管理。

机场的运营管理一般采取董事会监督机场当局的方式。董事会成员由政府任命，负责制定机场长远发展目标和相关政策，并监督机场当局执行。机场当局主要负责机场运营、执行董事会的决策、提出建议及向董事会报告运营情况等。机场当局一般不直接经营机场的各项业务，机场的经营业务大都采取特许经营的方式由专业化公司经营，或由航空公司经营。机场当局制定标准并通过合同来约束、监督这些专业化公司的经营行为。对机场的商业特许经营活动，会通过招标的形式对受许人资质、装修方案、人员培训、人员最低工资以及安全管理等方面提出要求。机场不从事地面服务业务，航空公司具有选择地面服务商的权利，与地面服务商以协议的方式规定双方的权利义务关系。机场管理当局会对服务商的资格、人员培训、薪酬标准、服务标准以及人员背景进行审查，审查合格后办理经营许可，不干涉航空公司和服务提供商的合同，但会按照联邦和地方法律，对服务商提出要求。机场在效益方面要保持收支平衡，可以有盈余，但盈余只能用于机场自身建设和发展，不能投资到其他方面。如果机场有盈余，机场就要降低向航空公司收取的起降费。如果机场亏损了，除了政府补贴外，机场还可以提高起降费等收费标准。

美国的机场管理机构多为管理型而非经营型，人员相当精简，机场管理机构只负责制定机场的发展规划、开辟航线、对机场设施的出租和日常维护工作。

而且机场和航空公司职能、界限清晰，机场不直接参与客货运输的经营活动，使机场能够公正地对待航空运输经营竞争，机场经营性业务的社会化程度相当高。

（三）政府的监管

在美国，机场当局负责机场的运营管理，自身不履行政府的监管职能。政府对机场的监管由美国联邦航空局及其下属的地区管理局负责，主要对机场的安全、运行以及政府资金的使用等方面进行监督与管理。除了履行监管职能外，联邦政府和地方政府对机场在改善安全、容量、噪声、地面交通以及运行费用等方面的资金投入进行扶持。

二、欧洲

（一）欧盟关于地面服务的指令

1996年，当时的欧洲共同体（现改为欧盟）出台了关于欧共体机场地面服务的理事会96/97/EC指令。该指令的宗旨是，要在所有欧盟成员国民用机场内，消除地面服务上的进入壁垒，推进地面服务市场自由化，使地面服务市场具有竞争，从而降低航空承运人的相关成本。指令要求2001年1月1日起旅客年运输量不低于200万人次或者货物运输量不低于5万吨的机场必须全面开放地面服务市场，消除进入壁垒，在欧盟内部推进地面服务市场自由化。欧洲机场原来都从事包括旅客作业、行李作业、货物和邮件作业、停机坪作业、航空器服务、燃油作业、航空器维护、飞机运行和机组管理、地面运输、配餐服务等地面服务业务，至此，多数大中型机场退出机场地面服务领域，并通过引入专业化公司的形式提供地面服务业务代理。对于机场的商业活动主要实施特许经营，包括免税店、零售商业、餐饮、银行、广告、电信服务、汽车租赁、博彩、商务中心和酒店等。

欧盟各国都在一定程度上落实了欧盟指令中有关的规定，各个欧盟成员国机场在调整自己的经营模式的同时，也出台了自身的关于地面服务准入的实施细则，规范了有关地面服务市场准入和运行的游戏规则，为各个地面服务公司的有效运营提供了依据。

在地面服务方面，欧洲各国政府以及机场管理机构都十分重视对地面服务市场开放后的监督检查工作。各机场都制定了整套的地面服务监督检查制度，主要检查地面服务提供者是否有违反相关规定的安全问题，是否在其核准的经营范围内进行经营等。在商业特许经营中，机场按照相关标准和合同对商业活动的价格、服务质量以及运行安全等方面进行定期监督检查。

（二）英国

英国机场主要有两种管理模式：一是私有化管理，二是政府管理。英国是将机场私有化最早的国家，英国机场集团（BAA）是机场私有化的代表，BAA拥有7个成员机场，包括伦敦希思罗机场。曼彻斯特机场集团是英国机场政府化的代表，它管理下辖3个成员机场，机场集团由大曼城市和下属的各个地方政府共同持股拥有，大曼城市拥有55%的股权，其他9个地方政府各持股5%。

英国将机场定性为国家的重要基础设施，但允许私人投资兴建并拥有机场。对没有私有化的机场，政府在建设投资、运行补贴等方面仍然予以扶持。例如，曼彻斯特机场的建设和发展，得到了当地政府在各方面的大力扶持。对已经私有化的机场，地方政府也会给予一定的支持。如伦敦城市机 场，是由私人投资兴建的机场，政府对其使用的土地给予很大的优惠，而且在政策方面也进行扶持，例如对从该机场往返于欧共体国家的商务旅客免予海关验关，提高了该机场对商务旅客的吸引力。

英国政府依据欧盟指令于1997年出台了 “机场地面服务条例”。该条例规定，对于年旅客运输量200万人次以上的机场，未经英国民航局许可，不得限制自营地面服务商的数量以及第三方地面服务提供者的数量；对于年旅客运输量在100万到200万人次的机场，未经英国民航局批准，不得限制自营地面服务商的数量。限制的仅仅基于特定的安全、保安、容量或者可用空间的约束因素。英国民航局规定，机场对从事地面服务提供者的数量限制时应采取“个案申请”的方式，只有报英国民航局批准后方可实施。英国民航局 “经济管理司”负责民航领域中的空中交通管理、航空公司以及机场涉及经济事务的监督协调、政策咨询和民航业务统计。经济管理司下设机场管理处，负责一些机场（目前包括希思罗机场、盖特维克机场、斯坦斯特德机场以及曼彻斯特机场）对航空公司的收费问题进行管理，同时还负责欧盟关于机场地面服务指令的实施。

在机场运营管理方面，BAA较具代表性。BAA集团持有希思罗机场100%的股权。2006年，西班牙Ferrovial集团收购了BAA83%的股权，随后BAA宣布从伦敦交易所退市，希思罗机场成为单一的私有股权结构。Ferrovial集团作为希思罗机场的控股大股东，实施战略管控，不参与机场的实际运营，通过董事会对BAA实施管控，BAA负责运营管理属下的成员机场。BAA下属子公司的管理人员由BAA集团董事会任命，负责各分子公司及机场的日常业务。对于机场的各种业务，BAA采取三种运营方式：一是自己经营管理，如安检、问询、航班显示系统等；二是实施特许经营，如地面服务、配餐、航油、零售、停车场、餐饮等；三是提供设备、设施给相关部门，如空管、公安、边防、海关等。从希思罗机场的情况看，机场私有化也带来了机场利用垄断地位谋利、忽视机场作为公共服务设施提供服务等问题。

（三）法国

法国机场大部分由国家国有或国有控股公司拥有。

在法国，对于吞吐量不同的机场，政府承担机场的建设投资情况也不相同。年旅客吞吐量低于30万人次的机场，由地方政府负责全部建设投资，并且补贴部分运营费用；吞吐量在30万～150万人次的机场，地方政府承担部分建设投资；吞吐量高于150万人次的机场，政府不再负责机场建设投资。

机场的经营管理，以巴黎机场公司（ADP）为例，实行董事会制度管理机场。ADP由国家控股68.3%，国家在董事会中占绝大多数席位。国家在机场的规划发展、配套设施等方面大力支持ADP。ADP负责管理大巴黎地区14个机场，并直接运营管理巴黎戴高乐机场的运营。

政府对机场的管理方式有三种：一是由政府直接管理，通常为中小型机场；二是由特殊的公共企业管理，如巴黎机场公司和巴塞尔-牟罗兹机场公司；三是政府负责监督机场运营，投资机场建设，直接监督机场管理机构、机场承包经营商和地面服务代理企业，提供空管服务。机场的安全监管由交通部民航局负责，主要通过审查颁发机场许可证以及后续管理实施监管。

三、新加坡

新加坡樟宜机场由新加坡民航局所有，机场建设投资也由民航局负责筹措。樟宜机场一期建设，政府投资了13亿美元；1995年机场扩建时，政府拨款5.9亿美元；1999年建设第三航站楼及其设施时，政府又投资了17.5亿美元。

新加坡民航局没有组建单独的机场管理机构管理机场，而是由民航局内设的一些部门直接负责樟宜机场的运行和管理。因此，新加坡民航局既是新加坡民用航空事务的行政主管部门，又直接管理樟宜机场。按照我国的说法，是典型的政企合一的模式。最近，新加坡民航局正计划把机场从民航局分离出来，成立一个单独的机构，并且将机场企业化。

在机场运营管理方面，樟宜机场直接负责飞行区的管理，不参与经营性业务，而是将这些业务采取特许经营权或者专营权的方式委托给一些专业公司经营。其中，机场的商业活动实施特许经营，地面服务等业务采取专营权的方式。对于所有专营商，包括新加坡航空公司下属的地面服务公司，都收取专营权费。机场主要通过合同约定对各专业化公司进行监督和管理并收取特许经营费。

四、中国香港

香港机场的机场管理机构为机场管理局（简称“机管局”），是香港特区政府全资拥有的法定机构，依据《机场管理条例（简称《条例》）和《机场管理局附则（简称《附则》）负责运营管理香港机场。在机管局之上，特区政府设立了一个董事会，董事会主席、成员由特区政府任命。董事会负责香港机场的重大决策，并监督机场管理局的运作。

香港民航处是香港特区政府中负责对香港机场实施政府监管的部门，代表特区政府监管香港机场管理局，主要是机场安全运行方面。特区政府其他有关部门按照职责还对机管局的投资计划、财务运作以及收费等进行监管。

在机场运营管理方面，香港机场与新加坡樟宜机场类似，将绝大部分业务采用特许经营（专营）权方式委托专业化公司经营，收取特许经营（专营）费用。机管局主要通过合同约定的方式，监督这些专业公司的安全、服务、收费以及经营行为，为机场内的所有业务主体提供一个协调、有序、公平、高效的运营平台，保证为所有用户提供优质服务。

五、启示

（一）机场管理机构多为“管理型”

大部分机场管理机构一般将其自身职责定位于机场规划、建设、安全和运行等管理性业务，不直接参与直接面对旅客、货主和航空公司的地面服务和商业服务等经营性活动，他们将这些业务或是引入竞争机制选择专业化公司进行经营，或是由航空公司自营，机场管理机构则通过制定机场运营标准、服务标准、规章制度和有效的监管来控制经营者的质量和效益。

我国机场应当学习和借鉴上述机场成功进行管理型运作的经验，将主要精力投注于机场规划、建设、安全和运行管理，根据各机场的实际情况，适时逐步退出经营性领域，在创造公平竞争环境的基础上，通过制定标准和进行监督等方式来实现机场经营性业务的良性发展。

（二）将地面服务业务和商业性业务分类管理

国外部分机场将其经营性业务分为地面服务和机场商业服务两个类别，并采用不同的方式进行管理。对于地面服务业务，一般实施专营，通过市场竞争方式选择专业化公司代理，或由航空公司自营，欧洲依据机场业务量的大小开放程度不同。商业性业务一般实施特许经营，通过招标契约的形式规定特许经营的期限、收费方式、服务标准（包括安全标准）和监管办法。

我国机场实施业务特许经营也应根据机场业务的具体内容进行分类管理。

（三）机场管理机构通过契约形式实施管理

机场通过成立专门机构，招标选择机场经营业务的受许人，并通过合同形式管理特许经营业务。在地面服务专营领域，机场管理机构与地面服务代理商签订协议，通过制定各种标准来监督地面服务的运作，标准包括安全、效率（时限）和服务质量等。在商业特许经营领域，机场管理机构从特许 经营商的整体规划、布局、安全、服务质量、价格和销售额等方面对其进行监管。

我国在进行机场业务的特许经营时也要采用契约管理的方式，在保证机场特许经营活动公开、公平和公正的同时，对受许方的商品和服务价格及其质量进行严格监管，以保护国家和消费者的利益。

（四）机场收入的主要来源是商业活动

多数大中型机场都采取了大力发展商业活动的策略，将机场经济发展重心放在机场商业运作上，其商业收入占机场总收入的50%以上。

我国机场管理机构在向管理型机场转变的过程中，也应适当调整战略，在保障持续安全、普遍服务的基础上，重视与开发机场的商业活动。

第五章 “十二五” 期间我国机场管理模式的发展目标和主要任务

一、“十二五”期间我国机场管理模式改革的指导思想

以贯彻落实科学发展观、实现民航强国战略、推进我国民航又好又快持续发展为指导，以加强民用机场的社会公共性质、保证国家安全、促进经济社会发展、改善人民生活质量、为消费者提供优质高效的普遍服务为宗旨，密切联系我国实际，遵循《民用机场管理条例》（国务院令第553号），借鉴民航发达国家和地区的机场管理经验，探索建立符合我国国情的现代机场运营管理模式。

二、“十二五”期间我国机场管理模式转型的基本原则

（一）引导性原则

机场运行是一个综合的行为系统，机场管理机构运营管理模式的转型涉及到各方面的利益调整。而且经过几十年的运转，现行机场管理模式也具有一定的基础。因此在目前的机场管理体制下，政府 尤其是行业主管部门只能通过法规与政策的形式，引导各机场管理机构向管理型运营模式转变。

（二）实事求是原则

我国地域广阔，各地经济发展、机场发展差异较大，即使是同一省内的机场发展也存在着较大区别，因此机场的运营管理模式不应也不可能完全一致。尤其是“十二五”期间还要新建几十个机场，大小机场、新旧机场管理模式的选择必须要本着实事求是的原则，采取差别政策措施和实施方案，建立适合各地区、各机场实际发展情况的运营管理模式，避免一刀切。

（三）前瞻性原则

建立“十二五”期间的机场管理模式要在实事求是的基础上坚持改革与创新，要审时度势，适=度超前。

（四）发展性原则

“十二五”期间，受各种因素的影响，世界经济环境和我国国情都有可能发生重大变

化，各机场本身的运行包括业务量、安全环境、组织架构、管理水平等方面都会发生改变，因此机场的管理模式也要根据变化了的情况及时调整发展策略，始终使其保持在客观、现实的基础之上。

三、“十二五”期间我国机场管理模式的发展目标与主要任务

（一）发展目标

建立符合民航强国战略、适应各地区经济社会发展阶段、充分体现公共基础设施特性、能够为社会经济活动提供优质高效公共服务的、保证各机场可持续发展的机场管理模式。

到2015年，全国机场要基本建立起管理型运营管理模式的雏形，并在机场管理模式转型试点的基础上，建立3～5家规范的管理型机场。并引导各机场力争实现：

1．机场的商业性服务业务基本实现专业化经营。
2．具备一定业务规模的机场管理机构退出地面服务业务。
3．新建机场和新兴业务按照管理型模式实施运营。

（二）主要任务

机场管理模式转型是一个系统的工程，成功与否直接关系到行业的和谐发展，因此既需要政府制定相关政策法律体系进行规范与引导，也需要机场管理机构自觉由直接经营型向管理型转变，同时还要求各相关利益主体进行积极配合。

1．建立机场管理模式转型的政策体系

1）贯彻落实《民用机场管理条例》。机场管理条例的出台为机场管理模式转型提出了原则性、方向性的规定，但不具体并缺乏可操作性。因此行业主管部门要在此基础上制定相关实施政策，各地方政府也要建立或完善与之匹配的相关规定，以此保障机场管理模式转型的顺利进行。

2）制定《有偿转让机场业务经营权管理办法》。制定包括机场有偿转让业务经营权的范围，专业化服务提供商的选择程序，特许经营（专营）费的收取，对专业化服务提供商的监督管理程序等内容的管理规定，以此规范机场有偿转让业务经营权的行为。

2．培育和发展从事机场经营性业务的专业化公司市场

1）通过市场化运营机制，引入国际上技术水平一流、管理科学规范的机场服务专业化公司。

2）鼓励航空公司走服务链条产业化发展的道路，塑造航空公司具有独立法人资格、并成为其利润中心的机场服务业务经营主体。

3）规范机场管理机构提供机场服务业务的行为，通过股权置换，将现有的机场关联企业逐步脱离与机场管理机构的股权联系，并逐渐提高服务水平，打造成为专业化的机场服务提供商。

3．机场管理机构逐步退出机场范围内的经营性业务

1）经营性业务由机场管理机构下属部门或分公司经营的机场，要逐步过渡到子公司经营，为最终切断产权联系做准备；且账目独立，能够单独核算每项业务的成本和收入。

2）经营性业务由机场管理机构子公司或参控股公司经营的，有条件的要逐步过渡到集

团公司经营，为最终切断产权联系做准备；且账目独立，能够单独核算每项业务的成本和收入。

3）小型机场由于市场供给不足而无法实现专业化经营的，可以暂时由机场管理机构成立参控股公司经营，是机场集团组织架构的可以由集团公司的参控股公司经营，但必须独立核算成本和收益；待条件成熟，机场管理机构要逐步实现专业化经营。

4）各项业务根据实际条件，成熟一项实施一项。

（三）实施方法与步骤

“十二五”期间推进机场管理机构从直接经营型向管理经营型转变的实施步骤可以按照机场的业务量、服务业务的种类逐步推进。

1．机场分类

按照我国民用机场的年旅客吞吐量将机场分为五类：年旅客吞吐量一千万人次以上、年旅客吞吐量五百万到一千万、年旅客吞吐量一百万到五百万、年旅客吞吐量在一百万以下的民用机场，以及新建迁建的民用机场。

2．地面服务业务的分级

机场地面服务既是航空运输链条上非常重要和必不可少的一个链条，如何提供这些服务业务是衡量机场管理模式类型的主要因素。因此，为了便于行业管理部门制定机场独立地面服务提供商的准入标准，明确机场管理机构在地面服务领域的逐步退出范围，课题组依据地面服务项目本身的行业特性和对航空安全影响的重要程度，将地面服务项目依据重要度依次分成三级：

第一级（最重要）：包括配载、通讯、机务维修、航空油料服务等；

第二级（次重要）：包括旅客和行李服务、货物和邮件服务、廊桥、客梯、装卸和地面运输服务（类似于机坪服务）；

第三级（一般）：包括机上服务、航空配餐等。

3．机场管理模式转型的实施步骤

1）在年旅客吞吐量一千万以上的机场。其机场管理机构要根据行业管理规定，尽快全面退出地面服务领域。

2）在年旅客吞吐量五百万到一千万之间的机场。其机场管理机构在适当时期退出地面服务领域的第一级和第二级服务业务。

3）在年旅客吞吐量一百万到五百万之间的机场。其机场管理机构在适当时期退出地面服务领域的第一级。

在以上三类机场，机场管理机构在所退出的地面服务领域要引入独立的专业化地面服务提供者，并可以对地面服务提供者实施数量限制，具体的数量可由机场管理机构根据机场的吞吐量大小所带来的市场容量确定，如果行业管理部门有相关规定，当地面服务提供者少于政府所规定的数量时，必须经过民航管理部门批准。

机场管理机构选择地面服务提供者的程序必须合法。

4）年旅客吞吐量一百万以下的机场。其机场管理机构可以在全面履行机场普遍服务义务的前提下，根据实际情况决定是否退出地面服务领域。在不退出的机场，必须提出避免在地面服务领域出现垄断的措施。

另外，此类机场也要逐步实现从经营型向管理型的转变，其商业服务经营权必须按照市场原则通过公开招标等竞争方式获得。

5）新建机场和新兴业务。新建机场无论规模大小，原则上都要按照管理型机场的运营方式实施机场业务的特许经营。无法实施机场特许经营的，可以探讨整个机场进行委托经营。新兴业务原则上也要采取特许经营的方式经营。

6）例外申请。如有充分理由，机场管理机构可以向民航管理部门申请在某些地面服务项目上不退出，但必须得到批准才能例外。

第六章　实现“十二五” 机场管理模式转型目标的保障措施

根据我国民用机场管理模式的发展现状，要实现我国民用机场管理模式的转型目标，在“十二五”期间，必须重点解决好以下三个方面的问题。

一、进一步明确与细化机场管理机构行使公共协调职能的权利

（一）具体化机场管理机构的相应职责与权利

根据机场的公共基础设施定位，机场管理机构作为资源平台的提供者与相关利益主体关系的核心，以及机场具有驻场单位多且不相隶属、服务环节多且系统性强的特点，决定了机场管理机构必须担负起对机场区域进行整体管理与协调的职责，这是机场管理机构必须转型与能否转型成功的关键。因此要实现机场管理机构从直接经营型向管理型转变的目标，第一需要的是对其公共管理职责及其权限的界定。

《民用机场管理条例》在明确机场公共性定位的基础上，也对机场管理机构的职责进行了定位，明确了机场管理机构“统一协调、管理运输机场的生产运营，维护运输机场的正常秩序”的管理职责与权限，因此基本解决了困扰机场管理机构多年的应不应该行使机场区域管理职能的问题，这一规定至少解决了机场管理机构行使机场区域管理职能的合法性，这对实现机场地区的高效、安全、有序运行是非常重要且必要的。因为在条例颁布实施以前，机场管理机构行使这些区域管理职责既无政府委托，也无法律授权，名不正言不顺。

但在机场管理机构如何行使机场区域管理职责的问题上，条例虽然做出了机场管理机构“与航空运输企业及其他驻场单位应当签订书面协议，明确各方在生产运营、机场管理过程中以及发生航班延误等情况时的权利和义务”的规定。但依据以往实践中执行协议并不完全奏效的经验，以及作为国务院行政法规不会也不可能对一些具体问题做出非常具体规定的立法现实，而这恰恰又是实践中急需解决和规范的问题。因此就亟待国务院或者民航局制定更为详细具体的实施细则或者管理办法、管理措施，进一步细化和明确机场管理机构作为非政府行政机构对机场区域内所有单位的管理权限，以及如何行使对机场区域内的统一规划和管理权。

（二）加快地方配套立法，落实机场管理机构相应的权利

首先，2009年国务院《民用机场管理条例》出台之前，我国少数地方出台了一些地方立法对地方机场予以管理，这些地方立法对加强地方机场的管理还是发挥了积极的作用。但是，条例实施后，先行的地方立法有些内容与中央立法相冲突的地方就体现出来了，这就需要地方及时对现有的机场管理立法进行修订和完善。

另一方面，由于不同地方的地域差异，不同地方机场也存在很大差异，无论是规模上，还是现有管理模式上都各具特色，因此，地方政府对机场管理机构的定位、所赋予的权利与职责等也采取了适合本地方机场特色和本地机场发展需要的管理方式。比如，关于机场安全责任行使、用地规划权责、噪声区域划定、净空保护职责划定等方面等，包括财政补贴、税收优惠、投资建设以及监督考核等方面，各地都有自己的规定，这些规定有的是突出了本地的特色，但其中不乏与中央政策相违背的规定，因此就需要各地在国家法律法规框架下，制定符合各地特色的规定。

事实上，随着我国机场发展的加快和各地政府管理经验的成熟，同时随着2009年国务院《民用机场管理条例》的实施，一些地方也开始着手制定地方机场管理方面的法律文件，例如2009年西藏人大组织起草的《西藏自治区民用机场保护条例》（草案）、湖南人大组织起草的《湖南省民用运输机场管理条例（草案）》、宁波市政府组织起草的《宁波机场管理办法》、河南省人大常委也将《河南省郑州新郑国际机场管理条例》列入了立法规划等。问题是一定要突出对机场管理机构的职责与权限的规定，以适应机场管理模式转型的需要。

二、建立完善的机场有偿转让经营权的法律制度

机场管理机构实现管理转型的有效途径是实施机场业务的有偿转让（特许经营）。但机场特许经营制度是由一系列的环节构成的，需要政府进行逐一规范。

《民用机场管理条例》第三十八条也规定，“机场范围内的零售、餐饮、航空地面服务等经营性业务采取有偿转让经营权的方式经营的，机场管理机构应当按照国务院民用航空主管部门的规定与取得经营权的企业签订协议，明确服务标准、收费水平、安全规范和责任等事项。对于采取有偿转让经营权的方式经营的业务，机场管理机构及其关联企业不得参与经营。”这条规定的目的不仅仅是引导机场管理机构将经营性业务公平的有偿转让给专业化公司经营，并依据协议对其进行监督管理，由经营型走向管理型。而且也规定了机场管理机构转让经营权应当按照国务院民用航空主管部门的规定。

因此，在现阶段，急需行业管理部门在进一步推进机场业务有偿转让的试点改革和烟台新机场整体机场管理模式转型的试点改革方案的基础上，总结试点经验，收集各机场的探索实践，制定《有偿转让机场经营权管理办法》。以有效规范我国机场转让经营权的行为，进而保护转、受让双方的合法权益，充分开发利用机场资源价值，在保障机场安全运营的前提下，为实现机场运营价值的最大化提供一个良好的制度和政策环境。

（一）明确机场特许经营的定位

以往探讨机场服务特许经营的法律定位，经常陷入一个方法论意义上的误区，即是从行政特许和商业特许区分入手界定机场服务特许经营。由于机场或航空业的特殊性，往往是难以确定机场服务特许经营到底属于何种性质的特许经营。说机场服务的特许经营是行政特许，具体实施特许者又不是政府。说机场管理机构是企业，企业作为特许者应该属于商业特许，然而，机场服务又不同于其他一般商业活动。而且这种区分在实践中极易引起对机场特许经营活动本身一些细节的争论，比如，如果机场特许经营是政府特许经营，那就不要收费，但事实上机场管理机构并不是政府，机场管理机构转让了本属于自己的经营权利，基于公平原则是要获取转让对价的；又比如，如果说机场特许经营是商业特许经营，那就是一种纯粹的企业行为，由《商业特许经营管理条例》来规范就可以了。但事实又不然，因为机场特许经营不仅涉及到机场管理机构与航空公司这两大运营主体的关系，而且在实施过程中具

有诸多的安全问题。

也有一种定位方法是把机场特许经营分为两个层次，一是政府的层次，二是机场管理机构的层次。在政府层次上，机场服务的特许经营属于行政特许，特许者是政府，被许可人是机场管理机构，机场管理机构因行政特许取得了“特许经营权”，在这一层次基本不存在认识不一致的问题。但进一步讲，机场管理机构要实现从直接经营性向管理型转变，转变的重要方式是特许经营，于是，机场管理机构与被特许的经营者之间的关系由于机场管理机构定位的不确定就变得难以界定和表述，如果将机场管理机构界定为企业，那么机场服务特许经营属于商业特许就无可置疑，但如果机场管理机构被定位为事业单位呢，问题就不那么简单了，好在我国机场业的实践中，绝大部分机场管理机构都是按企业运作。但随之而来的另外一个问题是，由于我国机场管理机构的指向不明确，那么特许经营是在机场管理集团公司层次上，还是在子公司或分公司层次上，目前这也是一个比较混乱的问题。

建议机场特许经营的法律定位简单化，明晰化，采取分层次的方法。对于机场管理机构层面上的特许经营，抛开政府特许经营与商业特许经营的争论，尊重现实，将机场特许经营作为一种民事主体之间的交易行为，特许者是机场管理机构，被许可人为机场管理机构之外的所有提供机场服务（航空公司自营服务除外）的专业化公司。新加坡、香港的制度实际上按此原理设计。新加坡机场、香港国际机场的所有权属于政府，机场管理机构或是政府部门，或是法定机构，或是授权组织，实施特许经营的范围或形式有所差别，但特许经营由机场管理机构实施并收取特许经营或专营权费是普遍做法。

但目前我国在这一问题上的当务之急是针对机场治理结构的特点，明确机场管理机构是谁，避免在我国实施机场特许经营之初就陷入行为主体不清的误区。

（二）明确机场特许经营的范围

国际民航组织在其《机场经济手册》（1991年）中，曾把世界各国普遍开展的特许经营项目作了分类，在这一分类中，机场特许经营主要涉及机场的商业以及航空器配餐和航空油料作业，机场上的地面服务在多数机场是由航空公司或者特许经营受许人承担的。这就是说，民用机场实施特许经营的范围包括两大类：第一类是机场地面服务，具体包括：一般代理，配载和通讯，集装设备管理，旅客和行李服务，货物和邮件服务，廊桥、客梯、装卸和地面运输服务、飞机服务、维修服务、航空配餐和航空油料。第二类是机场商业活动，是指除了机场地面服务范畴以外的机场所有经营型商业活动。具体包括：停车场、汽车租赁、航站楼免税店和商店、货运站经营（包括货运站空间的租赁、货物的存储业务、运输业务等）、机场与市区的地面运输（包括机场巴士、进出机场的出租车业务等）、机场内商业电信服务（如商业电信公司在机场内设置的专用电信服务设施等，不包括与飞机的通讯和机场内部的通讯）、特种服务设施的租赁（例如保险公司在机场租赁保险业务柜台等）、广告业务、宾馆（机场可以采取BOT方式或者其他方式引入专业化公司经营机场的宾馆）等。

（三）明确机场地面服务受许人的选择程序

机场特许经营业务范围中的地面服务是机场安全运行的重要部分，对受许人的选择必须遵循法定的程序。

1．获得资质认可

地面服务行业涉及到航空运输安全，政府必须制定严格的资格标准。地面服务提供者（包括航空公司自营），要开展地面服务，必须首先获得政府或经政府授权的中介机构的资质认可并取得资格证书。

2. 机场通过公开招标授予地面服务特许经营权

机场制定出在本机场实施地面服务的条件，通过招标选出本机场的地面服务提供者，授予地面服务特许经营权。投标人应持有地面服务资格证书，招标要遵照国家有关法律法规，双方的权利义务应在特许经营合同中明确。

3. 航空公司在获得机场地面服务经营权的服务商中自主选择

航空公司根据机场提供的地面服务提供商名单，自主选择本公司的地面服务代理，以地面服务代理合同的方式约定各自的权利义务，并将合同交机场备案。

4. 机场管理机构必须依协议对特许人进行管理

机场管理机构作为机场使用许可证的持有人，对本机场地面服务领域的安全负有直接的责任，因此必须采取措施保证在机场内从事地面服务的各个服务提供者遵守相应的安全法规、规章以及机场自身的细则。为了达到这个目的，机场管理机构有必要制定地面服务实施细则，同时根据本机场自身的实际状况，对在本机场从事地面服务的服务提供者的数量进行限制以及从事地面服务的时间限制。

（四）机场特许经营的收费依据与原则

目前在机场实施特许经营的问题上存在着两种错误认识：一是认为机场实施特许经营给航空公司增加了费用；二是认为机场实施特许经营使机场管理机构增加了额外收入。人们之所以产生这种想法，主要是他们在没有看到政府出台相关规定之前，各自站在自己的立场上进行的猜测。所以，要想澄清这方面的认识误区，当务之急是研究确定机场实施特许经营的收费原则、标准以及相关的法律程序。

（五）确立航空公司在地面服务上的优先权与选择权

航空公司是航空业的核心要素，没有航空公司，机场业就失去了存在的价值。在此意义上，航空公司完全有权自我提供地面服务，即航空公司在地面服务上具有优先权，机场没有任何理由阻止航空公司自我提供地面服务。当然，在机场范围内占用场地或使用设施需要付费。航空公司的自我服务不应该在特许经营范畴之内，或者说航空公司的自我服务无需特许。但是，航空公司或航空公司所属组织在机场范围内为他人提供服务的，需要得到机场管理机构的特许。

机场是为承运人（航空公司）和顾客（旅客和货主）提供便利的场所，除承运人和顾客自我服务外，为承运人和顾客提供服务者（机场服务者），可以是机场管理机构，也可以是机场管理机构确定的其他服务主体。机场管理机构有义务确定符合机场服务特殊要求服务者。特许经营是确定机场服务者的有效方式，特许经营的对象是除承运人和顾客之外的服务主体。从国际上地面服务的发展趋势来看，越来越强调航空公司对地面服务的选择权。但是，选择权不是无限的，大部分国家或地区的机场服务者都由机场管理机构来确定，航空公司选择权只能在此范围内行使。

因此，在业务交叉或重叠的范围内，民航行业管理部门应在维护和保持航空公司地面服务优先权的基础上予以明确的规定，以避免机场管理机构和航空公司在地面服务上的竞争以及因竞争引起的资源浪费和效率下降，并且，规范机场管理机构对包括航空公司在内的驻场单位的管理。

三、建立有利于机场运营管理模式转型的政府管理机制

（一）进一步推进与规范引入非国有资本投资建设机场的融资机制

从理论上分析，政府有责任承担公共产品的供给，纯公共产品比如国防的供给需要政府财政全额负担，准公共产品比如水、电、煤气的供给可以由政府与市场共同分担。机场是准公共产品，一方面机场的投资、建设需要各级政府提供资金和政策支持，改革开放之前，我国的机场建设投资一直是政府全面负责。但另一方面，公共基础设施具有投资巨大的特点，当前我国公用企业的发展明显存在资金的压力，因此正在进行由国家全面负责公共基础设施的建设与经营向国家和市场共同分担的变革。2009年，国家发改委、住建部就市政公用行业吸引民间资本进入进行了专题调研。同时发改委调研了民间资本进入铁路行业的问题：2004年之前，铁道部占铁路基本建设投资的90%以上，其余多为地方政府投资。从2004年起，铁路部门大力推进铁路投融资改革，绝大多数新建铁路项目均以合资铁路方式投资建设。2007年，铁道部投资约占铁路基本建设投资的85%左右机场建设。机场属于公共基础设施，也可以实施市场化配置和民营化提供。也正是在这种意义上，我国机场建设与运营同样经历了由国家全面负责向市场与国家共同分担的转变。

如前所述，机场建设引入境外资本与民营资本的工作及取得了很大的成就但也存在诸多的问题，因此需要政府进一步规范与完善机场建设的融资环境和渠道。

鉴于合资或者上市存在的一些问题，为了突出机场的公共性，并实现政府与市场共同供给，政府要在加大机场建设资本金投入的同时，积极拓宽投融资渠道、鼓励社会资金和外国投资进入机场投资领域，努力探索项目融资等低成本融资方式，采用BOT、TOT或者项目合资的方式，既可达到利用外资、引入先进管理方式的目的，又可实现机场业务经营权的有偿转让，同时又可以保持国家对公共基础设施的控制力。

因此，建议民航局及时研究修订与此相关的行业政策和规定，对大型机场的合资或者上市予以引导和规范。

（二）进一步加强政府对机场建设、运营的投入机制

机场的公共属性需要政府的财政与政策的支持。民营机场管理条例第三条规定，各级人民政府应当采取必要的措施，鼓励、支持民用机场发展。

1. 加大政府对机场建设、运营的财政支持力度

各级政府要重视对机场的投资。机场划归地方管理之后，大部分地方政府能够按照承诺投资机场建设，但是也存在不兑现承诺或者等国家和民航资金到位后将地方资本金投入转为贷款的情况。在运行方面，虽然有的地方政府对亏损机场给予了运营补贴但这样的地方政府很少，因此我国大部分机场尤其是中小机场所面临的最大发展压力是建设资金短缺和运营亏损。所以当前促进机场尤其是中小机场的发展的关键要素是中央和地方政府在财力允许的情况下加大对机场建设资金的投入。这就需要各级政府出台相应政策，保证对机场建设资金的投入，并对严重亏损但凭自身努力无法改善运营状况的中小机场直接给予财政补贴，亏损航线补贴。尤其是对于经济不发达但交通又不便利的边远地区，机场对区域社会经济的发展更为重要，然而地方财政也更为紧张，当地政府确实无力投资巨额的机场建设资金和补贴已使用机场的运营亏损，在这种情况下加大中央财政的投资力度和补贴额度，并在政策、管理和专业人才方面予以大力扶持是体现机场的社会公共性，保证机场发展的决定性因素。

但政府对机场建设与运营的投资与补贴必须建立在科学的分析基础上，投入的只能是机

场行使公共性职能的部分。因此政府应对每个机场进行盈亏平衡点的分析并动态修正。当一个机场的运输量低于平衡点运量时，对经营亏损采取100%补贴，对基本建设投资给予全额资本金；当一个机场的运输量大于平衡点运量时，取消经营亏损补贴，但对于基本建设投资采用评估机场承受能力的方法，来认定资本金额度。

2. 加大政府对机场建设、运营的税收政策支持力度

当前我国很多机场都处于亏损状态，机场作为公共性基础设施，政府应出台相应税收优惠政策，通过减免税收等方式以解决机场发展中的资金压力，开发与稳定当地航空市场，促进机场发展。例如，2008年，湖南省人民政府发布了《关于支持民航产业发展的意见》，规定自2008年起5年内，每年以省机场管理集团公司及其所属企业上年税收实际入库为基数，上缴的新增税收除城市维护建设税和教育附加费外，属省、市、县区留成部分，按核定金额分别由省、市财政全额奖励给省机场管理集团公司，专项用于空港（机场）建设；空港（机场）建设项目列入省重点工程，享受省重点工程各项优惠政策。对符合条件的空港（机场）建设项目，在新型工业化引导资金、技术改造资金、省信息化专项资金中给予重点支持。

3. 引入对机场的信用评估机制

为了能够更加实事求是地对机场进行资金与政策支持，提高基本建设投资和运营补贴的使用效益，督促机场不断提高生产效率，政府必须建立对机场生产效率的信用评估机制，即通过开展详细的成本效益分析，评估政府的各项补贴所产生的经济效益。

这方面可以借鉴国外如美国的一些做法，美国的机场补贴计划AIP是通过ACIP系统对申请补贴的机场项目进行逐一评估打分，然后根据各个项目的综合得分进行排名，从高至低依次授予补贴；同时与接受补贴的机场签订协议，对机场的收入使用进行严格的监控，一旦发现享受补贴的机场将补贴资金没有按照法定用途使用，或者补贴项目的开展进度延误，则立即终止补贴。这样的条款能够促使企业“讲真话”。另外，美国FAA每年会对享受补贴的机场业务开展详细的成本效益分析，以评估该补贴产生的经济效益。

（三）建立政府对机场的综合评价机制

机场是公共基础设施，最主要的功能是促进当地经济社会的发展、创造社会和谐，为社会经济活动提供公共服务等等。因此这就决定了对机场管理机构的评价应该是综合性的。应逐步建立起纳入安全、服务、效益、发展、环保等指标在内的综合考核评价机制。以此作为地方政府衡量机场发展状况的因素，确保当地机场的全面发展。

因此，各地国资委应考虑到机场作为公共基础设施的特殊性，制定专门针对机场的考核办法，设定的考核指标应有别于一般企业，不能用利润和资产保值增值作为业绩考核的主要指标，而应加大对社会效益、资产使用效率、服务质量和运行安全考核的权重。

“十二五”期间民航财经政策研究

东北财经大学
中国民航科学技术研究院

第一章 民航财经政策的内涵界定与理论基础

一、民航财经政策的内涵界定

民航财经政策是民航行业主管及相关职能部门根据经济社会发展形势和行业发展客观要求，为落实行业管理职能，促进行业又好又快发展，针对民航业内各个单位出台的包括补贴、贴息、直接投资以及税收、收费等在内的各种财经政策手段的总和。

这一内涵界定蕴含着民航财经政策的各项政策要素：一是政策主体，即中国民航局及相关职能部委，包括财政部、发展和改革委员会、国家税务总局等；二是政策客体，即民航系统内的各个单位，包括航空公司、机场、空管等部门；三是政策环境，即经济社会发展形势和民航自身发展需要对财经政策提出的要求；四是政策目标，即促进民航行业又好又快发展，支持民航各项发展规划的顺利落实；五是政策工具，即灵活、广泛地使用补贴、贴息、直接投资、税收、收费等财经政策手段。

民航财经政策的重点不在于民航系统的资金筹措与支出使用问题，而在于如何利用有效可行的政策手段来落实和保障民航产业发展，因而属于民航产业政策的范畴。民航财经政策不同于民航系统的资金规划，财经政策是落实和保障民航产业发展的具体政策手段，而资金规划是在具体政策目标下具体的资金使用及筹措方式。从这个意义上讲，民航资金规划是民航财经政策实施的基础和保障。

二、民航财经政策边界界定

民航财经政策作为国家民航总局管理全国民航公共事务和分配资源的有效工具，它已经成为民航局推进民航事业发展的重要手段。但民航财经政策却不是万能的，市场失灵是界定民航财经政策作用边界的逻辑起点，民航财经政策要以弥补市场缺陷为出发点，以市场机制作用的高效发挥为归宿，真正做到政府的归政府、市场的归市场。因此正确把握民航领域政府与市场之间的边界，是研究制定民航财经政策的关键。

（一）市场失灵与民航财经政策

民航财经政策作用的首要领域，是存在市场失灵的民航领域。在民航事业领域，存在许多市场失灵的领域。如中小机场建设投资不足、支线航空亏损等。以支线航空为例，支线航空由于客流量小、客源不稳定等问题所导致的亏损，必然导致支线航空服务的缺失，因此需要民航财经政策进行必要的补贴扶持，以保障支线航空运输服务。

（二）社会公平与民航财经政策

民航财经政策还承担着促进社会公平的职责。由于各地区间经济社会发展存在差异，部分边远及落后地区难以依靠市场化原则来获得民航服务。因此需要民航局作为政府主管部门，出资建设边远及落后地区的机场及配套基础设施建设，以保障各地均能享受民航运输及通航服务。

（三）行业发展与民航财经政策

民航财经政策作用的另一个重要领域，就是助推民航事业取得健康、快速发展。我国民航事业正处于由民航大国向民航强国的转变过程之中，民航诸多领域发展均需要得到政府的政策和资金扶持。如通用航空的发展，目前市场规模较小、通航保障能力不强，亟需政府政策扶持大力培育通航市场，促进通航产业发展。

三、民航财经政策的理论基础

现有财经政策的基本理论，如公共政策理论、政策设计理论以及产业政策理论等为民航财经政策建设架构起了一套科学、完整的政策分析框架，也为相应的政策评价以及政策设计和调整奠定了坚实的理论基础。

（一）公共政策理论

公共政策理论是一切政策研究的基础，民航领域的财经政策理论也不例外。本部分我们将着重对公共政策的基本理论进行分析，分别从公共政策概念、功能以及政策工具等方面来阐述。

1. 公共政策的概念

政策是由政府或其他权威人士所制定的计划和规划，是一系列活动组成的过程，具有明确的目的、目标或方向，不是自发或盲目性的行为，是对社会所做的权威性价值分配。政策和公共政策的区别就在于“公共”二字。广义地说，凡是为解决社会公共问题的政策都可以看成是公共政策。到目前为止，对公共政策还没有一个学术界公认的统一的定义，中外学者各自从不同的角度做出了一些不同的界定。有代表性的如下：

行政学鼻祖，Woodrew Wilson认为，公共政策是政治家（具有立法权者）制定的并由行政人员执行的法律和法规；美政治学家Harold D. Lasswell提出，公共政策是“一种含有目标、价值和策略的大型计划”；加学者David Eastern认为，公共政策是对全社会的价值做权威性分配；美国学者Thomas Dye认为，“凡是政府决定做的或决定不做的事情就是公共政策”；美国学者Stuarts Nagel认为，“公共政策就是政府为解决各种各样的问题所做出的决定”；美国学者叶海卡·德罗尔在《公共政策再审查》一书中指出，政策制定作为“在指导社会行动的两个主要方案之间进行选择的自觉性意识。”中国台湾学者伍启元先生在《公共政策》一书中提出：“公共政策是政府所采取对公私行动的指引；公共政策是将来取向的；公共政策是目标取向的；公共政策是与价值有密切关联而受社会价值所影响的；公共政策是由政府或由决策权者所采取或选择的；公共政策是具有拘束性而受大多数人接受的行动指引。”张金马认为，公共政策是“党和政府用以规范、引导有关机构和个人行动的准则或指南；其表达形式有法律规章、行政命令、政府首脑的书面或口头声明与指示，以及大型行动计划与策略等。”陈庆云认为：“公共政策是政府依据特定时期的目标，通过对社会中各种利益进行选择与整合，在追求有效增进与公平分配社会利益的过程中所制定的行为准则。”

2．政策功能

公共政策的基本功能总结和概括起来主要有四个：

行为导向功能：公共政策要产生实效，就必须通过群众的行动来完成，因此，任何公共政策都需要通过政策的目标、原则、方针和措施，来直接或间接地影响人们的思想观念和行为方式，并使之朝着政策指引的方向发展，这就是政策的行为导向功能。

事务调控功能：公共政策所要解决的公共问题（矛盾）是存在于一定的事务之中的，并随着事务的发展而发展。政府要解决公共问题，就必须运用政策手段对事务的发展进行调节和控制，使事态的发展朝着有利于问题解决的方向发展，这就是政策的事务调控功能。

利益分配功能：公共政策所要解决的任何公共问题归根结底都是利益矛盾问题。因此政府的每一项政策都必然会涉及到利益的分配。政府在解决公共问题的过程中，最重要的一个环节就是要运用政策手段和措施对冲突的利益关系进行调整，从而使得利益分配符合公共利益，这就是政策的利益分配功能。

矛盾化解功能：公共政策的最终目标归结起来就是解决公共问题，化解矛盾。政府在解决公共问题的过程中，必须运用一切可能的方法和手段，将公共问题所包含的矛盾，化重为轻、化大为小和化险为夷，这就是政策的矛盾化解功能。

3．政策工具

政策工具是人们为解决某一社会问题或达成一定的政策目标而采用的具体手段和方式。它是政府治理的手段和途径，是政策目标与结果之间的桥梁。既然社会问题的解决存在多种途径，如果其他途径能够更好地解决，政府可以选择“不干预”。此时，运用“其他途径”而不是“政府途径”就成为政府的一种政策工具。通常，社会问题的解决需要多种途径，即多种政策工具相配合。按照各种工具强制性（或者自愿性）的程度（也就是“干预”的程度）来进行分类，政策工具可以包含如下几个大的类别。

政策工具分类

<table>
<tr><td rowspan="10">政府干预程度 ↓</td><td rowspan="3">自愿性工具</td><td>市场</td></tr>
<tr><td>自愿组织</td></tr>
<tr><td>家庭和社区</td></tr>
<tr><td rowspan="4">混合性工具</td><td>提供信息或劝告</td></tr>
<tr><td>补贴</td></tr>
<tr><td>拍卖产权</td></tr>
<tr><td>税收或收费</td></tr>
<tr><td rowspan="3">强制性工具</td><td>规制（管制）</td></tr>
<tr><td>公营企业</td></tr>
<tr><td>直接提供产品或服务</td></tr>
</table>

自愿性工具的特点是不使用或者较少使用国家干预。政府选择这种政策工具是希望基本上依靠社会上的各种主体按照自己的自愿选择来解决问题。强制性工具的特点是直接迫使目标对象的行为发生改变。在使用强制性工具时，目标对象除了遵从政府的要求外，很少具有自主选择的余地。混合性工具的特点是从自愿性和强制性程度来说，处于中间地带。

（二）政策设计理论

1．政策系统

政策系统是公共政策运行的载体，是政策过程展开的基础。按照某些西方学者的观点，政策系统是“政策制定过程所包含的一整套相互联系的因素，包括公共机构、政策制度、政府官僚机构以及社会总体的法律和价值观。”我们对政策系统作了颇为不同的理解，将它界定为由政策的主体、客体及环境相互作用而构成的社会政治系统。从系统发生论的途径看，政策系统是政策科学研究的一项重要内容，是研究政策过程的前提或出发点。政策系统内部各因素的联系是否得当，直接影响到政策的运行是否顺畅，并决定政策效果的好坏。

2．政策系统设计的基本要素

1）政策主体

政策主体一般可以界定为直接或间接地参与政策制定、执行、评估和监控的个人、团体或组织。政策制定者可分为官方和非官方两大类：官方的政策制定者指那些具有合法权威去制定公共政策的人们，包括立法者、行政官员、行政管理人员和司法人员；非官方的政策制定者指政治体制外的、不直接行使公共权力的政策过程的参与者，主要包括利益团体、政党和作为个人的公民等。官方的政策活动者是指政治体制内的、行使公共权力的政策过程的参与者，一般包括立法机关、行政机构。

非官方的政策活动者是指政治体制外的、不直接行使公共权力的政策过程的参与者，主要包括利益团体、公民（选民）、大众传媒以及民间思想库等。下面介绍利益团体、公民（选民）、大众传媒这三种非官方的政策活动者的政策参与行为和方式。

2）政策客体

政策客体指政策所发生作用的对象，包括政策所要处理的社会问题（事）和所要发生作用的社会成员（人）两个方面。政策最基本的特征就是充当人们处理社会问题，进行社会控制以及调整人们之间关系特别是利益关系的工具或手段。从事的角度看，公共政策所要处理的是社会问题、公共问题或政策问题。从人的角度看，政策所发生作用的对象是社会成员，这些受规范、制约的社会成员称为目标团体。

从事的角度看，公共政策所要处理的是社会问题、公共问题或政策问题。严格说，这三个概念是有区别的，社会问题是外延最广的概念；社会问题的一部分涉及社会上相当部分人或影响较大，那么，这部分问题就是公共问题；政府所面临的公共问题很多，只有少数能被政府摆上议事日程，并加以处理，这些被处理的问题就是政策问题。为了叙述方便，我们将这三个概念混用。从人的角度看，政策所发生作用的对象是社会成员，这些受规范、制约的社会成员称为目标团体。政策有大有小，它们发生作用的范围不同。因而所要影响或调节、控制的社会成员及其行为的范围不同。党和国家的总政策和基本政策发生作用的范围最广，它们所涉及的几乎是所有的社会成员；而特殊政府部门或地方政府的政策法规发生作用的范围较窄，它们所涉及的仅仅是部分成员、某一阶层、某一行业或某一部门的就业者或某个地区的居民。

3）政策环境

所谓政策环境就是指影响政策产生、存在和发展的一切因素的总和。戴维·伊斯顿（David Easiton）在《政治生活的系统分析》一书中将政策环境分为社会内部环境和社会外部环境两个部分。社会内部环境包括生态系统、生物系统、个人系统以及社会系统；社会外部环境是某社会本身以外的系统，它们是国际社会的功能部分，或者我们可以将其描述为 “超社会”、 “超系统”环境。在这里我们采用较为容易接受的环境划分方法：将之划分为自然环境和社会环境两大部分。自然环境主要是指一国的地理位置，面积大小、气候条件、山川河流、矿藏资源等，自然环境是人类赖以生存的场所和创造文明的自然前提，对一国的内外政策具有影响或制约作用。社会环境主要包括政治状况、经济社会状况、文化状况、教育状况、法律状况、人口状况、科技状况等等，它对公共政策起着更为直接而重要的影响。

3．政策要素之间的相互关系

1）政策主体与客体的相互关系

政策主体与政策客体之间是相互依存、相互影响、相互作用的组成部分。每一方的存在都以另一方的存在为前提，政策客体的种类、性质、内容、规模不同，政策主体也就各有所异。政策客体不仅影响政策主体的性质和规模，而且制约着它的结构、功能和活动方式。同时，政策主体在整个政策过程中起主导作用。这意味着，任何政策目标的实现，都取决于政策主体与政策客体之间的协调，尤其是政策主体要不断提高政策水平，掌握现代政策理论与技术，并且深入实际，了解客体的真实情况，以利于政策的科学制定和良性运行。

2）公共政策与政策环境的关系

公共政策是政策环境的产物，二者存在一种辩证统一的关系。它们相互联系、相互依存、相互影响、相互作用。就其关系而言，环境决定和制约政策，起主导作用；政策改善和塑造环境，也具有反作用。政策主体首先要实事求是地认识环境、把握环境，并了解它的各种优势和弊端，并据此预测某项政策实施的可行性和政策运行过程中可能遇到的各种问题。政策客体与政策环境是高度融合在一起并相互转化的。政策客体受到来自政策主体及其制定的政策作用之后，显现取得的政策效果。这些政策效果即政策的预期目标。它们往往构成政策环境的一部分，重新回到政策系统中，并对政策系统的运行过程产生影响。

（三）产业政策理论

1．产业政策的基本内涵

民航财经政策是利用财经政策手段促进民航行业发展的重要产业政策，因此民航财经政策属于民航产业政策的范畴，是民航产业政策体系中的重要组成部分。

从理论层面看，产业政策有着较为广泛的内涵和范畴，至今学术界对其研究范围和领域的界定仍存在着较大分歧。国内一种较为普遍的观点是认为产业政策可分为产业组织政策、产业结构政策、产业技术政策和产业布局政策，认为它们从不同的角度阐述了政策对产业发展与运行的影响。对于产业政策概念的界定问题，学者们始终未能达成共识。分歧主要是对产业政策概念界定的范围不同，概括起来主要有以下两种不同的理解。

一种是较为宽泛的定义，即产业政策是政府有关产业的一切政策的总和。正如英国经济学者阿格拉所说，产业政策是“与产业有关的一切国家的法令和政策”。日本经济学家河边淳和管家茂在其主编的《现代日本经济事典》中也阐述了相同的观点，“产业政策是……通过对全产业的保护、扶植、调整和完善，积极或消极参与某个产业或企业的生产、营业、交易活动，以及直接或间接干预商品、服务、金融等市场形成和市场机制的政策的总称”。这就是说，产业政策是国家或政府为了实现国家的经济社会目标，而对产业活动进行干预的政策，这种干预也可能是直接保护和支持、限制和制约，也可能是间接的调整，通过市场调节手段来进行。

第二种观点则是认为产业政策就是政府为弥补“市场失败”，或为了在某些领域赶超国家先进水平，增强国内产业竞争力，而采取的有限干预政策的总和。主要有：

（1）产业政策就是计划，是政府对未来产业结构变动方向的干预，代表人物为美国的社会学家阿米塔伊·埃特伊奥利。

（2）产业政策主要是为了弥补市场失效而由政府采取的一系列补救政策，代表人物为日本经济学家小宫隆太郎。

（3）产业政策是后发展国家在努力赶超发达国家时所采取的政策的总和，代表人物为日本经济学家并木信义。

（4）产业政策是为了加强本国产品国际竞争力的政策，代表人物为美国经济学家查默斯·约翰逊。

无论从上述哪个角度看，民航财经政策都是为了促进民航产业发展、弥补市场缺陷、增强民航产业竞争力的重要手段，因此民航财经政策无疑是属于产业政策的范畴，民航财经政策应当成为民航产业政策体系中的重要组成部分。

2. 中国产业政策演变

中国自1978年以来进入了由计划经济体制向市场经济体制转轨的时期。而产业政策的制订和实施效果是受到宏观经济体制的限制和制约的，所以产业政策在改革开放以来也具有了过渡性和转轨性的特点。这种转轨是为了使得产业政策能更好地适应当时的经济体制下以发挥作用。从改革开放以来所制订的一系列产业政策来看，中国产业政策主要在指导思想和实施手段两方面有了明显的转变。

在指导思想方面由过去的单纯解决制约国民经济发展的产业部门问题向全面提高整个经济的效益、促进经济持续快速健康发展、增强全面产业素质和竞争力、实现资源优化配置的综合指导思想过渡。在改革开放初期，由于以前单纯计划经济的影响，造成了短线部门对经济发展的“瓶颈”制约，中国产业政策只能是用于缓解产业结构的严重失衡问题，很少触及产业部门的经济效益和竞争力的问题。随着中国改革的深入，产业间的严重失衡已得到基本纠正，此时留给产业政策的任务就成了如何提高经济运行效益，促进产业协调发展，提高中国产业竞争能力的历史课题。

在产业政策的实施手段上，中国在改革开放以来也经历了一个较大的转变。由强制性为主向强制性与诱导性两种手段兼施并用，并逐步向以诱导性为主转变。在改革开放以前以及改革开放初期，受传统计划经济体制的影响，中国产业政策的实施手段主要是行政性或强制性的。比如，直接投资、贷款倾斜配给、对重要物资的直接控制和分配、对价格和工资水平的直接控制等手段来直接干预各产业的发展。在随后市场经济体制中，中国的产业政策的实施手段则更多地改为了诱导性和市场性的政策手段，比如，对某些产业部门减免税或增税，对不同产业实行不同的折旧率和贷款利率以及颁布诱导性信息等方式。

民航产业政策也经历了类似的转变历程，目前诱导性和市场性政策（如补贴、贴息等）在民航产业政策中应用的越来越广泛。而民航财经政策则属于典型的诱导性政策，不断通过对地方的补贴和参与投资建设来发展我国的民航事业。因此随着民航产业政策的不断演变，民航财经政策将会越来越有用武之地。

第二章 “十一五”期间民航财经政策的总体评价

一、“十一五”期间民航财经政策取得的成绩

“十一五”期间民航局会同有关部门先后出台的各项民航财经政策，在业内外获得广泛好评。2008年民用航空局出台了4项财经政策，分别为中小机场航空补贴、支线航空补贴、基建贷款贴息和地方机场建设项目投资补助资金管理办法，4项财经政策共安排使用机场建设费117亿元。此外，民航局还出台了《航空公司安全保障财务指标考核办法》等民航财经政策。

其中中小机场补贴是对年旅客吞吐量500万人次以下的机场作为社会公益性基础设施提供普遍服务所给予的补贴，补贴额以2006年和2007年机场生产量为依据，结合实际盈亏情况确定。2006年和2007年，分别有122个和123个机场获得补贴，安排资金10多亿元。其中，中西部地区机场补贴额占70%以上，较好地体现了该政策向欠发达地区倾斜的原则。支线航空补贴是对航空公司运营的距离较短或运量较小、但社会效益显著的支线航线给予的补贴，补贴额按照旅客运输量和补贴标准计算确定。2006年和2007年，分别有232条和258条支线获得补贴，70%～80%的补贴额集中在西南、新疆、西北、东北地区的支线。基建贷款贴息政策惠及了数十个民航基本建设项目，这些项目的贷款规模达100多亿元，起到了较好的杠杆作用。机场建设补贴资金规模近百亿元，将按程序组织项目申报，审批后按规定程序下达补贴资金。而航空公司安全保障财务指标考核办法则对于提高民航的持续安全具有至关重要的作用。

五项民航财经政策的出台是针对我国民航发展薄弱环节和领域，按照统筹兼顾要求出台的有力措施，将有效解决当前民航东部与西部、大机场与中小机场、干线与支线发展不平衡以及基础设施建设水平亟须提高等问题，促进我国民航事业全面、协调发展。补贴政策向社会公益性特征明显的产业领域和藏区等老少边穷地区倾斜，有利于推进国家公共服务均等化，实现区域经济社会均衡发展，推动实现普遍服务，转变民航发展方式。民航业界和其他社会各界一致认为，已出台的五项民航财经政策符合民航行业实际，强化和完善了民航财经宏观调控体系，有力推动了民航基础设施建设，必将对促进我国民航事业又好又快发展发挥积极作用。因此民航财经政策所取得的巨大经济和社会效益，得到了包括民航业界在内的社会各界的一致好评。

此外在应对国际金融危机对中国民航业影响的过程中，中国民用航空局出台了十项措施，积极应对国际严峻形势，力促民航业健康发展。在这十项措施中也包含不少民航财经政策，如民航基础设施建设基金留企业、实行价格收费调节、民航基础设施建设扩大到4000多亿元等内容都属于民航财经政策范畴。这些政策的出台对于缓解国际金融危机对我国民航业的冲击，以及增长我国航空运输企业的竞争力都起到了至关重要的作用。

可以看出，在“十一五”期间，我国各项民航财经政策的颁布与实施对于促进我们民航业的健康、快速发展发挥了极大的作用。而在“十二五”期间如何更好地发挥民航财经政策作用，促进民航产业顺利实现既定发展规划，也成为各方关注的焦点。

五项比较有代表性的财经政策以财务杠杆推动民航业均衡发展，已成为促进我国民航业发展的新思路。新政策强调以财务杠杆推动行业均衡发展，加强行业宏观调控，从源头上加强安全管理，具有开创性。

（一）中小机场补贴政策有利于中小机场建设，推进民航均衡发展

《民航中小机场补贴管理暂行办法》明确对吞吐量在500万人次以下的中小机场进行补贴。除去目前国内年吞吐量在500万人次以上的19个机场，国内80%以上的机场都能获得补贴。为激励停航机场尽快复航，减少资源浪费，对停航机场不予补贴。

新办法将机场分为东部地区、中部地区和西部地区机场三类，在确定补贴标准时向中、西部地区适当倾斜。将符合补贴条件的机场按吞吐量分为四档，规模越小的机场补贴标准越高。军民合用机场生产运营受到空军飞行影响，补贴标准按同类机场补贴标准上浮 20%。办法中还明确写入“各地方人民政府亦应根据本地区机场情况给予配套补贴”。各机场可据此与当地政府有关部门积极协调，争取政策。

（二）支线航空补贴政策对于支线航空发展起到了较大的扶持作用

《支线航空补贴管理暂行办法》规定支线机场和省内航段或距离小于600公里的支线都可以享受补贴，但对机型未做限定，这就意味着用干线飞机飞支线也可以拿到补贴。另外，部分跨省航线尽管距离在600公里以上，但支线特征明显，若确需政府扶持也可单独申报批准。客座率在80%以上的航线，连接北京、上海、广州三地枢纽机场航线和连接部分旅游热点城市机场的航线则明确不在补贴之列。客座率80%以下支线共分为3个等级。确定补贴标准时向中西部地区、东北地区、新开辟航线以及尚处于市场培育期的航线倾斜。淡旺季补贴标准可上下浮动20%。

（三）基建贷款贴息政策对于发展民航基础设施具有极大促进作用

《民航基础设施建设贷款贴息管理暂行办法》其目的在于创新融资方式，一方面可以调动企业和社会各界参与民航基础设施建设，改政府直接投入为间接引导；另一方面促进企业利用信贷手段，从银行借入的资金数十倍于贴息额，放大了财政资金的使用效益。该政策规定符合贴息条件的贷款必须是由项目建设单位（项目法人）直接从商业银行借入的贷款。贴息期限从建设开始到资产投入使用后3年。特殊情况经总局批准后可适当延长。《民航基础设施建设贷款贴息管理暂行办法》充分发挥了民航政府性基金使用效益，规范了基建贷款贴息管理以进一步加强民航基础设施建设。实现了鼓励生产、总量控制、突出重点、兼顾平衡的原则。

（四）机场管理建设费用于地方机场建设项目资金体现向安全建设倾斜，向不发达地区倾斜，向中小机场倾斜的政策导向

《机场管理建设费用于地方机场建设项目资金管理暂行办法》是民航系统在深入学习实践科学发展观活动中，针对我国民航发展薄弱环节和领域，按照统筹兼顾要求出台的有力措施。机场建设费用于地方管理机场建设项目资金是中央财政从机场建设费中安排的，用于地方管理机场的基础设施建设项目投资补助资金。新办法提出国家鼓励地方人民政府根据实际情况对本地区机场建设给予支持。机场管理建设费使用贯彻了国家宏观经济政策和行业发展

规划，加强机场基础设施建设，提高机场安全、技术和管理水平。

（五）《航空公司安全保障财务指标考核办法》有助于强化企业从财务角度保障安全管理

《航空公司安全保障财务指标考核办法》共包括9个考核指标，规定了评分方法。综合评分在6分以下的航空公司，总局将采取必要措施督促其加以整改。一是保证基本的安全投入，二是保障公司的运行负债、资本结构更安全合理，三是促使企业具备足够的社会诚信。不过，这个办法只是在安全压力较大情况下的应急措施，目前仍以惩治为主，下一步，民航总局将出台以正激励为主的综合考核办法，逐步改变以往那种民航基金取之于航空公司但很少用之于航空公司的不合理状况，对航空公司给予更多的扶持和回报。

民航业界和其他社会各界一致认为，几项政策符合科学发展观的要求和民航行业实际，强化和完善了民航财经宏观调控体系，有力推动了民航基础设施建设，必将对促进我国民航事业又好又快发展发挥积极作用。

二、“十一五”期间民航财经政策存在的不足

“十一五”期间是我国较为广泛使用民航财经政策推进民航又好又快发展的时期，其间出台的各项民航财经政策对于促进民航健康均衡发展都起到了至关重要的作用。但同时我们也应当注意到，“十一五”期间民航财经政策还很不完善，许多亟待解决的制约民航发展的问题还有待民航财经政策在“十二五”期间给予集中解决，同时现有民航财经政策也存在着诸多问题，并不能完全满足民航发展的需要。“十一五”期间民航财经政策存在的问题主要体现在以下几个方面：

（一）现有民航财经政策覆盖范围过窄，许多亟待发展的关键领域缺乏政策支持

现有民航财经政策在促进中西部中小机场以及支线航空方面发挥了重要作用。如《民航中小机场补贴管理暂行办法》、《支线航空补贴管理暂行办法》、《机场管理建设费用于地方机场建设项目资金管理暂行办法》等政策中都有向中小机场、支线航空倾斜的政策意图。但就促进整个民航事业发展而言，现有民航财经政策还略显不足，还有待进一步丰富与拓展。

一是从现有政策看，民航财经政策过多侧重于发展中西部机场和支线航空，而对于建设国际枢纽机场与发展国际航线而言，还没有一整套的财经扶持政策。因此在“十二五”期间的财经政策中，应当着力构建能够保障我国建设民航强国的财经政策，尤其是大力推进国际枢纽机场建设和发展国际航线。

二是现有财经政策针对航空物流、节能环保、通用航空等领域的发展，仍缺乏财经政策的有效支持。“十二五”时期，航空物流、节能环保、通用航空等都是民航发展的关键领域，然而目前还没有相应的财经政策从财务激励层面对这些领域的发展提供支持。为保障“十二五”规划的顺利落实，以及顺利推进航空物流、节能环保、通用航空等领域的快速发展，有必要在财经政策中增加相关政策内容。

三是现有财经政策重运营而轻保障，现有财经政策更多是针对机场、航空公司出台的，而没有出台专门的财经政策用于科研、教育等保障单位。这使得民航事业发展长期面临科研、教育保障不足的状态，导致针对我国民航事业发展的系统性研究不足，技术对外依赖性强的状况。因此“十二五”期间的民航财经政策，应当增加促进民航保障事业发展的政策内容，鼓励民航内部科研院所积极从事民航事业发展的各项研究。

（二）已出台的各项财经政策，随着政策环境的改变，也有待进一步完善与优化

民航财经政策是一个不断动态优化的政策系统，需要结合不同的政策环境与目标来适时地进行调整和完善。虽然“十一五”期间出台的五项民航财经政策，有力地推进了民航相关领域的发展，取得了令人瞩目的成绩。但在政策的实际运行过程中，也不可避免地出现了一些细节的问题，针对现有促进中西部和支线航空的政策而言，应当进行进一步的完善。如航空公司对支线航空界定标准问题的建议，东部机场对贴息上限的建议等等，都需要通过与航空公司和机场共同研究优化政策细则。

因此“十二五”期间民航财经政策的重要任务就是，继续完善和优化已出台的各项民航财经政策，以保障政策在具体执行中能够发挥最大的经济社会效益。

（三）机场建设费收入定位不清，“一金一费”渠道面临不确定性，未来民航发展可能会受到资金层面的较大制约

“一金一费”是民航局作为行业主管部门，调控民航事业发展、实现我国民航健康、均衡、快速发展的重要资金来源。因为“一金一费”的征收，使得民航基础设施建设速度和规模有了很大提升，为安全运输生产提供了坚实保障。但目前机场建设费定位不清，其本质是一种政府性的基金，由于被称作“机场建设费”而受到广泛非议。因此亟需对机场建设费进行重新定位，确保其可作为民航发展的持续性资金来源。

从机场建设费方面看，根据国务院审批要求，民航机场建设费的征收期限将于2010年底到期，届时能够续征或进行转型将面临较大不确定性。如果不能在“十二五”初期切实解决好机场建设费的续征或转型问题，民航局将面临调控资金大幅缩水的局面，也将无力支持中西部中小机场、枢纽机场及国际航线、支线航空的发展，无疑会对民航“十二五”期间的发展造成极大的影响。

从民航建设基金方面看，2004年4月1日，新的民航建设基金征管办法开始实施。新办法以航线资源有偿使用为原则建立民航基金，按照以航班的地区类别和机型类别确定的补贴标准以及航班飞行里程计算征收，充分体现了“谁受益、谁负担”的思路。但随着国际金融危机的加剧及航空公司竞争的日益激烈，为进一步降低国内航空公司的成本，增强其竞争力，民航局返还了国内航空公司缴纳的2008年下半年民航基础设施建设基金，并免征2009年上半年民航基础设施建设基金，合计约40亿元。此举虽然有效减轻了航空公司的经营压力，但同时也减少了民航局作为行业主管部门的调控能力。

“一金一费”是民航局出台各项财经政策的根本，没有“一金一费”民航局的各项财经政策将变成无源之水。随着“一金一费”的征收面临越来越多不确定性，民航财经政策的顺利实施也将面临较大压力。

（四）民航现有融资渠道单一，民航发展的现实需要进一步拓宽民航发展资金的融资渠道和融资方式

现有民航财经政策的资金主要来源于“一金一费”的征收，缺乏其他融资渠道，导致民航事业发展受到资金层面的较大制约。但随着“十二五”期间建设民航强国的发展需要，且根据国务院2008年1月批准的《全国机场布局规划》，到2020年，全国机场数将由2006年末的147个增加至244个。根据初步匡算，完成规划中机场新建及改扩建计划，需要4500亿元的静态投资。因此民航事业发展将面临较大资金缺口。

与此同时，随着“一金一费”征收面临越来越多不确定性，积极扩大民航事业发展的融

资渠道就变得尤为重要。目前我国80%以上的机场仍处于亏损状态，地方和社会资本投资积极性也不足。因此积极考虑从民航局层面出台各项财经政策，扩大民航融资渠道，鼓励民间资本进入民航发展领域，具有十分重要的现实意义。

第三章 民航财经政策的目标、原则与指导思想

一、“十二五”期间民航财经政策的现实要求

“十一五”期间，在深入学习实践科学发展观以及应对国际金融危机过程中，中国民航局先后会同财政部等有关部委出台了多项旨在促进我国民航业健康均衡发展的民航财经政策，并取得了显著的效果。“十二五”期间是我国民航业由民航大国向民航强国迈进过程中极其重要的五年，而民航财经政策是保障民航业各项发展规划顺利落实的重要保障措施，因此深入研究“十二五”期间民航发展面临的财经难题，出台各项有针对性的民航财经政策，对于保障和推进我国民航“十二五”期间各项规划的顺利落实，具有至关重要的作用。

出台民航财经政策还有着深刻的历史背景及现实要求，是我国民用航空在“十二五”及更长期发展的重要保障。近年来，我国民航事业取得了较快的发展、体制改革也稳步推进，民航运输生产增长迅速，运输总周转量世界排名第二，安全管理水平不断提高，基础设施明显改善，航线网络和发展布局日趋合理。但与此同时，在由民航大国向民航强国转变的过程中，还存在诸多问题，尤其是发展不平衡问题突出。如东部与西部、干线与支线、大机场与中小机场、公共航空运输与通用航空、客运与货运等发展不平衡以及基础设施建设水平滞后等，严重制约民航发展，不符合科学发展观的要求。

我国民航事业的发展离不开政府资金的持续投入，政府在民航领域的各项财经政策是民航取得持续发展的核心推动力，无论是对成就的继往开来，还是对问题的解决破除，都需要民航一整套完善的民航财经政策来保障。因此，为了实现民航系统的持续发展，我国亟需一套能够契合民航下一阶段发展要求，以及更好服务民航发展中心工作的民航财经政策。

因此，随着民航产业不断发展和应对新形势的需要，为了更好地保障和促进民航产业发展，民航财经政策还有待进一步丰富和深化，同时也要考虑不同民航财经政策以及与其他产业政策之间的相互协调。这要求我们必须不断总结已有民航财经政策经验，提炼民航财经政策制定过程的基本要素，理顺民航财经政策制定的基本逻辑，形成民航财经政策的基本体系。为推动我国民航事业科学发展，进一步拓宽民航资金融资渠道，放大财政资金效益，适应政府预算制度改革的要求，加大行业财经宏观调控力度，促进“十二五”期间民航事业又好又快发展，研究制定“十二五”期间民航财经已势在必行，其意义也体现在以下多个方面。

1．民航财经政策的完善有助于加强民航业的宏观调控，更好推动民航事业服务于国民经济发展。民航业与国民经济发展具有密切联系，两者相辅相成：一方面，经济发展需要民航行业，另一方面，经济的发展又促进了民航业的发展，为其带来了广阔的市场。而民航财经政策又为民航业的发展提供了政策支持和资金保障，民航财经政策的完善可以加强对民航业的财经宏观调控能力，更好地使民航发展服从和服务于国民经济较快发展。

2．民航财经政策有助于促进和支持民航“十二五”规划顺利落实。民航财经政策不仅是民航财经领域的指导思想和政策制定依据，同时也是整个民航产业在“十二五”期间顺利发展落实各项规划的重要保障。民航产业的各个领域的发展除了要制定并落实各个领域的相

关产业政策外，也同样都离不开政府财经政策的扶持与帮助。因此研究“十二五”期间民航财经政策，对于实现民航“十二五”产业发展规划具有至关重要的作用。而这也同时意味着，民航财经政策的制定也必须紧扣民航产业发展规划的需要，切实为民航产业发展服务。

3．民航财经政策与其他民航政策相互配合，共同构成我国民航产业政策的必要组成部分。民航财经政策是民航产业发展政策中的一个重要组成部分，民航财经政策与民航其他领域的产业政策具有相辅相成、互为保障的作用。因此建立完善的民航财经政策有助于更好地落实和保障民航产业的各项发展政策。而民航产业发展的各项政策目标，也反过来影响和完善民航财经政策。民航财经政策的不断丰富和完善，可以更好地保障民航领域各项产业发展目标的落实与实现。

4．民航财经政策坚持“以人为本”，强调全面、协调、可持续发展，是民航财务工作深入贯彻科学发展观，全面落实建设和谐民航战略，转变政府职能，创建服务型政府的重要体现。民航财经政策是民航全面、深入学习实践科学发展观的重要成果，是贯彻统筹发展方法的必然要求。政策侧重于支持社会公益性特征明显的领域，对投资回报周期长、投资回报率低的机场基础设施建设进行补贴；修改完善了民航政府性基金相关管理制度，扩大使用范围，对我国民航发展的薄弱环节和领域重点扶持；同时，我国民航业已经建立起政企分开的管理体制，政府出台的相关财经政策重点关注的是民航市场失灵的领域，这些政策是民航财经宏观调控的组合手段，丰富和完善了民航财经宏观调控体系的内容，是政府对自身职能的合理定位。

二、"十二五"期间民航财经政策的目标

（一）最终目标

“十二五”时期，民航财经政策的最终目标是支持民航“十二五”发展各项规划的顺利落实，推进民航强国建设，切实为实现我国民航产业发展成为“运输规模大、安全水平高、服务质量优、创新能力强、影响范围广”的现代民航运输体系提供政策支持。

（二）具体目标

在“十二五”期间，为配合各项民航发展规划的实施，民航财经政策的具体目标是，针对行业发展的关键领域制定出台相应财经政策措施，初步形成一套相对完善的财经政策体系。具体目标如下：

——强化通用航空扶持政策，提高通航普遍服务能力；
——完善和细化扶持政策，寻求支航发展质的突破；
——减轻航空公司税收负担，增强航运国际竞争力；
——加大政策扶持力度，力促航空物流信息平台建设；
——加大财政投入力度，完善机场网络体系；
——明确空管单位性质、理顺空管管理机制；
——落实科教专项经费，优化科教经费结构；
——拓宽民航融资渠道，为民航强国建设提供资金保障。

三、"十二五"期间民航财经政策的原则

1．“十二五”期间民航财经政策要致力于促进民航“十二五”期间各项发展规划的顺

利落实。民航财经政策是服务于民航总体发展规划的重要保障措施。“十二五”期间民航财经政策的制定要以民航“十二五”发展总体规划为基本导向，各项财经政策要致力于保障民航发展总体规划的顺利落实。

2．“十二五”期间民航财经政策要适应并满足国民经济“十二五”期间对民航发展的需求。“十二五”期间的国民经济发展规划对于民航事业的又好又快发展提出全新要求。民航财经政策要以服务于国民经济发展大局为目标，及时出台各项民航发展所需财经政策，切实推进在“十二五”期间由民航大国向民航强国的转变。

3．“十二五”期间民航财经政策要坚持公平与效率相结合，扎实推进民航的大众化与全球化。“十二五”期间民航发展既要满足中西部地区的民航交通运输需求，同时也要积极提升我国民航企业的国际竞争力，全力打造国际枢纽机场和发展国际航线。民航财经政策既要实现民航产业的公益性，同时又要尊重市场规律，要坚持公平与效率的相结合。

4．“十二五”期间民航财经政策要坚持最大限度发挥政府资金的引导作用。“十二五”期间我国民航将迎来大发展时期，各项投资项目需要大量的资金投入，单纯依靠政府投资显然难以满足巨大的投资需要。因此“十二五”期间民航财经政策要最大限度发挥政府资金的引导作用，切实拓宽民航建设资金的融资渠道，做大民航建设资金的“蛋糕”。

四、“十二五”期间民航财经政策的指导思想

“十二五”期间制定民航财经政策的指导思想是，坚持以邓小平理论和“三个代表”重要思想为指导，深入贯彻科学发展观，以“十二五”期间国民经济总体发展规划为指针，以“大众化、全球化、持续安全”为目标，切实运用好补贴、贴息、投资、融资等各项财经政策手段，最大限度发挥政府资金的引导作用，切实保障“十二五”期间民航各项发展规划的顺利落实，助推我国由民航大国向民航强国的转变。

第四章 民航财经政策体系构建

一、民航财经政策体系的定位

已出台的五项民航财经政策为进一步构建符合民航产业发展要求的民航财经政策体系提供了良好的基础，也必将在未来的财经政策体系中占有重要地位。然而民航财经政策体系除了具体的政策措施外，还应当在政策研究制定实施过程中提炼、总结政策制定和实施经验，总结探索制定实施民航财经政策经验的一般规律，为以后民航财经政策的制定提供可资参考的经验和依据。

而这种一般意义上的民航财经政策体系应当是一套能够反映民航财经政策制定一般规律、体现政策制定过程中的核心要点、刻画民航财经政策不同基本要素之间关系的政策制定体系。其不同于具体的民航财经政策内容，而是高于一般具体民航财经政策内容，是一个能够反映民航财经政策内在运行规律的体系架构，也是出台具体民航财经政策内容的基础和逻辑出发点。构建民航财经政策体系，是为了更好地理顺不同民航财经政策间的关系，增强各民航财经政策的可行性与合理性。

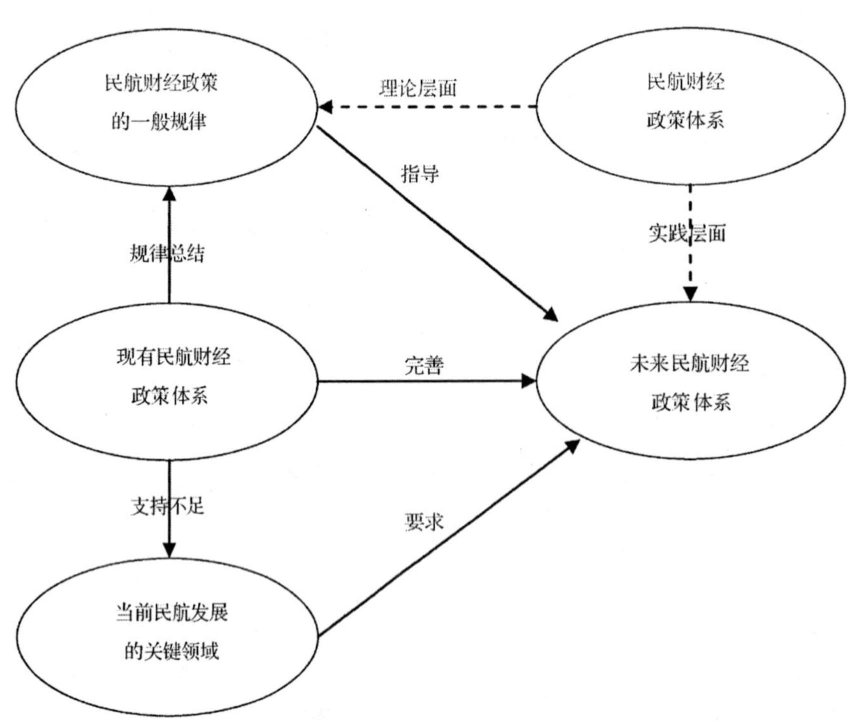

民航财经政策体系构建逻辑

因此我们可以从两个层面来理解民航财经政策体系，一是支持民航关键领域发展的不同政策的集合，即支持支线、国际航线、科教发展等方面的补贴、投资等政策的集合，其是实践层面的民航财经政策体系；二是将其看作不同政策要素之间关系的集合以及民航财经政策构建的一般规律，其是理论层面的民航财经政策体系。前者是从相对独立的政策内容角度看待民航财经政策体系，而后者是从政策体系整体的系统性角度完整的看待民航财经政策体系。民航财经政策体系的构建来源于现有具体的民航财经政策，通过不同财经政策的组合、配合、协调而构成实践层面的民航财经政策体系，同时在现有政策基础上，总结提炼制定民航财经政策体系的一般规律，从而构成理论层面的民航财经政策体系。由于所构成的民航财经政策体系中包含了制定民航财经政策的一般规律和经验总结，因此可以在未来的民航财经政策制定过程中知道具体民航财经政策实践。

我们只有在清晰地认清民航财经政策体系的基础上，才能更好地出台各项具体财经政策措施。通过系统研究更高层面的民航财经政策，有助于我们更好地认知具体的民航财经政策体系，有助于我们更好地把握民航财经政策方向，有助于我们根据民航产业发展需要而更有效、及时地出台相应财经政策措施，因此构建民航财经政策体系要从两方面入手，一是研究民航财经政策制定的一般规律；二是出台具体的民航财经政策。而本研究也是正基于此种逻辑而展开的。

二、民航财经政策体系构建——理论层面

理论层面的民航财经政策体系是基于政策理论而构建的民航财经政策体系，是能够指导民航财经政策实践的指导理念和一般规律。因此本部分将着重对民航财经政策体系的构成以及其构成要素间的内在逻辑进行分析和阐述，从而在宏观上清晰地给出民航财经政策体系的框架与内容。

（一）民航财经政策体系的构成

从公共政策制定的一般逻辑看，政策制定过程中要尽力抓住政策制定的基本要素，即政策的主体、客体、环境、工具及目标，从这些要素入手研究制定具体的政策措施，并考察其政策的影响效果。因此为了总结民航财经政策制定的基本规律和政策要素，此处我们按照公共政策体系构建的基本理论，来分别讨论民航财经政策环境、主体、客体、工具以及目标等五个方面的基本要素。这五个要素相互联系、互为制约共同构成了民航财经政策体系的基本内容。按照我们的理解，民航财经政策体系就是在特定的民航财经政策环境下，民航财经政策主体利用各种民航财经政策工具作用于不同的民航财经政策客体，最终实现既定的民航财经政策目标。这一完整的逻辑过程，既是民航财经政策制定和执行过程的基本逻辑，同时也是我们认知和研究民航财经政策的基本路径。因此构建民航财经政策体系，需要从环境、主体、客体、工具以及目标五个方面来整体把握，从而保障民航财经政策出台的有效性、合理性和可行性。

1．民航财经政策环境

民航财经政策环境是影响民航财经政策出台的所有影响因素的总和，在宏观层面包括宏观经济形势、国家发展战略；在宏观层面包括民航产业发展规划、民航产业发展现状；在微观层面则包括具体机场、空管领域基础设施建设面临的市场环境及财务状况等。因此民航财经政策环境是民航财经政策体系中的基础性要素，是约束政策主客体、政策目标及工具的宏观因素。从实践层面看，每一项民航财经政策的出台都需要充分考虑其所适用的政策环境。

只有如此，政策的出台才能保证其目标的准确性、工具的可行性与客体的可接受性。因此只有全面清晰地把握我国民航财经政策制定的政策环境，才能从根本上保障民航财经政策出台的合理性和有效性。

为了系统全面地把握民航财经政策环境，我们拟从四个层面来分析民航财经政策环境，一是中国民航产业发展现状，不了解民航发展现状就不能深刻把握民航发展的迫切需求，也就不能有针对性地出台切实有效的民航财经政策，因此对于民航现状的充分了解是制定未来民航财经政策的基础；二是“十一五”期间中国民航财经政策的现状，充分了解现有民航财经政策，研究现有政策与现实需求之间的差异，是我们进一步出台相关的政策的必然过程；三是民航财经政策的外部环境，外部环境包括三大方面，分别是国家经济发展对民航发展的要求，公共财政改革对民航财经政策的影响，以及服务型政府构建对民航服务提出的新要求；四是民航财经政策的内部环境，主要从民航产业自身发展的内在规律及发展规划角度分析民航财经政策制定所面临的内部政策环境。

2．民航财经政策主体

民航财经政策主体是指民航财经政策的制定、发布及执行部门，广义上看民航财经政策主体包括民航局内部的财务司及相关政策制定执行部门，也包括民航局外部的财政、税收、发改委等国家财经政策制定和执行部门。而从狭义上看，民航财经政策主体则特指民航局及其各职能司局，其中民航局财务司更是研究制定出台民航财经政策的主要主体。因为民航局财务司是民航系统内部的经济财务管理部门，关于民航事业发展的财经政策更多需要由民航局财务司出台和执行。因此民航财经政策主体是一个以民航局各职能司局为核心的包括财政部、国资委、发改委各类政府职能部门在内的政府部门集合，各项政策的出台需要各部门协同研究制定。因此一项民航财经政策的出台要综合协调考虑多方因素，这既是民航财经政策有效的保证，也是其可行性的重要保证。

基于此，在民航财经政策主体研究中，我们将分别对民航财经政策主体的职能、构成、所面临的挑战以及主要任务等内容进行进一步的讨论，以期为民航财经政策的出台厘清政策职能部门间的职能、利益关系，从而尽可能将各项政策的出台所面临的阻力降到最小。

3．民航财经政策客体

民航财经政策客体是民航财经政策所要作用的对象，包括所有与民航产业相关的单位、企业及个人。明确民航财经政策客体是研究出台民航财经政策的必要条件。由于民航财经政策客体众多，需要对政策客体构建一个系统框架来分别讨论，在此我们基于民航产业与价值链的关键节点来系统阐述民航的政策客体。这是由于民航财经政策客体既包括空管、机场、航空公司等支柱单位，同时也包括航空信息、维修、航油以及民航高校等辅助性行业。因此要在一个完整的框架内将所有政策客体合理有序地予以关注，必须遵循民航产业价值链的路径来梳理。

基于上述逻辑，我们将民航财经政策客体归类为三大类别，一是包括空管、机场、航空公司三大支柱行业的民航直接服务单位；二是包括航材服务、航空维修、航油服务、航空信息服务、民航高校等单位为代表的民航保障服务单位；三是包括旅客、货主在内的消费主体。民航财经政策作用的对象主要是上述三方面政策客体，民航的每一项财经政策都要考虑在上述政策客体上的具体政策效果，这样才能切实的保障政策制定的可行性和合理性。此外，民航财经政策不同客体之间具有不同的利益诉求，对这些利益诉求的深刻把握有助于提升我们民航财经政策的有效性和可行性，因此我们也将对其进行深入分析。

4．民航财经政策目标

一项民航财经政策出台的根本目的是实现最终的政策目标，因此确定明确而清晰的政策目标是制定民航财经政策的前提和基础。民航财经政策目标是各项民航财经政策制定出台的基本指向，所有政策的出台必须服务于最终的政策目标。

从民航产业发展的特点看，民航财经政策目标有其体系性和层次性。首先是宏观性的总体目标，即民航财经政策目标要服务于民航整体发展目标，借助民航财经政策助推我国由民航大国向民航强国的转变是民航财经政策的根本目标所在。其次是阶段性的可操作性政策目标，即民航财经政策在助推民航强国建设的过程中，必须分阶段、分步骤地做好几个方面的工作，一是民航财经政策要致力于实现民航的持续安全，二是民航财经政策要致力于实现民航的协调发展，三是民航财经政策要致力于实现民航的可持续发展。这三方面目标下面又可以进一步分解为众多具体的政策目标，如东西部地区的民航协同发展、通用航空的跨越式发展、安全保障的不断强化等等。

5．民航财经政策工具

民航财经政策工具是民航管理部门为实现民航财经政策目标而可以采用的政策手段体系，具体包括政府直接投资、财政贴息、补贴、收费等财政性政策工具，也包括市场融资、BOT、外包等市场化政策工具。民航财经政策工具是构成民航财经政策的主要内容，是民航财经政策的载体。理论上看，价格管制也是民航管理部门的一项重要财经政策工具，如航路费、民航基金、机场建设费等费用的收取，对于民航的发展都具有至关重要的作用。但作为民航局财务司来讲，价格管制的最终决定权不在民航局内部，而是由国家经济管理部门直接掌控，因此民航局难以单独对其进行调节；此外，价格管制也涉及到对市场经济运行的过多干预，在日益强调市场化运营的民航产业内部，价格管制也不宜过多作为民航财经政策的手段。因此我们在分析民航财经政策工具过程中，会涉及价格问题，但并不将其作为分析的重点。就现有民航局财经政策工具来看，直接投资、补贴、市场化融资，以及贷款贴息等政策手段是民航局进行财经政策制定的主要政策工具。

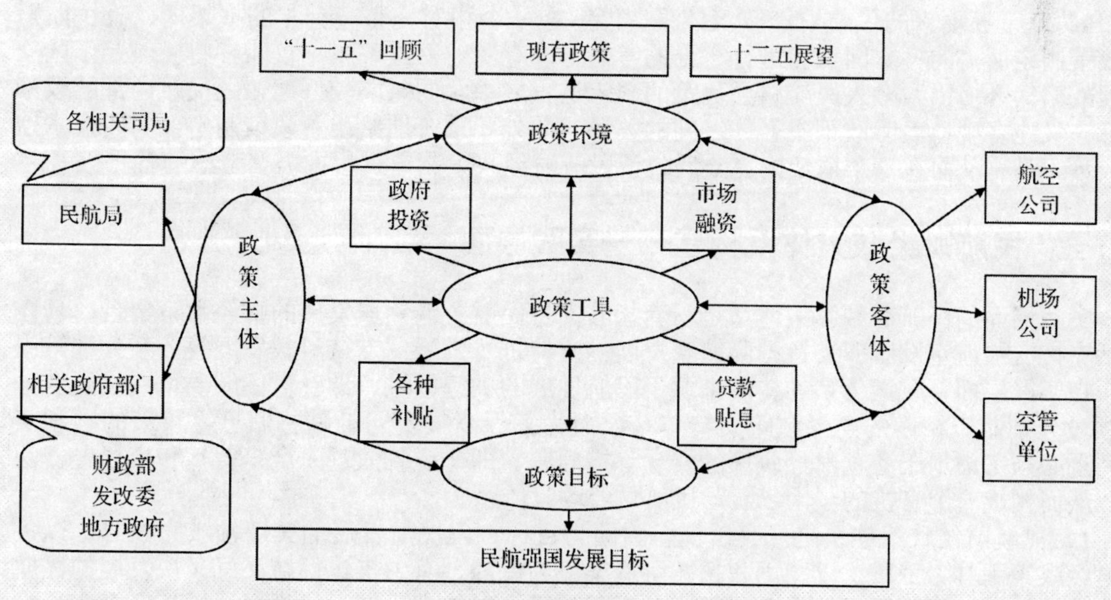

民航财经政策体系构成图

（二）民航财经政策体系构建的内在逻辑

基于民航财经政策环境、主体、客体、目标及工具的民航财经政策体系构建有其合理的内在逻辑。从这五个方面研究制定民航财经政策能够较为全面、客观、有效地实现民航发展目标。其构建的合理性体现在以下几个方面。

1．所构建的民航财经政策体系具有扎实的理论基础，能够保障其构建的完整性和科学性。现有民航财经政策体系是基于公共政策理论的政策体系框架构建而来，而公共政策体系理论具有政策研究中的普适性与科学性，因而这一体系框架也同样适用于民航财经政策体系。这种基于五种要素的政策体系框架，能够客观、有效地反映政策制定过程中所面临的诸多因素和利益相关者，因而在此种政策体系框架下能够相对合理地把握各方因素，制定出有效、可行的民航财经政策。

2．所构建的民航财经政策体系高于一般具体民航财经政策，而又能够指导具体政策的制定与实践，具有很强的理论性与指导性。现有民航财经政策体系并不是具体民航财经政策的简单集合，而是一个具有理论指导性与实践操作性的政策体系框架。只有在充分把握民航财经政策环境、主体、客体、目标、工具的情况下，具体民航财经政策的制定才能合理有效。因此民航财经政策体系虽然并不是直接可以操作的具体政策，但却是制定正确可行政策的必要基础，是指导我们进行民航财经政策制定的重要指南。

3．基于五要素的民航财经政策体系，内部逻辑完整、思路清晰，兼顾到了财经政策制定过程中的各方情况，是实现具体民航财经政策具有合理性、有效性、可行性的重要保障。这种民航财经政策体系五要素之间环环相扣、互为影响，形成了一个完整的政策体系框架。在这一政策体系框架中，政策制定的主体必须在客观的政策环境之下，利用合适的政策工具去作用于正确的客体，才能有效地实现最终的政策目标。因此这种政策体系给出了我们在制定民航财经政策过程中的所要面对的各种约束和限制，以及进行政策制定的基本逻辑和思路。

4．基于五要素的民航财经政策体系，能够在一个相对完整、独立的框架内，将民航财经政策制定所需的各方因素均进行充分的考虑。现有民航财经政策不仅能够将民航乃至国家发展战略等环境因素融入民航财经政策的制定过程之中，同时能较好地兼顾民航内部的政策目标，又能客观地表明政策主客体之间的关系，此外还系统地给出了政策制定部门所能掌控的政策工具，从而在一个框架内充分反映了民航财经政策制定过程中需要考虑的各种因素。

三、民航财经政策体系构建——实践层面

实践层面的民航财经政策体系是一套能够支持民航关键领域发展的财经政策集合，具体包括支持支线航空发展、支持国际航空发展、支持机场发展、支持科教发展等一系列政策组合。在实践层面，政策体系的构成来源于民航发展的关键领域，即针对民航要重点发展的关键领域分别制定相应的财经政策支持体系，而为了保障投资、补贴、贴息等政策的顺利实施，还必须考虑用于各项财经政策的资金筹措问题，即非税收入（一金一费）和市场融资问题，从而构成一个有机的“十二五”民航财经政策体系。

1．民航财经政策体系是一套以民航强国为目标，以民航发展的关键领域为核心，以各项财经政策工具为手段，以稳固和拓宽融资渠道为保障，有力推进民航又好又快发展的民航产业政策体系。民航财经政策着眼于民航强国建设，以扩大民航运输规模、提高安全水平、提升服务质量、增强创新能力、提高竞争能力、扩大影响范围为政策制定的根本出发点，切实关注民航亟待发展的关键领域，并在稳定资金保障的基础上，运用合理的政策工具，实现民航的快速发展。

2．民航财经政策体系是一套能够推进民航健康、快速发展的有机政策体系。民航财经政策是一个有机的整体，各个政策之间存在相互支撑相互促进的作用，如支持中小机场的建设，同样也是促进支线航空的发展，而支持航空物流的发展本身也是在增强航空公司的竞争力。因此虽然民航财经政策体系内容繁杂，但其目标明确，各项政策的作用领域也十分清楚，因此民航财经政策体系必然能够成为一个有机的整体。

3．民航财经政策体系是一个不断优化完善、开放的政策体系。民航财经政策体系并不局限于现有的政策内容和政策手段，而是随着民航发展的实际需要，不断调整、完善和优化的开放政策体系。随着民航的发展，民航财经政策体系也必将不断丰富和完善，以适应全新的民航发展环境。

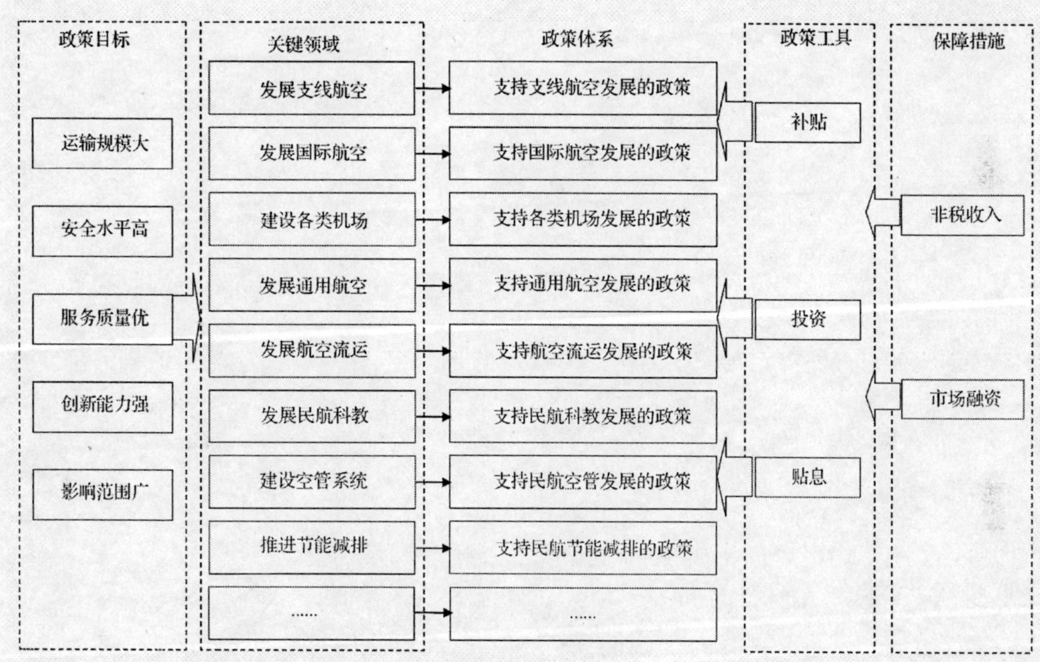

民航财经政策体系

四、“十二五”期间民航财经政策体系建设阶段性目标

民航财经政策体系的构建是一个长期而艰巨的工程，难以在短期内完成。因此我们的民航财经政策体系建设必然是一个分阶段、分步骤的构建过程。在“十二五”期间，民航财经政策的构建目标是要致力于初步构建其民航财经政策的基本框架，尽快出台针对通用航空、国际运输、航空物流、民航科教、节能减排等方面的财经政策，不断拓宽财经政策的作用范围；同时努力扩大民航建设资金的筹集规模，在稳定原有“一金一费”收入的同时，积极拓展市场融资渠道。

因此民航财经政策体系的建立和完善，需要经过以下几个阶段：

1．“十二五”期间，要首先解决民航包括民航机场建设费在内的机场建设资金问题，切实地为民航建设提供牢固的、有保障的资金支持。同时积极探索市场化的融资模式，不断扩大民航建设资金的规模，加速推进民航强国建设。

2．“十二五”期间，还要进一步扩大民航财经政策的作用范围，尽快确立民航财经政策的基本框架，将民航财经政策体系覆盖到支持国际运输、通用航空、航空物流、节能减排以及科教事业等民航发展的关键领域。

3．在民航强国建设过程中，即到2030年前，民航财经政策要尽可能地完善已有的民航财经政策体系，根据政策执行过程中遇到的种种问题，对民航财经政策进行微调，不断完善民航财经政策体系架构，最大限度地发展财经政策对民航强国建设的支持力度。

第五章 “十二五”期间促进民航关键领域发展的财经政策建议

一、强化通用航空扶持政策，提高通航普遍服务能力

（一）我国通用航空发展现状及问题

目前，我国通用航空已基本形成完整的产业链条，涵盖了通用航空的飞机制造、运营、维修、机场建设、代理服务以及金融、保险服务等环节，并辐射到机械制造、能源、高新电子产品等诸多领域。但多年来虽有增长，发展却比较缓慢，不论是与国内的公共航空运输相比，还是与发达国家的通用航空相比，都存在着巨大的差距。这种差距不仅体现在“数量”的对比上，更体现在发展的区域结构上。同时，国内大部分航空运输机场的建设多是考虑干（支）线飞机的起降，导致通用航空机场缺失严重，相应的通用航空作业服务也十分的不足，供需矛盾较为突出。而且我国国土辽阔，地域跨度大，自然灾害频发。虽然近两年通用航空应急救援体系快速发展，但仍呈现出基础差、整体能力弱的态势。

（二）促进通用航空发展的现有财经政策及其评价

通用航空的发展是涉及到政策环境、基础保障、运营环境和支持服务等多方面的系统工程。除了航空公司，还涉及民航局等相关部门、机场、空管、中航油、飞机制造商、维修机构等企事业单位。其中，天空开放是通用航空发展的前提和基础，而基础保障环节的空域管制是制约我国通用航空发展的主要原因之一，这方面很难通过财经政策彻底解决。但在创造通用航空发展所需的良好税费环境、基础设施建设和支持服务等方面，民航财经政策还是大有可为的。虽然我国曾出台了一些促进通用航空发展的财经政策，但还是存在着一些问题。

1．相关财经政策供给不足

目前我国出台的促进通用航空发展的财经政策，关系密切的只有作为通用航空服务对象的农业部、国家林业局等部门，从本部门角度出发，制定、实行了一些有利于通用航空发展的相关政策（如，农业部在部分地区已将购置农用航空器列入农业机具补贴范围；国家林业局为加强森林消防工作，自2007年开始加大了航空护林的经费投入，将作业飞行小时费用提高一倍）。

2．财经政策设计有待进一步完善

目前，通用航空相关财经政策已经涵盖了市场准入、基础设施建设、航空器引进、油料保障、公益性作业服务等方面，但还有待进一步细化，突出重点和完善体系，进而增强政策的可操作性和时效性。例如，以下几点就是我国通用航空财经政策可以调整的方面。

1）我国对航空机场的直接投资较多，虽有补贴，但多注重公共航空运输机场。目前已有民营企业或个人尝试投资兴建通用航空机场，但鲜有成功的先例。相应的适宜通用航空应急救援的临时起降点就很少，且空间分布不均。

2）通用航空涉及的服务价格主要包括“一收一支”，即作业价格以及机场使用收费价格两方面。

在收入方面，作业价格目前仍沿用1994年通用航空作业收费标准，远落后于航材、燃油及人工成本的增长幅度。

支出方面则主要有以下问题：第一，现行民用机场收费标准调整后，价格提高幅度较大；第二，航油供给的渠道也相对狭窄，价格昂贵。受限于企业规模及资金能力，通用航空企业很难自建储油设施；第三，自2001年以来，通航飞机、航材进口增值税恢复到了17%，加上进口关税及手续费，进口费用达到货物价值的21%～23%，而在公司的总运营成本里，购机成本占总运营成本的30%，即进口费用使总运营成本增加了6%以上，增加了企业的负担；第四，从事农、林航空等社会公益性项目的通用航空企业，企业所得税等税赋压力较大，即使算上民航总局和农林部门的补贴，也无利可图，甚至亏损。

3）由于民航飞行院校及培训机构的培养以航空运输为主，而培养一名标准的飞行员要经历四年的飞行学院培训、半年到一年的改装机培训、作为副驾驶5年中一年两次的再培训，总共需要十年的时间和上百万的费用。人才培养和引进的成本过高，致使通用航空飞行人才极其缺乏。

3．美国通用航空发展的政策经验

在美国航空领域，美国政府扮演了重要的角色。它的立法既有力度又有灵活性，为其民用航空创造了鼓励竞争和发展的宽松条件。为了充分利用空域，对空中禁区、限制区、危险区的划定做了严格管理和限制国家空域资源使用缴费等空域安全仍可保持在可接受的水平。政府还在财政上资助通用航空使用的机场和辅助设施；以既讲成本又对用户需求负责的方式向通用航空提供服务；用先进的技术提高通用航空的安全水平，改进其对机场及航路的使用；同通用航空机构加强协作，以便使通用航空的运作与美国空域飞行的规章制度协调一致，杜绝违章飞行。

（三）促进通用航空发展的财经政策建议

随着我国经济总体向好的发展趋势，社会对通用航空的需求将会不断地增加。但由于我国通用航空发展的起点比较低，差距比较大，根本地改变我国通用航空发展水平并不是一蹴而就的事情。现阶段，旨在扶持通用航空发展的财经政策应根据我国现有国情侧重制约通用航空发展的瓶颈问题。

1．完善公益类飞行补贴政策，提高通用航空普遍服务能力

在公益救助飞行任务的补贴方面，建议协调通用航空涉及的相关单位和部门，包括国家发改委、财政部等综合管理部门，农业部、国家林业局等用户单位以及航空一、二集团等上游单位，针对通用航空产业链的各个环节，联合制定通用航空发展的财经政策。

在农业航空方面，协调农业部，将购置农业航空飞机列入农业机具补贴范畴，设立农业航空补贴；在林业航空方面，协调国家林业局，由国家出资购置航空护林飞机，交由通用航空企业执管，扩大现有航空护林机队规模；对承担航空应急救援任务的企业依据作业飞行量按年度进行补贴，提升通用航空作业服务能力。

2．调整相关税费和补贴政策，降低通用航空运营成本

建议通过民航局协调国家税务总局等相关部门，对通用航空企业免征关税和进口环节增值税。适时给予通用航空企业进口退税、增值税减免等税收方面的优惠；协调通用航空飞机制造业主管部门，向国家申请购买国产飞机的补贴或贴息贷款制度，引导和鼓励通用航空使用、购置国产通用航空飞机；参照航空运输企业的燃油费制度、出租车运营业的燃油补助制度，争取国家对通用航空用油的补贴政策；改革机场对通用航空收费和补贴政策。凡不使用候机楼服务的通用航空飞行机场免收费用。机场可以根据以该机场作为基地的通用航空飞机数量和起降次数申请专项补贴。

3．加大对飞行员培养的补贴力度，保证通用航空人才供给

针对飞行员驾照培训成本过高问题，建议国家增加对培养机构的补贴，特别是全过程培养模式的单位。在培养的前期阶段，以国家补贴为主，以降低培养机构的负担和风险，扩大我国飞行员培养的总体基数。在后期以航空公司培养为主，国家补贴为辅。并结合重特专、老少边穷地区公益类通用航空飞行作业量的补贴方法，保证这些地区通用航空飞行员的供给。

4．通过贴息、补贴和专项基金等手段扶持通用航空机场的运营

通用航空飞机机型比公共航空运输的机型小得多，起降标准差异大，建机场应有适合自身的标准体系。建议参照现行支线航空及支线机场的补贴扶持政策，研究制定对通用航空短途客货运输机通用航空机场运营的扶持政策；通过贴息、补贴等手段鼓励社会资本参与兴建，或者是设立专项基金从资金、设备及项目上予以支持，特别是对中西部偏远的通用航空机场的建设。

二、完善和细化扶持政策，寻求支航发展质的突破

（一）我国支线航空发展现状及问题

近些年，我国的支线航空取得了较大的发展。即使在2008年国际金融危机的背景下，支线航空在支线机场数量、支线机场等级、支线机场吞吐量以及支线机场航班频率方面都有提高，但支线运输在全部航空运输中的比率并没有增长，支线飞机的架数和所占比例，还经历了一个下滑和回升的过程，其中2008年的支线飞机比例比2001年的支线飞机比例低将近8个百分点。我国20%的大中型机场承担了全部旅客运输量的80%，而且这其中的大部分机场已经达到饱和状态，余下的机场利用率却很低，近50个机场基本上处于闲置状态，甚至全天没有一班飞机起降。

同期美国无论经济萧条还是繁荣，美国支线航空公司以其独特的商业运作模式确保了自身的盈利。在美国，支线航空公司不是骨干航空公司的全资子公司，就是使用骨干航空公司代码运营的合作者。早在2004年就有98%的美国支线航空公司旅客乘坐他们与骨干航空公司代码共享的航班；支线航空公司的航班已同骨干航空公司的航班在枢纽网络上融为一体。目前美国支线航空发展无论是从数量上还是增量上都远远高于我国。这种现状与我国民航产业发展阶段有关，但也充分说明了我国支线航空发展的广阔空间。

此外随着航空运输这个产业的发展，美国政府不断地推出相关的政策措施，以放松市场管制，鼓励正当竞争，促进其迅速发展。为了支持向经济欠发达地区提供航空服务，美国政府在实施放松管制政策前提出，社区城镇和市县可依《联邦航空法》向运输部申请财政补贴。放松管制后，国会又发布“基本航空服务计划”，要求航空公司维持社区航空服务，如

有亏损可在提供运输成本、收入等资料后报请运输部获得补助金。此外，社区机场当局还可向地方市县政府申请补助，以保证社区机场正常运营。这些措施毫无疑问地促进了支线航空与干线航空相互促进、协调发展。

（二）促进支线航空发展的现有财经政策及其评价

长期以来，民航局等相关部门一直注重支线航空的发展，为了促进支线航空更好地发展，于2008年4月30日出台了《民航中小机场补贴管理办法》、《支线航空补贴管理办法》、《民航基础设施建设贷款贴息管理暂行办法》等几项旨在扶持中小机场以及支线航空的政策。而且支线航空本身的发展也是涉及到航线开拓、机场建设、基础设施完善等方面。

1．支线航空补贴政策作用明显

《支线航空补贴管理暂行办法》规定支线机场和省内航段或距离小于600公里的支线都可享受补贴，补贴标准向中西部地区、东北地区、新开辟航线以及尚处于市场培育期的航线倾斜，向欠发达地区和小机场倾斜，同时要求地方政府提供配套补贴。这些政策直接促使支线航空的收益率上升，调动了航空公司开辟支线航空市场的积极性。

2．中小机场补贴政策效果显著

《民航中小机场补贴管理办法》明确对吞吐量在500万人次以下的中小机场进行补贴。除去目前国内年吞吐量在500万人次以上的19个机场，国内80%以上的机场都能获得补贴。为激励停航机场尽快复航，减少资源浪费，对停航机场不予补贴。新办法将机场分为东部地区、中部地区和西部地区机场三类，在确定补贴标准时向中、西部地区适当倾斜。将符合补贴条件的机场按吞吐量分为四档，规模越小的机场补贴标准越高。军民合用机场生产运营受到空军飞行影响，补贴标准按同类机场补贴标准上浮20%。办法中还明确写入“各地方人民政府亦应根据本地区机场情况给予配套补贴”。各机场可据此与当地政府有关部门积极协调，争取政策。2006年和2007年，中小机场补贴共16亿元，分别有122个和123个机场获得补贴，其中，中西部地区机场补贴额占比达到70%以上，中小机场受益很大。

3．民航基础设施建设贷款贴息政策影响广泛

《民航基础设施建设贷款贴息管理暂行办法》不仅可以调动企业和社会各界参与民航基础设施建设，改政府直接投入为间接引导，还促进企业利用信贷手段，从银行借入的资金数十倍于贴息额，放大财政资金的使用效益。该政策规定符合贴息条件的贷款必须是由项目建设单位（项目法人）直接从商业银行借入的贷款。贴息期限从建设开始到资产投入使用后3年。特殊情况经总局批准后可适当延长。2006年和2007年，基建贷款贴息共补贴30个民航基本建设项目，贷款规模达到132亿元，约贴息额的50倍。基建贷款贴息政策对东部发达地区尤其具有吸引力。

4．扶持支线航空的财经政策相对完善，但有待细化

支线航空的进一步发展除了相关政策方面，还有很大程度关系到以城市化为基础的市场需求的增加。目前这些促进支线航空发展的财经政策多侧重于调整我国民用航空支线与干线、东部与西部发展不平衡的问题，支持社会公益性特征明显的领域，取得了较好的效果。并且这些政策从资金筹措、基础设施建设、税费环境和航线涉及等多方面扶持支线航空的发展，涵盖的领域和地域具有相当的广泛性，体系相对完善。现在的主要问题是相关补贴政策比较笼统，补贴范围和标准还有待细化。

1）根据距离的支线补贴范围有限

目前，一些吞吐量较大的机场到支线机场之间的距离大于600公里，但由于我国地域广阔，特别是一些西部等偏僻地区相对遥远，根本无法享受到低于600公里的补贴优惠。

2）强制性飞机购买增加企业经营压力

由于许多支线飞机的购置带有一定的强制性，且支线飞机在经营过程中亏损更为巨大，给航空公司带来的经营压力也很大。同时，我国支线飞机在一定程度上依赖进口，飞机租赁方面也鲜有扶持政策，而相关税费又较高，使得航空公司支线业务长期处于亏损状态。

3）我国中小机场补贴标准单一，额度有限

中小机场补贴以吞吐量作为标准，按照地区及机场吞吐量将全国机场分为12种补贴标准，没有就机场的具体需求来进行补贴。而且，我国中小机场补贴融资渠道单一，补贴额度有限，难以为继中小机场的生存。

4）我国中小机场补贴方法有待改进

同一地区固定补贴部分是吞吐量多的机场获得的补贴多；变动补贴部分同一地区吞吐量少的机场获得单人补贴多，但是同一地区第一档吞吐量约为第四档的7～14倍，而补贴单价相差不过5倍。这样实际上就是在同一地区吞吐量越大获得的补贴反而越多，而真正需要补贴的那些吞吐量很小的机场实际获得的补贴很少，补贴效率低下，补贴效果自然较差。

（三）促进支线航空发展的财经政策建议

1．采取有区别的航线扶持政策

建议对于老少边穷地区有市场前景的100条航线在现有基础上增加补贴，对新开辟的独家航空公司运营的航线给予3年保护期，同时继续落实支线航空补贴政策；在确保安全的前提下，增加繁忙机场起降时刻50个左右；充分利用大都市周边辅助机场，缓解大都市机场压力。

2．调整支线飞机的购买和租赁环节税赋和补贴

建议民航局协调国家税务总局等相关部门，采取总量控制进口支线飞机，在控制数量内引进的飞机可享受低的税收政策，并降低购买或租赁支线飞机的贷款利率；通过国家政策性银行对开展国产飞机租赁业务的租赁公司予以补贴，解决国产民机销售融资问题；并采取配额购买方式，即航空公司在购买国产飞机的同时可按优惠税率购买一定比例的进口支线飞机，以此调动航空公司购买、使用国产支线飞机。同时对购买国内组装生产的支线飞机给予补贴。

3．完善补贴标准，扩大补贴范围

建议扩大或删除600公里以内的限制，综合考虑中小机场与枢纽机场的距离、枢纽机场级别的界定、机型选择等多种因素确定补贴对象。同时，按照地区经济发展状况结合吞吐量和客座率对机场进行补贴。并加大年吞吐量50万以下机场支线飞机的补助范围和补助项目，将原补助的狭义起降费扩大为广义起降费。

由于补贴标准已考虑到客座率因素，故建议取消淡旺季上下浮动20%，同时方便补贴金额的计算。在客座率分档上，结合实际客座率收入水平，提出相应调整，其中客座率在50%以下时，航线经营出现较大亏损，建议大幅上调该档补贴金额。

4．降低二三级城市机场的相关税费，增加中转客源

建议减免从支线机场始发当天衔接第二段航班的机场建设费，以促进支线机场始发的中转客源的增长。例如旅客乘坐敦煌－兰州为支线飞机，当天8小时内乘坐兰州－武汉航班的机

场建设费予以减免。同时，降低或免除支线航空航路费、离港费等。民航总局还可协调地方财政，通过一定形式降低或返还支线航空公司的营业税，支持本地支线航空的发展。

5．拓宽机场建设的融资渠道

鼓励社会资金和外国投资进入机场投资领域，努力探索债券融资、项目融资等低成本融资方式，地方政府进行配套招商引资以吸引市场资本进入机场建设等领域。

三、减轻航空公司税收负担，增强航运国际竞争力

（一）国际航空运输发展的现状及问题

在竞争日趋国际化的背景下，我国从民航大国向民航强国的转变过程中必然离不开国际市场的发展。在2007－2008年的两年里，我国每年进出口总额超过了 2万亿美元。我国民航产业正站在一个新的历史起点上，发展机遇前所未有。但毕竟国际金融危机的影响仍在继续，国际航空市场整体需求依旧比较疲软，外国航空公司还将目标瞄准需求相对坚挺的中国，加快了对我国民航市场的渗透。

据调查，2009年上半年，我国全民航旅客运输量同比增长16%，其中国内航线旅客运输量同比增长20%以上，而国际航线同比下滑10%左右。其中，上海国际化程度高，相比于北京和广州受金融危机的影响最为严重。上海浦东国际机场的国际航班共由46家航空公司承运，其中内地航空公司4家，外籍航空公司33家，台湾航空公司5家，香港航空公司3家，澳门航空公司1家。外籍航空公司占据了绝对的市场份额优势，且盈利能力也高于国内航空公司。

然而，“天空开放”已经蔓延到我国，我国已签署航空双边协议近110个，全球已有90多家航空公司飞往中国。虽然我国航空公司国际竞争力普遍不足，与外国先进民航相比，处于明显劣势，但航空市场的开放不可逆转。

（二）促进国际航空运输发展的现有财经政策及其评价

我国一直在关注国际航空运输的发展，并鼓励各航空公司参与国际竞争。在应对国际金融危机时，出台了一些相关财经政策，但喜忧参半。

1．财经政策相对单一，影响范围有待扩大

我国在2009年4月22日发布了《国际航权分配与使用机制暂行办法》，支持航空公司增加至新兴市场国家及非洲、中东地区的国际航线，对特殊政策性远程国际航线予以补贴。针对国际客货运输市场下滑形势，允许中外航空公司根据市场需求调整航线或经营临时加班包机。而其他方面的财经政策现在还属空白，与应对金融危机我国普遍采用的出口退税政策相比，我国的国际航空运输由于只涉及到营业税，享受不到在消费税、增值税方面的退税优惠。整体来说，我国航空公司在与发达国家航空公司的国际竞争中基本处于劣势地位。

2．航空公司税负过重，营运环境有待改善

国际航空运输的发展除了需要国家出台相应的政策予以扶持外，还有赖于国际性航空枢纽机场的建设和国际航线网络的健全。这些都不是依靠财经政策能够彻底解决的。但不可忽视的是，我国航空公司税收负担过重是严重影响国际航空运输发展的主要原因之一。

1）产业链各环节涉税较多，税率过高

从产业链角度看，航空公司运营的每一个环节都涉及到不同的税费问题在机场建设、航

空设备、安全技术、安全设备、企业技术自主研发、空中管制等领域都课有税赋。而同期的纽约政府对于航空业不课征流转税，进口环节不课征任何税收，航空公司无需要代扣代缴任何税收。航空公司税收成本相当低廉，税收环境相当优越。所以，与发达国家的航空公司相比，我国的航空公司不仅面对的税种多，而且税率也较高。

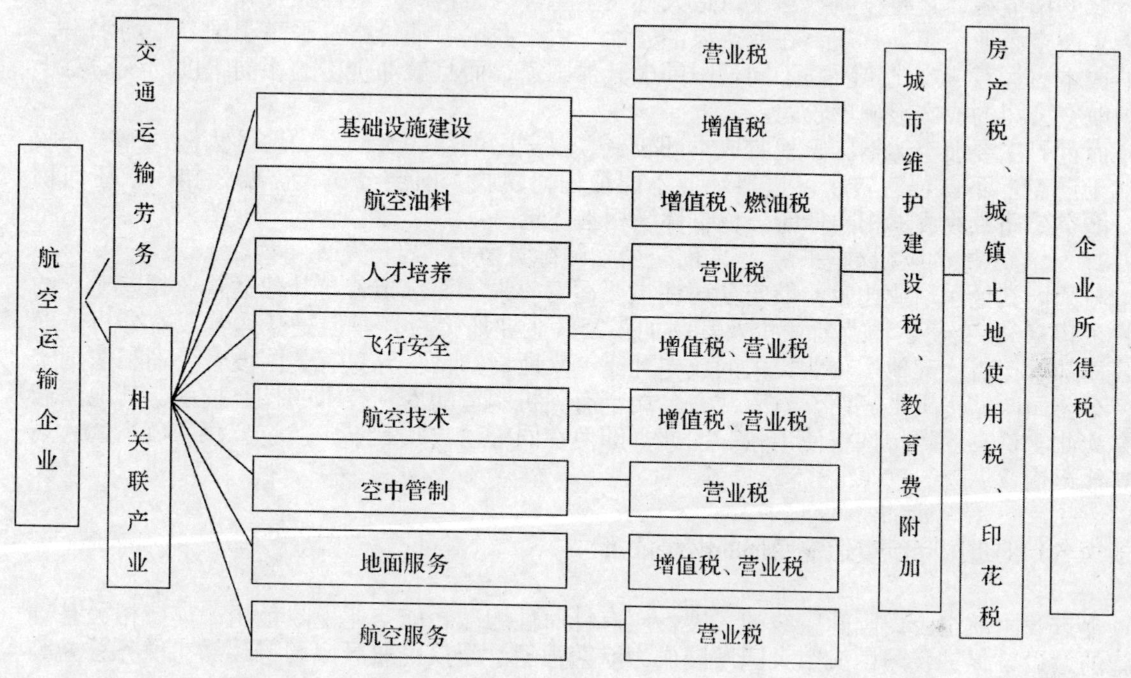

航空公司的税收负担

第一，在航空公司运输劳务收入方面，根据我国现行税收法律法规，航空运输收入应缴纳3%营业税及城建税和教育附加（属地征收）、25%（2008年1月1日起） 企业所得税（总机构汇总缴纳），营业税适用基础设施行业的低税率，企业所得税与一般国内企业无异。应当说，航空公司运输劳务收入本身税收负担并不沉重。但是，根据现行营业税暂行条例的有关规定，计入航空公司营业额的部分，应为航空公司提供运输劳务收取的运输收入及价外收入，意味着航空公司提供运输劳务以机票形式收取的全部收入，均应计入航空公司营业额，计算缴纳营业税。这部分价外收入中，便包括了财政部授权航空公司收取的燃油附加费。而这部分燃油附加费是政府为了弥补航空炼油的价格上涨对于航空经营成本的不利影响而做出的单独授权，在原本燃油附加费不足以抵顶油价上涨的成本开支的情况下，再对燃油附加费作为价外收入征收营业税、城市维护建设税和教育费附加以及企业所得税，显然，有悖于燃油附加费的收取初衷，也加大了航空公司的税收负担，削弱了航空公司的竞争能力。

第二，从航空公司运输劳务投入的角度分析，直接影响航空公司竞争力的投入项目有航空飞行器、航空煤油和飞行员三个项目。其中，干线飞机主要由欧美两大飞机制造厂商生产，国内航空公司所使用的干线飞机几乎全部由国外引进。引进飞机主要有购买、融资租赁、经营租赁三种形式，缴纳的税种有关税、增值税、预提所得税。在现行的增值税和营业税制下，购买和融资租赁飞机要缴纳关税、增值税；融资租赁和经营租赁要缴纳预提所得税。从购买对象看，航空公司需要进口的主要为飞机、飞机模拟机和教练机、航材。与此同时，作为产业链条的最下游，大量外购成本中17%的增值税不能再继续抵扣或转嫁，全部由航空公司负担，最终致使航空公司运营成本更高。例如，航空公司外购的飞机、发动机、高价周转件含增值税（4%或17%），造成资产原值过高；外购的航材、燃油、机务维修、餐食、机上供应品等等商品均含17%的增值税，航空公司是营业税纳税人，不但承担了上游企业转嫁的增值税，还要按航线、飞机最大起飞全重等因素再交一道营业税和民航基金，更是加重了航空企业负担。其次，在航空煤油方面，由于我国航油价格水平高于国际平均水平，航油成本占运营成本比重要高于同期国际上其他国家，而且航油价格的相同幅度的变动对于我国航空公司的成本影响也较大。

而世界主要航空运输国家税收成本却较低。以美国的纽约及旧金山地区为例，那里的政府对于航空业不课征流转税，进口环节不课征任何税收，航空公司无需要代扣代缴任何税收。航空公司税收成本相当低廉，税收环境相当优越。

2）上游飞机供应相对垄断，减弱航空公司国际竞争力

与国内其他运输业比较，航空公司在主要运营收入方面承担着与其他运输业相差无异的税收负担（3%交通运输业营业税及其附加、25%企业所得税）。但是从运营成本分析，航空公司却承担着比其他运输业更大的成本开支。众所周知，世界只有美国波音公司和法国空中客车公司两家飞机供应商，只有两大公司享有飞机制造的专利技术的核心技术，其他国家只有为此支付高额的特许权使用权。因此，即使在同等税收政策下，航空公司的负担远远高于其他运输业。

（三）促进国际航空运输发展的财经政策

促进我国航空公司国际航线的发展，应有针对性地减轻航空业税收负担，支持相关基础设施的建设，促进我国由航空大国发展成为航空强国。建议民航局协调财政部、税务总局等相关部门采取如下政策：

1. 加大相关涉外税收优惠力度

落实并扩大国家已经确定的对部分航空公司注资、国际及港澳航班使用国产航油增值税返还等相关政策。并建议民航局会同国家有关主管部门，对民航计算机信息系统收费采取优惠政策，同时理顺航空煤油价格，合理调剂国内国际航空煤油采购数量，适当降低航空煤油综合采购成本，同时减少航油进口关税。

2. 减免民航基础设施建设基金

政治性和外交性的国际航线全部免除，此外的国际航线，减半征收。同时，对特殊政策性远程国际航线继续实行补贴。

3. 降低飞机及其相关部件进口税收成本

建议对航空公司进口飞机模拟机、教练机，免征关税和进口环节增值税。同时，飞机上的很多部件属于通用件如空调，并不是飞机专用的。建议对属于飞机的通用件执行优惠税率，调低飞机航材关税和进口环节增值税税率。

4. 改善飞机租赁环节税负环境

建议对飞机租赁期限内，对飞机法定维修与更换所需要的发动机和耐用件，免征或减征增值税；免征租金和租金利息的预提所得税，免征租赁飞机租金收入的营业税；建议对融资租赁使用飞机的航空公司实行飞机加速折旧；当租赁公司采用经营性租赁方式使航空公司扩

大运力时，由租赁公司办理所得税抵免；当航空公司采用融资租赁的方式扩大运力时，由航空公司办理所得税抵免；若租赁公司为外商投资企业，允许租赁公司按规定享受增值税退税待遇；建议对出售回租业务免征营业税，培育飞机租赁的市场经营主体。

四、加大政策扶持力度，力促航空物流信息平台建设

（一）航空物流发展的现状及问题

近年来，虽然我国航空物流市场呈现稳步增长态势，但境内外航空公司承运的国际货邮运量差距在加大，境内航空公司承运量明显低于境外航空公司，大部分市场份额被境外航空公司占据。尤其是在国际市场中，境外航空公司牢牢把握着绝对的优势。国内航空公司在争抢货运市场上，与境外航空公司还存在较大差距。如2008年仅浦东机场国际货邮运输市场就有约87%被外航占有。而且国内航空公司货邮运输市场动力不足，境内航空公司航班和有效业载投入明显低于境外航空公司。

目前，环渤海地区、长三角地区和珠三角地区占我国航空货运市场近70%的市场份额，而以重庆、广西、贵州、四川、云南组成的西南地区成为新兴的航空货运市场，市场份额日益接近环渤海地区。其他相对不发达地区，如东北、西北的运量总和都低于以上任意地区，国内航空货运有明显的区域性和方向性。整体来说，国内航空公司货运无论是货运量还是收入都远远低于名义GDP的增长率，经济发展并没有带动国内航空货运的全面繁荣。

（二）促进航空物流发展的现有财经政策及其评价

相对于航空货运，我国航空物流一直处于弱势地位，因而得到了社会各界的广泛关注，但目前我国还没有明确的成文的财经政策。

1．促进航空物流发展的财经政策呼之欲出

中国民用航空局于2009年9月21日公布的《关于进一步促进航空货运发展的政策措施（征求意见稿）》，计划在航班时刻、航线资源、货机租用管理、新设立货航公司审批方面给予政策倾斜。其中，对航空公司开辟西部货运航线，新开国际货运航线，特别是远程国际航线将实行补贴，以稳定西部国际货运经营。并完善支线补贴政策，鼓励航空公司培养和发展货运支线。

2．航空物流的产业链竞争提高对财经政策的要求

当今的航空物流发展更强调取货、出港、货物运输、进港、仓储和送达的整条产业链的综合实力。以相当的硬件支持、发达的航线和网络信息系统，以及较强的管理和协调能力为基础，机场物流园区是其有效载体之一。

虽然从航线补贴方面考虑财经政策是最直接、最有效的方法之一，但航空物流的发展毕竟是涉及到市场需求、航线设计、公司运营、代理服务、信息互通、后勤保障以及机场物流园这样的平台建设的复杂问题，并非单靠某项政策能够解决。但相关的财经政策对于航空物流产业链的建设、培育和发展还是会起到事半功倍的作用。

（三）促进航空物流发展的财经政策

根据财经政策对航空物流作用的环节提出以下建议：

1．减免相关税费，优化企业发展环境

建议对航空物流业务减免营业税，免收民航建设基金。同时，协调机场和空管给予货运航线优惠政策，例如减免起降费、停场费、进近指挥费和航路费等。对东北、西北等航空货运发展较落后地区，免除以上相关费用；对西南等新兴地区采取减少征收的差别性政策；建议减免引进全货机进口环节的相关税赋，给予自购全货机的贷款贴息补助优惠政策。

2．增加航空物流补贴，或实行支线航空的客货运扶持政策挂钩

建议参照《支线航空补贴管理办法》，根据不同地区、不同距离、不同季节和有效业载实行分类的补贴标准和上下浮动范围。对全货机和客机腹舱货运的航油给予差别化的补贴，前者可以高于后者。而对于后者可将支线航空的客货运扶持政策挂钩，在保证航空货运服务的普遍性和通达性的同时，有效地利用国家的财政补贴。

3．通过贴息和补贴政策，有区别地扶持机场发展

扶持有潜力发展成为空运物流中心地区的机场建设和扩建，以及相对偏远地区的机场建设，通过贴息和补贴政策，扩大航空货运的服务范围。

4．政府牵头搭建交流平台，让“信息孤岛”消失

日本著名的关西国际机场之所以成为亚洲著名的航空物流中心，其政府起了很大作用。为了加强和完善机场性能，带动地区经济发展，实现机场与地方双赢，日本当局在机场对岸设立临空城，将一大批先进商业和商务设施引入临空城，使之成为关西中心商务区。临空城面积3184公顷，其中物流园区的面积近25公顷，包括国际航空货物运输服务机构、物资与保税仓库，24小时支持海、陆、空物流的货物装卸基地以及日本西部规模最大的国际航空物资处理场所临空国际物流中心。

但由于航空物流信息平台建设具有社会企业获取较难、成本较大的特点，加之我国航空物流发展处成长期，现阶段，可以由政府直接投资为主，本着互惠互利，联合共建的原则，引导外资、民间资金形成多元化物流投资体系。在重点区域，重点推广使用EDI（电子数据交换系统）、GPS（全球卫星定位系统）。后期则可通过增加其他资金投资比例，或转让、外包等形式，增加社会资本的参与度和扩大网络覆盖范围。同时，建议由民航总局牵头，协调地方政府及相关部门，对具有仓储、配送等物流整合能力的企业给予贷款贴息、税收优惠等扶持政策。

五、加大财政投资力度，完善机场网络体系

（一）我国机场现状及存在的问题

1．机场布局概况

历经长期建设和发展，我国机场布局和体系建设初具规模，机场密度逐渐加大，机场等级和服务能力逐步提高，现代化程度不断增强，初步形成以北京、上海、广州等枢纽机场为中心，以深圳、成都、西安、昆明、重庆、乌鲁木齐、杭州、武汉、沈阳、大连等省会和重点城市机场为骨干，其他城市支线机场相配合，功能结构日趋合理的机场网络体系。

预计截至“十一五”末，全国共有民航运输机场176个，与2005年底相比增加34个；机场平均密度为每10万平方公里183个，与2005年底相比提高22.4%；按100公里服务半径计算，全国除港澳台以外的全部336个地级以上城市中有260个可以实现机场覆盖，实现机场覆盖的地级以上城市面积占国土总面积的76.5%。

2．机场布局主要特点

机场经营状况不理想，一些支线机场的生存能力较弱。中小机场还难以做到以邻近的枢纽机场为依托，旅客流向不集中降低航班客座率，只能开航大城市。这种城市对型的结构、点到点的经营方式难以把握航空运输网络化经营的特性，而且迫使机场飞行区等级提高，建设规模增大。

1）总体布局基本合理，但机场总数不多，平均密度较低。2009年我国按国土面积计算的民用机场密度约为每10万平方公里1.73个，仅为美国水平的四分之一左右，即使与发展中国家巴西相比也=处于较低水平。

2）地理分布东密西疏，功能、规模及业务量存在明显地区差别，与带动中西部地区经济社会发展、维护社会稳定与增进民族团结、开发旅游资源等的矛盾比较突出。东部经济发达地区特别是长江 三角洲、珠江三角洲和环渤海地区机场密度较大；西部地区机场密度较小。2010年我国定期航班机场的密度分布为：每10万平方公里华北地区1.48个，东北地区2.28个，华东地区约4.92个，中南地区2.67个，西南地区1.57个，西北地区1.1个，新疆地区0.96个。

3）机场经营状况和国际竞争力不理想。2005年，全国所有民用机场盈利30.9亿元，但盈利的机场基本上都是大型机场。2005年全国75%的机场经营亏损；年旅客吞吐量100万以下的机场，91%亏损；年旅客吞吐量50万以下的机场，全部亏损。2006年西部旅客吞吐量小于50万的机场有53个、占西部69个机场的77%；中部有68%、东北部有58%、东部有42.5%的机场吞吐量低于50万。就国际竞争力而言，虽不断有中国机场吞吐量超过1000万人，但论国际中转旅客人数，中国机场低于东京、首尔、新加坡和曼谷，论航空器起降架次，2006年世界机场前30名中，美国占22个，亚洲只有北京1个且列居末席。

4）民航机场体系内部未能充分协调，区域内各机场间缺乏合理定位和明确分工，机场对干、支航空运输协调发展的合理引导作用薄弱，参与全球竞争的国际枢纽尚未形成，难以有效配置资源和充分发挥民用航空资源整体优势和作用；新机场通常都按能飞B737或者A320的干线大机场设计，大部分中型以上已建成机场容量已饱和或接近饱和、综合功能不健全。

（二）促进机场发展的现有财经政策及其评价

我国当前存在的关于促进机场发展的财经政策主要包括民航基础设施建设基金和机场建设费。随着我国经济体制改革的逐步深入推进，我国政府财政收入结构中 "以费挤税"现实要求进行“费改税”制度改革，受此影响，我国民航基础设施建设基金和机场建设费面临被取消的境地。经民航总局努力争取，国务院已批准延续机场建设费征收政策至2010年12月31日，征收标准仍是国内支线航班10元、除支线外的其他国内航班50元、国际和港澳台航班70元。同时调整机场建设费使用范围，并出台与机场建设费相关三项民航财经新政策，即《民航中小机场补贴管理暂行办法》、《民航基础设施建设贷款贴息管理暂行办法》、《机场管理建设费用于地方机场建设项目资金管理暂行办法》。由于本课题支线航空财经政策部分已经论述与中小机场财经政策有关的内容，本部分仅集中于除中小机场以外的机场财经政策。

三项与机场建设费相关的民航财经政策，实质是大机场向中小机场、现有机场向新建机场、机场向航空公司的“转移支付”，其主要内容是：首先，征收期限仍暂时到2010年，征收标准维持不变；其次，机场建设费50%直接返还机场改为按照项目申报。机场建设费由财政部、民航总局负责机场建设费的统筹使用，除国务院另有规定外，原50%直接返还机场的政策自2006年1月1日起停止执行。其次，机场建设费将主要用于三个用途：一是民航基础设施建设（包括其前期费用）；二是归还基建贷款本息，以及基建贷款贴息支出，引导机场拓宽融资渠道，放大财政资金效益；三是对中小机场进行补贴，向西部地区倾斜。

从三项民航财经新政策效果看，中小机场受益很大。《民航中小机场补贴管理办法》明确对吞吐量在500万人次以下的中小机场进行补贴。除去目前国内年吞吐量在500万人次以上的19个机场，国内80%以上的机场都能获得补贴。为激励停航机场尽快复航，减少资源浪费，对停航机场不予补贴。新办法将机场分为东部地区、中部地区和西部地区机场三类，在确定补贴标准时向中、西部地区适当倾斜。将符合补贴条件的机场按吞吐量分为四档，规模越小的机场补贴标准越高。军民合用机场生产运营受到空军飞行影响，补贴标准按同类机场补贴标准上浮20%。办法中还明确写入“各地方人民政府亦应根据本地区机场情况给予配套补贴”。各机场可据此与当地政府有关部门积极协调，争取政策。

基建贷款贴息政策对东部发达地区尤其具有吸引力。《民航基础设施建设贷款贴息管理暂行办法》不仅可以调动企业和社会各界参与民航基础设施建设，改政府直接投入为间接引导，而且促进企业利用信贷手段，从银行借入的资金数十倍于贴息额，放大财政资金的使用效益。该政策规定符合贴息条件的贷款必须是由项目建设单位（项目法人）直接从商业银行借入的贷款。贴息期限从建设开始到资产投入使用后3年。特殊情况经总局批准后可适当延长。2006年和2007年，基建贷款贴息共补贴30个民航基本建设项目，贷款规模达到132亿元，约贴息额的50倍。

而在市场经济国家和地区，机场的投资与治理模式大致可以分为两类：一类仍以政府投入为主，另一类积极向商业化转轨。以政府投资为主的国家，民航管理部门将公共机场定位为公共产品，政府在机场建设与经营中发挥着决定性作用。通常来说，这些国家或地区会抽赢补亏，资助地方中小机场建设；国有公司与政府部门负责公共机场的管理；民用航空局制定发展规划、技术标准及开展行业准入管理。而商业化管理色彩浓重的国家或地区，例如英国、法国、丹麦、新加坡及印度等，通过各种方式对机场的管理和经营公司化，不过有些机场仍是政府资本绝对控股或相对控股，有些则以非营利机构方式运作。所以，这类模式与以政府投入为主模式的根本区别在于非单纯政府所有、事业化管理或国企独资管理的“公司化”经营模式。

（三）“十二五”期间促进机场发展的财经政策

1. 促进枢纽机场建设

1）枢纽机场建设条件及发展思路

中枢辐射式航线网络是当前国际民航发展重要趋势，其具有使空运网络衔接畅通、适应市场需求、有利于极大限度增加城市之间连通数量和机场网络规划建设的巨大优势。中枢辐射式网络结构，确定了枢纽机场和支线机场的地位和功能，也基本决定了投入机场运行的飞机机型。这为机场的布点、建设规模和建设时序提供了依据，尤其在机场建设的高峰期，按照机场的地位和功能，把有限的资金合理地投入到枢纽机场和支线机场的建设之中，从而形成最佳的机场配置。中枢辐射式结构由城市对航线和枢纽机场的辐射航线共同构成。通常要确定全国或区域范围内的枢纽机场，枢纽机场应该是该区域内的航空客货集散地，同时与区外的其他枢纽机场之间有便利的空运联系，它具有明显的内联外引功能。枢纽机场之间采用城市对式航线直飞，再以每个枢纽机场为中转站建立其辐射航线。这样，流量较小的城市之间就无需采用对飞形式，而是通过中心机场中转而实现通航。枢纽机场建设要有足够的客货流，高航班频率和众多的航班目的地，聚集于此的航线结构以及较好的地面服务和管理能力。

针对中国机场体系的现实情况，应遵循加强东部枢纽建设对其他区域的辐射能力、东北和中西部重点航线航班加密为建立区域性枢纽提供条件的发展思路。具体地，以北京、上海、广州为中心的发达大城市周围已形成了较大规模的空运市场，已具备建设复杂枢纽的条件，即：来自（飞往）不同方向的航班集中在一个较短时间段到达（离开）机场，形成转机组合。在一个转机组合中，所有航班在25分钟之内到达，形成一个到达波，地面停留时间大约30～45分钟，之后所有航班在20分钟内离港，形成一个离港波。同时，增加欠发达地区机场密度，带动周边地区支线航空的发展。进一步扩充大型机场，完善中型机场，增加小型机场，扩大机场辐射服务范围，构建布局合理、规模适当、功能完善、协调发展的机场体系。

2）促进枢纽机场建设的财经政策

充分运用政府投资。一是完善现有机场功能，对于已具备枢纽地位的机场，应完善其中转功能。对于特别繁忙的大型枢纽机场，应考虑建设专供支线飞机起降的支线跑道和相关设施，必要时可考虑另建支线机场。二是应根据机场布局规划，按照枢纽辐射原则，控制好新建支线机场的布点。对于经济发展具有实力、人口具有规模、航空市场具有潜力、地理位置适宜的地州级政府所在地和部分重要县市，原则上都应预留机场位置。三是对于机场的建设等级，可以考虑对中小城市新建机场控制在3C级以下，对客流量小、偏远地区的机场设计标准按起降支线飞机考虑，新建的支线机场不应距城市过远。四是支线机场主要为地方经济社会发展服务，应由地方政府按照行业标准进行建设和管理。国家和行业管理部门也应视情安排一定数量的资金进行投资引导和补助。

对投资回报周期长、投资回报率低的机场基础设施建设进行补贴；对机场运营给予补贴和资助，补贴的资金应来源于国家或地区财政预算，或在民航收取的相关基金中列支。西部欠发达地区支线航空的社会公益性强，而且供给和消费不足，应当进一步加大财政补贴，既消除参与西部支线航空的各家公司的后顾之忧，又达到推动支线航空健康发展、扶持地方经济社会发展的双赢目标。不但要对支线机场基础设施的建设进行投资扶持，对经济水平较低地区的支线航空运输企业也要给予补贴，同时对于他们在申请效益好的干线航线上予以优先考虑，将机场建设–航线培养–航空市场开拓–推动地区经济社会和谐发展有机结合。

完善现有《民航基础设施建设贷款贴息管理暂行办法》中关于贴息额最高为8000万元的限额，适当提高被确定为枢纽机场的贴息额对其予以支持，在实现区域机场公平与支持枢纽机场建设之间力求协调。

六、明确空管单位性质，理顺空管管理机制

空管系统承担全国空中交通服务、民用航空通信、导航、监视、航空气象、航行情报的职能，因而在整个民航产业中处于基础性的保障地位。但随着航空运输及机场管理改制的相继完成，空管系统改革已经是民航系统体制改革的短板，成为制约我国民航发展的基础性因素。

民航局在《关于印发民航空中交通管理体制改革方案的通知》（民航发〔2007〕68号）中明确了民航空管系统为民航局的直属事业单位，实行企业化管理。空管单位既受事业单位性质及相关管理办法制约，又由于其服务性在社会上同时按企业对待，但是并没有实行企业化管理的任何配套财经政策。空管单位性质定位不明确，面临双重的政策约束标准，执行的政策极不配套，面临着使用政策难以统一困境。

（一）空管发展过程中存在的问题

1．在税收方面按交通运输企业对待，在缴纳企业所得税、流转税和其他税收方面无任何国家优惠政策。

营业税是按营业收入的3%交纳。企业所得税是按“事业结余”总额的25%交纳。企业

所得税2008年前国家税务局批准实行汇总缴纳方式，2009年按汇总缴纳政策取消，民航局空管局、地区空管局和空管分局分别缴纳所得税。由于没有实行真正的企业化、集团化无法合并计算收支，据初步测算，2009年空管系统在总体亏损的情况下，仍需缴纳所得税约4亿元，比汇总缴纳多缴纳企业所得税2亿元。这种状况对空管系统发展十分不利。

2．空管固定资产折旧提取是各空管单位向民航交纳10%～20%的折旧资金，该规则不仅无法适应空管单位体制改革不断深化的现实，也不符合预算会计制度改革的要求。

在现行空管单位固定资产核算折旧的方法下，账面所反映的固定资产价值都是购建固定资产的原始成本，往往与现时固定资产的真实价值相差甚远，导致空管单位财务状况的严重不实。这与新一轮预算会计制度改革使事业单位财务信息更加真实、准确的目标格格不入。同时，各空管单位在提取折旧资金后是上缴到民航局而非区分固定资产用于应税项目或非应税项目以用于折旧抵税或自由资金的使用，也严重影响了各空管单位固定资产计提折旧的积极性。

3．工资和社保企业化管理与配套政策财政部门检查标准相矛盾。

空管单位的工资政策和劳动保险、离退休等政策一直实行企业化管理，但是配套政策如补充养老 保险、津贴补贴政策、会计核算等问题又会碰到国家财政部门的执行检查标准。

4．会计核算办法不统一。

由于空管事业单位自收自支、实行权责发生制、计提固定资产折旧、实行内部成本核算、缴纳企业所得税，在实质上与企业的会计核算思路是接近的。但各空管单位既要同时满足财政部对于一般事业单位的各种要求，又要兼顾民航总局的预算管理政策，还要考虑税务方面的各项规定，对各种会计 政策的选择自行其是，缺乏统一的标准。随着财政制度和民航改革的深化，这一矛盾日益突出。

5．资金拨付过程中，使用财政性资金对事业单位实行国库集中支付的支付手段管理模式和目前空管的管理模式有一定冲突。

因没有任何行政事业单位的政策优惠，按一般的行政事业单位来管理很难操作。近一年来随着审计检查力度的加大，这一矛盾已经十分尖锐。

（二）对策建议

空管单位明确其性质定位，建立统一的政策约束标准。世界大多数国家的空管都是公司化运作，结合国际的大趋势，根据我国空管系统的现状，我国空管系统公司化是行之有效适应空管发展的必然途径。通过研究国家相关法规、政策以制定切合空管系统的实际化管理方案。

1．推行全面预算管理

预算管理不是财务收支的简单纪录，而应是单位全部资源的整合。空管单位应通过制度创新，以预算管理为财务管理的核心，推行全面预算管理。研究行业成本费用的定额标准；建立收入、支出、事业基金、福利基金、工资总额、资产负债、对外投资的全方位联动的预算分配政策；建立有序的预算编报和控制流程；规范国有资产管理制度；对预算资金使用效果实行绩效考评等。推动单位自上而下、自下而上的全面预算管理，使预算管理更好地服务于空管安全生产工作，促进行业的发展，将空管产业的经济性和运行的安全性更好地结合在一起，更好地促进基层空管单位的积极性。

2．强化资产管理

在贯彻“统一领导，分工管理，层层负责，合理调配，物尽其用”的原则下，加强资产管理。通过对资产的清查、报废、构建、变卖和闲置资产调剂使用等的管理，保障资产的完整，做到心中有数，实现系统内资产的优化配置，促使资产的合理流动，发挥资产的使用效益。

3．空管固定资产折旧留存于各空管单位

正确区分固定资产用于应税项目或非应税项目，允许税前列支的折旧额应为用于应税项目的固定资产折旧额。如果不能正确区分固定资产的用途，则应实行“比例分摊法”。将现在开始计提固定资产折旧视为会计政策变更，根据《企业会计准则》，按“追溯调整法”计算出以前年度应提折旧和开始征税年度期初固定资产净值。当然，纳税人不必调整以前年度的会计报表。

具体做法是：首先，应该对所有固定资产进行清理，确定其购建年、月，然后在税法规定的范围内确定其折旧年限，根据其已使用时间计算出开始征税年度期初的已提折旧和净值，然后在剩余的年限内每年提取折旧。应该指出的是，已提足折旧的固定资产，不得再提取折旧，如果一项固定资产在缴纳企业所得税当年初已超过税法规定的使用年限，则该项资产从开始就不能计提折旧。计算结果应报主管税务机关审核同意。

七、落实科教专项经费，优化科教经费结构

民航科技教育事业作为向民航提供教育、培训、科研、咨询的重要载体，对提高与保障民航事业的发展起着重大作用。但是，就现实而言我国民航科技教育事业发展相对滞后。在现我国从民航大国向民航强国的历史性跨越的时代背景下，加强民航教育事业财政投入，分阶段、有步骤地建设民航教育事业，促进我国民航竞争力的整体提升，无疑具有重要的现实意义，理应成为当前民航财经工作的重点之一。

（一）民航科技教育事业现状

1．随着我国民航事业的持续、快速、健康发展，民航科技教育工作取得了显著成绩。

改革开放以来，民航科研基地与队伍初具规模，科技进步对民航发展的作用日益凸显；民航院校办学条件和教育质量有了很大提高，为民航培养和输送了大批专业人才；民航主要岗位的培训制度已初步建立。

2．我国民航面临的挑战与民航科教发展水平之间的矛盾依然突出。

同世界民航先进国家相比，同民航强国的目标要求相比，我国民航面临的挑战与民航科教发展水平之间的矛盾依然突出。民航科技力量偏弱，创新能力不足，行业对外技术依赖较重；民航教育培养人才的数量、质量和结构还不能完全满足民航现代化发展的需要。因此，顺应时代和行业发展要求，全面振兴我国民航科教事业，是建设小康社会和实现民航强国目标的客观需要与必然选择。

3．“十一五”期间民航科技教育事业建设存在着财政投入总量不足、投入结构失衡、资金使用效率不高等一系列亟待解决的问题。

究其原因，我们认为，对民航教育事业发展的重要性认识和重视不够，民航教育事业财政投入内容安排的不合理，民航教育事业财政投入机制缺失等成因，是我国民航教育事业发展滞后的重要原因。

4．美法航空产业促进科技创新的政策经验。

美法是世界航空领域科技最发达的国家。其中美国，除了政府直接的科技投入外，税收豁免和优惠是政府支持科研和科技成果产业化的最重要手段。税收优惠包括：

（1）政府下属科研机构免征所得税，向他们捐款的单位和个人可减免税；

（2）大学的研究机构可作为“教育机构”免税；

（3）从事公益性科研活动的非营利性机构可以免税，而且“公益性科研活动”界定非常宽泛；

（4）企业商业性研究活动按增加的投入可退税20%。除了对符合上述条件的科研机构进行免税外，美国还对商业性研究开发活动实行退税政策，以示扶持；

（5）美国利用民用航空器贸易谈判来限制其他国家政府对本国航空工业的补贴，影响各国政府对航空公司购买飞机的决策，并利用其国家标准、适航性审查、认证制度来限制外国航空产品进入美国市场。

法国则首先以立法形式确定科技研发政策，保证政策的持续性。先后制定和颁布了2部科技指导和规划法，以立法形式规定了科技投入占国民经济总值的比例、国家和企业研究与开发经费的年增长速度、重大科研项目和优先发展领域、促进科技成果转化的一系列方针和政策；其次，1999年法国国民教育、研究和技术部与财政、经济和工业部还共同出资2亿法郎，设立了孵化器和启动基金；再次，1998年财政法规定，引导互助储蓄投向风险投资为引导互助储蓄投向风险资本；最后，设立发明援助基金为分担中小企业开发新产品的风险，符合规定的中小企业在开发新产品时都可向法国发明署申请发明援助金，用于支付实验室科研费、雇员工资、专利申请费、发明产品研制费等。

（二）对策建议

为了实现我国从民航大国向民航强国的历史性跨越，对民航的科技和人才也提出了明确的发展目标。要求建成适应民航可持续发展需要的科技创新体系，全面掌握并能适度开发航空运输高新技术和组织运营管理技术，实现民航运行和管理的现代化，建设具有中国特色的新一代航空运输系统。建成多层次、全方位、系统化的人力资源开发体系，人员整体数量和素质基本适应民航增长和科技进步的需要。这一系列方略和战略为民航科技、教育和人才工作指明了方向，提出了明确的任务和要求，也为民航的科技和教育提供了前所未有的发展机遇。

1．“十二五”期间，贯彻落实民航科教专项经费每年应保持。在民航建设基金和机场建设费收入的5%以上，总投入不少于30亿元的目标。

在2009年召开的民航科教大会上，民航局提出将发挥政府投入主导作用，继续加大对科教工作的投入力度。“十二五”期间，民航科教专项经费每年应保持在机场建设费收入的5%左右，总投入不少于30亿元。此外，民航业还要建立多元化、多渠道科教投入机制。其中，企业将被要求按照职工工资总额的2.5%提取教育培训经费。

2．合理配置民航科教经费结构，实现各个领域均衡发展。

民航科教建设包括特色专业建设，人才培养质量；培训体系建设，学习型行业；拔尖人才建设，高级专家队伍；科研基地建设，重大科技项目攻关；信息化重大工程建设，民航信息持续安全等几项重点任务。要合理配置民航科教资金在各个任务之间的投入比例以期实现各个领域的均衡发展。

1）充分发挥民航院校特有的人才培养主渠道和主力军作用，培养符合行业标准、满足行业需求的专业人才，需要不断加强民航特色专业建设。通过改进人才培养模式，重点强化学生的实践能力，缩短岗位适应期，使民航特有人才培养质量适应民航行业发展的需要。“十二五”期间，民航院校要认真贯彻落实《民航院校飞行、机务、空管专业建设规划》，同时，要针对民航机场人才培养的需要，拓宽专业设置，加强机场建设、运营管理等专业教学，为民航培养输送急需的机场专业人才。

2）以构建学习型行业为目标，建立面向行业的培训机构，履行行业培训职责。民航局将完善行业关键岗位人员培训制度规范，加强培训课程建设，组织力量开发行业“品牌培训课程”，充分发挥民航院校培训功能，鼓励和支持民航企事业单位建立培训机构，完善培训制度，开展培训工作。

3）进一步完善民航特聘专家制度，继续评选特聘专家和中青年技术带头人，发挥高层次专家在民航科研、教育和人才培养方面的引领和参谋助手作用。同时，推进民航主体系列正高级职称评审工作，在民航企事业单位逐步开展特级飞行员和教授级高级工程师的评审工作，鼓励专业技术人员脱颖而出。继续加强高层次专业人才国际交流与合作，重点打造一批通晓国际民航专业知识、具备国际视野和战略眼光的拔尖人才、行业专家，不断增加我国在世界民航界的话语权。与此同时，建立民航特有专业人才需求预警机制，加强研究，做好所需人才预测和储备工作。

4）建设民航重点研究基地，积极培育国家重点实验室。民航科研基地要凝聚科研人才，在民航科研工作中发挥主力军作用。设立重大科技项目攻关计划，重点围绕持续安全和科学发展进行重大项目科技攻关，集中研究提高安全水平的重大科技问题，解决制约民航发展的重大关键技术。力争到“十二五”末期，组织研究10个左右的重大科研项目。通过实施重大科技专项，攻克一批重大技术，建设一批重大工程，培育一批高技术产业，锻炼一批高素质科技人才，为民航的安全和发展提供强有力的科技支撑。

5）加强民航信息化建设。民航要集中优势资源，重点建设安全、政务、商务、物流、公共服务等方面的信息化项目，加快推进企业信息化，全面提高全行业的信息化水平。同时抓好民航网络和信息安全，建立民航信息安全保障长效机制，建立健全民航信息安全监管组织体系，尽快落实信息安全监管岗位，将网络与信息安全监管人员纳入行业监察员队伍，提高重要信息系统的安全防范能力，努力实现民航信息的持续安全。

八、大力推进节能减排，实施减排资金专户管理

随着我国民航业的快速发展，我国已成为全球第二大航空运输国，能源需求与排放控制面临严峻的挑战，节约能源、保护环境已成为我国民航业亟待解决的问题。近年来，民航总局高度重视航空节能减排工作，尤其是在应对金融危机期间，民航局推出了一系列措施，大力推行节能减排，为航空公司减少成本。其后随着《民航行业节能减排规划》的发布与实施，民航力在节能减排有所作为，节能减排是实现经济与社会持续发展的重大战略举措，民航需要充分认识到自身在节能减排中的重要职责。

（一）民航能源消耗与航空排放情况

1．民航能源结构与能源利用情况

我国民航能源消耗分布中居于首位的是航油，航油成本是民航企业的单项最大成本项目，占民航总能耗的94%左右，其次依次是机场用能占3%左右，航空公司地面用能占2%左右，空管及其他民航企事业占1%左右。近年来，随着我国民航业的快速发展，行业航油消耗量以年均约12%的速度增长。在各航空公司中国航、南航、东航三大航空集团占行业航油消耗的75%以上。不过由于机队的更新，我国民航吨公里油耗逐年下降。1995−2000年，吨公里耗油水平平均每年下降2.5%。2000−2005年吨公里耗油水平平均每年下降1.2%。

2．民航航空排放情况

我国民航业发展迅速，航空排放呈快速增长的趋势，航空排放的温室气体由2000年的不到2000万吨增加到2005年的3000万吨左右，年均增长约15%。此外，除温室气体外，航空系统的噪声排放问题也是需要重点关注领域，我国已有40余个机场噪声排放问题日渐突出，民

众对机场噪声的维权意识逐年增强，解决噪声排放问题迫在眉睫。

（二）支持民航节能减排的资金政策缺位

随着科学发展观的提出和落实，控制航空排放已不仅仅是环保问题，更是关系行业持续健康发展的重要任务。目前，在民航进行节能减排过程中除了专业性和技术性节能减排外，还需要通过资金政策手段支持民航节能减排工作的开展。

积极建立支持民航节能减排的资金政策不仅是本行业开展工作的必然要求，同时，随着航空公司纳入温室气体交易体系（ETS）日程的到来，也需要民航积极出台相应对策。据估算，仅2012年我国航空公司在欧盟购买的超限碳排量支出就将超过6亿元人民币，以后还将逐年递增。不合理的欧盟ETS客观上设置了碳壁垒，使我国航空公司在激烈的市场竞争中处于不利地位。

（三）对策建议

1. 以奖代补，重点倾斜

节能减排资金在对各系统、各部门统筹兼顾适当支持的基础上，重点支持航油节能、基本建设节能、环境保护及节能减排监测能力建设等，同等条件下将资金优先用于考虑到节能减排功能的项目。

实行民航补助资金量与节能减排量挂钩，节能减排量按相应有关规定由相关部门予以考核确认，并主要采取“以奖代补”方式拨付民航补助资金。对部分节能减排项目，采取贷款贴息或前期经费补助方式予以支持。

2. 建立节能减排专项资金，专户管理，专款专用

节能减排专项资金实行专户管理。即节能减排专项资金由民航各有关业务主管部门提出分配方案，报民航总局审定后，再根据下达各部门的节能减排指标和奖励标准计算分配资金，通过专户将资金拨付到各部门项目实施单位。部分以奖代补资金采取提前预拨、年度清算的方式支持开展节能减排工作。

3. 建立航空排放补贴以抵御欧盟ETS等

欧盟ETS只限制碳排放总量而忽视单位能耗水平的高低等因素，使我国航空企业遭遇不公正的待遇。从国家和行业的利益出发，民航应尽快制定相关政策，在形成强有力的排放管理体系同时考虑运用补贴等资金手段，帮助我国航空公司抵御类似欧盟ETS等的外部压力。

4. 积极争取国家推进节能减排工作的优惠政策

欧洲是目前世界航空领域节能减排的先行者，2006年，欧盟发布首份“提高能源效率行动计划”，提出在2020年前实现将能源效率提高20%。为此，各国都采取相应的措施。其中，芬兰每年拨付4500万欧元用于支持新技术研发；积极实行欧盟有关节能方面的标准，与企业签订提高能源效率协议，履行协议的企业将受到政府补贴；对节能和新能源类项目提供的资金支持一般占项目总费用的25%，最高可达40%。而意政府于1998年建立了部际工作组，制定了“国家能源计划”，在财政、税收、金融政策都对节能减排进行了倾斜，2007年财政预算中更是加大了倾斜力度，支持措施也更加全面系统。我国各级政府也先后出台了一系列促进节能减排工作的补贴政策，民航产业各部门应积极争取相关扶持政策等优惠措施，加紧研发和先进项目、航空设备的引进，加速陈旧设施的淘汰。

第六章 “十二五”期间民航财经政策的资金保障

一、机场管理建设费的界定与长期管理

（一）民航机场管理建设基金的界定

鉴于我国政府收费运行中存在项目过多、规模庞大、收费养人和以费挤税以及资金使用管理不规范等严重问题，出于加强和完善我国政府收费制度管理以及规范政府行为的需要，在我国进行政府收费清理整顿、费改税甚至取消的制度改革过程中，基本规范但定位不清晰的机场建设费也受众多不规范收费的“裹挟”面临被取消的巨大压力。因此，应基于准公共产品非税收入补偿理论和我国机场建设费发挥巨大作用的实际，将机场建设费明确界定为政府性基金。

明确将民航机场管理建设费界定为政府性基金，其实质是为向乘坐民航航班的中外旅客收取的机场建设费正本清源。同为政府非税收入的重要组成部分，政府收费与政府性基金具有不同的作用范围，将民航机场管理建设费界定为基金，可以使得向乘坐民航航班的中外旅客收取的机场建设费与“乱收费”的“费”区别开来，避免政府提供准公共产品成本补偿和分摊这一符合公共经济学和财政学的基本原理在实践操作中面临社会责难和压力的尴尬情境。

（二）民航机场管理建设基金存在的理论基础

民航机场管理建设基金的实质是成本补偿性质的使用费，即使用了政府提供的民航公共服务，使用者应向公共服务的提供者交纳一定费用。取决于民航公共服务的性质特征，应通过向使用者收费的方式而非税收方式补偿其成本。

根据公共产品理论，纯粹公共产品消费的非排他性和非竞争性特征意味着既无必要也不可能向其使用者直接收费，只能通过强制征税方式弥补其供给成本；因为部分具备竞争性和排他性特征，政府提供准公共产品所发生的费用，则不能全部用税收来补偿。就民航服务而言，虽具备排他性，即通过经济、法律或行政手段在技术上将消费者排除于民航服务消费之外，但民航服务的公共产品竞争性属性是在一定范围内的，其效用可以分割，并且，消费者的民航服务消费需求在范围和程度上都存在差异。若使用税收形式补偿民航服务准公共产品的生产费用，实际上是使其生产费用由所有社会成员共同负担，这不仅会侵犯没有消费或较少消费民航服务准公共产品的社会成员利益，使未受益者多负担，受益者少负担，破坏社会公平，而且会剥夺消费或较多消费民航服务准公共产品的社会成员根据自己的偏好选择民航服务准公共产品的种类和规模的权力，使民航服务准公共产品供应偏离最佳状态，降低经济效率。因此，对民航服务准公共产品生产费用补偿产生对民航服务消费者收费需要。当然，因为民航服务准公共产品效用具有外部性，不仅产品所在地区或消费者本人，而且其他地区和其他社会成员都会从中受益，因此，政府提供民航服务准公共产品所发生的费用也不能完全用收费来补偿。

（三）民航机场管理建设基金取代机场建设费的合理性

政府非税收入是政府为实现其职能，按照一定规则采取收费、基金等非税方式，由中央和地方分别筹集用于特定专门用途的财政性资金。非税收入的征收主体是各级政府的财政部门及其委托征收部门、单位；非税收入的征收目的是为了实现公共利益，资金使用一般具有特定用途；非税收入的征收依据是国家行使的权力，包括社会行政管理权和资产所有权。

在我国，目前将政府非税收入的主要范围包括按照国务院和财政部规定，向有关单位、个人收取的政府性基金、附加和专项收入；按照国务院、省级人民政府及其财政、计划（物价）部门批准设立的项目和标准收取的行政事业性收费；执法机关依法收取的罚没收入；主管部门按照国家规定向所属企事业单位收取的管理费、收入分成及其他财政性资金；国有资产产权收益及国有资源使用费（含国有资产、资源的投资、出让、转让、租赁、变价收入以及土地、矿场有偿使用费等）；其他非税收入，如以政府名义取得的捐赠收入、非税收入存款利息收入、利用国有资产举办的学校、幼儿园收费等。

政府性基金和政府性收费都是政府非税财政收入的重要形式，但两者具有完全不同的作用范围。政府性收费（亦称行政事业性收费）是指国家机关、事业单位、代行政府职能的社会团体及其他组织根据法律、行政法规、地方性法规等有关规定，依照国务院规定程序批准，在向公民、法人提供特定服务的过程中，按照成本补偿和非盈利原则向特定服务对象收取的费用。一般具有补偿性和排他性特征。政府性收费遵循非盈利性原则，是政府非税收入的重要形式。目前，我国政府性收费种类主要包括以下几种：管理性收费，如企业注册登记费、个体工商户管理费等；资源性收费，如城市水资源费、矿产资源补偿费；证照性收费，如户籍管理证件、居民身份证件工本费、车辆牌照费等；检验检疫收费，如国境卫生检疫费、进出境动植物检疫费、进出口商品检验鉴定费等。

政府性基金是指各级政府及其所属部门根据法律、行政法规和中共中央、国务院有关文件规定，为支持某项公共事业发展，向公民、法人和其他组织无偿征收的具有专项用途的财政资金。政府性基金一般具有强制性、非补偿性等特点。设立政府性基金的目的，主要是支持某项特定产业或事业发展。其主要形式包括各种基金、资金、附加和专项收费等。政府性基金按资金使用划分，可分为工业发展基金、交通建设基金、教育事业基金、城市建设基金等。按筹集方式划分，可分为附加在税收上征收的基金，如教育费附加等；附加在价格上征收的基金，如电力建设基金、三峡工程建设基金、邮电附加等；以销售（营业）收入为对象征收的基金，如文化事业建设费、碘盐基金等。

由如上分析可见，作为国务院批准征收的专项用于机场建设的政府性基金，民航机场管理建设费与政府收费中的管理性收费、资源性收费、证照性收费、检验检疫收费等完全不同。向乘坐民航航班的中外旅客收取的政府性基金是民航总局这一中央政府所属民航行业管理部门根据中共中央、国务院有关文件规定，为支持民航公共事业发展，向公民、法人和其他组织无偿征收具有专项用途的财政资金，是政府财政收入的重要形式。其征收主体是财政部委托征收的民航总局，其征收目的是为了实现公共利益，资金使用具有特定用途，其征收依据是国家行使的社会行政管理权。从资金使用看，其属于交通建设基金，从筹集方式看，其属于附加在机票价格上征收的基金。因此，应考虑将民航机场管理建设费明确界定为政府性基金，以摆脱误解，减少专项用于机场建设的重要资金来源的障碍和责难。

（四）民航机场管理建设基金长期存在的现实可行性

首先，民航基础设施建设基金和机场建设费政策的实行，为我国民航发展做出重要贡献。从“十五”和“十一五”期间民航基础设施建设基金和机场建设费的使用情况看，77.4%用于基础设施建设，其中机场项目41.3%、空管项目24.7%、公安消防和科教信息项目等占11.4%，各项补贴资金占20.6%。民航基础设施建设基金和机场建设费的巨大作用表现在：

1．机场数量和质量显著提高，初步形成规模适当、布局合理、层次分明、功能完善的现代化民用机场体系

1990年年底，用于民航航班运营的机场110个，其中可起降波音747型飞机的机场有7个。2008年机场数量增加到160个，能够起降波音747飞机的4E级以上机场增加到31个。在此期间，新建西安咸阳、西宁曹家堡、济南遥墙、武汉天河、石家庄正定、桂林两江、郑州新郑、银川河东、上海浦东、海口美兰、杭州萧山、南昌昌北、长春龙嘉、广州新白云等机场，以及包括漠河、百色、荔波、腾冲、玉树、林芝、康定、哈密和那拉提在内的一批支线机场。

大批新的空管设施设备投入使用。1991年我国利用日本政府贷款进行航路一期改造，以民航基金补助贷款使用单位，雷达覆盖范围扩大，信号更加稳定。“九五”和“十五”期间，实施航路二期工程，建设京、沪、穗三大区域管制中心。这期间先后建设和改造甚高频遥控通信系统、KU波段卫星网、民航数据通信网、空管生产运行管理信息系统、航行情报发布系统、空管调度电话网、运行保障系统和民航气象数据库等工程，进一步完善我国民航地空和平面通信网，提高气象和航行情报保障能力。

2．取消民航机场管理建设基金存在现实障碍

为实现民航强国的目标，我国要大幅度提高机场密度，建成1个以上的亚太地区内的航空枢纽和若干个全国性或地区性的航空枢纽，3个以上的机场旅客吞吐量世界排名进入前25位。根据国务院2008年批准的《全国机场布局规划》，到2020年，全国机场数将由2006年末的147个增加至244个。初步匡算，完成规划中机场新建及改扩建计划，需要4500亿元的静态投资。尽管除北京首都和西藏机场外，国内其他机场均已“属地化”，但是目前80%以上的机场仍处于亏损状态，地方和社会资本投资积极性不足。考虑到这一背景，机场建设基金作为机场投资的主要资金来源之一，应在规范的制度建设基础上予以保留并长期存在。而且，我国在1995年3月财政部与国家税务总局下发的文件中规定，机场建设费收入划归机场营业所得，即机场在运行中以旅客为经营对象提供服务而取得的收入。历史形成的既得利益意味着，若取消机场建设费，将带来机场的收入损失，这也是取消机场建设费的重要显示障碍。

3．我国广泛存在类似的政府性基金

在我国政府性收费和政府性基金设立和运行的过程中，由于有些设立和管理不规范，使得众多基金和收费常常面临被质疑和责难的尴尬局面，但我国也有成功规范运行的政府性基金。比如，电力建设基金，经国务院批准在全国范围内向电力用户征收专门用于电力建设的资金，征收标准为每千瓦时用电量两分钱，征收范围为除专门规定减、免外的全社会用电量（含民用电量）。电力建设基金由电网经营企业在向用户收取电费的同时一并收取，即在电费收款凭证中，注明电力建设基金的征收电量、征收标准和征收金额，并将收到的电力建设基金集中到省级及以上电网经营企业。征收的电力建设基金，一半归当地省、自治区、直辖市政府，专项用于电厂建设；另一半归省级及以上电网经营企业，专项用于电网输变电和主力电厂建设。

此外，三峡工程建设基金是国家在一定时期内通过电力加价等特殊措施而筹集到的、专项用于三峡工程建设的资金。1992年7月11日，国家物价局以〔1992〕价工函字353号文下发《关于1992年煤运加价用电加价及筹集三峡工程建设基金等问题意见的函》，其中要求电力企业在节能降耗、努力消化铁路货运、煤炭提价影响的基础上，燃运加价用电加价标准全国每千瓦时提高1分5厘，其中3厘作为三峡工程建设基金。1992年12月20日财政部、国家计

委、能源部、国家物价局以〔1992〕财工字576号文下发《关于筹集三峡工程建设基金的紧急通知》规定三峡工程建设基金专项用于三峡工程建设。除葛洲坝电厂上交利润按原办法执行外，全国用电量每千瓦时加收的3厘钱，由各省、市、自治区、电力局（电管局）负责随电费一起征收。并随之下发了《三峡工程建设基金收支使用管理的补充规定》，进一步明确了三峡工程建设基金的内容，指出“三峡基金”目前包括两部分：葛洲坝电厂上交中央财政的利润和按全国用电量每千瓦时征收的3厘钱。1993年4月14日，国家计委、财政部、电力工业部等部门下发《关于提高葛洲坝电厂上网电价筹集三峡工程建设资金的通知》规定，从1993年1月1日起，对葛洲坝电厂上网电价在现行电价的基础上每年提价1分，分1年到位，作为三峡工程建设基金。

上述实例说明，作为我国筹集重大基础设施建设投资的重要方式，政府性基金能够而且可以发挥重大作用。同样道理，作为国民经济的重要组成部分，民航业发展同样可以利用政府型基金的方式进行民航基础设施建设投资的资金筹集。

（五）机场管理建设基金与基础设施建设基金的协调

明确将民航机场管理建设费界定为政府性基金，使得我国民航领域存在两个基金，即民航机场管理建设基金和民航基础设施建设基金。

民航机场管理建设基金是经国务院批准征收的专项用于机场建设的政府性基金，其征收范围和标准为：乘坐国内航班的中外旅客每人50元人民币，乘坐国际和地区航班出境的中外旅客每人70元人民币（不含旅游发展基金），由各机场负责代收，在“应上缴机场建设费”科目中单独核算，扣除按规定允许作为费用列支的部分，作为国家对机场建设费使用单位的国家资本金投入。

民航基础设施建设基金是经国务院批准征收的专门用于民航机场、航路和空中管制等基础设施建设的政府性基金，向在我国设立的、从事民用航空运输业务的航空公司（包括航空企业集团、股份公司和地方及部门所属的航空公司）按运输收入的一定比例征收。具体征收标准为：国内航线按运输收入的10%；国际及地区航线按运输收入的4%～6%。具体比例由民航总局商财政部确定。民航建设基金并入航空公司运输收入中单独核算，扣除按规定允许作为费用列支的部分，作为民航建设基金使用单位的国家资本金投入。

显然，民航机场管理建设基金和民航基础设施建设基金都具有解决机场建设资金的重要作用。从规范政府非税财政收入的角度考虑，可以将两者合并，征收对象分别是享受航班服务的旅客和在我国设立的、从事民用航空运输业务的航空公司（包括航空企业集团、股份公司和地方及部门所属的航空公司）。

（六）征收民航机场管理建设基金符合国际惯例

据统计，截至2007年末，全球共有26个国家征收“机场税”。征收机场税是国际上普遍采用的筹集民航建设资金的有效形式。美国、英国、日本、巴西、加拿大等多数国家都向旅客同时征收进港、离港费，征收标准高于我国干线机场的建设费标准。如，美国国际旅客为 12.4美元，折合人民币103元；加拿大为15加元，折合人民币75元；巴西国际旅客为18美元，折合人民币149元，国内旅客为6美元，折合人民币50元。

（七）对民航机场管理建设基金运行和管理进行完善

纵观我国机场建设费运行以来的四次改革，可以看到我国机场建设费的管理和运行过程中存在的管理混乱、标准不一致等问题，这些问题在很大程度上加深社会公众的误解，乃至形成强烈要求取消机场建设费的社会呼声。因此对民航机场管理建设基金运行和管理进行完善非常必要。

1992年3月，民航总局、财政部、国家物价局开始向乘坐民航国内航班（含国际、地区航线国内段）的中外旅客收取机场建设费，当时的费率为每人缴纳机场建设费15元人民币（或外汇人民币），由机场向本站始发旅客收取，而旅客票价低于70元（含70元）的免收机场建设费，其初衷在于"专款用于民用机场的围栏、消防、安检设备以及其他安全设施的建设"。在开征机场建设费的同时，民航直属机场收取的机场建设费上缴民航总局集中管理和使用，而地方政府管理的机场收取的机场建设费，由机场（或所在地政府）管理和使用，此外，征收机场管理建设费后，地方省、市政府规定的机场附加收费项目，一律停止执行。民航部门也不得代收。

然而，中央与地方的相互独立管理带来缺乏统一的标准，加之国内各机场所在的地区不同，在机场的建设过程中，地方政府也对机场或附属设施进行了投资，所以，每个机场所在地方政府依据该机场的等级、客流量、乘客承受能力等因素，在收取机场建设费的同时还附加一定数量的"机场建设基金"、"交通建设基金"、"机场新设施建设费"等，从而使机场建设费的实收从15元到50元不等。而这种非固定费率愈演愈烈，1992年之后的几年间，国内个别地方机场建设费一度收到100元，引起了旅客的极大不满。

为此，1995年10月国务院转发了财政部、国家计委和民航总局《关于整顿民航机场代收各种建设基金意见的通知》（国办发〔1995〕57号），其附件《关于整顿民航机场代收各种建设基金的意见》中称，自1995年12月1日起，将地方委托民航机场代收的各种机场建设基金或附加费等，统一并入"机场建设费"，收费标准由国家统一制定。机场建设费的征收标准为：乘坐国内航班的中外旅客每人50元人民币；乘坐国际和地区航班出境的中外旅客每人90元人民币（含旅游发展基金20元）。《意见》明确规定机场建设费50%上缴国库后划给民航总局提留，50%由民航总局划给当地机场，而且还将机场建设费的用途扩大为包括机场飞行区、航站区、机场围界、安全和消防设施及设备、空中交通管制系统的建设以及用于归还上述建设项目的贷款本息支出和财政部批准的其他支出。从某种意义上讲，1995年的这份《意见》基本上完成了当前机场建设费的雏形。

2000年8月，为促进国内支线航空运输发展，完善民用航空运输的网络布局，民航总局第二次对机场建设费进行调整，下发《关于支线飞机旅客机场管理建设费和票价政策的通知》。《通知》称，自2000年10月1日起，对乘坐国内支线飞机旅客收取的民航机场管理建设费，从现行每人50元降低到每人10元。而目前我国实行的三级机场建设费体系也最终得以确定。根据民航总局和财政部下发的通知，机场建设费将从2004年9月开始，"将改为在客票销售时向旅客收取，并由实际承运人上缴政府当局"，征收金额不变，在机票价格外单列。

为赢得社会公众的理解，应在机场建设基金运行和管理过程中强化制度化，增强透明度。将机场建设基金在财政部审核的基础上，报国务院审批，严格管理，规定征收期限，并在适当时机制定专门法规用以规范机场建设基金征收、管理和使用。

二、扩大民航融资渠道的政策建议

（一）目前融资渠道存在的问题

民航基础设施——机场、航路及其附属设施和支持系统是民航业运转的基础，它的建设要耗费巨大的资金，为了民航业的健康发展，良好的融资渠道和融资手段非常必要。我国当前民航融资主要存在以下问题：

首先，我国目前民航基础设施建设的资金主要依赖政府性基金，但是政府主导的财政投资并不能完全满足需要。其次，当前我国征收的民航基金不足以支持大规模的基本建设，并且由于颇受非议，前景难以预测，资金来源缺乏保障。第三，市场资金渠道还不够顺畅，多种渠道、多元化的投资主体远未形成，因此必须采取各种方式拓宽投资渠道，在坚持政府投资为主的同时，辅以不同的融资手段，积极寻找各种资金以保证民航基础设施建设的顺利进行。

（二）拓宽市场化融资渠道，做大民航发展资金规模

1．争取中央和地方政府的直接融资支持

目前国家投资仍是我国民航基础设施建设投资的主渠道，之所以采用多种投融资方式是为了扩大投资来源，弥补国家投资的不足，我国民航基础设施建设还不能完全脱离国家资本的支持，争取各级政府的支持仍是重中之重。国家对民航发展的支持，既要体现为直接增加投资，更要体现为在政策上的支持。

民航基础设施属于国家公共基础设施，国家应该有统一的规划、建设和布局。片面强调地方政府投资，将会影响我国中型机场枢纽的建设和布局，中央政府应该对民航基础设施进行不间断的、大量的、主要的、重点的资金投入，地方政府应集聚实际财力，共同参与民航基础设施建设，一些重要硬件设施建设如机场建设特别是飞行区、航站楼等，必须重点依靠中央财政拨款。

机场属地化管理后，需要地方政府投入相当部分的资金，如果地方政府难以承担，则应给予一些灵活的融资政策，例如可出台一些土地保障政策，公益性明显的建设项目应以划拨方式提供土地，其他项目应执行低价征用或划拨的政策，机场统一经营开发这些土地，增值部分用于基础设施发展。

2．发起设立产业投资基金

产业投资基金在国外通常称为私募股权投资基金或有组织的私人股本市场，按照我国的《产业投资基金试点管理办法（征求意见稿）》的定义，产业投资基金是指一种对未上市企业进行股权投资和提供经营管理服务的利益共享、风险共担的集合投资制度，即通过向多数投资者发行基金份额设立基金，由基金自任基金管理人或另行委托基金管理人管理基金资产，并委托基金托管人托管。2006年12月30日，国内第一支由国务院批准试点的产业投资基金——渤海产业投资基金成立，到目前为止，国务院批准的产业投资基金共有十支，募集资金1400多亿元。

对于存在巨大资金需求的民航基础设施建设来讲，设立产业投资基金具有非常重要的意义，具体而言依靠产业投资基金融资的优点有：

（1）产业投资基金融资获得的资金量大，有利于填补民航基础设施建设的巨额资金缺口，这主要是产业投资基金可将投资者分散的资金集合起来，进行规模化投资，可以避免单个投资者选择投资项目时的盲目性，为资金实力较弱的单个投资者提供一个投资基础设施类大型项目的途径，发挥大额投资在降低成本、寻找优秀项目上的相对优势，获得规模效益的好处。

（2）产业投资基金融资获得的资金具有较小的还贷压力，这是因为产业投资基金对于民航基础设施建设的投资是一种股权投资，要求的是长期合理收益，股权融资资金具有长期性，不存在每期还本付息的压力，在产业投资基金建立之初，宜采取封闭式形式设立，即基金资本总额和发行份额确定，基金存续期限内保持不变的投资基金，基金不可追加认购或赎回。

（3）使用产业投资基金融资还会获得专家管理优势，有利于提高民航基础设施投资效率，这是因为产业投资基金由专门的基金管理公司管理，基金管理人独立行使投资管理权，负责基金资金的投资和运用，能够实现专家理财和管理，基金管理人为民航基础设施建设提供多方面的管理型服务，不仅对项目的日常运营进行监督管理，还对企业的经营战略、组织结构调整等重大问题的决策进行监管，并委派经验丰富的行业专家加入企业董事会，参与基础设施项目建设的运营管理，另外，基金管理公司专家还负责对民航基础设施建设项目的投资风险加以识别、评估、控制，建立项目风险控制业务流程，提高项目评估的准确性，降低投资风险。

产业投资基金运作方式有公司型和契约型，公司型基金依据基金公司章程设立，具有法人资格，契约型基金依据《信托法》设立，不具有法人资格，对于民航基础设施建设而言，两种运作方式间并无明显的优劣之分，在初次设立时可采用契约型基金。对比公司型基金，契约型基金的设立、存续、解散等都比较灵活，基金销售成本较低，可以根据不同投资特性和项目设立不同的基金，但从长期稳定性和基金有效治理方面来看，公司型基金优于契约型基金。

产业投资基金的发行方式有公募和私募两种，公募向社会公众公开发售，私募则向特定的法人或自然人发售。对于我国民航基础设施建设融资来讲，私募具有更大的优势，原因有以下三点：一是以民航基础设施建设为投资对象，其单位资产净值评估较难，导致普通投资者难以获取充分的信息，存在较大的投资风险，私募可有效降低风险；二是以私募方式筹集资金份额，投资者与基金管理人之间是一种建立在信任与了解基础上的委托——代理关系，基金所受限制较小，运作压力也较小，投资决策更加灵活、自由；三是私募方式管理机制相对简单，法律程序上也更为简单，在民航基础设施建设产业投资基金发展之初，适宜以私募形式设立。

3．通过各种债券融资

我国的中央政府每年都发行一定额度的国债，鉴于民航基础设施建设资金短缺，应积极争取一部分国债资金，扩大国债资金对民航的支持力度。在争取国债资金的同时，争取在可行的地区发行市政债券也是一个不错的选择，由于我国财政体制的限制和出于发展资本市场的考虑，我国目前尚不允许地方政府发行市政债券。随着我国改革开放以来经济的高速发展和资本市场的逐步建立和完善，民航投融资体制改革的推进以及机场属地化改革的完成，为切实有效地发挥地方政府对民航基础设施融资的作用，非常有必要通过发展地方市政债券来筹集民航基础设施建设资金。

（1）发行市政债券能够统一资金的使用权利和偿付责任，通过还本付息，对地方政府投资建立有效的约束机制，使地方政府不过于依赖中央政府，体现“谁受益，谁支付”的公平原则。

（2）发行市政债券能够降低中央财政的负担，目前国债的还贷压力基本集中在中央财政，通过发行市政债券实质上是将中央政府的压力分散给各地方政府，更符合机场属地化的目的。

（3）市政债券期限多样，短则几个月，长可达30年，可以将民航基础设施建设投资在未来若干年内分摊。

（4）发行市政债券具有融资成本上的优势——引入市场机制促使承销商之间的竞争可以降低发行成本，而投资者之间的竞争可以降低利息成本，增强债券发行的可行性和还款能力。

（5）市政债券具有大量潜在投资者和充足的资金来源。

此外也可委托中介机构发行长期企业债券，用于民航基础设施建设，目前我国企业债券市场还欠发达，发行主体主要集中在长江三峡开发总公司、国家电力公司、中铁、粤交通以及中国移动通讯公司等大型能源、交通、通讯公司。与其相比，民航基础设施建设同属于基础设施领域，这些公司发债的成功实践正是民航基础设施建设创新融资方式的最好借鉴。国家开发银行为政策性银行，具有发行政策性金融债券的经验和条件，因此，委托国家开发银行发行民航基础设施建设债券来筹集民航基础设施建设资金不失为一种有效的融资方式，而且通过这种大型政策性金融机构发行的企业债券还可以采取无担保形式。

4. 主动寻求银行信贷资金支持

主动寻求银行信贷资金支持，选择一家商业银行（或几家银行组成银团）作为长期战略合作伙伴，签订一揽子战略合作协议，在资金管理、直接融资、债务管理等多方面开展全方位、多层次的合作，也可在一定程度上可以解决民航基础设施建设资金短缺的问题。2009年3月6日，民航局与招商银行签署了会谈纪要，建立长期金融战略合作关系，根据纪要，招商银行在国家民航政策的引导下拟向民航企业提供人民币300亿元的综合授信额度，重点支持机场基础设施建设，未来招商银行将根据符合授信条件的民航企业资金需求，持续提供较低成本的融资资金，扩大双方合作规模，而不仅限于初步拟定的300亿元的意向性额度。在寻求银行信贷资金支持时，需要注意控制融资成本，因为如果融资成本过高，一旦经营和航线出现问题，随之而来的就是巨大的亏损和无法偿还的债务，因此对于银行信贷资金，要加强资金监管，借助银行力量，延伸资金监管范围，对建设资金实施全过程封闭监控。总之，民航基础设施建设在使用银行贷款的时候，要综合运用现代金融工具和综合授信理财产品组合，通过与银行的合作，千方百计降低融资成本。

5. 争取寿险资金

我国民航基础设施建设融资需求与我国的寿险资金投资需求高度吻合，争取寿险资金投资于民航基础设施具有可行性，寿险资金的规模较大、期限较长，需要一种收益稳定、风险小的长期投资项目，因此天然适用于民航基础设施建设，只有详细论证和缜密研究，可以实现一箭双雕的效果：既解决民航基础设施融资渠道来源问题，又满足寿险资金获得稳定收益的问题。

可将寿险资金用于民航基础设施建设的具体理由如下：

（1）民航基础设施建设投资风险小，寿险资金的运用往往将安全放在第一位，国家对民航基础设施建设的重视，会使其建设投资回报率在某种程度上得到了保障，此外，民航基础设施建设本身的经营风险也较低，尽管建设期限较长，但运行维修费用相对较低，因此累积的利息较高，收益回报的支付不成问题；

（2）民航基础设施建设规模大，保险公司受到网点等条件的限制，适合开展单笔资金运用具有一定规模的批发银行业务，民航基础设施项目投资金额巨大，正好符合寿险公司选择投资项目的要求；

（3）民航基础设施建设还本付息周期长，通常情况下，长期利息总是高于短期利息，因此在保持满足需求的支付能力前提下，寿险公司选择长期投资优于选择短期投资，民航基础设施建设的还款周期一般在10年以上，太长的回报期会降低一般投资者的兴趣，但正好适合寿险公司；

（4）寿险资金供给可观，目前我国一年的寿险保费收入可抵改革以来30年的我国机场建设投资总和，未来其业务增长仍有较大潜力，因此寿险资金能够充足供给民航基础设施建设。

第七章 “十二五”期间预期政策执行效果评估

民航财经政策体系构建是一个长期而系统的工程，因此完善的民航财经政策体系难以在“十二五”期间建立起来。但可以确定的是，民航财经政策在“十二五”期间必将承担起越来越重要的职能，去推进民航产业的发展。我们预期民航财经政策在“十二五”期间可能会取得如下效果：

一、稳固和扩大民航建设资金规模

“十二五”期间民航财经政策的重要内容是解决机场建设费的续征和转型问题，以稳固民航建设的资金规模。同时不断积极拓宽民航建设资金的市场化融资渠道，引进社会资金参与民航建设，最大限度地助推民航强国建设。

二、推进民航关键领域的发展

随着针对民航关键领域发展的各项民航财经政策的陆续出台，必然能够对通用航空、国际航空运输、航空物流、节能减排等领域的发展起到极大的推进作用。预期在相关产业政策和财经政策的扶持下，“十二五”期间上述关键领域能够取得较好的发展效果。

三、进一步优化现有财经政策内容，提升财经政策效力

“十二五”期间民航财经政策的另一项重要工作，就是进一步优化已有的民航财经政策，使其更加能够适应客观实际的需要，进一步完善政策细则，最大限度地发展民航财经政策的效力。因此预期已有的民航财经政策会在“十二五”期间得到进一步完善。

—— 业内综述 ——

深化认识 主动作为 扎扎实实推进民航强国建设

——在全国民航贯彻落实《国务院关于促进民航业发展的若干意见》电视电话会上的讲话

中国民用航空局局长 李家祥

2011年年2月初开始，民航局全力配合开展《国务院关于促进民航业发展的若干意见》的起草工作，在行业内外深入调研，广泛征求包括27个部门在内的各方面意见。2012年7月8日，《若干意见》正式出台。这是新中国成立以来中央出台的第一部全面指导民航业发展的重要文件，是党中央、国务院在民航业发展关键时期作出的重大战略决策，充分体现了对民航业发展的高度重视，对民航工作的殷切期望、巨大支持，必将极大地鼓舞民航广大干部员工的信心和决心，必将对促进民航业发展提供强大动力、产生重大而深远的影响。

《若干意见》的出台是民航业发展史上的大事，《若干意见》是指导当前和今后一个时期我国民航业发展的纲领性文件。全行业上下务必从全局和战略的高度，充分认识《若干意见》对促进民航业发展的重大意义，准确领会、深刻理解其丰富内涵和精神实质，主动作为，以民航业又好又快发展的新成就，回报国家和社会。

2012年7月20日，国家发改委、财政部和民航局在国务院新闻办联合举办贯彻落实《若干意见》新闻发布会。7月25日，贯彻落实《若干意见》座谈会在武汉召开，相关部委、各省（区、市）和部分民航单位近200名代表出席座谈会。今天，我们召开电视电话会议，重点部署民航系统贯彻落实《若干意见》。计划司、财务司、运输司、西北局、民航大学、厦航和黑龙江机场集团代表作了很好的发言。下面，我从四个方面对贯彻落实《若干意见》提出要求。

一、深刻认识《若干意见》的重大意义，要以高度的责任感和使命感推进民航强国建设

大家知道，中央始终高度重视加强基础产业建设，加快发展综合交通运输体系。民航业是国民经济的重要战略基础产业，是综合交通运输体系的有机组成部分，其发达程度对内反映了一个国家（地区）的现代化水平、经济结构和开放水平等状况，对外则是衡量国家、地区经济竞争力的重要指标。《若干意见》开篇即明确提出“民航业是我国经济社会发展重要的战略产业”，标志着发展民航业上升为国家战略，建设民航强国战略构想纳入到国家战略体系。这是民航业发展的重大历史机遇，对统一全社会的认识，凝聚业内外的力量，改善行业内外发展环境，加快形成民航业发展合力，具有重大的现实意义和深远的历史意义。这对改革创新，破解民航发展难题，加快推动民航强国战略的实施，必将起到巨大的推动作用。

（一）《若干意见》出台是我国民航业发展的新起点，我们要以高度的责任感和使命感推进民航强国建设。任何产业都有一个生成、成长、成熟和衰退的演变过程。从建国初期到上世纪末，经历了漫长的行业生成和成长过程，我国民航业形成了一定的发展规模，但服务社会、推动经济发展的作用相对还比较弱。民航业进入成熟期的重要标志是，在服务我国整体经济社会发展战略中，不仅能够更好地发挥主动作用，而且能够成为战略性、先导性产业。

改革开放30多年来，伴随着我国经济社会的发展，民航年均增长17.3%，远远高于其他交通运输方式。我国已成为仅次于美国的全球第二大航空运输系统。2011年，民航运送旅客2.9亿人次、货邮552万吨；首都机场客运量居全球第二，浦东机场货运量居全球第三，旅客吞吐量超过1000万人次的机场达21个。目前，民航从业人员120多万人，客货航空公司46家，机场182个，通用航空企业134家，民航飞机3098架，其中客货运输飞机1853架。这些数据仍在持续快速增长中。与此同时，民航业在国民经济和社会发展中的战略地位和作用日益凸显，服务社会公众的能力显著增强，航空安全处于世界先进水平。

我国民航业发展已站在新的历史起点上。我们应该看到，我国是发展中大国，疆域辽阔、人口众多、经济规模大，正处在工业化、信息化、城镇化、市场化、国际化深入发展的阶段，民航业发展的潜力巨大。当前和今后一个时期，是全面建设小康社会的关键时期，是深化改革开放、加快转变经济发展方式的攻坚时期，民航业发展必将迎来新的历史机遇期。2010年，民航局党组提出了《建设民航强国的战略构想》，我们要以《若干意见》的出台为契机，增强信心，坚定意志，扎扎实实推进民航强国建设。

（二）《若干意见》出台意味着民航业的战略地位作用更加凸显，我们要更加主动服务国家和区域经济社会发展大局。不同交通运输方式的演变过程，与人类文明、社会进步、经济发展、科技创新有着密切的互动关系。从世界范围看，航空运输已成为继海洋运输、内河运输、铁路运输、公路运输之后，驱动经济社会发展的第五个冲击波。同样在中国，上世纪80年代，人们讲要致富先修路！现在是，要开放修机场，要想强上民航！这是因为，在经济全球化背景下，航空运输适应了国际贸易距离长、范围广、时效强等要求，成为经济发展的驱动力，是现代化国际经济中心城市迅速崛起的重要依托。不仅如此，民航在政治、社会、军事、外交、文化等领域，也发挥着十分重要的战略作用。许多国家（地区）把民航定位为战略性产业，把发展民航业上升为国家（地区）战略，使之成为在全球化过程中获取利益的有力工具。《若干意见》的出台，是中央着眼于经济社会发展全局，对促进民航业发展所作出的战略部署，意味着民航业的战略地位作用更加凸显。

民航作为国家基础性、先导性战略产业，这些年来已越来越被各级地方党委政府所高度重视。许多地方党委政府发展民航业的积极性空前高涨，开始将发展民航业作为加快转变经济发展方式、调整经济结构的重要抓手，发展现代服务业和新兴产业的平台，因而对民航有比较高的期待。仅2011年，就有31个省（区、市）领导与民航局领导会谈，不少省（区、市）主要领导或分管领导一年之中数次与民航局领导会谈，希望民航局支持当地民航业发展，并签署了相关纪要和协议。香港前任特首曾荫权也到民航局商谈支持香港民航业发展事宜。

2012年7月25日，在武汉召开的贯彻落实《若干意见》座谈会上，相关部委、各省（区、市）和部分民航单位领导对民航业发展的认识更加深化，都有贯彻落实《若干意见》的具体举措。特别是湖北省委、省政府第二天就召开了全省民航发展大会，省四套班子成员、各地市州、省直和驻鄂各大单位领导800多人出席了大会，拉开了湖北民航新发展的序幕。近一个月来，我先后到湖北省、广东省、浙江省、青海省等地调研、参加有关活动，与当地党委政府主要领导会谈，切身感受到他们对发展民航业有新认识、新思路、新举措，对我们支持当地民航业发展也有新的期待。民航广大干部员工要深刻认识到民航业的战略地位和作用，要看到所从事的行业对于促进国家和区域经济社会发展的重大意义。希望大家不要仅仅从行业层面上思考问题，而要站在服务国家和区域经济社会发展大局的高度谋划工作，这样可以使我们眼界更开阔、思考问题更深入、发展信心更坚定。

（三）《若干意见》出台有利于形成民航业发展的整体合力，我们要更加主动作为，不断努力破解民航发展难题。相比其他交通运输方式，民航业发展涉及诸多领域，许多工作需要相关部门支持和参与。特别是作为战略性产业，民航业涉及区域经济贸易一体化、空域资源、行业规划与产业政策、飞机及航材引进、机场建设、航权开放与谈判、航空枢纽与航线网络建设、投融资渠道、航空器制造等诸多领域，但长期以来，这些关键决策职能一直分散在诸多管理部门。这是中国民航中长期发展战略始终缺位的重要原因。与此同时，民航业集技术密集、资金密集和高风险于一体，国际性、准军事性、行业系统性强，安全生产运行要求高。民航各运行单位只有在分工与协作中，才能形成完整的保证安全的"安全链"、无缝隙的"服务链"；只有相互合作、共同发展，结成不可分割的整体利益关系，才能促进民航事业的发展。

民航业发展离不开各方面的支持。《若干意见》各项政策措施有力，具有系统性。其中，所有关系民航业发展的重点难点问题在《若干意见》中都有充分的反映，许多我们多年来希望各方面支持的工作都有了明确的意见，非常符合民航业发展的实际。特别是《若干意见》从加强立法和规划、加大空域管理改革力度、完善管理体制机制、强化科教和人才支撑、完善财税扶持政策、改善金融服务等六个方面提出了政策措施。这些措施相互衔接、相互补充，形成了配套的政策体系，为实现民航业发展目标提供了强有力的政策保障。这有利于破解民航发展难题，凝聚业内外的力量，改善行业内外发展环境，加快形成民航业发展的整体合力。我们要更加主动作为，通过各方面共同努力落实《若干意见》，促进民航业又好又快发展。

二、准确把握《若干意见》的总体要求，要深入贯彻落实科学发展观，树立持续安全理念

《若干意见》总体要求明确，指导意见鲜明。其中，在指导思想上要求以邓小平理论、"三个代表"重要思想为指导，深入贯彻落实科学发展观，以转变发展方式为主线，以改革创新为动力，遵循航空经济发展规律，坚持率先发展、安全发展和可持续发展，提升发展质量，增强国际竞争力，努力满足经济社会发展和人民群众出行需要。与此同时，《若干意见》提出了五条基本原则：以人为本、安全第一；统筹兼顾、协调发展；主动适应、适度超前；解放思想、改革创新；调整结构、扩容增效。

《若干意见》发展目标具体，发展要求全面。其中，将发展目标定到2020年，恰好是两个五年规划的时间，也是建设民航强国打基础的阶段，为民航制定中长期发展规划确定了方向。《若干意见》提出的发展目标，既有明确了行业自身发展的主要目标，又提出了服务国家经济社会的水平要求；既有日常性的安全、服务等工作目标，也明确了提升国际竞争力、发展通用航空等重点发展目标；既有定性的描述，也有量化的指标要求。比如，《若干意见》提出，到2020年运输航空总周转量要达到1700亿吨公里，而去年为573亿吨公里。要达到这一目标，年均增长应该为12.2%。全国人均乘机次数要达到0.5次，而去年为0.2次。通用航空飞行总量年均增长19%，达到200万小时，而去年为50.27万小时。航空服务要覆盖全国89%的人口，而去年这一指标为76%左右。

按照上述主要发展目标，预计到2020年，民航运输机队规模将达到4000架，通航机队规模将达到5000架，保障航空运输及其他各类飞行5000万架次。面对行业快速发展、规模越来越大，《若干意见》提出到2020年“初步形成安全、便捷、高效、绿色的现代化民用航空体系”。这是一个全面的总体要求，其中，航空运输服务质量要稳步提高，安全水平稳居世界前列，运输航空百万小时重大事故率不超过0.15，而截至2011年底，虽然这一指标的五年滚动值为0.05（世界平均水平约为0.3，其中美国为0.18），但从总体上看，民航安全基础仍相对薄弱，安全生产管理体系和机制正在完善之中，安全综合保障能力与行业快速发展还不相适应，与航空发达国家相比还有很大差距。同样，航班正常率要提高到80%以上，挑战也不小。我们去年航班正常率为77.2%，美国航班正常率为79.8%。

实现《若干意见》提出的发展目标，我们要坚持以科学发展观为指导。科学发展观，第一要义是发展，核心是以人为本，基本要求是全面协调可持续，根本方法是统筹兼顾。这些年来，民航局党组深刻领会科学发展观的科学内涵、精神实质和根本要求，明确提出在民航贯彻落实科学发展观，最根本的就是要坚持安全发展，在全行业取得了不少共识，今后我们要进一步深化。

（一）要坚持把“持续安全”作为民航发展的前提。过去相当长一段时期，我们抓安全习惯于“运动”式、“整顿”式、“阶段”式的方式。2008年，民航局党组总结新中国民航安全管理的实践经验，提出了“持续安全”理念，意在实现安全管理的常态化、长效性，这在《若干意见》中也得到充分肯定。《若干意见》明确提出要树立和落实持续安全理念，为社会提供安全优质的航空服务。

确保航空安全是民航工作的永恒主题，是民航发展的基础和前提条件。坚持“以人为本、安全第一”，民航必须始终将公众的生命财产安全放在第一位。今后相当长的一个时期，我国民航业将保持快速发展势头，我们不但要做大，还要做强，特别是安全上要做强。这就要正确处理好安全与效益、安全与服务、安全与速度、安全与规模、安全与经营等方面的关系，真正把“持续安全”理念落到实处。

正确处理好安全与效益的关系，要坚决防止一味地抢市场、抓效益，而满负荷甚至超负荷组织运输生产、超裕度使用人力资源，各企事业单位减开支绝不能减少安全投入、降成本绝不能降低安全水平。正确处理好安全与服务的关系，要坚持航班正点服从航空安全、客舱服务服从航空安全，坚决防止降低运行标准，避免违章蛮干。正确处理好安全与速度的关系，要重点防止增长速度过快，坚决避免超能力发展。正确处理好安全与规模的关系，要防止企业盲目铺摊子、乱扩张，避免摊子过大超出管控能力。正确处理好安全与经营的关系，要防止企业不顾自身条件，过早过快拓宽经营业务领域，分散有限的安全保障资源。

（二）要坚持把转变发展方式作为促进民航业发展的主线。过去，民航业总体上走的是外延扩张的道路，这种发展方式难以为继。特别是中央已经把节能减排工作放到了越来越重要的位置，国际上应对气候变化和环境保护的呼声也越来越高，全行业要主动适应低碳经济发展趋势，切实改变粗放型发展模式，提高资源和能源利用效率，努力建设资源节约型和环境友好型民航。与此同时，我们要实施集约化和便捷化的发展，不断提升发展质量。民航基础设施建设要主动适应国家经济社会发展要求，适度超前，扩容增效，提高服务保障能力。

在这里，重点强调人才问题。人才资源不足一直是制约民航发展的瓶颈。预计到“十二五”末，仅对飞行、机务、空管、机场等关键专业技术人才的需求总量将达到近20万人；到2020年，需求总量将达到32万人。这意味着今后每年对各类专业技术人才的需求超过5万人，但目前民航各类院校每年仅能培养1.5万名毕业生，人才需求存在很大的缺口。如果现在不加快人才培养工作，人才将成为进一步制约我国民航业未来发展的瓶颈。这些年来，民航局已经把实施“科教兴业”和“人才强业”，作为行业发展的一项战略性基础工作，出台了《关于进一步加强民航科教工作的意见》，建立了民航科教投入机制，“十二五”期间，总投入将不少于30亿元。民航各院校要抓住有利条件，积极进取，努力为我国民航事业发展提供强有力的科技支撑、智力支持和人才保证。我们还要实施民航重点区域人才支持计划，支持中小机场专业人才和管理人才培养，支持西藏、新疆等西部地区民航人才培养。

我们还要看到，民航发展中的人才结构性矛盾，已成为制约我国民航科学发展、持续快速发展的一个重要因素。因此，我们要不断优化全行业人才队伍结构，重点加强飞行、机务、空管、机场运营管理等专业技术人才、高层次复合型经营管理人才培养以及公务员和监察队伍建设。

（三）要坚持把改革创新作为促进民航业发展的动力。民航在发展过程中遇到了不少矛盾和问题，一些矛盾和问题将继续存在，新形势下还可能出现新的矛盾和问题。解决这些新旧矛盾和问题，需要我们不断解放思想，与时俱进，改革创新，破除体制机制障碍，促进民航业又好又快发展。

当前在处理改革与发展的关系问题上，有些人认为民航经过了三轮改革之后，已经没有什么可改的了，民航发展也不需要改革的推动了。实际上，当前民航改革不是“到位了”、“差不多了”，不是“修修补补”就可以了，而是进入了新的阶段，提出了新的任务要求，说进入攻坚阶段也不为过。

从改革的内容来看，从体制上的分分合合为主进入到了管理方法和运行机制上的深度调整；民航发展过程中出现的一些新矛盾、新问题，甚至有些是改革过程中产生的问题，都需要通过深化改革来加以解决。比如，2002年机场实行属地化管理以后，机场的运营管理模式出现了六种类型,究竟什么样的管理模式是合理的，还需要在实践中继续探索和进一步改革，其中最主要的一点，就是确立机场为公共基础设施的定位。又如，贯彻落实《民用机场管理条例》，要继续探索推进机场由生产经营型向管理型转变。再有，过去长期束缚民航生产力发展，又一直没有触动的问题，如空域管理体制的改革，也提上了议事日程。眼下，我们正在按照中央的部署，推进民航直属事业单位的分类改革。

从改革的推动主体来看，当前从民航一家推动进入到了多家联动。比如，公安管理体制、空域管理体制等等，改革的关联性、综合性、配套性显著增强，需要协调的方面更多，需要调整的利益关系更复杂，改革的难度也更大。又如，按照“三定”规定，民航各省（区、市）监管局职能难以满足地方政府发展民航业的需要。现在，已有15个省（区）政府、45个地级市政府设立了民航行政管理机构，这就增加了行业管理的协调环节，行业垂直管理受到了冲击。这是民航行政管理体制改革面临的新问题。

总之，我们必须进一步解放思想，解决改革的认识问题。我们要深化民航资源分配等方面的改革，对于航线、航班和时刻等重要资源，要进一步构建公平、公开、透明的分配机制，既体现市场原则，又反映航空公司竞争力，促进航空公司优胜劣汰，以利于民航健康有序发展。我们要重点鼓励企业开展各种方式的联合、重组和合作，优化市场结构，提高国际竞争力，促进行业有序良性竞争。支持企业完善治理结构，切实转换经营机制。我们要进一步完善干部公开选拔、竞争上岗机制，建立民航各级行政机关与企业之间的人才交流长效机制。

三、全面落实《若干意见》的主要任务，要切实转变发展方式、加快行业结构调整

《若干意见》从加强机场规划和建设、科学规划国内航线网络、大力发展通用航空、努

力增强国际航空竞争力、持续提升运输服务质量、着力提高航空安全水平、加快建设现代空管系统、切实打造绿色低碳航空、积极支持国产民机制造、大力推动航空经济发展等十个主要领域，列出了民航业发展的具体任务，而加快转变民航发展方式、行业结构调整方面的要求十分明确，具有很强的针对性。每一项任务、每一个要求都非常关键，需要下很大的功夫努力完成和实现。

（一）巩固行业良好的发展势头，要切实转变发展方式、加快行业结构调整。长期以来，我国民航业始终存在着区域发展不平衡，支线航空、航空货运、国际航空、通用航空等发展相对滞后的问题。发展的保障能力还不强、安全基础还不牢，存在基础设施、关键人才队伍和管理水平跟不上等诸多矛盾。这些既有外部环境因素的影响，也有行业自身发展过程中的问题，更多的是我国经济社会发展结构等问题在民航业的具体反映。我们一定要跳出民航看民航，站在服务经济社会发展的全局高度，从世界民航发展的基本规律出发，才能更好地解决这些问题。

当前和今后较长时期，我国民航业发展仍主要存在以下五对基本矛盾：一是社会需求巨大与关键资源不足的矛盾，二是行业快速发展与安全基础不牢的矛盾，三是战略地位凸显与体制机制不顺的矛盾，四是国际航空运输自由化与整体竞争力不强的矛盾，五是行业可持续发展与创新能力不强的矛盾。这五对基本矛盾，集中表现为内涵做强与外延做大的矛盾。与此同时，我国民航业还面临着以下四方面的结构问题：一是东中西部民航业发展不平衡，亟待提升支线航空对区域社会经济发展的促进作用；二是民航业与其他交通运输方式联动发展不足，亟待建设以机场为中心的现代综合交通运输体系；三是民航企业不同运营模式和分工合作格局尚未形成，亟待提升大网络型客货航空公司和大型国际客货枢纽机场对全行业整体发展和综合竞争实力的带动作用；四是通用航空滞后于运输航空发展，亟待满足现代社会经济对通用航空快速增长的各种需求。这四方面的结构问题，集中表现为民航业发展还不能进一步满足我国社会经济总体战略发展要求。

这些年来，民航局以应对国际金融危机为契机，适时出台一些相关政策，引导全行业转变发展方式、促进行业结构调整，取得了明显成效。从转变发展方式看，2008年开始，我们连续三年暂停审批新成立航空公司，提高设立分（子）公司门槛，严格控制飞机引进速度。2008年～2011年，共引进飞机805架，比原计划减少149架。行业竞争转向良性，整体效益稳步提升，也从根本上稳定了飞行员队伍，使民航安全总体保持平稳态势。从平均正班客座率和正班载运率看，“十五”期间分别为67.5%、62.5%，而2008年分别为74.5%、66.1%，2009年分别为76.3%、67.2%，2010年分别为80.2%、71.6%，2011年分别为81.9%、72.2%。从全行业盈利总额看，2008年为－278亿元（受国际金融危机影响）、2009年为113亿元、2010年为450亿元、2011年为362.6亿元（民航企业利润总额占国内交通运输企业的比重分别为－9.1%、25%、40%和39%）。其中，我国航空公司利润总额分别为－320亿元、55亿元、347亿元、278亿元，而同期全球航空公司利润总额折合人民币分别约为－1112亿元、－676亿元、1022亿元和510亿元；我国航空公司在全球航空公司利润总额中的比重，2010年为34%，2011年为55%。从资产质量看，截至2011年底，民航企业资产规模总计达到9991亿元，比2007年底增加了3477亿元，增长53%。民航企业平均资产负债率由2007年底的66%下降为2011年底的63%，其中，航空公司由81%下降为77%，机场由49%下降为42%。

从行业结构调整看，民航局充分发挥“一金一费”的政策引导作用，组织出台一揽子政策，促进中西部及老少边穷地区民航、中小机场与支线航空发展以及新疆、西藏民航跨越式发展，初步形成了民航公共政策体系，政策效应开始显现，一些增长结构已发生了积极变化。2008年－2011年，全国机场旅客吞吐量年均增长15.2%，可喜的是，中西部机场快于东部机场（西部为19.8%，中部为15.6%，东北为14.9%，东部为13.4%），中小机场快于干线机场、干线机场快于大型枢纽机场（其中，中小机场为18.4%，干线机场为16.5%，大型枢纽机场为12.17%）。

巩固行业良好的发展势头，我们要进一步切实转变发展方式、加快行业结构调整。尤其是今后十多年，民航业处于发展的黄金期，也是转变发展方式、加快行业结构调整的最佳时期。这项工作已水到渠成，如顺势而为，效果往往事半功倍。我们将把加强宏观调控、完善产业政策作为着力点，进一步构建加快民航业转变发展方式和结构调整的宏观政策体系，总体思路是行政推动转方式、市场引导调结构。为此，我们要进一步清晰行业发展思路，尽快制定出台我国民航业发展产业政策；全面梳理行业有关经济政策，重点解决政策的一致性和差异化等问题。

（二）切实转变发展方式、加快行业结构调整，民航各运行单位要发挥主体作用。贯彻落实《若干意见》，民航各企事业单位都各自承担着重要任务。航空公司是民航产业链的主体，其运营模式、结构状况决定着整个行业发展的走向，也是行业结构是否合理的重要影响因素。从全球航空公司发展看，目前已形成洲际网络型、区域型和低成本等三种运营模式。相比而言，我国运输航空公司总体规模小，还存在市场定位和发展战略同质化等问题，这是影响我国航空运输市场秩序、综合竞争实力以及国际航空、支线航空、航空货运发展的重要原因之一。各航空公司要进一步清晰发展思路，逐步形成差异化战略定位，打造不同运营模式和发展路径的高品质航空公司。我们要按照《若干意见》的要求，重点引导大网络型航空公司提升国际竞争力，促进支线航空和货运航空发展，培育低成本航空公司。

这里重点强调航空公司的机队结构问题。统计表明，截至2012年7月底，全行业运输机队规模达到1872架，在1781架客机中，250座级以上的为171架，100座级～200座级的为1428架，100座级以下支线客机为182架；按架数计算，宽体机占9.6%，窄体机占80.2%，支线客机占10.2%；按座位数计算，宽体机占17.2%，窄体机占78.8%，支线客机占4%。机队结构具有较强的市场适应性，是各航空公司谋划战略的关键环节，直接影响行业的结构，我们必须高度重视，采取宏观手段予以引导。

目前，我国机场建设和发展也不能很好地满足经济社会发展和行业快速发展的需求。突出表现在机场总量不多、密度不高、布局不合理、容量和功能不足。为更好地服务国民经济社会和区域经济发展，我们要按照《若干意见》的要求，加快机场规划和建设，力争到2020年航空服务覆盖全国89%的人口。但各机场也要高度重视战略定位等问题，这有利于形成大型国际门户枢纽、区域枢纽与中小机场的良性互动发展格局。长期以来，由于机场的地缘性、资产的固化性以及服务产品的单一性等特点，不少人对机场发展认识存在一些误区，认为只要吸引航空公司来飞，只要增加航线航班，机场就发展了，就是为地区经济社会服务了。事实上，机场也有一个发展战略定位问题。机场属地化管理后，各机场要多向地方政府介绍这方面的情况。

这些年来，各地方政府对开辟或增加飞往北京、上海、广州、深圳等繁忙机场的航线航班，愿望十分强烈，民航承受着来自各方面的压力，其中，主要繁忙机场已经满负荷运行，特别是北京、上海、广州三大机场高峰时段起降时刻完全饱和，很难完全满足各方的需求。与此同时，目前我国共有口岸机场63个，其中，61个机场开辟了国际及港澳台地区定期或不定期包机航线，但仍有不少地方政府希望辖区内机场成为口岸机场。如果不能统筹协调好上述这些问题，既影响我国大型国际门户枢纽、区域枢纽建设，也制约中小机场的发展。

我国中小机场多处于地市级城市，特别是经济欠发达和老少边穷地区的机场，客货流量小、开通航线少、航班频率偏低。这种状况反过来又使航空运输远不能满足地区社会经济发展的需要。如果建立枢纽网络型航线结构，客货通过区域性枢纽机场中转，就能扩大对中小机场的航线辐射范围，为中小机场增加航线数量，反过来这些中小机场又成为区域枢纽机场的支撑。目前，我国许多省（区）具备构建区域枢纽的客观条件。云南机场集团统一管理全省12个机场，初步形成了支线与干线航班紧密衔接、区域枢纽与中小机场分工合作的良性互动发展格局，还真正迈入了经营集约化、管理专业化、发展产业化的良性轨道。刚才，黑龙江机场集团也介绍了这方面的成功探索。上周，我与浙江省委、省政府主要领导会谈，他们提出正在抓紧谋划省内支线航空网络，重点开通杭州萧山机场与省内各机场之间的航线，使萧山机场成为省内枢纽。

空管是民航运行体系的中枢。贯彻落实好《若干意见》，要主动适应民航快速发展的新要求，围绕扩容增效，改进繁忙机场飞机放行办法，积极协调解决、有效开发民航空域资源，调整完善航路网络布局，建设国内大容量空中通道，推进繁忙航路的平行航路划设，优化繁忙地区航路航线结构和机场终端区空域结构，增加繁忙机场进离场航线。要加快新技术的推广和应用，提高设施设备保障能力，构建安全、高效的空中交通管理体系。

通用航空是民航业两翼之一。通用航空不仅是民航业发展的基础和航空运输体系的重要组成部分，而且在国家经济建设、社会发展、公共服务等方面发挥着不可替代的作用，特别是在带动航空制造业发展、建立应急救援体系等方面，具有十分重要的作用。我国通用航空整体发展尚处于较低水平，但市场潜力巨大，私人飞行执照持有数量快速增长，企业和私人购买小飞机的意愿强烈。我们要按照《若干意见》的要求，全力支持各地区发展通用航空、兴办通用航空企业，加快把通用航空培育成新的经济增长点。

在我国民航业技术服务保障体系中，适航与维修、航油供应、信息服务和航材保障等系统的地位和作用十分重要。各相关单位要以适应民航业快速发展、有力支撑民航业可持续发展、增强国际竞争力为出发点，加快构建安全可靠、运行高效、技术先进、服务成本低和创新能力强的服务保障体系，成为适应民航业快速发展、符合航空用户需求的民航保障市场主体。

四、抓紧落实《若干意见》的政策措施，要积极争取各方支持、形成民航发展合力

民航产业链长、涉及面广、社会关联度高，外部支持是民航业发展的重要条件。长期以来，中央领导同志始终高度重视民航工作，对民航总体工作作出了一系列重要指示。中央各部委以及各省（区、市）党委、政府领导，为民航改革发展提供了强有力的支持和帮助。但民航业发展不仅需要各级领导的支持，更需要从战略上有一整套制度安排、机制保障。目前，外部尚未形成有利于民航业发展的环境氛围。进一步构建有利于行业的良好外部环境，民航系统各级领导干部尤其是机关职能部门同志，要积极开展多层面的工作，主动汇报民航情况，积极提出建议，努力争取各方对民航业发展的支持。这是全行业的一项长期重要任务。只有这样，才能确保《若干意见》的各项目标任务落到实处。

（一）积极争取相关部门支持，构建有利于民航业发展的外部环境。从我国民航业发展的外部资源环境看，突出的问题是空域资源严重不足，这已成为影响安全运行、航班正常的重要因素以及制约航空运输、通用航空、航空制造业发展的瓶颈。这些年来，围绕扩容增效，促进空域释放，军民航密切合作，空域环境不断得到优化。在军方的支持下，截至去年底，已完成17个机场的主要方向进离场航线分流工作，还有6个机场将在明后年协调推进。先后对北京、上海、广州等21个大型协调机场的高峰小时航班时刻容量标准进行了调整，共增加了约1600个起降时刻。临时航线从2009年的77条，迅速增加到2012年6月底的125条，平均每年为航空公司节省燃油成本约5亿元，增加55万班次飞行。但随着社会需求的不断增长，民航业快速发展与空域资源有限之间的矛盾将日益突出。去年，全国民航起降飞行

655万架次，按照“十二五”期间民航年均增长13%计算，2015年起降飞行将达1040万架次以上，在现行空域无法进一步优化的情况下，仅能满足运输航空需求的77%左右，尚有近1/4的需求难以满足。按照《若干意见》提出的“加快建设现代空管系统”、“加大空域管理改革力度”要求，我们要加强与军方的协调配合，共同营造运输航空、通用航空和军事航空和谐发展的空域管理环境。与此同时，我们要发挥好各省（区、市）政府的影响力，共同加强与军方沟通协调，争取在一定区域范围内逐步解决空域资源不足问题，特别是扩大繁忙机场空域范围，开辟更多的固定和临时航线，争取在繁忙航路上尽早新辟平行航路，力争在“十二五”期间在空域方面有比较大的突破。

民航业发展始终得到了海关、边防和检疫等联检单位的大力支持、通力协作、密切配合。近年来，海关总署积极推进我国主要航空口岸中转旅客通程航班监管模式试点、航空货物快速通关等工作；公安部、外交部正在首都机场实施72小时过境免签政策准备。我们要以《若干意见》出台为契机，进一步加强与有关部门的沟通协调，落实过境免签、通程航班行李直挂等便利通关政策措施，简化进出境查验手续，不断提高通关效率和服务水平，努力形成支持我国航空公司“飞出去”、构建大型国际枢纽的宽松政策环境。

（二）要积极争取各级政府政策支持，努力构建民航公共政策体系和资金保障机制。民航业是国民经济的重要基础产业，生产的是“公共产品”或“准公共产品”，具有明显的社会公益性特征。长期以来，民航尤其是机场大规模基础设施建设投资以及日常运营资金的来源一直存在较大缺口，这与民航投资体制不健全、中央与地方财政事权不匹配等有着密切的关系。民航各单位要进一步争取各级政府加大对民航业的直接投入。其中，贯彻落实《民用机场管理条例》，围绕机场公共基础设施的定位，要争取各级政府加大机场建设特别是公共基础设施部分的直接投入，并享受一系列优惠政策。针对支线机场负债建设、亏损运营、管理水平不高、安保能力不足、管理体制不顺等问题，去年，民航局会同发改委、财政部、公安部等部门，对支线机场进行全面调研，形成的《关于促进支线机场可持续发展的意见》将报送国务院，争取重点解决支线机场建设投资和运营亏损等问题，我们要继续推进这一工作。

民航业的发展不仅需要稳定的资金保障，更需要良好的公共政策环境。这些年来，民航局积极争取中央财政支持，形成了中小机场和支线航空补贴、机场基本建设贷款贴息、特殊远程国际航线补贴等行业财税优惠政策。与此同时，有的地方政府也制定了加快机场建设和民航发展的税收、贴息等优惠政策。有的地方政府采用空转出让和划拨地的方式，大大降低了新建、改（扩）建机场的土地征用成本。不少地方政府将中小机场亏损补贴资金列入财政预算，有的还建立了亏损的新开国际（地区）或国内航线航班补贴机制，有的开始探索支线机场公益性职能复位问题。

以《若干意见》出台为契机，我们要积极争取中央财政继续重点支持中西部支线机场建设与运营；积极争取财税部门支持，重点完善有利于民航业发展的一揽子财税扶持政策体系。通过争取进一步建立多元化的投融资渠道，满足民航业大规模建设、快速发展的资金需求。希望民航各单位要高度重视宏观财经政策研究，密切跟踪与行业发展相关的公共政策动态，切实改变过去普遍存在的重资金轻政策、重专业政策轻公共政策的倾向，努力争取行业发展优惠政策，着力构建有利于民航业发展的公共政策体系。

（三）引导好、调动好各级地方政府积极性，发挥好其在民航业发展特别是机场建设发展中的主体作用。在长期的计划经济体制下，我国民航政企、政事不分，所有权和经营权合一，原民航（总）局既是行业行政主管部门，也是代表国家进行行业投资的主要力量。从2002年开始的机场属地化管理改革，调动了中央和地方两个积极性。各地区民航业的发展，是我国民航业发展的重要组成部分。贯彻落实《若干意见》，就要发挥好各地方政府的作用。这是因为我国各地区情况千差万别，地方政府在利用当地政策、协调资源等方面，更加灵活，更具优势。我们要重点引导各级地方政府切实落实机场建设发展的资金投入、政策支持责任，特别是机场安全投入和管理责任。

我们要引导各级地方政府切实落实机场安全投入和管理责任。这些年来，各地方政府领导到民航局，希望支持当地民航业发展。虽然需要我们支持的具体内容各有差异，但提高对当地机场建设投资比例，开辟航线或增加航班，协调有关航空公司设立分（子）公司、运营基地，支持成立自己的航空公司等，是各地方政府的共同诉求。而从民航局职责定位看，我们不仅支持各地区民航业发展，更关注各级地方政府在安全保障、资金投入等方面的责任落实情况。现在，机场各方面的投资决策权在地方政府，但有的地方领导并不了解民航的特殊性和安全的头等重要性。我们也看到，有的地方政府舍得花上亿元甚至几十亿元的资金投入航站楼建设，却不愿在安全设施设备方面投入资金。之所以会产生这种现象，从根本上说是思想认识、主体责任落实问题。为尽快解决上述问题，民航局已修订机场设计、建设和运行等一系列规章标准，重点明确机场必备的安全保障设备设施项目。与此同时，民航局在审批投资项目时明确，凡新建、改（扩）建机场项目，只要使用民航发展基金的，都投向与保障安全有关的项目。从2012年开始，民航局将机场纳入安全保障财务考核范围，促使地方政府和机场管理机构加大投入，不断提高机场安全运营能力。

这里还要重点强调，机场既是民航的重要基础设施，也是城市的公共基础设施，这就决定了政府要为机场的安全运营提供良好环境。比如，地方政府对机场净空保护负有重要责任，许多地方政府已经通过地方立法形式来解决这一问题。但也有个别地方政府认识不到位、重视程度不够、管理缺失，致使机场净空范围内出现超高障碍物等问题频发。近几年，就有几个机场由于净空问题威胁航空安全，民航监管部门协调地方政府出面，但问题迟迟得不到解决，只能采取限制机场运行等级的办法来确保安全，促使地方政府履行责任。

同样，在发生大面积航班延误等情况时，也需要地方政府积极发挥作用。这是因为，过去民航规模总体不大，即使发生航班延误，影响的航班数量也有限。现在，各大机场旅客吞吐量越来越大，如果发生大面积航班延误，动辄上万名旅客滞留候机楼。一旦发生这样的情况，不仅民航各单位要切实做好各方面工作，地方政府也要动用自身资源，及时疏散、妥善安置旅客。特别是许多机场公安属地化管理了，维护机场良好的运行秩序，更需要各级地方政府发挥积极的作用。2012年以来，接连发生多起旅客冲闯机场隔离区、不听劝阻闯入滑行道或停机坪等严重干扰机场运行秩序事件，相关机场公安机关在应对时存在执法不及时、力度不够的问题。

另外，近年来因机场噪音、拆迁矛盾等问题，引发的影响机场运行秩序事件也时有发生，民航各单位要主动汇报、积极协调所在地地方政府，及时做好矛盾化解工作。

我们要引导各级地方政府统筹谋划民航业与区域经济社会发展战略。过去，一些中小机场航班量少得可怜，客货吞吐量上不来，各方面都很着急。一个重要原因是工作思路有局限性，谋划民航业发展存在就民航论民航的问题。现在，仍有一些地方政府仅仅将民航看成是一种交通运输方式，特别是有的中小机场之所以难以发展，主要是“热热闹闹修机场，招商引资跟不上，人流物流难聚集，飞飞停停没希望”。而有的干线机场则是“投入巨资扩机场，统筹谋划跟不上，机场周边空荡荡，航线航班难增量”。要切实改变这种状况，我们要引导各级地方政府把民航业纳入地区经济社会发展的总体部署之中，依托机场规划发展航空经济，特别是大力发展临空经济，使机场周边及其邻近区域成为特色经济、优势产业尤其是新兴产业的聚集区域，这样才能实现民航业与区域经济社会的良性互动发展。发挥各级地方政府统筹谋划方面的优势，还要不断扩大机场服务和辐射区域范围，建设以机场为中心的现代综合交通运输体系。

最后，我重点强调的是，《若干意见》是国务院主发各省（区、市）政府、国务院各部委、各直属机构的，但我们应该看到，贯彻落实的主体是民航各单位。可以说，《若干意见》的贯彻落实有没有效果，有多大效果，主要取决于我们的工作力度。

民航各单位（各部门）要把深入学习领会《若干意见》精神，作为当前的首要工作任务，组织广大干部员工深入学习领会，切实把思想和行动统一到《若干意见》要求上来。要把学习与推动工作紧密结合起来，针对涉及民航各单位（各部门）的内容，组织相关人员，认真研读，在深刻领会文件精神实质的基础上，进一步完善工作思路，创新工作方式，提高工作实效。

民航局近期将印发民航局机关《贯彻落实〈若干意见〉重点工作部门分工的通知》，争取国务院办公厅印发《贯彻落实〈若干意见〉重点工作分工的通知》，民航局机关相关司局要明确目标责任，抓紧落实各项分解任务，特别要加强与相关部委的沟通协调，争取更明确、更具体的政策。民航各单位（各部门）也都要立即行动起来，绝不能消极等待、坐失良机，要抓紧向所在地方党委政府汇报，争取支持民航业发展的相关政策，有条件的要力争出台贯彻意见，确保《若干意见》精神落到实处。

《若干意见》为民航业又好又快发展指明了方向。我们坚信，有党中央、国务院的坚强领导，有科学发展观的正确指引，只要全行业坚定信心，开拓创新，埋头苦干，全面扎实做好民航各项工作，民航业必将为国家经济社会发展作出新的更大贡献！

贯彻落实《若干意见》 促进民航科学发展
——全国民航贯彻落实《若干意见》电视电话会议交流材料摘编

适度超前规划 加强机场建设

民航局发展计划司

《国务院关于促进民航业发展的若干意见》（以下简称《若干意见》）中明确了“主动适应，适度超前，加强基础设施建设”的原则，提出了加强机场规划和建设的任务要求。为落实好这项任务，民航局发展计划司进行了认真研究。

第一，关于机场现状分析。目前，我国民航机场的发展总体趋好。一是机场数量稳步增加。截至目前，全国运输机场总数达到182个，机场密度达到每10万平方公里1.89个。二是随着国民经济社会的快速发展，机场的业务量快速增长。2012年旅客运输量预计达到3亿人次，旅客吞吐量超过千万人次的机场达到21个。三是机场运行保障能力有所提高。满足空客A380运行要求的4F机场有3个，保障波音777等飞机的4E机场有30个，有7个机场具备多跑道运行能力，而高原机场则达到24个。

近年来，我们紧锣密鼓地推进机场项目建设，进展较为顺利。但机场规划和建设仍有一些方面需要进一步完善和提高：一是从数量上看，我国运输机场的数量和密度仍显不足。二是从能力上看，我国部分大中型机场容量已饱和或接近饱和。三是有些地方政府对机场的公共基础设施属性认识不到位，建设和运行保障政策有待加强。

因此，我们应按照《若干意见》要求，加大机场规划和建设力度，在规划上适度超前，在建设规模和标准上量力而行。

第二，关于推进措施。按照《若干意见》的要求，根据目前的现状，我们认为，下一步机场规划和建设的工作重点应放在四个方面：一是抓紧解决饱和机场容量的问题，二是根据实际需要提高机场密度，三是努力实施枢纽机场战略，四是积极推进综合交通运输体系的建立。

为了加快推进机场规划和建设工作，我们拟采取以下具体措施：

在规划方面，一是研究完善全国运输机场布局规划。我们将着眼于2030年前国家经济社会发展需要，按照民航强国的要求，积极开展运输机场布局规划研究和调整工作。

二是尽快出台《通勤机场布局规划》。增加小机场布点，实现通勤航空机场与运输机场的有效衔接。

三是充分发挥地方政府在机场规划和建设中的主体作用及其发展通用航空的积极性，鼓励并指导各省（区、市）地方政府研究编制通航机场布局和建设规划。

在建设方面，一是努力协调简化机场建设项目审批程序。目前，新建机场审批程序复杂，审批难度大，影响到项目推进。我们将积极协调国家有关部门调整审批程序，加快推进项目的实施。

二是会同国家发改委等相关部门，尽快上报国务院出台《关于促进支线机场可持续发展的意见》，加大支线机场建设投资力度，完善支线机场扶持政策。

三是落实“十二五”局省会谈纪要，充分调动地方政府的积极性，形成民航发展的合力。

四是建立基础建设项目跟踪推进机制。完善项目跟踪与月度协调制度；在行业内建立重大项目目标责任制，对重大项目进行重点推进。

五是强化民航直属单位行业监管和服务能力建设，加快空管、民航院校、监管运行单位等民航直属单位项目建设进度。

把握战略机遇 推进通用航空规模化发展

民航局运输司

《若干意见》确立了今后一段时期内通用航空的发展目的和任务，并明确提出了“通用航空要实现规模化发展”的要求。这是国家科学把握民航发展规律，立足国家经济建设总体布局作出的重大决策。我们必须深刻认识和准确把握通用航空规模化发展的重大意义，结合行业发展实际，采取更加有力的措施，认真贯彻落实好。

自“十一五”以来，国家为大力发展通用航空，发布了许多政策，社会各界关注、参与通用航空发展的积极性持续高涨。截至2012年6月，全国通用航空企业已达134家，通用航空机队规模达1245架；2011年通用航空飞行总量已达50.27万小时，超过以往水平。

与此同时，我们也要清醒地看到，通用航空发展滞后于国民经济发展需要的问题依然突出。主要表现在三个方面：一是通用航空规模化发展水平不高，二是通用航空发展基础薄弱，三是通用航空服务领域尚待拓宽。

“十二五”乃至“十三五”时期是我国经济社会深入发展的历史时期。《若干意见》提出到2020年“通用航空飞行总量达200万飞行小时，年均增长19%”的发展任务和目标，这既为通用航空发展带来了难得的机遇，也为我们带来了新的挑战。

第一，扩展通用航空行业规模，引导企业做大做强。要进一步降低企业市场准入门槛，简化审批程序，鼓励社会各界投资设立通用航空企业，支持单位和个人购置航空器，开展多种形式的通用航空飞行活动；研究制定通用航空扶优扶强行业政策，引导通用航空企业改革经营机制，创新经营模式，积极开展同质化的联合、兼并、重组。

第二，拓宽通用航空服务领域，提高作业服务能力。加快出台《关于加强和改进公务航空管理和保障工作的意见》，规范和扶持公务航空项目健康、有序发展；着力做好内蒙古呼伦贝尔“拓展通用航空服务领域”试点的工作，及时总结经验，适时在行业内推广；完善通用航空短途运输、医疗救护、应急救援等项目的运营管理规章、标准，促进通用航空新兴项目的快速发展。

第三，夯实通用航空发展基础，改善基本保障环境。一是加强对通用机场建设布局的统筹规划，降低通用机场建设审批层级，推进通用机场建设进程。二是加快出台《中国民用航空ADS-B实施规划》，推进通用航空ADS-B应用试点和飞行服务站的建设。三是加快实施民航“十二五”规划中的航空汽油配送中心项目。四是推进通用航空专业人员队伍建设。

第四，加强通用航空政策引导，创造良好的发展环境。继续全面贯彻落实《民航局关于加快通用航空发展的措施》，加快出台《通用航空专项资金管理暂行办法》，对通用航空作业飞行、航空人才培养、安全设备更新等予以补贴；积极推进低空空域管理改革，扩大通用航空的空域使用范围。

第五，推进通用航空管理体系建设，提高行业监管能力。一是加强法规规章体系建设，进一步完善适应通用航空发展要求的法规、规章体系。二是加强行业管理队伍建设。

强化民航院校办学特色 担当人才科技支撑重任

中国民航大学

《若干意见》的出台对民航事业发展具有里程碑的意义，标志着我国民航发展新的历史时期的到来，同时也赋予了中国民航大学新的历史责任和义务。《若干意见》中提出专业人才不足是制约民航业可持续发展的瓶颈之一，因此要强化科教和人才的支撑作用。我校作为民航直属的多科性综合型大学，义不容辞地要担起这一历史性的责任和义务，与兄弟院校共同支撑民航业可持续发展。

第一，担当起专业人才培养的重任。根据《若干意见》要求，到2020年，我国民用机场总数将达244个，民用运输飞机将达到4500架。这对民航院校的人才培育能力提出了新的要求。当前，在人才培养上存在四个突出问题：一是专业人才培养总量难以满足发展需要；二是高水平创新型工程人才和国际化管理人才短缺；三是二、三线城市尤其是偏远地区中小机场、航空公司要不到人，也留不住人；四是在职职工技术更新培训亟须加强。

面对难题，中国民航大学将在以下四个方面加大人才培养力度：

一是进一步调整结构，扩大特有专业人才培养规模。中国民航大学将根据民航事业发展需要，积极扩大民航专业人才培养规模。

二是着力培养民航发展需要的高层次创新型工程技术和国际化管理人才。中国民航大学将通过与中欧航空工程师学院合作，以本硕一体化的方式为民航培养机务、空管、机场领域达到法国航空工程师标准的高级工程技术人才；与空管局共同办好欧盟合作项目。

三是千方百计为支线机场、边远地区、通航企业输送合格的民航人才。到2020年，我国将新增68个支线机场，按每个支线机场35个关键技术和管理岗位统计，共需要2380人。为此，学校决定采用“X+Y”的培养方式，为这些单位培养懂专业、留得住的专业技术人才。

四是加强校企合作，为企业员工知识更新提供专业技术培训。为企业提供技术培训同样是民航院校的职责。学校通过两种形式为企业提供相应服务：一种是与民航企业共同建立当地的培训中心，另一种是建立远程教育平台。

第二，承担科技创新源泉的重任。民航大学将发挥综合学科优势，推动以下五个方面的科研创新：一是在法规标准建设、发展规划制定中，为民航局提供技术支持；二是重点开展空域管理体制问题研究；三是围绕民航发展涉及的重大科学技术问题开展研究；四是在信息化领域，通过进一步深化与中航信的合作，在各大航空企业的支持下，共同解决航空信息网络和信息安全的难点问题；五是在节能减排方面，继续发挥我校综合学科优势，为我国争取更大的国际话语权提供技术支持。

第三，加强学校自身建设。为完成上述人才、科技支撑等艰巨任务，学校将在以下四个方面进一步加强自身建设，提高办学能力：一是加强师资队伍建设，二是努力建设科学研究“国家队”，三是坚定不移地走开放式办学道路，四是培育大学文化。

完善民航财经政策体系　提高宏观调控能力

民航局财务司

《若干意见》提出了今后民航业发展的总体要求、主要任务和政策措施。积极构建机制完善、手段多元的民航财经政策体系，是全面落实好国务院文件精神，提高民航财经宏观调控能力，推动民航强国战略实施的重要基础和保障。

近年来，随着民航管理体制改革不断深入，民航财经政策在引导产业经济健康运行、强化行业宏观调控手段、支持行业发展等方面取得了显著成效。一是优先保障安全能力提高和改善民航基础设施。二是实施中小机场、支线航空、特殊远程国际航线、节能减排补贴政策，安排资金105亿元，促进行业均衡协调发展。三是积极争取税收优惠。四是增加科教支出预算，大力支持科教兴业和人才培养。

基于对民航发展重要性的认识，2010年－2011年，地方政府给予民航企业的各类补贴达到229亿元，在促进区域民航发展中的作用日益增加，一些颇具规模的临空产业区逐步形成。

同时，我们也清醒地认识到，行业内对于民航财经政策的定位和作用仍然存在一些认识上的误区。这在一定程度上影响了政策的实施效果。下一步，我们将全面落实《若干意见》的各项要求，围绕促进经济发展方式转变和产业结构调整，加大基础设施建设投入力度，减轻企业负担等，进一步构建和完善民航财经政策体系，为行业发展营造良好的环境。

第一，努力争取国家财税、金融政策的支持。继续争取中央财政加大对民航建设和发展的投入力度；加强民航发展基金的管理和使用，优化支出结构；完善应急救援和重大专项任务的行政征用配套制度；争取临空经济区申请设立的综合保税区等优惠政策；努力降低飞机、发动机、航材等进口税负；配合增值税改革，落实优惠政策；支持设立主体多元化的民航产业投资基金；鼓励银行金融机构对飞机购租、机场和配套设施建设提供优惠信贷支持；完善民航企业融资担保等信用增强体系，鼓励各类融资性担保机构为民航建设项目提供担保。

第二，继续完善行业财经政策。一是积极构建民航公共政策体系，完善民航财政政策、财务制度和管理机制，落实民营资本投资民航业相关政策措施。二是加大安全能力建设投入力度，促进行业持续安全。设立民航安全专项资金，修订完善《民航安全保障财务考核暂行办法》，设立安全奖励专项资金。三是完善基本建设补助政策，提高服务保障能力。四是推动实施基本航空服务计划。五是促进民航产业经济转型和发展方式转变。六是建立稳定的科教投入和经费保障体系。

第三，积极引导，充分利用地方政策。加强与地方政府的沟通，积极引导地方政府正确认识民航作为对外开放快速通道和产业转型升级引擎，在完善城市功能、提升品质等方面的独特作用。同时，民航单位要主动关注各项地方政策，积极争取地方政府在建设投资、税费减免、土地供应和运营补贴等方面的优惠政策与支持。

搭建沟通协调平台 发挥地方政府主体作用

民航西北地区管理局

《若干意见》是指导民航发展的纲领性文件。李家祥局长指出，贯彻落实好《若干意见》要“引导好、调动好各级地方政府的积极性，发挥好其在民航业发展特别是机场建设发展中的主体作用”。

西北四省（区）经济发展水平相对落后，地方财政困难，民航事业“起点低、总量小、底子薄、基础差”。在民航属地化改革之后，地方政府存在对主体作用认识不清、责任不落实、积极性不高、政策法规不熟悉、方法措施不得当等问题。近几年，民航西北局始终按照“凝聚各方力量，加快机场建设，服务发展大局”的思路，努力引导调动地方政府发展民航事业的积极性、主动性。

第一，积极搭建沟通协调平台，促进西北民航快速健康发展。我们积极搭建与地方政府的沟通平台，成立组织领导机构，建立定期会议机制，加强协作配合，共同促进民航发展建设。青海省和陕西省成立了民航发展协调领导小组，其他各省（区）也形成了畅通的渠道，协调解决民航发展的重大问题。

第二，运用平台功能，更好地发挥地方政府的主体作用。一是引导地方政府增强主体责任意识。引导地方政府提高对民航发展重大意义和自身重要责任的认识，积极落实民航局与西北各省（区）关于民航发展的会谈纪要。近年来，西北地区“要开放修机场，要想强上民航”的意识普遍增强，地方对民航发展规律的把握和主体责任的认识明显增强。二是引导地方政府找准民航发展的着力点和突破口。机场建设周期长、涉及面广、程序复杂，我们积极宣传贯彻政策法规，帮助地方政府在机场建设过程中少走弯路。三是引导地方政府加大投入力度。我们在争取国家和民航资金支持的同时，促使各省（区）落实机场建设配套资金。陕西省政府拿出16亿元财政资金用于西安咸阳机场二期扩建，2.6亿元用于榆林机场迁建，2亿元用于国际国内航线补贴。各省（区）都建立了民航发展专项引导基金，用于国际国内航线补贴。四是引导地方政府严格落实民航发展责任。辖区基本上形成了以各省（区）机场管理公司为主体的基本建设责任体系。各相关地方政府和项目法人建立项目前期工作责任制，落实奖惩机制。

第三，找准职能定位，服从服务民航发展大局。搭建平台的根本目的是有效整合资源，维护行业系统性，把民航发展统一到国家和民航局确定的大政方针上来。管理局在平台中注意发挥四个方面的作用：一是发挥引导作用，引导地方政府的民航发展思路和工作部署。二是发挥指导作用，增强地方政府的安全发展意识。三是发挥协调作用，形成推进民航发展的合力。四是发挥服务作用，帮助地方解决实际问题。

通过发挥平台作用，我们有效地解决了要不要发展、谁来发展、怎样发展的问题。目前，西北局正在组织《若干意见》的学习和贯彻，并已研究制定了七个方面的措施。

肩负民航强国使命 服务区域发展战略

厦门航空有限公司

李家祥局长在8月初落实《若干意见》座谈会上提出：“民航是经济发展的驱动力”。厦航伴随着福建改革开放的发展历程，正是这一论述的生动写照。

第一，坚持主题主线，发挥独特优势，服务区域发展战略。厦航作为全国第一家民航和地方合办的航空公司，始终以服务地方经济发展为己任，以厦门、福州、杭州为枢纽拓展航线网络，努力服务于国家两岸政策、西部大开发等区域发展战略。

长期以来，厦航是两岸直航的见证者、推动者和参与者。从2005年执行海峡两岸春节包机开始，到现在每周已有30多个定期航班往返于海峡两岸，厦航每年运送往来于海峡两岸的旅客数量超过52万人次。

28年来，不管外部环境如何变化，我们始终与地方经济发展相融合，搭建起飞往全国各省市并辐射东南亚、东北亚地区的较为完善的航线网络。目前，厦航共开通国内航线218条，国际和地区航线26条，每周执行超过3600个航班。我们还积极发挥民航业在援疆、援藏国民经济中的基础性作用，积极履行社会责任。

第二，坚持服务领先，强化无缝隙服务，打造优质软环境。厦航自成立以来就是福建经济发展的主力军，至今已在福州和厦门两地累计纳税超过70亿元，累计完成固定资产投资300多亿元，不仅直接解决了2万多人的就业问题，还间接带动了相关岗位28万多人的就业。更重要的是，它为福建改善投资环境和调整产业结构作出了应有的贡献。

为打造优质软环境，厦航做到“精”在管理上，“尊”在态度上，“细”在流程上，“美”在内涵上。我们先后投入1亿多元用于飞机头等舱改造、内饰美化和机上娱乐系统升级，积极打造餐食品牌。我们还通过打造无缝隙运行和服务链条，提高航班正常率。

厦航发挥航空运输业的窗口延伸作用，以优质服务为支点，助推地方经济的发展，促进产业结构优化升级。“精尊细美”的“厦航式服务”得到了来闽投资的神华集团、中石化等海内外集团的广泛赞誉，直接催化了15个央企项目落户福建，总投资达2000多亿元，推进了福建经济发展方式转变、产业结构优化升级。

第三，坚持战略转型，增强综合实力，在更高起点上服务海峡西岸经济区建设。李家祥曾指出，航空公司是民航产业链的主体，其运营模式、结构状况决定着整个行业发展的走向。从2009年开始，厦航迅速调整自身战略，提出了“巩固、提高、发展福建”和“推进国际化”的战略，以更加积极的姿态，站在更高的起点上服务海峡两岸经济发展。

在发展速度和规模上，我们稳步加快发展步伐，不断加大在福建的运力投放力度，增加航班密度；在市场布局上，以完善的国内航线网络支撑中远程国际航线的开拓，加快引进波音787宽体客机的步伐，其中2014年－2015年计划引进10架，并开通至欧洲、美洲、大洋洲的国际航线。

推进区域枢纽战略 助推地方经济发展

黑龙江机场集团

机场的发展，离不开良好的政策环境。近年来，在民航局、东北管理局、首都机场集团的领导和帮助下，黑龙江机场集团依托民航和地方政府，扎实推进区域枢纽战略，取得了一定的经济和社会效益。

第一，牢牢把握民航发展的历史机遇，明确区域枢纽战略，努力发挥机场的作用。近年来，国家宏观形势和民航政策环境利好，黑龙江机场业务发展较快，5年新建了5个支线机场，机场数量达到10个。支线机场的建成，使各地具备了“飞出去”的条件。作为省内机场的统一管理单位，推动各下属机场实现可持续发展，更好地发挥机场在区域经济发展中的作用，是摆在黑龙江机场集团面前的新课题。

立足于黑龙江省区域经济结构调整、发展旅游产业、加强省内区域间交流的需求，借鉴云南、内蒙古、河北等地的先进经验，我们在“十二五”规划中进一步明确了干线、支线机场的差异化定位，提出把哈尔滨机场打造成为中国对俄远东地区的门户机场，构建以哈尔滨机场为核心的区域枢纽网络。

第二，充分调动地方政府的积极性，凝聚共识发挥整体合力，扎实推进区域枢纽网络建设。运力不足是制约区域枢纽建设的主要矛盾，解决问题的关键在于稳定的补贴资金支持。经过努力，由各级财政每年拿出1亿元的航空补贴资金引入运力，推进区域枢纽网络建设。

一是哈尔滨机场对俄远东地区的门户地位逐步显现。黑龙江省是我国对俄经贸的“桥头堡”，为进一步巩固和发挥对俄经贸优势，黑龙江省政府加大投入力度，出台对俄航线补贴政策。

二是支线包机运营成长迅速。采用省政府出大头、地市和机场出小头的补贴方式，引入奥凯航空新舟60飞机运营省内支线航班。以机场为主导，根据市场变化进行运力调配，共同培育支线包机航线，形成了拉动支线航空发展的合力。

三是支线航空市场健康发展。航空公司参与支线市场开发的意识明显增强，不仅将现有至哈尔滨的航班延伸到省内支线，还增开了至周边省份的支线航班，完善了区域枢纽网络。参与支线运营的公司从原来的1家增加到7家，航线数量由4条增加到16条，日均航班量由4班增加到20班，航点数由4个增加到11个。

目前，区域支线枢纽网络覆盖了省内90%的机场，并延伸至通辽、满洲里等省外机场，哈尔滨机场中转和过站旅客每月已达2万人次；“经哈飞”、“哈京快线”等产品提高了哈尔滨机场的中转保障能力，平均中转时间由原来的90分钟降至40分钟。以哈尔滨机场为核心的区域枢纽网络初具雏形。

第三，有效拉动地方经济发展，增强基本航空服务能力，区域枢纽战略经济、社会效益显著。区域枢纽网络的建设，对促进地方经济、旅游事业的发展发挥了积极作用。地方政府的航线补贴实现了小投入、大回报。支线航班量的增多促进了竞争，使省内航空市场由高端豪华型向大众经济型转变，旅客出行更便利，选择更多样，成本更经济。

高擎科学发展之旗

2012年7月8日，一个民航人值得铭记的日子。国务院出台了《关于促进民航业发展的若干意见》，这是新中国成立以来首部从国家战略层面指导民航业发展的重要文件。《若干意见》明确指出“民航业是我国经济社会发展重要的战略产业”，发展民航业从此上升为国家战略，民航业被国家寄予了更高的期望。正如民航局局长李家祥在武汉召开的贯彻落实《若干意见》座谈会上所言，我国民航业发展已站在新的历史起点上。

回眸党的十七大召开以来的5年，中国民航在科学发展观的指导下，奋翅展翼，硕果累累：

这是民航紧抓机遇的5年：民航局提出持续安全理念，出台建设民航强国战略构想，主动转变发展方式，调整经济结构，为做大做强奠定了坚实的基础。

这是民航为社会经济发展作出更大贡献的5年：驱动区域经济发展新引擎的声名鹊起，临空经济应运而生，民航社会责任充分彰显。

这是民航快速发展的5年：2011年，民航运输总周转量为574亿吨公里，运送旅客2.92亿人，分别比5年前增长了87.7%和82.8%，年增长率分别达到13.4%和12.8%；年旅客吞吐量超过千万人次的机场已达21家。

这是民航直面挑战的5年：汹涌而来的国际金融危机让身处寒冬的世界民航业备受煎熬，如履薄冰；而中国民航则审时度势，从容应对，一枝独秀，实现了全行业连年保持盈利。

5年间，中国民航紧抓发展的黄金机遇期，顺应社会经济发展，多方发力，在机队、机场、空管、保障、航线网络建设等方面取得了令世人瞩目的辉煌成就。而贯穿5年波澜壮阔发展历程的一条主线，就是中国民航始终高擎科学发展的旗帜，在祖国的蓝天下，浓墨重彩地书写着壮丽的篇章。

有一种理念，民航始终牢记于心。因为如果没有它，民航的发展就根本无从谈起；如果没有它，民航发展的宏伟蓝图就难以实现。它就是持续安全理念

5年间，中国民航安全生产业绩堪称卓越。在飞行总量快速增长、安全压力持续增大的形势下，2008年－2011年，我国运输航空百万小时重大事故率为0.05（同期世界平均水平约为0.3，其中美国为0.18），百万架次重大事故率为0.11（同期世界平均水平为0.5，其中美国为0.27），亿客公里死亡人数为0.003（同期世界平均水平为0.01）。为表彰中国民航在飞行安全方面取得的突出成就，2009年国际飞行安全基金会将全球唯一的“世界民航安全杰出贡献奖”授予中国民航。

中国民航之所以能取得骄人的安全业绩，在于始终视国家和人民的利益高于一切，始终将确保安全视为一切工作的出发点。民航局局长李家祥旗帜鲜明地指出，在民航贯彻落实科学发展观，最根本的就是要坚持安全发展。

“推进持续安全战略，提高航空安全水平，离不开理念的提升和管理的创新。”民航局安全总监吕尔学说。2008年，民航局党组提出了民航安全管理的新理念——持续安全理念，强调安全管理的延续性和持久性，要在建立健全安全生产长效机制上下工夫。5年来，针对

安全领域出现的新情况、新问题、新挑战，民航在实践中不断丰富和深化着持续安全理念：

——2009年，提出从九个方面前移安全防范关口，强调从规章和责任的结合上抓落实。

——2010年，强调“三个力戒、三个防止”（力戒骄傲自满，防止麻痹思想；力戒盲目乐观，防止心中无数；力戒驭下不严，防止管理松懈）。

——2011年，突出严格落实安全主体责任，狠抓关键专业技术人员资质建设。

——2012年初，为推进全行业实现更高水平的安全发展，李家祥深刻阐述要把握好“八个关系”。

40余家航空公司，近3亿人次的运输量，21家机场旅客吞吐量相继跨入千万级俱乐部，面对持续旺盛的国内航空需求，摆正安全保障能力与发展速度规模、坚持“安全第一”与追求效益最大化之间的关系，并非易事。

早在全行业贯彻落实持续安全理念的2008年，民航局未雨绸缪，用“有形的手”主动实施宏观调控，给行业发展“降温”，做好一道道的“加减法”：连续3年暂停审批新成立航空公司，提高设立分（子）公司门槛，严格控制飞机引进速度，同时不断加大安全投入，提高安全裕度，协调增加空域资源，这一加一减，收获的是行业运行品质和安全水平的提升，凸显出追求“更好发展”的科学取向。

在影响安全的众多因素中，人的因素是危及飞行安全的首要因素。飞行员是确保飞行安全的核心力量。2011年，行业共排查机长资质10092名，通过率98.2%。对未通过的机长，分别采取补充训练、降级使用、重新检查等措施强化提高。与此同时，深入开展对机务、签派、空管等关键专业技术人员资质能力排查。通过这些有力措施，2011年在运输飞行量同比增长9.4%的情况下，全行业人为原因航空运输严重事故征候同比减少46.7%、万时率同比下降51.7%，飞行安全品质明显提升。

向制度、规章要安全，强化安全风险管控和建设安全管理体系。自2010年3月厦航成为民航首家获颁安全管理体系（SMS）运行规范证书的航空公司以来，通过几年不懈努力，如今，航空公司、机场、空管等主要生产运行单位都已基本建成安全管理体系，民航的安全基石更加坚固。

安全事故率的数字越小，其背后折射的发展成果就越丰硕。东航江西分公司一位基层抓安全的领导形象地说，没有了安全的“1”，身后挂再多的“0”也是白搭。安全，才是最大的效益，安全发展才是真正的科学发展，已然成为今天民航广大干部职工的共识。

在过去5年的发展中，民航坚持统筹兼顾、协调发展的理念，促使东部和中西部地区民航协调、均衡发展，成为驱动经济社会发展的新引擎，民航业的战略作用越来越凸显

民航管理体制的深刻变革，形成了发展民航的多元主体，尤其是始于2002年机场属地化管理改革后，各级地方政府走上了发展民航业的“前台”。针对变革，民航局积极转变职能，转换角色，通过行业监管、依法行政和高效服务来大力促进地方民航业发展，将自身发展与服务地方经济发展紧密结合。民航新疆管理局党委书记张忠华对民航“管理”有新的解读，“管”是“协调”，“理”是“服务”。

当今世界，航空运输已成为继海洋运输、内河运输、铁路运输、公路运输之后，驱动经济社会发展的第五个冲击波。中国民航大学临空经济研究所所长曹允春教授认为，作为区域经济进入全球经济的快速通道，民航在促进区域经济结构调整、产业升级、增加就业等方面，发挥着基础性和先导性作用。

统筹兼顾是科学发展观的根本方法。主动作为，统筹各方力量，尤其是引导、调动地方政府的积极性，形成发展民航合力，一直是近些年民航工作的重中之重。

上世纪80年代，人们说“要致富，修公路”。而如今，“要开放，修机场；要想强，上民航”正成为地方党委、政府转变经济发展方式最流行的口号。

2009年7月《民用机场管理条例》正式实施，运输机场是重要的公共基础设施的定位和

属性，转换了地方政府对机场建设和发展的认识视角，地方政府的主体责任得以强化，而国际上公认的对机场的投入产出比为18的测算，更是空前激发了各地发展民航的积极性。截至目前，全国运输机场达182个，航空运输服务覆盖了全国91.5%的经济总量和77%的人口，机场总体布局合理，北京、上海、广州机场正朝着功能完善、辐射全球的大型国际枢纽目标迈进。

大型国际枢纽机场、区域枢纽机场通过与多种产业的有机结合，形成了带动力和辐射力极强的临空经济区，成为区域经济发展的新“引擎”。北京顺义临空产业带和河南郑州航空城正在成为一种标杆，吸引着各地方政府的高度关注。目前，全国已有36个机场所在地区先后提出了发展临空经济的构想。浙江温州机场更是豪迈地要建设“航空大都市”。

河南以郑州新郑国际机场为核心大力发展航空经济，集聚了电子、光学、新材料等新兴产业，还辐射到开封、洛阳等周边城市，带动了河南省产业结构调整升级。一个以电子信息、生物制药等为核心的高新技术产业和航空物流正加速向航空港集聚，2011年郑州航空港区生产总值超过100亿元，同比增长84.1%，临空产业带动全省进出口总额增长70%。

枢纽机场发挥着区域经济“引擎”的作用，支线机场在促进不同区域间协调发展、缩小地区差距等方面，发挥的作用同样不可小觑。

我国地域辽阔，发展很不平衡，特别是老少边穷地区，交通不便是制约发展的主要瓶颈，因而发展民航便成为最佳选择。尤其在西部，民航业已远非一般意义上的公共服务，对提升人民生活质量、缩小地区差别发挥着重要的作用。

作为县域机场的云南腾冲机场，2009年通航当年旅客吞吐量就达到25.5万人次，带动当地旅游人数、旅游总收入比通航前分别增长14%、29.6%，带来客商数量比2008年增长60%。该县当年的生产总值达56.8亿元，比上年同期增长13.5%。

民航在注重与经济社会协调发展的同时，也注重行业内的协调、均衡发展，通过政策导向、财政扶持协调中西部与东、北部地区民航的发展，实施中小机场、支线航空、特殊远程国际航线、节能减排补贴政策，安排资金105亿元，促进行业均衡协调发展，出台《促进新疆民航事业跨越式发展的若干意见》，与青海、甘肃、西藏、宁夏、湖北等省区签署促进民航发展《会谈纪要》，给中西部民航快速发展插上了“金色翅膀”。

2008年－2011年，全国机场旅客吞吐量年均增长15.2%，出现了航空运输增长中西部快于东部（西部为19.8%，中部为15.6%，东部为13.4%），中小机场快于干线机场，干线机场快于大型枢纽机场（中小机场为18.4%，干线机场为16.5%，大型枢纽机场为12.17%）的态势，区域发展不平衡矛盾初步得到扭转，结构日趋合理。2012年上半年，中西部和东北地区旅客吞吐量增速明显快于东部，运输结构进一步得到改善。

面对国家经济社会发展的强劲需求和总体战略，民航局党组高瞻远瞩，不失时机地提出了建设民航强国的战略任务，遵循航空经济发展规律，坚持适度超前、率先发展的指导思想，不仅壮大了民航业，而且为进一步满足国家经济社会发展需要奠定了基础

2010年，中国民航已发展成为全球第二大航空运输系统，具备了实现由“大”到“强”跨越的内在条件。伴随着全面建设小康社会和中国经济的腾飞，民航局党组审时度势，适时提出了建设民航强国的战略构想。中国由民航大国向民航强国的跨越是历史的必然，也是中国民航的责任和使命。

民航强国建设实施“两步走”的战略步骤：第一步，是全面强化基础阶段，自现在起到2020年，伴随着国家全面建成小康社会，民航强国初步成形；第二步，是全面提升飞跃阶段，从2020年－2030年，在第一个10年的基础上再经过10年努力，全面建成安全、高效、优质、绿色的现代化民用航空体系，建成世界公认、可堪自豪的民航强国。

建设民航强国，既是数代民航人心中挥之不去的蓝天情结和坚定不移的报国之志，也充分体现了民航业作为国家基础性、先导性行业的特点。在民航强国战略构想的指引下，民航

走率先发展的脚步更加坚实。

"十一五"期间，民航局主动适应发展形势，主张加强基础设施建设，新增机场33个，改扩建机场33个，迁建机场4个，维护完善机场41个，已开工在建机场11个。国家财政累计安排900.4亿元用于支持民航发展，有效改善了民航基础设施条件，提高了民航安全保障能力，促使民航业加快产业结构调整步伐，引导行业健康有序发展。

民航局发展计划司司长刁永海说："目前，我国民用运输机场已初步形成了以北京、上海、广州等枢纽机场为中心，其余省会和重点城市机场为骨干，以及众多干、支线机场相配合的基本格局，为保证我国航空运输健康发展，促进经济社会发展和对外开放发挥了重要作用。"

民航多年的快速发展，使得空域资源的瓶颈日益凸显。航线飞不起来，制约地方经济发展；航班屡屡延误，使民航高速便捷的优势黯然失色。"民航要发展，空管是重点；航班要正常，畅通是关键。"一语道出了民航欲率先发展的症结点、突破口。

2012年7月底至8月初，临时航线"主动释放"机制的试行和华北、中南地区机场放行协同决策系统的投入使用，是民航空管积极协调军方、拓展空域资源、提高空域使用效率的两项新举措。民航局空管局局长王利亚说："民航空管系统推行空域管理集约化、精细化，就是要在确保安全的前提下，稳步提升保障服务品质，努力满足民航快速发展的需要。"为主动适应民航快速发展的新要求，空管围绕扩容增效，还积极调整完善航路网络布局，推进繁忙航路的平行航路划设，优化繁忙地区航路航线结构和机场终端区空域结构，增加繁忙机场进离场航线。

通用航空与运输航空被喻为民航发展的"鸟之两翼"。2010年，国务院出台了《关于深化我国低空空域管理改革的意见》，并将通航列为战略性新兴产业之一，极大地促进了各地发展通用航空的热情，各地通航企业如雨后春笋般不断涌现，并吸引了许多民间资本的青睐。

数据显示，去年通用航空完成作业飞行50.27万小时，比上年增长28.5%。截至2012年6月，全国通航企业134家，机队规模1245架，比去年底增加91架。南昌、石家庄、山东滨州等地都在积极发展以制造为基础的通航产业基地。

通用航空在拉动区域经济增长、工农业发展、应急救援、保障社会民生等方面发挥着不可替代的巨大作用。目前，中国低空空域管理改革试点已扩大到整个东北地区、中南地区，以及唐山、西安、青岛、杭州、宁波、昆明、重庆等地。从2013年开始，在全国范围内逐步推开的低空空域管理改革，将使得低空空域使用审批程序更为便捷。

"不论是从服务地方经济社会发展，还是从提高国际竞争力角度来看，民航业必须适度超前，走在国民经济发展的前面。"中国民航大学教授于剑表示。

在谋求率先发展时，民航要保持良好的发展势头，必须主动作为，凝聚多方力量，为率先发展创造条件。

如今，许多省、区、市地方党委、政府发展民航业积极性日益高涨，主动把民航业纳入本地区经济社会发展的总体战略规划，并作为加快转变经济发展方式、调整经济结构的重要抓手，发展现代服务业和新兴产业的平台。各方携手共谋民航业的可喜局面正在神州大地生成。

"没有民航业支撑，湖北中部战略崛起的支点就无法实现，发展民航时不我待。"湖北省委书记李鸿忠深有感慨。"十一五"期间，有23个省、区、市与民航局签订了加快民航业发展的《会谈纪要》。仅2011年，就有31个省、区、市领导与民航局领导会谈，共商民航业发展大计。香港前任特首曾荫权也到民航局商谈支持香港民航业发展事宜。

让发展凸显以人为本，民航的发展足音才会更加铿锵有力。机场与其他交通运输方式的有效衔接，构建以机场为中心的城市综合交通枢纽，使民航与高铁、高速公路开始步入了

“竞合”的良性轨道。

8月17日，家住石家庄的谢女士下飞机后，在首都机场喜滋滋地买到了第一张火车票。目前，我国干线机场几乎都有高速公路与城区连接，越来越多的机场已经或即将引进高铁、地铁、城铁等交通方式。已经投入使用的上海虹桥、昆明长水以及新近动工改扩建的武汉天河机场等都朝着城市综合交通枢纽迈进。2012年，东航集团与上海铁路局推出首款“空铁联运”产品；海航与粤海铁路、海南美兰机场联手，在全国范围内联售“海口进港机票+海南东环高铁车票”。

发展不仅要注重当下，更要着眼未来。民航坚持可持续发展理念，走上了一条绿色低碳发展之路，而人才的加速培养和科技创新也为发展提供着强有力的智力支持和科技支撑

在过去5年，民航从深挖空域资源、建设绿色机场、鼓励科技创新等方面入手，坚持可持续发展的理念。2011年，民航局出台《关于加快推进行业节能减排工作的指导意见》，着力构建绿色民航。由民航局和财政部2012年8月发布实施的 《民航节能减排专项资金管理暂行办法》，则为推动民航业绿色发展提供了重要的资金保障。

协调开辟临时航线，对空域进行优化，空管系统秉持科学发展观，探索绿色发展新路径。据统计，从2009年至2012年6月底，民航的临时航线从最初的77条增加到125条，共计106.5万架次航班使用临时航线，节省3925万公里飞行距离，节省21.2万吨燃油消耗，减少67.2万吨二氧化碳排放，平均每年为航空公司节省燃油6万吨，节省成本约5亿元。

空管系统千方百计提高已有空域的使用效率，通过对航路截弯取直，减少飞机的空中飞行时间，既帮助航空公司节约了成本，又保护了环境。

民航通过新技术的推广和使用来开拓天路。2011年，民航开启了ADS-B技术在我国民航航路的应用时代，开辟拉萨-兰州进出西藏的第二条通道，使空中距离减少了260公里，飞行时间缩短约20分钟。我国民航还积极推进东中部地区和西部主要航路、进近实施雷达管制，缩小了飞行间隔，提高了空域使用率；华北、华东、中南空管通过研发新的航班放行系统，用科技手段优化放行程序，减少航班延误、节约燃油。

2012年6月28日正式启用的昆明长水国际机场，在国内首次实践“绿色机场”的建设理念，成为我国首座真正意义上的“绿色机场”。在“十二五”新建和改扩建机场中，“绿色机场”已成为标杆，今后更多的中国新机场将绿意盎然。在2012年的民航发展论坛上透出信息，民航正积极推进年旅客吞吐量300万人次以上的机场全面实施地面空调和电源替代飞机APU,以节约航油，减少二氧化碳的排放。

民航的可持续发展呼唤强有力的科技支撑、智力支持和人才保证。目前，民航从业人员120多万人。人才资源不足一直是制约民航发展的瓶颈。“十一五”期间，民航加大了对民航院校和科技的投入，对中国民航大学、飞行学院等5所高校总计投入30多亿元；加强科研机构建设，原中国民航科学技术研究中心“升格”为中国民航科学技术研究院，具有中国自主知识产权的、民航“十一五”国家863计划重大项目“新一代国家空中交通管理系统”在2010年通过验收，并在行业内应用。根据《民航人才队伍建设中长期规划（2010年－2020年）》，到2020年，专业技术人才总量要达到32万人，占民航直接从业人员总量的23%左右。

科学发展无止境。在建设民航强国的征途上，民航人意气风发，将始终高擎科学发展旗帜，在党中央、国务院的坚强领导下，必将为国家经济社会发展作出新的更大贡献。

（中国民航报　黄晨　李芳芳　韩磊）

持续安全理念引领民航安全发展

“在民航贯彻落实科学发展观，最根本的就是要坚持安全发展。” 这是民航局局长李家祥总结民航近年来的安全工作时最常说的一句话，也是民航局党组5年来引领民航系统深入贯彻落实科学发展观的行动指南。持续安全，已成为每个民航人心中时刻紧绷的一根弦。

过去的5年，在“持续安全”理念指引下，中国民航打出了前移安全防范关口、落实安全主体责任、狠抓关键技术人员的资质能力建设等一整套行之有效的安全管理工作“组合拳”，安全管理和空防安全水平稳步提高,航空安全水平跻身世界先进国家行列，民航安全发展取得了令人瞩目的成就。

“安全发展是科学发展的题中应有之义”

“安全发展是民航科学发展的基础和重要前提。在民航学习实践科学发展观，必须牢固树立持续安全理念。”李家祥的话，反映了民航局党组对安全发展与科学发展辩证关系的深刻认识。

正确的思维方式催生了全新的、科学的安全管理理念。2008年初，民航局党组认真总结了新中国民航安全管理的经验和教训，深入分析了民航安全管理不同阶段的特点和不足，针对民航安全发展面对的新情况、新问题和新挑战，创造性地提出了民航安全管理的新理念——持续安全理念。这一理念强调安全管理的延续性和持久性，重在强化理念体系、规章体系、队伍体系和责任体系建设，着眼于建立确保安全的长效机制，力求安全生产工作呈现常态化、实现长效益，体现了民航系统安全工作指导思想、思维方式和工作方法上的与时俱进。

“在持续安全理念提出后，民航安全管理工作开始逐渐摒弃安全评比、安全大检查、安全大整顿等突击式、运动式的工作方式，取而代之的是安全审计、安全管理体系建设等常态化的系统安全管理手段，实现了安全管理由单一向系统的推进。”民航局安全总监、航空安全办公室主任吕尔学告诉记者，“以前民航安全管理中那种‘头疼医头、脚疼医脚’和‘一人得病、大家吃药’的情况得以改变。”

有了正确的指导思想，民航抓安全的路子、方法、手段也随之更新和转变：2008年，民航局首次召开了全行业安全监管工作会议，出台了《关于进一步加强安全监管工作的意见》（简称“27条”），首次对全民航军转民飞行员进行全面普查；2009年，提出并狠抓九方面的安全防范关口前移，突出制度和责任的结合，围绕安全各项要求的落实，深入开展安全监管；2010年，针对我国航空运输市场持续旺盛的形势，提出“三个力戒、三个防止”，统筹运用多种手段，巩固和提高行业安全裕度，并在全行业部署安全大检查，重点开展“八查”；2011年，重点抓安全生产主体责任的落实和机长资质建设，印发《民用航空运输机长职责》，在各航空公司机长和教员队伍中深入开展理论和技术排查；2012年，重点强调实现民航安全发展要把握好“八个关系”。

5年来，这些民航安全管理工作的新理念、新思路和新抓手，有效促进了安全监管效能和安全管理水平的提高，中国民航凭借良好的安全纪录跻身世界民用航空安全先进国家行列。2008年－2011年，民航运输航空百万小时重大事故率为0.05（同期世界平均水平约为0.3，其中美国为0.18），百万架次重大事故率为0.11（同期世界平均水平为0.5，其中美国为0.27），亿客公里死亡人数为0.003（同期世界平均水平为0.01）。为表彰中国民航在飞行安全方面取得的突出成绩，2009年国际飞行安全基金会将全球唯一的“世界民航安全杰出贡献奖”授予中国民航。

如此骄人的安全成绩，恰恰是在我国民航飞机拥有量快速增长、飞行总量节节攀升的形势下取得的。据统计，5年来，我国飞机拥有量年均增长212架，其中运输飞机年均增长119架。截至目前，全行业共有运输飞机1853架，总量比2008年增加了近50%。“十一五”期间，民航运输飞行总量达到2037万小时，接近“十五”期间的2倍，超过“十一五”前55年运输飞行总量的总和。

事实证明，符合社会历史发展规律的理念对一个行业的发展起到了积极而又深远的影响。以“持续安全”理念为指引，民航的安全发展进入了新阶段。

“要把持续安全作为监管工作的出发点和落脚点”

深入贯彻落实持续安全理念，实现民航的安全发展，必然要求民航各级监管部门在安全管理工作中树立新思路、破解新难题、驾驭新形势、开拓新局面。

5年来，民航向高效监管要安全——

民航局局长李家祥曾多次强调：“安全监管是民航行业管理工作的重中之重，是确保民航安全的重要屏障。”5年来，各级监管部门坚持依法行政、严格监管，完善行业规章体系，创新安全监管手段。全行业安全生产基础日益牢固，行业安全生产形势平稳。目前，我国民航已初步建立了完备的安全法规规章体系，实现了对国内所有民用航空活动的全覆盖。在以118部行业规章标准为主体的中国民航法规规章体系中，有关安全监管的规章标准就达到91部，且绝大多数规章标准实现了与国际接轨。

民航各级监管部门通过创新监管手段、严格管理等，使得在全行业范围内形成了落实规章制度的良好氛围，保证了规章标准的有效执行。

行政约见制度、安全问责制和挂牌督办等制度是近几年民航各级监管部门在安全监管中经常使用的手段。针对安全形势滑坡的企业，监管部门及时约见其主要负责人并进行问责，综合采取削减飞行总量、提高运行标准、建议更换企业负责人等措施，确保安全保障能力与企业发展相适应。同时，行业安全监管变得更为严格：2008年，针对泛美航校飞行教员、学员经历造假的违法行为，果断对其予以取缔；针对四川朗克航空科技公司生产销售“假航材”的违法行为，吊销了其维修许可证。

民航局更加重视对安全信息的管理工作，大力推进安全管理信息化建设，建立以信息为驱动的行业安全监管体系和企业安全管理系统，通过统一的信息平台收集、把握、分析安全信息，加强安全风险管控，从而对全行业的航空安全形势有了更清醒的认识和更准确的研判,实现安全生产的闭环管理。

5年来，民航向全面统筹管理要安全——

社会需求旺盛与关键资源不足、行业发展快速与保障能力不强始终是近年来我国民航发展面临的主要矛盾。民航局党组意识到，要在这样的形势下实现民航安全发展，就必须统筹运用多种手段，处理好安全与发展、安全与效益、安全与正点等方面的关系。

从2008年开始，民航局连续3年暂停审批新成立运输航空公司，并提高设立分（子）公司的门槛。2008年－2011年，对行业飞机引进计划进行压缩，全行业减少引进飞机149架。对不顾自身安全保障能力，存在超裕度运行、超能力发展的航空公司，坚决采取削减航班总量、暂停航线运行等行政处罚措施，巩固了行业的安全基础，提高了行业的安全裕度。

2011年，《民航安全保障财务考核暂行办法》实行，通过打分、评比等方法对民航企业的安全保障财务状况进行考核。同时，进一步明确了民航发展基金更多地向与保障安全有关的基本建设倾斜的投入导向。

5年来，民航向核心队伍建设要安全——

航空安全工作是一个系统工程，在保证航空安全的复杂链条上，“人”处于最为核心的位置。如何确保最关键的环节“不掉链子”，民航局抓住了“牛鼻子”——狠抓飞行、机务、签派、空管等关键岗位专业技术队伍建设。

据吕尔学介绍，早在2008年，民航局对查处出来的学历、飞行经历不实的飞行员，采取了吊销飞行执照、补充飞行训练、降低飞行等级等强制性措施。2011年，民航局专门印发《民用航空运输机长职责》，推动机长队伍建设。并继续开展全国范围内机长资质排查工作，共排查机长10092名，通过率98.2%。对未通过的机长，分别采取补充训练、降级使用、重新检查等措施强化提高。与此同时，深入开展了机务、签派、空管等关键专业技术人员的资质能力排查。2012年，民航局已把飞行、机务、空管和签派等关键专业人员资质能力管理作为持续监察项目。

这些有力措施，对促进全行业安全品质的提升至关重要。2011年，在运输飞行量同比增长9.4%的情况下，全行业人为原因航空运输严重事故征候同比减少46.7%、万时率同比下降51.7%，飞行安全品质明显提高。

“实现安全发展的关键在于落实责任”

随着我国民航体制改革的不断深化、行业的快速发展，近年来，民航安全工作开始出现许多新情况、新特点。让每个运行主体承担起并落实好应尽的安全责任，成为行业实现安全发展的关键所在。

“只有系统地落实安全责任，持续安全才能胜券在握”。正如李家祥所说，落实安全责任也有系统性。其中，落实企业的安全主体责任是根本，落实政府部门的安全监管责任是保证，落实领导者的安全领导责任是关键，落实员工的安全岗位责任是基础。

近几年，全行业落实四个责任、把握好四个责任间关系的认识越来越清晰，一套主体责任更为强化的安全体系逐步建立起来。

2010年3月23日，厦航总经理车尚轮从民航局副局长李健的手中接过安全管理体系（SMS）“运行规范”，厦航成为中国民航首家通过SMS补充合格审定的运输航空公司。

“厦航SMS的建成运行，不仅标志着厦航的安全管理水平迈上了新台阶，更对全行业SMS建设具有示范推广性意义。”李健告诉记者，按照国际民航组织的要求，民航局近年来在全行业大力推进SMS建设。“SMS建设是推动各单位落实安全生产主体责任的重要载体，有利于实现安全管理从事后到事前、从开环到闭环、从个人到组织、从局部到系统的转变。”

厦航仅仅是中国民航SMS体系建设中的一个典型代表。经过几年的努力，目前我国所有运输航空公司都已初步建立了以企业自我约束、自我监督为主的安全管理体系，通过了SMS补充运行合格审定；全国57%的机场使用手册修订通过局方审查；空管系统SMS建设也进入到审定阶段；航空保安管理体系（SeMS）进入试点阶段。“这些常态化的系统安全管理手段，为民航企业落实安全生产主体责任提供了一个长效管理模式和重要支撑平台，促进了行业安全管理的持续改进和安全水平的稳步提高。”吕尔学介绍道。

足够的安全投入是企业安全主体责任落实的重要体现。这几年，上海浦东国际机场尝到了加大安全投入的“甜头”。2010年，浦东机场投资3000多万元建成了总体规划范围45.6平方公里、长达27.1公里的围界。机场安检护卫保障部总经理陆建华透露："我们使用的国内唯一的基于物联网技术的飞行区围界安防系统，实现了由'人防'向'技防'转变，对机场安防工作起到了非常大的作用。"

企业主动地落实安全主体责任，行业各级监管部门也更为主动地落实着安全监管责任，并在安全保障政策引导、安全财政资金投入导向以及协调各方创造良好的安全运行环境等方面发挥着更为积极和重要的作用。

民航华北局航安办主任朱为民说，为更好地履行安全监管责任，华北局从2009年开始编写《航空安全管理手册》，梳理各项监管工作流程。最近3年来，以《航空安全管理手册》为基础的管理局安全监管体系在监管工作中发挥了越来越大的作用，排查出各类安全隐患，稳定了华北地区的航空安全形势。

在"四个责任"中，企业领导者的安全领导责任和员工的安全岗位责任与"人"的关系最为密切。一个是安全上的第一责任人，一个是生产运营的直接实施者、安全责任的最后一道把关者，两者在落实安全主体责任中的重要性不言而喻。作为厦航取得波音737、波音757机长和教员资格的最年轻飞行管理干部周明明对于员工的安全岗位责任这样理解："再好的战略最终要靠个体去实现，只有从主观能动性方面去提高飞行员的工作责任心和职业素养，才能真正履行好机长职责。"

业内专家认为："系统的有效运行离不开领导者的指挥和协调，也离不开广大一线员工的积极配合，正是由于两者所具有的较强的责任意识，才真正夯实了民航的安全基础，进而促进和实现了民航业的全面协调可持续发展。"

"安全管理创新离不开先进技术的支撑"

科技是第一生产力，也是全球航空业界公认的保障航空安全最有效的手段。5年来，中国民航在推广运用新技术提升安全水平方面加快了步伐，基于性能导航（PBN）、广播式自动相关监视（ADS-B）和平视显示系统（HUD）等新技术在行业内得到了越来越多地应用。这些新技术不仅能使飞行更加精确、安全、高效，而且降低了机组工作强度，减少了人为差错对飞行安全的威胁，提高了飞行的安全裕度，提高了安全运行水平。同时，民航将管理创新与新技术应用紧密结合起来，取得了很好的安全效益、社会效益和经济效益。

在我国的西南和西北等高原、高高原地区，地形复杂，飞行也变得异常困难，但正是应用了PBN技术，让飞行从"提心吊胆"变得"轻松自如"，而且创造出无限的遐想和可能。

飞行难度堪称国内第一的西藏林芝机场，就是依靠PBN中的RNP技术运行的，于2006年9月1日实现通航。无独有偶。拉萨贡嘎机场也是依靠RNP运行的，于2008年11月12日正式开通夜航航班，结束了西藏民航43年无夜航的历史。

国际民航组织的统计显示，非精密进近的事故率是精密进近的7倍。民航局飞行标准司副司长杨洪海介绍说，PBN中的RNP运行可以为飞机进近着陆提供垂直引导，实现类精密进近。"这在高原地形复杂、导航设施匮乏、天气复杂多变的地区尤为重要"。而在有些机场实施RNP运行，还可以降低天气因素对飞行的影响，提高航班的安全性和正常性。如昌都邦达机场自2009年实施RNP运行以来，返航备降率从以前的12.3%降低至2.8%。

2009年10月，民航局下发了《中国民航基于性能的导航实施路线图》。截至2011年底，全国40个机场具备了PBN飞行程序，2012年底还将完成56个机场的PBN建设，所有航空公司具备了PBN的运行能力，绝大多数飞机具备了常规的PBN飞行能力。"正是有了科学技术做保证，航空安全才有了前提和支撑。"中国民航大学民航安全科学研究所所长孙瑞山这样表示。

管理创新与新技术的紧密结合，航空安全才更有保障。2011年，以成都为运营基地的国航西南分公司创造了高原航线安全运行46年的骄人纪录，民航西南局党委书记蒋文学将取得这一成绩的原因精妙地总结为："人+制度+新技术=安全"。国航西南分公司总经理陈志勇对此感同身受："多年来，我们不断吸收国际民航业界的先进技术，以建设航空安全管理体系为基石，以推进RNP精密导航技术应用和全面实施Ⅱ类运行为两翼，走出了一条依靠科技进步和管理创新打造安全长效机制的科学发展之路。"

HUD可以大大改善飞行员的情景意识，对飞机实现精确着陆和安全飞行起到重要作用，在现代民用飞机中的应用越来越广泛。山东航空在HUD的应用方面扮演了领跑者的角色。山航集团副总裁、山航股份总经理于海田介绍说，自2005年引进首架装备平视指引系统（HGS）设备的波音737-800飞机以来，截至目前，山航已经完成了43架飞机的HGS加装工作，并积累了丰富的运行经验。"新技术的应用和推广是飞行方式的重大变革，并将持续给我们带来更安全、更高效、更绿色的航空飞行。"于海田说。

确保航空安全，只有起点，没有终点。在《国务院关于促进民航业发展的若干意见》的指引下，只有牢固树立"持续安全"理念，进一步夯实行业安全发展基础，中国民航才能真正实现科学发展，民航人才能在建设民航强国的历史进程中飞得更高！

（中国民航报　王丽杰　吴丹　王诗）

在改革中鼓帆前行

《易》云："穷则变，变则通，通则久。"

相对于本世纪初波澜壮阔的航空公司大规模重组和机场下放地方潮流，近年民航的改革似乎稍显内敛，我们称之为平台期，或者叫碎步向前。然而如同一个世界级的男子跳高运动员，当他成功跃过2.40米以后，横杆每升高1厘米，运动员所必须凝聚的能量都将是之前的总和，而成功突破这1厘米，所释放的影响亦不可同日而语。

2007年，中国民航的运输总周转量、旅客运输量和货邮运输量分别达到361亿吨公里、1.85亿人和396万吨。2012年，预计民航将完成运输总周转量632亿吨公里、旅客运输量3.2亿人、货邮运输量578万吨，预计分别增长75%、73%和46%。事实上，早在2005年民航运输总周转量就已经名列世界第二，成为全球第二大航空运输系统。在如此基数上飞速发展，中国民航让世界惊叹。

我们把成就归于改革。抛弃鼓噪和喧哗，在不动声色中释放出管涌般内力，无论是奔管理型政府方向的转身，还是将市场化向更深处推进；无论是企业创新机制强筋壮骨的尝试，还是让百姓更多地受惠于民航的努力，民航改革，在观念更新指引下，目标直指行业发展命脉。

【高速发展带来的问题已经开始在民航凸显：行业体制机制不顺，部分权力缺乏制约，管理出现空白地带。这一切，都呼唤着民航在政府管理领域内进行改革，在重要领域中进行顶层设计。】

"箭在弦上，不得不发"。2007年，时任民航总局副局长的王昌顺就空管体制改革有关问题答记者问时，如此形容。这次空管体制改革，主要内容涉及政事分开、运行一体化，将空管行业管理职能与系统运行职能分开，建立垂直管理的一体化民航空管运行体系，提高民航空管系统的运行效率和保障能力。

"2007年的一体化改革酝酿已久。"民航局空中交通管理办公室主任苏兰根说。他是当时民航总局空管局局长，空管体制改革的全力推动者之一。"世界上所有发达国家的空管都是一体化管理的。只有一体化管理，才能提高运行效率，这是符合空管发展规律、符合国际趋势的。"此次一体化改革从2000年开始论证，2004年上半年正式提上议程，2007年全部完成。为避免空管交接中出现管理"真空"，全国空管交接工作从试点到全面完成仅用时两个月。

"因为涉及人、财、物的交接，我们一再强调不要计较得失，要加快交接速度，缩短周期，保障运行安全。"苏兰根说，"虽然只是行业内部的改革，但难度不小。"

半年后，在"5·12"汶川大地震中，空管体制改革后的优势显现了出来。位于地震灾区成都的民航西南空管局部分设施设备受损，短期内难以恢复。一个电话，全国几个地区的空管设备连夜支援西南空管局，为空中生命线的打通赢得了宝贵的时间。正是这一次空管体制改革，基本理顺了空管系统内部的管理，为应对近年来不断增加的航班量构建了体制保障。“随着时间的推移，空管体制改革的成果还会发挥更大的作用。”苏兰根说。

空管体制改革，提前适应了中国民航业高速发展的形势，而高速发展的民航也裹挟着更多新问题出现。比如随着新航线的不断开通，时刻表越来越拥挤。作为一种稀缺资源，航权和航班时刻的分配和审批若不置于公开透明的制度环境之下，滋生腐败在所难免。改革迫在眉睫。

民航局局长李家祥在多个场合表示，航权航班时刻审批改革要深化。主抓航权航班时刻审批制度的民航局副局长夏兴华曾说，在此项改革进行中，他曾受到过人身威胁。“越是这样，越说明有问题，越需要改革。”

2010年1月5日，民航局发出通知，对航班时刻管理进行10项改革，包括取消每月一次的非定期航班审批，取消每年两次的换季协调会，航班评审委员会也改为集体审批。这些简政放权、分级管理、集体审批的举措，推动航权航班时刻管理工作朝着更加公正、公开、透明的方向发展。

半年后，就有航空公司相关负责人表示从此项改革中受益。“由于停止审批包机，过去包机公司在热点航线上运用杀价等不正当手段扰乱市场的行为得到遏止。”据测算，仅这一举措，每年就能够为航空公司提高经济效益7%～10%。同时，航空公司在航班编排上增强计划性和科学性，进一步提高了航空公司航班时刻的运行品质，也有利于保证飞行安全。“将传统的每航季召开的大型航班和时刻协调会取消，进一步降低了航空公司在航权航班上的协调成本，减轻了企业负担，提高了工作效率。”

随着国家财税体制改革的不断深入，财政支出方向、结构有较大调整，财政管理朝着科学化、精细化方向迈进，更加注重财政资金绩效，注重强化财政监督。新形势和新趋势给民航部门财务工作带来新的挑战，要求民航扎实推进财务改革。2010年，民航局启动了财务改革，其核心内容在于进一步规范财务管理，完善财务管理的机制体制，推动民航财务工作实现科学化、规范化、法治化的根本转变，促进民航全面协调可持续发展，推动民航惩治和预防腐败体系建设。

将改革不断推向前进，题中要义之一即要求民航各级政府行业管理部门在新形势下更新理念，转变职能，不断探索行业管理的新途径和新经验，促进民航持续、快速、协调、健康发展。在实现这个目标的过程中，民航更注重每一步改革所带来的实际效果，而不是只注重改革的意图或方案设计。

【建立统一、开放、竞争、有序的民航市场体系，最大限度地发挥市场机制在优化配置资源中的作用，逐步发挥行业自律和竞争对手相互之间的行为约束在行业管理中的作用。“市场化”这一改革方向，民航从未动摇。】

2010年5月21日，民航局、国家发改委印发通知，明确民航国内航线头等舱、公务舱票价实行市场调节价，俗称两舱票价改革。此前规定，头等舱机票价格是经济舱的1.5倍、商务舱则为经济舱的1.3倍。将两舱定价权交给航空公司，是机票价格改革的一次重大举措。

航空公司每个航班的成本是相对固定的，固定的“两舱”价格必然影响航空公司追求高品质服务的积极性。同时，高端舱位价格不够高，势必需要提高低端舱位的价格来摊薄成本。事实上，国外航空公司的“两舱”和经济舱价格差距很大，通常头等舱价格为经济舱的8倍～10倍，英国航空公司头等舱的价格更是达到了经济舱的8倍～12倍。

“两舱票价实行市场调节价后，航空公司势必花大气力提升‘两舱’服务品质，打造高端个性化服务。与此同时，如果‘两舱’的价格足够高，在成本相对固定的情况下，更低的经济舱票价将会出现。”中国民航大学教授刘光才说，“对服务在意的商务旅客，对价格敏感的普通旅客，都能在差异化服务中各得其所。”

让市场更有活力，社会更加和谐。政府选择“该放手时就放手”。

自2008年10月起，民航局不再规定统一的销售代理手续费支付标准，改由航空公司与销售代理企业协商确定。“全面放开由市场决定，不再实行政府指导价，这个政策的出台，对机票销售代理行业震动很大。”北京地区航空销售代理人协会秘书长张宝丛说。9%、7%、5%、3%……市场情况在变，机票代理手续费也在不断调整，有些国际航线甚至还出现了“零代理费”。

伴随代理手续费的改革，民航销售代理业也经历了新一轮洗牌：市场竞争加剧，大型销售代理企业由于服务质量更优，进一步扩大了市场占有份额；部分提升了服务质量的中小规模代理企业在不断壮大；原本单纯打“价格牌”的代理企业，被迫退场。更公平、完善的机票代理市场随之建立，航空公司与代理机构之间形成联动效应，机票销售代理机构服务质量提升，为旅客提供了最贴近市场价格的机票。

而国内航线旅客运输燃油附加与航空煤油价格联动机制的建立，则让旅客更直接地感受到了“看不见的手”的力量。2009年11月，国家发改委、民航局印发了《关于建立民航国内航线旅客运输燃油附加与航空煤油价格联动机制有关问题的通知》，允许航空公司在机制范围内确定燃油附加具体收取标准。“联动机制实行后，不同航空公司燃油附加收取标准可能出现一定差异，消费者可以自主选择，更有利于促进航空运输市场竞争，形成合理的票价和燃油附加费水平，维护消费者合法权益。”发改委相关负责人说。

2011年7月后，国内燃油价格开始实行“一月一调”，增加了国内航线燃油附加费的调整频率。在市场的推动下，这项制度又进一步得到完善。同年11月，对国内航线燃油附加费征收实行“限时限量”调整——航空公司在航油价格上涨5日后方可上调燃油附加费；航油价格降低时，5日内相应下调燃油附加费。这样一来，旅客可以预判燃油附加费的变化趋势，选择最佳时机购买机票，节约出行成本。

【对于民航企业来说，改革是一个核心性的命题。不进行市场化方向的改革，国有企业生存都难，更谈不上有所发展。相对于大刀阔斧地兼并重组，那些关乎理念和文化的“软件”改革更深远地影响着企业的未来，并考验着改革家的勇气、责任和智慧。】

为社会和公众提供更优质服务，同时在发展过程中也更加自觉地履行好自己的社会责任。国内各大航空公司的改革沿着这样一条主线展开。

2011年12月29日，国航在成功获得了由英国标准协会颁发的客户服务管理体系评审证明后，推出了旨在全面提高运输服务水平，加强产品和服务一致性而建立的一套覆盖整个国航的服务管理制度CSM。该体系从加强服务制度体系建设入手，结合最佳服务实践，整合服务流程，给旅客提供统一的服务标准、统一的服务产品，实现旅客服务呈现的一致性。

2008年，对于东航人来说，是一个严冬。作为我国骨干航空公司、上市央企，东航面临着前所未有的困难，巨亏和极高的资产负债率已经严重威胁到东航的生存。改革，成为临危受命的东航新班子唯一选择。

于是，东航人把手表拨快了10分钟；同时我们发现，东航领导国内出差选择了经济舱。人们这样解读“东航时间”——笨鸟先飞的勤奋，敢为人先的勇气，超越时空、迎头赶上的决心。至于采取“国内出差不坐头等舱”的措施，东航集团总经理刘绍勇解释说，把最好的客舱座位留给旅客，为东航创造更多效益赢得空间，并及时发现和纠正服务中存在的问题。

“管理者必须从理念转变入手，靠新的理念引领东航发展。”东航股份公司总经理马须伦表示。为此，东航提出了安全发展、内涵式发展、和谐发展、借力发展、创新发展、三结合发展，六大发展理念直接带动了市场营销、人力资源管理、安全保障体系和服务系统方面的改革。理念更新，帮助东航打赢了起死回生的生存之战、与上航重组的发展之战、世博保障的扬名之战。

2010年3月18日，南航宣布在国内航线上正式推出高端经济舱（W舱），并将改装的空中客车A330、波音777等大型宽体机陆续密集投入到广州、深圳至北京、上海等热门航线运营。高端经济舱的出现，改变了我国传统的头等舱、公务舱、经济舱组成的“三舱”布局，宣示中国民航正式进入 “四舱”时代。高端经济舱在国外航空界并不是一件新事物，但正式推出需要涉及机务改装、运行保障、空地服务配套等多个环节。南航紧跟市场，主动变招，适时推出高端经济舱，成为 “第一个吃螃蟹的人”。

市场证明了南航这一次大胆尝试引领了民航业的营销变局。自率先在国内推出高端经济舱以来，公司高端经济舱销售总额大幅增长，同时满足了乘客差异化需求。随后，其他航空公司也陆续推出类似舱位，一时蔚为大观。

海航在2011年成为中国内地首家获得“SKYTRAX五星航空”的称号后，更是提出通过“以客为亲、安全正点、东方优雅、创新激情、团队协作、平等仁爱”的服务准则，继续探索改变传统的乘机体验。

在探索国有企业和市场经济最佳结合的具体形式上，中航油集团在完善公司治理结构的改革中迈出了具有里程碑意义的一步。2011年12月30日，中国航油集团公司董事会正式成立。建立规范的董事会，为中国航油构建科学决策的体制基础、推动中国航油科学发展，实现建设综合性世界一流航油公司的目标，具有深远意义。作为另外一个航空保障集团——中国航信——也在2008年7月完成主营业务和资产重组并在香港成功整体上市后，加快转变经济发展方式，明确五大发展战略：科技创新与国际化经营战略、转型升级战略、管理创新战略、人才强企战略和企业文化与和谐发展战略，为实现“国际一流的综合信息服务企业”发展目标提供了强大的发展动力。

【机场不再只是专供飞机起降活动的区域，它是一方经营管理机构，更是区域社会经济发展的新引擎。观念的更新，共识的形成，推动机场的改革的实践在更深更广的层面展开，机场改革不可间断，牵一发而动全局。】

“很难想象，昆明长水新机场最大的一块广告显示屏一年的广告发布权超过了1000万元。”云南机场集团有关负责人惊喜地告诉记者。这是机场集团尝试转让特许经营权的成果。

自2006年起，云南机场集团公司开始在集团范围内推行模拟有偿转让业务经营权（特许经营）的工作，对所属昆明、丽江、西双版纳等10个机场的物流、配餐、机务维修、广告、等11项业务的经营主体实行模拟特许经营。通过近6年的模拟特许经营实施，各经营实体的经营能力和非航业盈利水平大为提高，所属各机场的经营和管理行为得到规范。

事实上，在民航发达国家和地区，尤其是新加坡和我国香港，机场管理机构不直接经营非航空业务，普遍以特许经营或者专营的方式委托给专业公司经营。“特许经营改革是进一步推进机场管理模式转型的基础性工作，也是实现管理模式转型的手段之一。”民航局机场司司长覃章高表示。

“由经营型向管理型转变，已经成为机场经营管理品质提升的重要方向。”首都机场集团公司总经理董志毅说。自2008年起，首都机场集团就开始进行战略调整，加强旗下收购的机场主业的整合，引进战略投资者，逐步放开非航空业务，将精力集中在航空业务上。从经营型向管理型机场转型，首都机场探索实践的脚步从未停止。

就在2012年3月，首都机场集团公司与东航、南航、新加坡新翔集团共同投资组建了新的北京空港航空地面服务有限公司。新的北京空港航空地面服务有限公司总经理将长期由新加坡方担任，首都机场的地服工作水平将全面与新加坡机场的地服水平看齐。

首都机场相关负责人透露，此次与东航和南航等组建合资公司，主要是为落实《民用机场管理条例》。条例明确规定了机场经营性业务应实施有偿转让经营权的方式进行管理，以提升机场管理水平和营运效率。

事实上，2009年4月13日国务院公布的《民用机场管理条例》，在对机场的建设、运营、管理、发展提出指导性意见的同时，更在传递着一个颠覆性的观念——机场是我们大家的机场！这种思想观念的改变，强烈地推动着地方政府积极参与到对机场未来发展的战略规划中。

2007年，民航优先发展战略被提上了河南省委、省政府的议事日程。“良好的空域资源和科学的土地规划，让郑州机场拥有了充足的发展空间。”河南省副省长张大卫说，在郑州机场已经规划的48平方公里土地上，预留了航空物流园区、综合保税区、航空产业集聚区等。特别是在郑州航空城建设方面，河南省按照“机场城市”的理念以及100万～150万人口的规模设计。

而享誉业界的“模拟航空公司”的创建，更是在这种观念转变下思路创新的结晶。支线机场众多的内蒙古机场集团，为破解干支运量不平衡、发展不平衡痼疾，以“模拟航空公司”的运作模式，长期租赁航空公司的飞机，承包航空公司飞机日利用率，长期执行内蒙古地区各机场之间的航班。“模拟航空公司”自主经营，自行开拓航空市场，自行编排航线、航班。运营亏损由内蒙古民航机场集团和地方政府共同承担。此法一举突破了内蒙古地区支线航空运力的短缺状况，区内航线网络布局得以完善。2010年5月，这种全新的运营模式“试水”黑龙江，亦大获成功。

《庄子》：“指穷于为薪，火传也，不知其尽也。”

自“民航要走企业化道路”以来，中国民航在改革中鼓帆前行，不断刷新纪录。改革与重组并不是目的地而是征程，我们在路上，强国之梦是瞻，改革步履不辍。改革，为民航发展注入源源不断的动力和活力。

（中国民航报　杨少卫　陈嘉佳　李暄）

飞向世界舞台的中心

8年前，家住北京的张帆前往澳大利亚留学时，搭乘的是香港国泰航空公司的航班。3年前，他移民澳大利亚时，选择从北京出发到广州，然后搭乘中国南方航空公司的航班。尽管航班衔接上需要间隔七八个小时，但价格却更实惠。现在，在IT行业从事贸易的张帆经常往来于中澳两国之间，而他所体验到的是南航更紧凑的中转服务。因为2012年南航大洋洲航线上每周航班的数量最多时已达到42班，是2009年的3倍。

世界的舞台很大，但只有强者才能在舞台的中心起舞。在过去的5年中，伴随着中国经济长期平稳快速增长，中国民航以科学发展观为指引，加快国际化进程，努力提升航空公司和机场的国际竞争力，不仅顺应了中国改革开放的实际需要，同时还有效开拓了更大更广阔的国际市场。

布局——中国航线连通五大洲

过去的5年，世界经济跌宕起伏，燃油价格居高不下，给航空运输业的发展增添了重重阻力。尤其是2008年爆发的金融危机更是重创了全球民航业。在一片阴霾中，中国的航空公司积蓄着力量，积极布局国际市场，对标国际标准，提升运行服务品质。南航、国航、东航相继加入国际航空联盟，借助联盟的力量，通过代码共享、航线联营等方式，完善航线网络，拓展国际市场，大型国际化网络型航空公司雏形渐成。

作为载旗航空公司，中国国际航空公司从成立之日起就被赋予进军国际市场的使命。当国际航空运输市场总体处于低位徘徊时，国航一方面调减了部分国际航线，另一方面在市场显露复苏迹象时又快速进入市场。2009年，国航暂停北京－雅典、威海－首尔、大连－首尔等国际航线，2010年又将国际定期航班通航城市由63个减为47个。也是从2010年起，国航围绕北京、成都、上海枢纽，新开加密了多条国际航线，其中新开了北京至马尼拉、墨尔本，成都至班加罗尔、名古屋等航线。2011年，国航开通北京－米兰、北京－普吉、成都－东京等航线，2012年上半年又新增北京－冲绳、成都－加德满都、成都－孟买航线。截至2012年6月30日，国航拥有的国际航线已达75条。

除了不断完善自身的航线布局，国航还通过加入星空联盟以及与其他航空公司签署双边协议，将国航航线网络拓展到全世界。在过去的一年中，国航特别加强了与金砖四国航空公司的合作，先后与巴西塔姆航空公司、南非航空公司签署了代码共享协议。从北京出发，不管是飞往约翰内斯堡还是里约热内卢，都能选择以国航代码CA开头的航班。

2012年10月，南航将使用世界最大宽体客机空客A380执飞广州－洛杉矶航线。这家以最密集国内航线网络著称的公司，在过去的5年间大力实施战略转型，不仅引进了包括空客A380、波音777等适合远程国际航线的宽体客机，更是在航线网络结构上向国际化的规模网络型航空公司迈进。

2009年末，南航打出“澳洲中转牌”，利用南航近20家国内分子公司之力，将国内市场上的澳大利亚、新西兰客源集中运送到其广州枢纽，再直飞大洋洲。中国大陆广袤的经济腹地和南航强大的航线网络，使得南航“澳洲中转牌”很快就赢得了市场。2012年上半年，南航承运澳新市场旅客达到30.68万人次，同比增长28.4%。南航澳新航线旅客已经占我国至澳新市场份额的45%，成为了中澳市场上最大的航空承运人，广州也成为中澳中转市场第一门户枢纽。经广州中转到澳新的旅客从2010年的14.8万人增长到2011年的34.3万人。南航大洋洲航线网络也从2009年的每周14个航班、2个通航点，迅速发展到2012年每周最多42个航班，悉尼、墨尔本、布里斯班、珀斯以及奥克兰5个通航点。每年运力投入增长都在50%以上。

2012年1月，南航赞助悉尼文化节时，又正式提出打造连接大洋洲和欧洲的“广州之路”，借鉴20多家航空公司在欧洲和大洋洲这两个历史渊源深厚地区间开通“袋鼠航线”的经验，发力第六航权市场。伴随6月6日南航开通广州–伦敦航线，加上之前开通的广州至巴黎、阿姆斯特丹的航线，与广州至大洋洲的悉尼、墨尔本、奥克兰、布里斯班、珀斯等地的航线构成了两个以广州枢纽为连接点的扇形网络。南航集团总经理、股份公司董事长司献民表示，“广州之路”战略是“澳洲中转”战略的升级和拓展，是南航国际化枢纽战略的深化。推出“广州之路”，只是一个开端。下一步，南航将加强与欧洲和澳新地区政府、机场和旅游局的合作，稳步推进“广州之路”建设。

中国东方航空公司在巩固和加强传统市场的基础上，大力开拓国际新航点，拓展国际航线网。目前东上航已通达日本16个城市，韩国6个城市，东南亚20个城市，欧美澳12个城市。2011年6月，完成“止血、输血”，开始“造血”的东航加入天合联盟。东航集团总经理、股份公司董事长刘绍勇说，天合联盟为东航的欧美航线带来了高质量的客源，同时丰富了东航在欧美市场的航线网络。通过联盟及其他13家成员公司的航线网络的衔接，东航旅客将可通过一票到底、行李直挂和无缝隙中转到达世界173个国家的983个目的地。与此同时，公司还积极发展外航营销合作，目前东上航已与23家外航实施了代码共享合作，与97家外航实施了联运合作。

当前，中国民航进军国际市场的航空战舰，不仅有国航、南航、东航这样的“大块头”，也有海航、川航这样的地方航空公司，以及春秋航空、吉祥航空这样成立时间不过5年、由民营资本控股的“小个子”。2012年6月22日，川航开通了成都–沈阳–温哥华国际航线。该航线是内地继北京、上海、广州之后，西部地区第一条飞往北美洲的航线。川航的国际航线在连通东南亚的马尔代夫、普吉岛、河内、塞班、雅加达、胡志明后，还计划飞向更远的阿姆斯特丹、墨尔本。春秋航空从2010年开通首条国际航线上海–茨城航线开始，已经开通了3条上海至日本的航线，同时还执飞到泰国的包机航线以及到我国港澳地区的多条航线。春秋航空总裁助理赵瑞娟告诉记者，他们每条国际航线的上座率都在90%以上，而在客源构成上也慢慢由最初依靠旅行社提供的旅游乘客向商务客人转变。

国家力量——支撑航企“向外飞”

观察中国民航在过去5年间的国际化进程，2010年是一个重要的分水岭。这一年，世界经济进入艰难的复苏阶段；上海承办了为期182天的世博会，为中国航空公司争取国际客流创造了绝佳条件；国内高速铁路网络开始进入运行、完善阶段，“向外飞”成为航空公司确立自身核心竞争力的选择之一……更为重要的是，在2010年初，民航局党组高瞻远瞩，提出了全面推进建设民航强国的战略构想。

建设民航强国的目标被确立为到2030年，伴随我国的发展，全面建成安全、高效、优质、绿色的现代化民用航空体系，实现从民航大国向民航强国的历史性转变，成为引领世界民航发展的国家。

民航强国战略构想明确提出实施全球化战略，“就是要充分利用全球化市场、全球化资源，为我国民航业开拓更广阔的发展空间，创造更有力的发展条件，提供更强大的发展动力”。其具体体现第一条就是重点加大力度“走出去”，使更多航班飞出去，构筑全球航线网络；更多资金投出去，形成国际竞争海外桥头堡；更多标准打出去，增强国际影响力，为国家对外经济贸易和国际政治交往的总体战略服务。

在民航局政策引导下，以国航、东航、南航三大航为首的国内航空公司加快了进军国际市场的步伐。东航一方面在原有纽约、洛杉矶两个美国航点的基础上，开通第三条直飞美国的航线，于2011年8月成功首航夏威夷；另一方面又在东北亚和东南亚市场持续发力。作为中日航线的最大航空承运人，东航在2011年日本地震发生后是执飞日本航线最多、飞往重灾区新航班量最多、接回我国滞留公民最多的中国航空公司。在地震影响减弱后，东航又迅速恢复并加大了对日本的运力投放，并于2012年3月在上海至冲绳、冈山、广岛、松山等多条航线加密了班次。此外，东航还在东南亚方向新增了上海–吉隆坡、武汉–新加坡等航线。

除了加紧布局航线网络外，中国航企还通过资本运作的方式走出去。2009年11月，国航增持国泰航空股份，成为继太古集团之后国泰航空的第二大股东；2012年初，东航和澳航宣布拟在香港合资设立捷星香港有限公司，准备进行低成本航空的尝试；而海航则依托旗下的香港航空、香港快运航空，利用香港自由港的地位角逐国际市场。

在民航强国战略构想出台后，2010年1月，民航局发布了《关于进一步促进我国国际航空运输发展的意见》，在国际航权分配与使用机制、特殊远程国际航线扶持、航权开放试点以及国际航空运输市场监管体系等方面作出了更有利于国内航空公司“走出去”的具体规定，为我国公司拓展全球市场，更多地参与国际竞争创造条件。

民航局国际司司长韩钧介绍说，截至2011年底，我国与其他国家或地区已经签订双边航空运输协定114个。其中，亚洲43个国家，非洲23个国家，欧洲35个国家，美洲8个国家，大洋洲4个国家，地区组织1个。为了给中国的航空公司开辟欧洲航线创造条件，2009年我国与俄罗斯就扩大航权安排达成了一致。2010年，中国和东盟正式签署《中国–东盟航空运输协定》及第一议定书，开放了东盟与中国之间的第三种和第四种业务权，中国和东盟之间的航班从此不受班次的限制。

为做大做强中国国际航空运输业，民航局自2007年开始每年举办民航发展高层论坛，广邀各国政府、行业与企业领军人物，与中国民航业者同台论道，分享国际民航发展的领先经验、做法与理念，进一步丰富和拓展中国民航业者走向国际的眼光、思路。与此相对应，中国民航的国际影响力也在不断提升，一系列重要国际性会议和项目相继落户中国，而且在一些重大国际问题上，中国民航也发出了自己的声音。

2010年5月，国际民航组织亚太飞行程序项目办公室在北京揭牌成立，这是全球第一个以基于性能导航（PBN）为主的飞行程序项目办公室，成为国际航空界推动PBN在全球应用的一项重要举措。2010年8月～9月，国际民航组织国际航空保安公约外交大会在北京举行。会议审议并通过了2010年《北京公约》和2010年《北京议定书》。这是民航史上第一个以中国城市命名的国际公约。《北京公约》不仅弥补了之前航空保安公约存在的空白和不足，还关注着大规模杀伤性武器的非法运输问题，加大对恐怖行为的打击力度，为实现国际民用航空安全提供了强有力的法律保障。

针对欧盟单方面提出的碳排放交易体系（ETS），民航局从国家战略高度以及维护中国航空企业利益出发明确表明自己的观点——“不”。2012年3月5日，民航局局长李家祥在接受媒体采访时指出，中国将采取积极的措施，除了在国际社会上明确表示不赞成和抵制外，还将通过国际合作共同对其进行抵制，从而化解这个问题。中国民航的态度得到国际上广泛的支持。2012年2月21日，包括中国、美国、俄罗斯和印度等在内的26个国家召开会议，共同商议应对欧盟航空碳排放交易体系的对策，并联合制定了反对欧盟航空碳排放交易体系的一揽子应对方案：包括禁止本国航空公司参与碳排放交易体系，修改与欧盟国家的“开放天空”协议，暂停或改变有关扩大商业飞行权利的谈判等。

加速——向着世界舞台的中心

2004年，中国首度成为国际民航组织一类理事国，2007年和2010年又连任一类理事国。连续多年保持全球第二大航空运输系统的地位，在全球航空运输业一片低迷中率先吹响复苏的号角，中国已成为名副其实的民航大国，但距离民航强国，距离世界舞台的中心依然任重而道远。

“中国的航空公司在国际航空运输市场上份额偏低，竞争力较弱。”韩钧说得很坦诚。如何缩小我国航空运输企业和世界顶尖航企的距离， 提升国际竞争力，让民航在世界舞台的中心翩翩起舞，是民航在发展中迫切需要解决的问题。

强盛之路，人才为先。打造中国民航的国际竞争力，就要加快培养国际化人才队伍。随着近些年中国民航的国际影响力与日俱增，以及与国外民航业频繁的交流往来，为中国民航国际化人才培养开辟了新通道。

2010年5月，李家祥与国际民航组织秘书长邦亚曼签署了《中国民航局与国际民航组织借调专家谅解信函》，商定2011年－2015年，中国民航每年选派10人左右赴国际民航组织相关部门交流任职。2011年3月16日，首批11名从民航各单位选拔出来的优秀年轻干部和中青年专家起程前往蒙特利尔，开始为期一年的借调工作。这批借调人员是2010年民航局启动的民航业国际化人才培养“百人计划”的一部分。按照该计划，民航将在未来5年内，重点培养一支综合素质高、具备民航专业背景、熟悉国际民航运行规章、能够参与国际交流合作的优秀人才队伍。

在民航局快马加鞭地推动国际化人才队伍建设的同时，中国的航空公司也利用加入国际航空联盟的机会，从领先的国外同行那里学习先进理念、技术。南航集团党组书记、股份公司总经理谭万庚说，加入天合联盟对南航的一大好处是相当于多了一个优质人员培训的免费渠道，南航和天合联盟内其他航空公司虽然依然存在竞争关系，但因为向外航学习需要有一个消化、吸收、再创造的过程，赶上外航领先水平需要一定的时间，因而外航可以接受这种联盟内交流。“而对南航自身来说，力量已经在逐步地向上积累”。

2008年北京奥运会、2010年上海世博会向世界展示了中国的形象，也成为中国民航对标国际、提升服务、积聚实力的契机。东航作为上海世博会的赞助商、运营商，为全世界到上海的游客设计了丰富的航空产品。乘坐东航航班从海外飞抵上海，游客不仅可以玩转上海，还可以与东航国内航线网络有机衔接，能在最短的时间内到达国内其他城市。东航纽约、洛杉矶营业部的相关负责人都曾表示，世博会为他们市场营销、东航品牌塑造等方面都起到了巨大的作用。而东航以“对标国际、以客为尊”的理念为指导，在客户沟通、订票、值机、候机、登机、客舱服务、行李运输、不正常航班服务等方面，向社会公布了15项承诺，并从全流程角度细化提升各项服务标准，进一步提升了东航自身航线产品的品质和国际竞争能力。

面对欧美航空业巨头的发达网络，面对周边日、韩、新加坡等国航空公司的步步紧逼，中国的航空公司从软硬件着手，全方位提升旅客体验，力求在国际竞争中斩获先机。以国航为例，从2010年始就斥巨资改造两舱座椅，同时改进机队结构，引进更节能环保、旅客体验更舒适的新型宽体客机执飞精品国际航线，并从客舱服务、机上餐食、北京中转等服务软件上做文章，搭乘国航国际航线的两舱旅客，不仅可以享受豪车免费接送，更可能在北京中转时享受五星级酒店免费过夜服务。中航集团总经理、国航股份董事长王昌顺说，国航正处于一个重要的历史节点：一方面具备了服务品质上台阶的必要条件；另一方面服务质量越来越成为决定企业前途命运的主要因素。作为载旗航空公司，国航需要得到市场和旅客的认同，而要想得到这种认同，只能通过高品质的服务，这也是成为国际先进航空公司的必然要求。

同样的国际化战略，同样把成为国际先进航空公司确立为发展目标，三大航走出去能否一帆风顺，市场容量能否支撑就成为首要面对的问题。对此，中国航空运输协会市场研究部部长朱庆宇认为，航空公司要想参与国际市场竞争，需要的是“航空母舰”，三大航都已经多少具备了“出海”的条件。相比国内激烈的竞争，国际市场很大，完全可以容纳几家国内航空公司同时参与进去，代表中国出征。

2012年7月，《国务院关于促进民航业发展的若干意见》正式出台，努力提升国际航空竞争力被列为未来民航业的十大任务之一。而在此前一个月，国际航协年会第二次落户中国，在公布2011年会员排名时，中国的三大航继续全部位列前十，东航集团总经理刘绍勇、南航集团总经理司献民还双双进入国际航协理事会。历经过去5年积聚、奋斗，摆在中国民航人面前的是更大的历史机遇。

为了飞向世界舞台中心的那片天空，中国民航正振翅高飞。

（中国民航报　严宽　许晓泓　高雅娜）

中国航空经济乘势起飞

一句流行语，代表一种新思路。

时下的流行语 “要开放，修机场；要想强，上民航”，生动形象地勾勒出各地方政府新的发展思路。自新中国成立以来，从来没有一个时期像现在这样，各地方政府如此重视民航对于区域经济的促进和拉动作用。

一个新文件，阐明一个大战略。

2012年7月8日颁布的《国务院关于促进民航业发展的若干意见》，开篇即明确“民航业是我国经济社会发展重要的战略产业”，标志着国家已将发展民航业上升为国家战略。自新中国成立以来，也从来没有一个时期像现在这样，民航在国家社会经济发展中的战略地位和作用如此凸显。

发展思路的转变，战略地位的提升，对在全球民航业一枝独秀的中国民航来说，是结果，更是动力。

过去5年，民航大众化发展战略深入推进，服务能力逐步提升，越来越多的普通百姓享受到了民航便捷的服务；

过去5年，民航的辐射力、影响力不断增强，通过一座座空中桥梁，我国区域经济融入全球经济的广度和深度与日俱增；

过去5年，伴随着民航业的规模不断扩大，民航对地方经济社会发展的带动作用逐步显现，已成为各地转变发展方式、调整经济结构、实现产业升级的助推器。

“中国要大力发展航空经济。”中国民用航空局局长李家祥在多个场合屡次强调。未来，在建设民航强国的新征程上，民航将更加主动地服务国家和区域经济社会发展，由此催生的航空经济热潮，正在神州大地上蔚然兴起。

民航飞入寻常百姓家

“旧时王谢堂前燕，飞入寻常百姓家”。用这两句古诗来比喻当今民航消费群体的变化，再贴切不过。不同的是，古诗中伤感的情怀，已经被欣喜的感受所取代。

过去，乘坐飞机出行的主要是高端消费群体；如今，普通民众乘飞机出行早已不是新鲜事。在深圳工作的王瑞，家在遥远的黑龙江佳木斯市，以前每逢假期回家，总要先坐飞机到哈尔滨，然后再倒火车，才能到家。而今，随着佳木斯–哈尔滨“百元机票”航班的开通，他可以直接在深圳买到回佳木斯的机票。回家的路不再遥远。不仅如此，从哈尔滨到黑龙江省内的所有支线机场都开通了航班，航空通达能力的提高大大改善了东北边陲民众的出行条件。这些变化，得益于民航大众化战略在黑龙江的深入推进，得益于当地民航企业与地方政府的精诚合作。

2010年，民航局高瞻远瞩，提出了推进民航强国建设的三大战略。其中之一就是大众化战略，其目的就是让更多百姓受惠于航空。作为全国第一个航空大众化试点机场，河北石家庄机场以提供“为民、便民、利民、惠民”普遍航空服务为已任，近年来不断降低百姓航空出行的门槛。2010年低成本航班惠及旅客50万人次；2011年低成本航班惠及旅客91万人次。近年来，该机场的旅客吞吐量如同坐上火箭，节节攀升：从2008年突破百万人次，到2011年突破400万人次，旅客吞吐量在短短3年间翻了两番。

石家庄机场跨越式发展的实践，开创了民航独有的石家庄模式，可以说是民航科学发展的一个缩影。目前，我国运输机场数量达到182个，机场密度为每10万平方公里1.89个，覆盖了全国91.5%的经济总量、77%的人口和74%的县级行政单位。全国130多个支线机场发挥了基础节点的作用，由其开通的一条条航线不断丰富着中国的航空运输网络，让越来越多的百姓享受到安全、便捷、经济的航空服务。2007年，我国民航旅客运输量为1.86亿人，到2011年，这一数字已飞跃至2.92亿人。

随着大众化战略的深入推进，交通尚不发达的西部地区以及老少边穷地区，也开始尝到了发展航空的甜头。从2009年起，西部地区的机场客货吞吐量增速就开始高于东部地区，这一态势延续至今。西部地区旅客吞吐量占全国比重逐年提高，从2008年的22.8%提高到了2011年的25.7%。

在新疆，借着民航系统支持新疆跨越式发展一系列利好政策的“东风”，新疆民航发展驶上快车道，百姓出行愈加便利。2010年5月，民航局颁布了《促进新疆民航事业发展的若干意见》；6月，民航局与新疆维吾尔自治区人民政府共同签署了《加快推进新疆民航跨越式发展会谈纪要》。此后的一年多时间里，19个援疆省市对口航线相继开通。各地飞往新疆的航线每周平均加密航班124个。2011年，全疆16个机场旅客吞吐量增速高达21.6%，居全国第三位，乌鲁木齐国际机场旅客吞吐量突破1000万人次大关。

辖区面积为118万平方公里的内蒙古自治区地域广袤，发展民航优势明显。为解决群众出行困难，方便应急救援，近年来，内蒙古机场集团公司创新运营模式，用模拟航空的形式开通了多条区域间支线快线。“十一五”期间，内蒙古自治区的航空运输总周转量平均增速达到34%。

宁夏回族自治区党委常委、固原市委书记李文章深刻感受到固原机场通航的好处：“2010年6月26日，固原机场正式通航运营，为六盘山山区架起了空中桥梁。未来，我们将积极争取扩大固原机场建设规模，开辟航线，加密航班，让老百姓得到更多实惠。”

民航的不断发展在使百姓受益的同时，还缩小了中西部和老少边穷地区与东部发达地区经济发展水平的差距，加强了地区间的联系，同时在促进社会经济文化交流，维护地区稳定方面发挥了重要作用。

为贯彻落实中央第五次西藏工作座谈会精神，更好地发挥民航对西藏经济社会发展的服务功能，2010年1月25日，民航局出台《关于促进西藏民航事业发展的若干意见》，从提高服务能力等6个方面集中全行业力量，促进西藏民航事业的发展。近些年，民航的快速发展对推动西藏经济社会的快速发展发挥了重要作用。仅2008年，西藏民航对西藏地区GDP的贡献就达到了24%。西藏自治区党委书记陈全国深情地赞扬民航给西藏地区带来的巨大作用：“近年来，西藏民航取得长足发展，架起了西藏通往祖国各地乃至世界各地的‘空中金桥’，加快了西藏全面建设小康社会、奋力追赶全国发展的步伐，为推进西藏经济社会跨越式发展提供了强大的动力，插上了腾飞的翅膀。”

而今，大众化战略的深入实施，让越来越多的普通百姓实现了飞翔的梦想，享受到现代化交通带来的便利。从此，再高的山也能轻易翻越，再远的路也能及时到达，天涯海角，近在咫尺。

架起连接世界的“彩虹桥”

“两三公里的高速公路，解决不了什么大问题；两三公里的跑道，却能将一个地区和世界连接在一起。”民航局局长李家祥常说的这句话，形象地说明民航不仅仅是一种交通运输方式，更是区域经济融入全球经济的快速通道。

目前，许多地方政府深刻认识到民航对于地区发展外向型经济的重要作用，纷纷作规划、定目标、出政策、拿资金，积极支持当地民航发展。自2007年河南省在全国率先确立民航优先发展战略以来，越来越多的省份主动地将民航发展纳入到区域经济发展规划中去，并积极为民航发展创造更好的外部环境。“十一五”期间，已有23个省、市、区政府与民航局签署了加快区域民航业发展的会谈纪要。

随着机场的建成，随着一条条航线向外延伸，许多名不见经传的小县城开始享誉国内外，许多经济不发达的省、市、区也拥有了对外开放的高地。

2008年6月，黑龙江漠河机场建成通航。第二年，漠河机场全年实现旅客吞吐量7.5万人次，同比增长147%。当年，漠河县共接待游客43万人次，实现旅游收入3.57亿元，同比分别增长98.4%和143.4%。这个中国最北的县城正吸引着每年众多的旅游者。

云南腾冲机场自2009年2月通航以来，带动了当地旅游经济的繁荣。当年，机场旅客吞吐量就达到了25.5万人次，带动腾冲县旅游、商贸收入增长156%。第二年，腾冲机场旅客吞吐量实现46.6万人次，同比增长80.8%。如今的腾冲已从一个默默无闻的边境小县，快速发展成为中国面向南亚开放的新高地。

一个县因民航而变，一个地区、一个省亦是如此。

2008年，我国启动广西北部湾经济区开放开发。为更好地服务北部湾经济区开放开发，加快建设中国-东盟自由贸易区，广西壮族自治区党委、政府将航空运输作为连接东盟的综合交通运输体系的重要组成部分，并实行优先发展。2007年，广西就率先将航线培育专项资金列入年度财政预算。目前，广西南宁、桂林2个主要机场已实现与除文莱外的东盟所有国家通航的目标，增强了广西面向东盟的国际影响力。

随着我国参与经济全球化程度的深入，河南省委、省政府认识到，要实施对外开放，更多地承接世界产业的转移，必须有发达的民航业作支撑。为此，河南省编制完成了《郑州新郑国际机场总体规划》、《郑州航空城总体规划》等，积极加快民航发展。2011年，郑州机场旅客吞吐量突破千万人次，迈入了全国大型机场行列。

作为省内综合交通运输体系中增长速度最快、发展潜力最大的交通运输方式，云南民航近年来积极构建面向东南亚、南亚国家的空中大通道，架起云南走向世界的桥梁。截至2011年12月，云南机场集团航线数达到323条。其中，国际及地区航线46条。这对于云南成为我国面向西南开放的重要桥头堡起到了十分重要的作用。

随着经济全球化进程的加快，航空作为一种便捷的交通方式，为城市或区域超越地理空间界限，在世界范围内寻找市场机会奠定了基础，为城市或区域更广泛地参与国际分工提供了快捷通道。因此，民航业的发达与否由此也成为城市或区域在世界经济格局中能否站稳脚跟的一个关键性因素。为了让区域更多地融入全球经济，各地正在积极地架设更多连接世界的“彩虹桥”。

民航串起千亿元产业链

俯看神州大地，经济结构调整和产业升级正成为中国经济转型时期的主旋律。转变经济发展方式、调整经济结构，一个重要内容就是要发展现代服务业。在这方面，民航以其安全、快捷、舒适的独特优势，成为发展现代服务业最好的抓手和平台，成为我国产业结构升级的助推器。

近5年来，许多省、市、区通过民航业这个抓手，在促进经济结构调整和实现产业升级方面尝到了甜头。

2008年，金融危机席卷全球。身处中国大西南的重庆苦苦求索，寻找新的产业经济增长点。当得知惠普公司要在中国扩充产能时，从无大型电脑制造经验的重庆人立即成立了招商项目组，前往惠普美国总部谈判。在谈判过程中，惠普公司提到了对物流运送效率不足的担忧。此时，作为招商项目组重要成员之一的重庆机场早有准备，拿出了专门制订的航空物流保障方案，赢得了惠普团队的一致认可。

2008年10月10日，惠普宣布将电脑制造工厂落户重庆。2009年，重庆再接再厉，拿下了“惠普（重庆）笔记本电脑出口制造基地”、“富士康（重庆）产业基地”两个重大项目。惠普、富士康的落户，吸引了全球更多的IT企业来重庆建厂。从此，全球的IT版图上多了一个重要节点——重庆。而能让重庆快速融入全球IT产业经济的“功臣”之一便是航空。

为吸引惠普到重庆投资建厂，重庆机场一方面不断完善基础设施，将第二跑道延长至3600米，以满足波音747等大型货机的起降要求，规划了物流园区，建立了IT专用货站、分拨中心以及保税港区等配套设施；另一方面，积极开通国际及地区货运航线，仅2011年一年就开通了11条国际及地区航线。2012年1月至5月，重庆进出口值达到196.7亿美元，同比增长1.7倍，增长幅度排名全国第一。预计到2015年，全球1/3的电脑将来自重庆，将形成年产值7000亿元的产业集群。

不仅是重庆，同样地处大西南的四川省也因为完善的航空网络建设，吸引了电子产品代工巨头的注意力。近年来，成都的电子信息产业发展突飞猛进，对民航客货的需求不断增长。2011年，四川电子制造业总体规模居中西部第一位，规模以上企业主营业务收入破2000亿元大关，同比增长68.4%。当年，成都双流机场客货吞吐量同比分别增长12.7%和10.5%。

大西南地区热火朝天地进行产业结构的升级换代，东部地区亦利用民航这个抓手，不断扩大对外开放，吸引产业集聚。

地处苏北的淮安市是经济大省江苏的一个经济“洼地”。在江苏，大量的外资企业落户在沿海和沿长江地区的苏南、苏中一带，而淮安市既不靠海也不沿江，成为外资企业难得光顾的地区。然而，正是因为有了机场，近两年来，淮安的外资企业开始“扎堆”，经济大步向前。2011年，淮安市实际利用外资16.1亿美元，同比增长54.1%，人均GDP首超全国平均水平。

中共淮安市委书记刘永忠认为，淮安机场在助力淮安产业转型升级的过程中，引发了“蝴蝶效应”。在富士康、明基等台资龙头企业的引领下，明基达方等一大批电子企业以及上下游产业链型企业落户淮安。IT产业正成为该市工业经济的支柱产业。

未来，我国产业结构将向高端升级，通过航空运输的进出口商品所占比重将有明显的上升，对民航运输的需求也将不断增大。适合长距离、能满足快速运输货物要求的航空运输，因此也成为区域产业结构升级换代的重要依托。目前，国内一些枢纽机场正依托航空优势，在其周边聚集了一批临空指向性强且高端的产业，有力提振了当地的经济发展，很多区域正借力民航串起千亿元的产业链。

航空经济成21世纪特色经济

航空这种交通方式引发的经济发展模式，如今还是新生事物。近年来民航的快速发展使得航空已从一个简单的运输方式上升为一种经济发展模式，并悄悄地影响和改变着中国的经济发展模式，航空经济概念开始浮出水面。

目前，我国已有36个机场所在地区先后提出发展临空经济的构想。这些地区力图依托机场发展临空经济，推动航空城建设，带动现代服务业、航空制造业及维修业、高新技术产业等关联产业的发展。而北京、天津等地的临空经济效应正逐步显现。

2011年，北京首都机场旅客吞吐量跃升世界第二位，以机场为核心的临空经济区辐射带动作用不断增强。其经济总量、财政收入分别占到北京市顺义区的70%和85%，吸纳本地就业人数达10万人。曾在北京市顺义区工作了37年的北京市副市长夏占义说："没有首都机场，没有民航，顺义区就不可能有今天的生机和活力。"去年，顺义区的GDP突破了千亿元，依托世界第二大空港蓬勃发展的临空产业功不可没。

目前，北京市顺义区初步形成了以航空业及相关企业总部为主体、现代制造业和高端服务业加速聚集的临空产业体系，初步形成了以首都国际机场为核心，七大功能组团和周边六镇为依托，东西优化、南北拓展、辐射周边的北京临空经济圈。

自2006年空客A320总装线项目宣布落户天津滨海新区以来，空客的"龙头"效应就开始不断显现，带动了天津航空经济的快速发展。2011年，天津空港经济区GDP达到874.5亿元，航空总投资达到165亿元，基本形成涵盖飞机总装、维修、研发、零部件制造、航空租赁、物流和服务等领域较为完整的航空产业链。

天津市市长黄兴国认为，天津的快速发展得益于机场建设和航空经济。他说："近年来，天津航空航天产业从无到有，已成为支柱产业。航空航天配套服务业也在积极跟进，航空城建设初具规模。我们将进一步加大力度，推进机场建设和航空航天产业发展。"

为了支持空港经济的发展，广州市于2010年7月特地出台了《广州空港经济发展规划纲要（2010年－2020年）》，明确提出大力发展空港经济，是广州提高集聚辐射能力，增强国家中心城市功能的必然选择；是提高开放型经济水平，建设综合性门户城市的重要载体。如今，广州市正举全市之力发展空港经济，力图打造世界最大空港经济区，覆盖2600平方公里、35%的广州土地面积，打造国际化航空物流中心、空港商务中心、知识创新中心、临空制造中心和生态休闲旅游中心。

美国教授卡萨达的"第五波"理论已经预示，航空运输是继海洋运输、内河运输、铁路运输、公路运输之后，驱动经济社会发展的第五个冲击波。

业内专家称，机场特别是大型机场，早已突破单一运输功能，也不再仅仅是城市的重要基础设施，一方面通过与诸多新兴产业的有机结合，与区域经济相互影响、相互渗透、相互融合，形成带动力和辐射力极强的"临空经济区"；另一方面，通过聚集人流、物流、资金流、信息流等优势资源，对区域经济社会发展产生强大的辐射效应，逐步形成以机场为中心的"航空大都市"。

为此，中国民航已做好了充分准备。5年来，我国民航快速发展，奠定了良好的物质基础，也积累了弥足珍贵的经验。这将是民航人继往开来、大力拓展航空经济的动力和信心所在。

（中国民航报　杨群峰　曾晓新　张嘉宁）

大爱的天空

“事业方新，大鹏九万里。”

近年来，中国民航取得了令人瞩目的成就，民航运输总周转量和客运周转量持续稳居世界第二位，安全达到世界先进水平，已成为名副其实的民航大国。

在中国民航从民航大国向民航强国努力奋进的过程中，社会责任感深深地融入全行业的血脉之中。民航伸展的双翼所承载的大国力量、大局意识、大爱情怀，赢得了国家、人民的普遍赞誉。

【哪里有需要，哪里就有中国民航人的身影。祖国和人民的需要就是民航飞行的方向，无论是应急救灾飞行，还是海外撤侨行动，民航在水与火、生与死的考验中，恢宏壮阔地展示着即刻出发的执行力，彰显着虽远必至的大国情怀。】

用“空中的诺亚方舟”来形容民航在突发事件中的作用并不为过。正如民航局局长李家祥所说：“民航是国家国防和经济等安全的可靠保障，是抢险救灾和应对突发事件的生力军。”

民航业具有准军事性质，是国家空中力量的重要组成部分。长期以来，在保障经济安全和空中通道通畅、维护国家形象、完成党和国家交给的特殊任务等方面，民航都作出了重要贡献。

尤其是在那些突如其来的灾难面前，民航因其快速、便捷的优势，历来都在抗击重大自然灾害、实施紧急救援等方面发挥着特殊而重要的作用。民航人也把发挥好这种作用作为自身履行社会责任的重要方式和契机，祖国和人民哪里有需要，哪里就有民航的身影。

过去的5年，是民航完成重大航空运输保障任务和紧急救援任务较为集中的5年。每当重大、特殊、紧急的事件发生时，民航局总是迅速启动应急响应机制，第一时间成立民航抗震救灾工作领导小组。正是在民航局的统一部署下，在2008年的“5 · 12”四川汶川地震中，民航作为抢险救灾的生力军，在时间紧、任务重、单位时间运量大的情况下，创造了大规模紧急调集航空运输飞机的新纪录：出动了200多架运输飞机，组织了1200多班包机抢运救灾人员和物资，为灾区打通了一条“空中生命线”，为灾区人民第一时间送去生的希望。

灾情就是命令。面对紧急航空运输任务，各航空公司义无反顾、不计成本、不惜代价，迅速调配飞机。“以往各航空公司到民航局来都是要航线，这次是抢着要任务。”时任民航局国防动员办公室主任的孟平印象深刻。在汶川地震发生后20个小时的“黄金救援时间”之内，国航、东航、南航、海航、山航、西部航空这6家航空公司迅速调配了10架飞机，在一昼夜之间，向灾区往返飞行达27架次，高速、安全、高效地完成了运送5000名救灾官兵的任务，为灾区人民的生命救援赢得了宝贵时间。

作为民航的另一翼，通用航空也在地震救援中作出了重要贡献。由于地震使得山区很多地方成为“孤岛”，直升机成为了唯一可以运送伤员、空投物资的交通工具。就在汶川震后的第二天，民航局连夜调动6家通用航空公司的30架直升机参与救援。可以说，这是中国民航史上规模空前的直升机救援大集结。

2010年的玉树地震，民航又一次担当大任。此次震中位于青藏高原，地面交通极为不便，救援难度极大。在这种情况下，玉树机场成为了“生命机场”。在震后10个小时之内，“生命机场”上空“大鸟”飞临，东航的第一架救援飞机在克服了重重困难之后安全降落，宣告救灾抢险工作在地震当天即全面展开。中共中央政治局委员、国务院副总理、国务院抗震救灾总指挥部总指挥回良玉在现场指挥救援时说：“地震发生后，幸亏有了玉树机场，民航也立了大功！”

当中国同胞在海外有难、急需国家驰援之时，民航展翅高飞的航班便成为了一方“移动的国土”。在2011年的埃及撤侨、利比亚撤侨、日本地震后接回滞留同胞等突发事件中，中国民航所执行的已不仅仅是简单的运输任务，更是一次次不折不扣的“国家行动”。

2011年2月23日至3月5日，一场自新中国成立以来最大规模的撤离海外公民行动震动世界。在这次历时11天的“惊天大撤离”中，中国民航共派出了91班包机，飞赴利比亚、希腊、突尼斯、马耳他、埃及、阿联酋6个国家，接回我国公民26240人。

从北非到地中海的天空，或许从未被如此之多的中国飞机密集地划过。纵横几万公里的海外大撤离，并不是一道简单的算术题，背后的艰辛与感动并不为大多数人所知。

在这场跨越亚欧非三大洲、涉及6个国家的救援行动中，在高峰时段，中国与地中海几个国家上空每天往返穿梭的中国民航飞机达40架次，每天接回我同胞超过6000人；各航空公司涉及调整正常航班近1800多班，间接影响航班上万班。

国际问题专家、中国国际问题研究所所长曲星认为：民航的救援行动体现了中央执政为民、以人为本的思路，也体现出民航的大局意识强、应急机制到位、快速反应能力强。只要中央一声令下，民航整个行业从上到下全部义无反顾!

参加过此次撤侨任务的我国驻约旦哈希姆王国大使馆政治处随员吕宁说：“简单朴实地讲，民航搭载的不仅是一个个海外同胞，更是国内数万个家庭的希望。这些飞机就像‘诺亚方舟’一样，在空中开通了一条生命之路。”

在一次又一次的国家救援行动中，民航总是站在国家应急救援行动的最前列。在中国强大的施政能力背后，民航始终是其坚实的支撑力量。

【一次次重大活动的运输保障考验着中国民航，中国式服务竭诚欢迎八方来宾。民航把持续安全和优质服务作为对社会大众的承诺和不可推卸的责任扛在肩上、放在心里、付诸行动。迎着五湖四海的目光，中国民航通过了考验，提高了品质，塑造了中国形象。】

在2008年美丽的夏季，当中国用一届圆满的奥运会实现了7年前向世界作出的承诺时，民航人也交出了131天火炬传递、84天奥运实战保障、保障涉奥人员抵离131639人次、保障涉奥飞行9278架次的成绩单，实现了奥运航空运输保障和抵离服务“零投诉、零事故、零事件”。

在参加了北京“无与伦比”的盛会后，国际奥委会主席罗格先生用“带来了很多惊喜，提升了国家荣誉”来评价北京奥运会的保障工作。而作为此工作之重要一环的民航运输安全保障，更是以窗口的形象和堪称完美的表现，展示了一个与世界拥抱的中国。

民航局局长李家祥多次指出，民航业是一个系统性非常强的行业。民航人深深懂得：只有不断强化大民航意识，加强沟通协调，密切配合，才能确保安全运行链条的完整性，这也是民航履行责任和使命的重要条件。在过去的5年里，奥运会、世博会和亚运会这些举世瞩目的重大国际性活动相继在中国举行。能否成功、圆满地组织保障好这些活动，当好东道国，事关中国的国际形象。而参与活动的人员均来自世界各地，他们均在短时期内乘坐国际航班集中抵离举办地机场。因此，民航就成为最先和最后经受考验的保障部门。在考验面前，民航人胸怀全局、勇于担当，把持续安全和优质服务作为一致的追求，精心组织，团结协作，以大民航的高效运行协作交出了一份精彩的答卷。

让我们的记忆再一次停留：2008年8月8日18时25分，在夏日北京的黄昏中，国航CA954航班平稳降落在首都机场。35分钟后，橙色的跑道灯、绿色的滑行引导灯刹那间熄灭。为确保奥运会开幕式安全顺利地进行，首都机场开始实施历史上首次禁航。1小时后，五彩的焰火沿北京南北中轴线次第绽放，北京奥运会拉开帷幕。

为大多数人所不知的是，在奥运赛事刚刚拉开帷幕的时候，全民航奥运航空运输保障的赛场上则早已打响了“发令枪”：早在一年前的2007年7月，首都国际机场奥运筹备工作组已正式过渡为奥组委首都国际机场场馆运行团队，由民航华北局牵头，民航局、奥组委有关部门和首都机场集团、国航股份、华北空管局、首都机场股份有限公司、首都机场公安分局和边防、海关、检疫等联检单位参加。其赛前负责组织编制运行计划，配置场馆资源；赛时负责统一组织场馆运行工作，提供场馆运行保障。

从2008年7月1日到9月22日，首都机场是唯一全天24小时运行的奥运相关场馆。奥运期间首都机场整体航班正常率比前一个月提高3.3%，没有让一架涉奥飞机因资源不足备降其他机场，没有发生一起安全差错或事故征候。

回首2008年火热的夏天，还有一分激情在民航人心中荡漾。每当夜深人静时，曾经的那份责任和大局意识还会让自己感动。

两年后的2010年上海世博会和广州亚运会，成为民航践行社会承诺、提供优质服务的新机遇。

长达184天的上海世博会再次检验了民航服务的效率。在梅雨台风季节与暑期客流激增交汇的世博会高峰客流期，为了保证世博会期间旅客乘坐航班的便利、快捷，上海民航推出了航空优质服务新项目，由华东局协调国内主要航空公司共同签署“国内客票互免签转承诺书”，要求在上海始发的所有国内航班上执行国内客票互相免费签转。上海始发的国内航班旅客即便赶不上原来的航班，也可以选择免费签转到最近起飞的一个航班。

“我们要当好东道主，就要飞好每一个起落。”“压力再大也不能松懈，要用实际行动服务世博会、贡献世博会。”这是一位东航飞行员在2010年上海世博会期间的会议记录。东航为了保证京沪快线的航班正点率，专门备份一架大飞机，随时顶替因流控延误的航班。吉祥航空放权给一线地面服务人员，让他们在航班大面积延误情况下可以及时对旅客作出安置和赔偿的决定。在航班大面积延误时，东航会提前向协议宾馆预订房间；春秋航空则借旅游板块优势，将旅客安置在机场周边的宾馆内，保证旅客不因为延误而“无家可归”。

民航立体、复杂的特性决定了编织一张万无一失的“空中过滤网”的难度和挑战。2010年，高科技为广州亚运会的安全保障筑起一道更牢靠的“防火墙”。民航专门设立的民航亚运安保指挥中心通过视频对接、数据对接，与亚组委安保总指挥部、民航局公安局指挥中心互联，使广州白云机场的安保现场监控力度加大，并制订了针对反劫机、反恐周密预案；防弹装甲运兵车、排爆机器人、爆炸物探测仪等一批先进的安保装备也投入使用。

考虑到亚运会期间枪支、弹药、锂电池等危险品运输的特殊性，出于安保的要求，民航中南局还促成亚组委机场团队建立了编外的“第十团队”——危险品运输保障团队，抽调专人负责，通过指定检测、靠前检测等多种方式，对每一批次都做好记录，对运输环节全程严密监控，确保这些危险品“进得来，出得去”，没有留下任何安全隐患，受到亚组委的充分肯定。

“安全、高效、便捷、优质”是民航当年对北京奥运会作出的郑重承诺，也是民航一直在履行的社会责任。全民航上下一心，每一次重大保障任务的圆满完成，不仅向世界展示出中国的良好形象，也提供了真实生动的中国民航服务范本。

【为社会经济发展装上引擎、插上翅膀，为实现中华民族伟大复兴尽心尽责，向民航强国目标挺进中实力不断壮大的民航企业，从未忘记回馈社会，为民众的平安幸福主动履责。】

2012年5月17日9时10分，一位网友发微博求救："西藏昌都地区发生车祸，其中一名女孩盆骨粉碎性骨折，急需至成都手术。"信息发出，引起多方关注。一天之内，国航即通过微博回应，并连夜改装客机，在最短时间将伤者运送至成都治疗。一人之伤，千万人之心也，国航此善举展示的是大爱，赢得的是人心。

《论语》云："因民之利而利之。"逐渐强大的民航企业，不仅提供优质的产品与服务，还以更加广阔的胸怀和视野，主动承担起更广泛深远的社会责任。

为了让少年儿童在患有重大疾病时能够得到必要的治疗，国航已连续3年向"中国儿童保险专项基金"捐款，持续支持儿童大病医疗保险专项慈善项目。

爱比责任更有力量。自2003年初起，东航就开始参与国家定点扶贫开发工作，并确定云南省临沧市双江、沧源两县为定点扶贫县。云南省沧源县勐来乡克牧村就是东航出资83.8万元援建的一个示范村。"东航示范村"建设项目包括电网改造、进村入户道路、文化广场、文化室、文化长廊等。几年前，受交通闭塞、土地资源有限、产业调整空间较小的瓶颈制约，农民人均纯收入仅为1100元。2011年该村人均纯收入3700元，过去"天干土飞扬，下雨变泥塘"、"垃圾乱堆放、污水到处流"的状况一去不返，村民的生产生活条件大幅改善。2012年，东航还为双江、沧源两县捐助资金530万元，支持当地基础设施、旅游文化和教育等项目建设。

南航把履行社会责任放在教育上。2005年，经国家民政部批准，南航出资2000万元设立了南航"十分"关爱基金会。此后，旅客每乘坐一次南航航班，南航就从机票款中捐出10分钱注入该基金。多年来，南航"十分"关爱基金会已经向北京大学、清华大学、复旦大学、中山大学等22所院校累计捐赠2000多万元，资助8000多名品学兼优、家庭经济困难的学子完成学业。

海航"特殊关爱"的目光则投向弱势人群。自2004年7月，海航在青海省果洛藏族自治州班玛县正式启动"海航——青藏高原10年光明行动"以来，该活动已先后在青海、西藏、四川、内蒙古、新疆、甘肃等地为约3000名各族贫困白内障患者进行了复明治疗。

在这个世界上，在我们周围，只要还有贫穷，我们就很难说自己富有；只要还有灾难，我们就很难让自己心安。

建在少数民族高高原地区的玉树机场将社会责任融入到自身的建设发展之中。早在机场建设初期，为了争取机场周边牧民的理解和支持，玉树机场指挥部的同志自己捐钱购买蔬菜、粮油等，到牧民家中走访、慰问，耐心宣传机场建成后给当地社会经济发展带来的利益。看到巴塘石窟小学校舍破旧不堪，部分学生只能站着上课的现状后，机场建设者们立即为石窟小学援建了一所150多平方米的新教室，同时修建了一座"蓝天校园桥"，解决了扎曲河南岸部分学生只能涉水上学的历史。

道义之所在，责任之所当，爱心之所向。人们不难发现，在业绩持续增长的同时，中国民航企业的社会责任意识也在加速"成长"。2011年，中国航油跻身世界500强的行列。2012年，中国航油首次发布"2011企业社会责任报告"，提出了中航油履行社会责任的五个方面：确保国家航油供应安全；国有资产保值增值；实现企业安全发展、绿色发展；助力社会和谐发展；推进"关爱工程"，确保员工与企业同步发展。其实，这些年来，在中国支线机场亏损面超过70%的情况下，中国航油先后担负起中西部欠发达地区69个支线机场的航油保障任务，为中西部欠发达地区的经济繁荣和稳定作出了贡献。可以说，为社会和公众的幸福履责一直存在于中国民航的精神内核之中。

“道之所在，虽千万人，吾往矣。”当家国情怀转化为具体实在的行动，我们看到了中国民航的义不容辞；当爱与责任被民航人重新诠释，我们感受到一种生生不息的磅礴力量。那与血脉共融的责任感和那无上荣光的国家荣誉，是中国民航前行路上最明亮的引航灯。

（中国民航报　程婕　吴言）

科教人才之葩绚丽绽放

科教兴业，人才强业。

党的十七大以来，在民航局党组的正确领导下，民航全行业深入推进科教兴业和人才强业战略，科技、教育和人才工作取得了令人瞩目的成就，为民航持续安全和科学发展提供了强有力的支撑。

把方向　顶层设计正确引领

面对民航的快速发展，科技、教育和人才工作怎样开展才能更好地适应和服务行业需要？这是党的十七大以来民航局党组、民航科教部门和广大科教工作者始终在思考并实践的命题。

2009年4月～8月，民航局局长李家祥率调研组先后到民航科研单位、院校调研，就民航科教工作提出了一系列新要求。李家祥指出，中国民航要实现又好又快发展，必须把科技、教育和人才工作做好，中国民航正强烈地呼唤着科教和人才工作迈上一个新台阶！

2009年9月，民航科教大会召开。会议适应民航行业持续安全和科学发展对科教工作的新要求，进一步落实李家祥局长在民航科研单位和院校调研时的指示精神，通过了《关于进一步加强民航科教工作的意见》等11个文件，对民航科教工作作出全面部署，指明了民航科教工作的方向。

为贯彻落实国家科技自主创新和民航强国战略，民航局先后制定了一系列科技创新配套政策，为促进民航科技进步创造了良好环境。《2005年－2010年民航科教振兴行动计划》明确了到2010年民航科技发展的指导方针和主要目标，提出了创新能力建设、重大项目攻关、科技管理创新等方面的重点任务。2010年初，民航局党组出台的《建设民航强国的战略构想》提出，民航科技工作的任务是建立以政府为主导、企业为主体、市场为导向、产学研相结合的科技创新支撑体系。2011年5月出台的《“十二五”民航科技发展规划》明确了“十二五”期间民航科技工作的主要任务，包括完善科技计划体系、建立科技创新平台、开展重大项目研究和实施信息化工程。民航发展第十二个五年规划也提出，要优先推动科技进步，完善科技创新机制，增强科技创新能力，鼓励和支持科技成果向现实生产力转化。这些政策从不同角度明确了民航科技工作思路，推动了行业科技进步。

2011年1月，《民航业人才队伍建设中长期规划（2010年－2020年）》编制完成，这是民航业首次发布的人才队伍建设专项规划。规划围绕民航强国建设目标，对飞行、机务、空管、适航、机场管理、通用航空等人才队伍建设进行了系统设计，提出要实施民航重点专业、重点区域、高层次专家、中青年英才、蓝天学子五大人才培养工程，建设重大项目人才培养平台、实习实践平台、远程教育平台、国际交流平台。2011年12月，立足为民航培养数量充足、素质优良的全方位、多层次人才，民航局编制完成《民航院校教育改革和发展“十二五”规划》，进一步明确了民航院校的发展定位、目标任务、重点工程和保障措施，成为指导民航院校建设发展的重要文件。

一系列文件的出台，在不同阶段有力地指导了民航的科教人才工作，为科教人才事业的可持续发展奠定了坚实的政策基础。党的十七大以来，民航科技投入不断加大，科研条件逐步改善，创新能力不断增强，一系列重大科技成果得到应用。上海、沈阳航空器适航审定中心和成都航油航化适航审定中心成立，民航科技有力地支持了行业快速发展。

中国创　自主研发硕果累累

胡锦涛总书记在党的十七大报告中明确指出，“提高自主创新能力，建设创新型国家”是“国家发展战略的核心，是提高综合国力的关键”。借着这股东风，中国民航迎来了科技创新的春天。

2011年1月10日，中国民航科学技术研究院成立大会在北京人民大会堂举行，该研究院由民航局原航空安全技术中心演变而来。李家祥局长在成立大会上指出，航科院的正式成立是中国民航科技发展历史上极为重要的一座里程碑，也是我国由民航大国向民航强国迈进过程中具有深远意义的一件大喜事。接着，民航首家试飞机构——民航上海航空器适航审定中心试飞室——获民航局批准成立，民航首批3名试飞员陆续学成归国，标志着中国民用航空器型号合格审定局方试飞体系初步建立。

作为技术密集型行业，民航发展需要强有力的科技支撑，而科技支撑的关键是提高自主创新能力。近5年来，为落实国家科技自主创新和民航强国战略，民航局不断改善科研院所的基础条件，支持科研基地建设，“以我为主、开放融合”的科技创新体系初步形成。

四川九寨机场削山而建，三面环山。由于受复杂的地形和气候条件影响，飞行员在执行九寨机场飞行任务中往往感觉跑道偏短、安全裕度不足。特别是在雨雪天气状况下，飞机着陆或起飞时一旦冲出跑道，后果不堪设想。美国联邦航空局（FAA）与美国ESCO公司研发的特性材料拦阻系统（EMAS），能让冲出跑道的飞机在危险边缘逐渐减速并最终停止。但我国机场如要安装该系统，需要面对三大难题：价格高、维护距离远、维护费用高。

我国不少机场与九寨机场情况类似。为解决这一问题，在民航局的领导下，2010年，航科院选派了数十名科研骨干，参照FAA针对EMAS的技术标准展开自主研发。至2011年，经过6次大规模真机验证试验，成功研制出我国拥有自主知识产权的EMAS系统。民航局副局长李健在国产EMAS审定会上说：“科技是解决安全问题最有效的手段，EMAS项目是民航科技兴安保障体系和支持模式的可贵探索，对提高我国民航安全技术保障能力，打破国外在技术、标准、价格上的垄断，具有重要的示范作用。”

在民航局的领导和支持下，民航自主创新成果不断涌现：

2008年，民航局完成了对国产新型支线飞机ARJ21-700绝大部分全机地面试验阶段的适航审定任务。目前，对该飞机的适航审定已经进入验证试飞阶段。局方试飞员正在开展审定试飞，弥补了历史上无局方试飞员的空白。

2009年，沈阳空管技术开发有限公司研发的AT-VCS0422内话系统获民航科技进步一等奖。这是首套拥有完全自主知识产权的国产内话设备，获得10项国家专利，已被成功应用于包括玉树、邦达等高高原机场在内的70多个机场和空管单位。

2010年，由民航局主持的“十一五”国家“863”计划重大项目“新一代国家空中交通管理系统”通过科技部验收。它申请发明专利140项，登记软件著作权81项，形成了我国具有自主知识产权的新一代空管系统核心技术架构。

2011年冬，北京首都机场在国内率先启用了“慢车除冰 ”技术。一架波音737飞机实行慢车除冰仅需4～6分钟，比传统定点除冰模式提高效率50%。

2012年3月底，国产新型飞行校验系统正式交付使用，我国成为世界上第6个能够自主研制飞行校验设备的国家。目前，获得国家1.7亿元资助的“中国民航协同空管技术综合应用示范”项目正在研发之中。

诸多自主创新成果的取得，民航联合基金起到了原创驱动器的作用。该基金自2004年由民航局与国家自然科学基金会共同设立以来，已分3期资助科技项目200余项，资助经费近6500万元，有力促进了航空安全、飞行技术、空管、适航与维修等学科领域的创新。

信息化　行业发展借力提速

信息技术是推动经济增长的主要动力之一，我国民航的信息化建设对行业发展起到了重要推动作用。

商务旅客刘先生接受采访时说：“大约10多年前，搭乘民航航班要手持纸质机票，换取登机牌后，才能通过安检、登机。如今，只需一个‘大拇指’就能完成订票、值机。”

刘先生所说的“大拇指”，其实是说他使用智能手机，办理订票、值机等业务。手机购票、手机值机的基础是电子客票。为提高民航运行效率，中国航信在民航局和航空公司的支持下，率先推出了电子客票，掀起了民航信息化的序幕。

从2001年实现团体机票的电子化开始到2008年，中国民航大力推行电子客票，用了短短8年，就在全球率先实现了100%的中性电子客票普及率。电子客票代替纸质机票，不仅为旅客带来全新出行体验，也为航空公司节约了大量成本。仅2009年，民航销售电子客票就达1.89亿张，节约成本40亿元。

为满足航空公司、机场和旅客对信息系统自动化功能的需求，中国航信于2006年率先研发面向旅客的自助服务产品。经过2年多努力，自助值机、网上值机、手机值机、二代身份证快速通关、自助登机等一系列自助服务产品投入使用，旅客出行更加快捷。截至2011年12月，中国航信旅客自助服务产品支持国航、东航、南航等30家航空公司，支持北京首都、广州白云等149家海内外机场。旅客只需身份证就可以自助办理值机，选择自己喜欢的座位。

秉承科技奥运理念，中国航信于2002年正式启动了中国民航新一代机场旅客离港业务处理系统（NewAPP）的研发工作，并成功实现了奥运期间机场离港系统的零故障运行。作为机场核心信息系统，除提供正常离港业务办理功能外，NewAPP在保障业务安全、提供应急备份、稳定生产运营等方面也发挥着日益重要的作用。截至目前，共有65家机场先后投入使用NewAPP。

加快信息化建设是中国民航适应航空全球化的必然选择。随着3G技术的应用，信息移动化为民航带来了新的活力。未来，旅客仅凭一部手机就可随时随地享受购票、值机、行李托运、餐食预订、登机等服务。

桃李芳　院校教育成绩斐然

民航院校肩负着行业人才培养的艰巨任务。民航现有中国民航大学、中国民航飞行学院、民航管理干部学院、广州民航职业技术学院、上海民航职业技术学院5所院校。为适应民航发展对人才的需求，自党的十七大以来，民航局党组始终把人才培养放在战略高度，全面加强民航院校建设，使院校人才培养能力不断提高。

“十一五”期间，民航局积极协调国家有关部门，落实院校重点投资34亿元，争取教育培训专项经费1.2亿元；2007－2011年累计争取国家奖助学金约6500万元，惠及3.5万名学生。通过计划调控，逐年扩大院校飞行、机务、空管等民航特有专业人才培养规模，2007年3个专业招生4400人，2011年达到6900人。2007年院校招生1.2万人，在校生规模3.6万人，2011年分别达到1.6万余人和5万人。为推动民航特有专业人才培养模式创新，2009年民航局出台了《民航院校飞行、机务、空管专业建设规划》，加强了特色师资队伍建设和课程教材建设，推动了教育资源共享。

为适应行业对飞行员的迫切需求，加大招飞力度，2009年民航局会同教育部制定了《普通高校飞行技术专业招收飞行学生实施办法》，理顺了通过高考招飞的流程。同时，对招飞录取分数线划线办法进行改革。改革后全国8所设置飞行技术本科专业的高等院校实现统一划线，得到了教育部、航空公司和院校等各方认可。

既要保持民航院校的持续快速发展，又要避免院校间的同质化竞争，这是民航局党组长期以来深入研究解决的问题。近年来，按照民航局党组的要求，各院校从行业需求出发，进一步明确定位，开阔思路，谋求发展。

中国民航大学始终秉承"在为行业和社会服务中求发展"的理念，努力建设高水平研究型大学。该校目前已成为民航学科专业门类齐全、航空宇航科学技术与交通运输工程两大学科群交叉融合、具有鲜明特色学科体系的多学科高等学府，专业涉及工、管、理、文、法5个学科门类，拥有13个一级学科硕士点，涵盖49个二级学科硕士点，拥有3个国家级特色专业建设点，形成了一批在全国和民航有较大影响力的优势学科。中国民航飞行学院以"以飞为主、协调发展"为办院方针，着力提高飞行员培养能力；2007年在校飞行学生4000人，2011年达到6000人；中国民航机长95%以上毕业于此，2011年中国民航评选出的首批7名特级飞行员全部毕业于此。广州民航职业技术学院以培养民航高端技能型人才为己任，专业覆盖民航维修和服务主要岗位，2010年被教育部、财政部确定为"国家示范性高等职业院校"，在校生超过1万人。民航管理干部学院肩负着干部学院、安全学院和民航局党校3项职能，在民航中高级领导干部培训上的优势得到充分发挥。上海民航职业技术学院升格为全日制普通高等院校。

2011年9月17日，在中国民航大学建校60周年庆典上，国务院副总理张德江对民航院校取得的成绩给予充分肯定，并指出，民航事业的发展，关键在人才，基础在教育。他要求民航把发展教育放在优先战略位置，不断深化教育改革，着力培养高素质人才，为推进民航事业发展提供强有力的科技支撑、智力支持和人才保证。

走出去　人才培训创新求实

随着行业快速发展，民航从业人数也呈快速增长态势，培训需求巨大。为规范有序地做好培训工作，近年来民航不断建立健全培训制度、拓展培训领域、创新培训方式，取得了实效。

民航培训工作始终坚持面向行业、突出重点，巩固扩大国际培训合作，形成了分门别类、各有侧重的培训体系：一是开展了以提升战略思维、提高领导能力为核心的司局级干部研修班、航空公司总裁班等行业高层管理干部研修项目，二是深化以开阔眼界、提高综合素质为重点的"中青班"等一系列中青年管理干部研修项目以及中美航空合作管理人员培训项目，三是增加以实践锻炼、提高一线业务知识水平为核心的青年干部岗位培训项目。上述项目通过加强培训课程设计、教学管理、培训成果推广等工作，收到良好效果，成为行业品牌培训项目。

为培养一批视野开阔、专业知识扎实、能有效参与国际民航事务的外向型专业人才，民航局党组启动了国际化人才培养"百人计划"。经民航局与国际民航组织多轮沟通，商定2011－2015年每年选派10名左右中国民航优秀年轻干部和中青年专家到国际民航组织实践锻炼和工作交流。目前已选拔两批21人到国际民航组织航行局、运输局、技术合作局等部门进行为期1年的实践锻炼，开辟了中国民航与国际民航组织新的合作渠道，扩大了中国民航的国际影响。

为适应中西部民航发展对人才的需求，民航局有关部门研究出台了《2008年－2010年新建机场专业人员岗位培训实施方案》，立足机场运营急需岗位，将专业知识学习与岗位实际操作结合起来，组织民航大学和飞行学院开展通信导航、安检、机务、空管、机场保障以及运输服务等专业培训，先后为西部和东北地区新建机场培养了1100余名专业人才。

公务员是民航人才队伍的重要组成部分。民航局按照服务重点工作、总量控制、统筹安排的原则，明确了公务员培训的指导思想、主要任务，增强了公务员培训的系统性和连续性。

上层次　职称通道顺畅打开

职称是衡量专业技术人才学术技术水平的重要手段，也是专业技术人才成长的重要渠道。为加强高层次人才队伍建设，拓宽专业技术人才发展通道，民航局党组高度重视职称工作，2007年以来先后制定了《民航主体系列高级专业技术职务任职资格评审办法》等5个规范文件，完善了职称政策；出台《民航飞行技术高级专业技术职务任职资格评审条件》等15个高、中级职称评审条件，建立民航主体系列高级评委会专家库，成立专家管理办公室，开发职称评审申报系统，促进了职称工作的制度化；新开展航空医学副高级职称评审，恢复通用航空高级职称评审，每年召开飞行、空管、适航维修、机场工程、高教、会计、运输经济、航医、通用航空等9个主体系列12个职称评审会议，年评审300余人次。

民航局相关部门与行业各单位积极创造条件，努力提升行业特殊专业专家的职称层次。在历时两年、多次征求意见基础上，2011年开展了首次民航特级飞行员和教授级高工评审，在全行业引起了强烈反响。评审肯定了业内资深专家的成就和水平，打开了高级专业技术人员进一步发展的空间，提升了业内专家在对外交流、重大项目论证等方面的话语权，促进了行业高层次人才队伍建设。

2009年，民航局修订了特聘专家和中青年技术带头人工作办法，新一届民航17名特聘专家和27名学术技术带头人脱颖而出。专家们在政策咨询、项目评估、教学培训以及重大专项工作中发挥了积极作用。

2011年民航局首次开展了全行业“人才普查”，摸清了人才家底，为科学评估行业人才队伍打下了基础。统计结果显示，全行业从业人数达到120万人，其中主业人员约60万人。普查期间，中共中央组织部李智勇副部长专程到民航局调研人才工作，对民航人才工作成绩给予充分肯定。

2012年7月8日发布的《国务院关于促进民航业发展的若干意见》，把强化科教和人才支撑作为促进民航业发展的重要政策措施之一，明确提出将民航科技创新纳入国家科技计划体系，强化民航院校特色，实施重大人才工程，对民航部分专业技术人员实行政策倾斜。由此，民航科技、教育和人才工作进入了国家战略层面。今后，民航科教人才事业之葩将绽放得更加绚丽多彩！

（中国民航报　郝雪松　郑雪）

让一种力量永驻心中

2010年的金秋，在首届民航强国论坛暨民航行业文化建设与传播理事会成立大会上，民航局局长李家祥带头，来自全国各地航空公司、机场等各民航企事业单位的负责人紧随其后，在一面手印墙上庄重地按下了自己的手印。全国民航人以这种特殊的方式，让手握在了一起，力聚在了一起，心连在了一起。由此，在建设民航强国目标的引领下，共建行业文化的大旗高高飘扬。

自党的十七大召开以来，民航党建工作和文化建设迎来了“东风劲吹千帆竞”的大好契机。在民航局党组的统一部署下，民航党建工作坚持围绕中心、服务大局，坚持抓好班子、带好队伍，坚持突出重点、统筹兼顾，坚持求真务实、开拓进取，为促进民航持续安全、推动行业科学发展提供了重要保证。民航行业文化建设经过多年的实践探索，文化促发展、文化带队伍、文化强作风的思路日益清晰，持续安全理念深入人心，建设民航强国战略目标明确，行业文化在影响和带动民航发展中散发出一种“润物细无声”的独有特质。党建文化工作所产生的正能量，发挥着导向力、推动力、凝聚力和保障力的作用，有力地引领着民航人向着民航强国的目标阔步前进。

导向力——让信念在心中树立

北京空港航空地面服务有限公司的张和燕5年前进入民航，做了一名客梯车司机。自上岗的那一天起，师傅就“喋喋不休”地给他讲解、示范一个个操作细节，并没对他进行任何说教式教育，然而，他却总感觉自己被一种力量所牵引。

入职后没多久的一个冬天，机坪上刮着6～7级大风，老同事徐观宝在自己的机位上等待飞机进港时，无意中发现一位航空公司机务人员用的高梯越过了一条滑行道，在大风的吹动下，向相邻机位的飞机快速冲去。

情况十分危急！徐观宝以箭一般的速度奔向高梯并将它牢牢地抓在手中。在那一刻，高梯停下了，飞机安全了。但由于强大的惯性，他重重地摔倒在坚硬的水泥地板上，手臂不停地出血。

那一刻，张和燕明白了，那种力量究竟是什么。那是每一位民航人心中最重的东西——安全和责任。在民航，不是只有飞行员、安检员这些与安全息息相关的岗位员工时刻铭记安全，安全也是像张和燕这样不为外界所熟悉的每一个民航岗位人员的责任。这种把安全意识内化于心的理念正是持续安全理念的精髓之一。民航安全文化没有以任何标志树立在某一个地方，却“流动”在民航人的每一次行动中。

自2008年以来，在科学发展观的引领下，民航人走出了一条更具有自身行业特色的文化建设之路。2008年，民航局党组提出了持续安全的理念，通过开展深入学习实践科学发展观活动，对持续安全理念及其方法体系进行了系统研究和深入实践，搭建起了持续安全理念的完整理论框架。这让行业文化建设有了系统的理论基石，民航的党建文化发展从此步入全新阶段。

2010年2月，指导行业长远发展的纲领性文件——《建设民航强国的战略构想》正式出台，吹响了建设民航强国的嘹亮号角；2010年5月，按照中央的统一部署,民航创先争优活动全面启动，榜样的力量带动起全行业的发展活力；2010年10月，《关于推进民航行业文化建设的指导意见》正式出台，民航行业文化和传播理事会正式成立；2011年12月，在以“民航强国，文化先行”为主题的2012民航强国论坛上，李家祥局长明确指出“以先进文化为统领，建设过硬民航队伍”的战略任务；2012年6月4日，《关于加强民航文化建设的实施意见》正式出台，“民航精神”的提炼工作正式摆上了日程……短短几年，民航行业文化建设取得了理念奠基、目标确立、战略引领、组织成立、制度制定、方案实施等多项成果。

更重要的是，这些成果的取得，在全民航干部职工中树立起先进行业文化的鲜红旗帜，统一起全体民航人的思想，把整个民航队伍团结在为建设民航强国而奋斗的宏伟目标下，使行业的核心价值观内化为每个人心中不变的信念。

推动力——让激情在心中澎湃

2010年，在美国大西洋城召开的国际民航组织危险品运输专家组全体会议上，一位身材瘦小、齐耳短发的东方女性，以精彩的发言引起了各国专家的注意。她就是来自民航福建监管局运输处的安全监察员赵华。

专家组许多人都不敢相信，赵华是中国民航运输安全监察的一线员工。仅2010年，她在出色地完成本职工作的同时，精心撰写了8项提案，其中4项得到了国际民航组织的认可与采纳。她写出的《关于修订危险品相关定义》提案，进一步完善了国际民航组织附件18及《危险品航空安全技术细则》中危险品事故/事件、危险品保安的定义。

“作为党员，我得让大家都优秀，把工作做得更好。”赵华的话很朴实，但道出了福建监管局党组织开展创先争优活动的思路：一个模范带动一批人。

2012年6月，赵华作为民航局推荐的全国创先争优优秀共产党员，登上了全国创先争优表彰大会的领奖台。

在2012年“七一”前夕，民航局创先争优活动领导小组办公室组织拍摄了《为党旗添彩，为民航争光——民航创先争优先进集体和个人风采录》专题片，其中有这样一段场景：党旗高高飘扬在世界屋脊。

西藏区局阿里航站位于海拔4200米以上的“生命禁区”。几年前，阿里航站党委一班人团结带领全体干部职工艰苦创业，挑战极限，实现了高原民航人“走向阿里，飞向天边”的梦想。自2010年开航2年来，阿里航站党委带领全体干部职工恪守“缺氧不缺精神，海拔高标准更高”的信念，写下了辉煌的篇章：2011年7月22日，阿里航站出色地完成了西藏和平解放60周年大庆专机保障任务，被民航局评为民航执行赴藏中央代表团航空运输保障任务突出贡献先进单位；2011年7月26日，阿里航站为西藏航空公司成功首航阿里昆莎机场扎实做好保障工作；2012年4月28日～29日，阿里航站保障东航西安-喀什-阿里航线首航成功，标志着连接陕西、新疆、西藏三地“天路”的航线正式开通……

2012年6月，阿里航站党委被评为全国创先争优先进基层党组织。

赵华、阿里航站的故事是民航开展创先争优活动的一个缩影。

自创先争优活动开展以来，民航各级党组织坚持将创先争优活动与保证民航安全相结合，与落实岗位责任相结合，与提高民航服务质量相结合，与加强基层党建和反腐倡廉建设相结合，真正实现了“确保持续安全，推动科学发展，服务人民群众，促进和谐稳定，加强基层组织”的目的。

活动的开展推动了企业管理升级、队伍素质提升。国货航举办基层主管、领班管理培训班，对来自9个一线单位的37名基层班组长，从角色认知、管理绩效、管理团队、资源与过程、跨部门协同、支持上级、自我提升7个模块进行培训。云南机场集团在昆明、西双版纳、昭通、丽江、临沧等5个机场逐步推行ISO9000党建质量体系认证，创造性地在党建工作中引入了“顾客”和“产品”的概念，形成一系列有效的党建工作措施和管理办法。

自活动开展以来，一大批优秀共产党员成为行业的楷模。

姜浩松，北京首都国际机场刑侦支队副支队长，从警生涯中多次组织、负责重特大案件的侦办，屡破重大疑难案件，多次受到上级表彰，工作起来的拼命精神让人动容。2011年10月因劳累过度，他牺牲在工作岗位上。

冯海霞，中航油黑龙江分公司业务部副经理，哈尔滨第二油库化验室主任，全国五一劳动奖章获得者。在2010年度民用航空油料检测单位实验室能力验证活动中，全国53个化验室同做一个油样进行数据对比，他带领的油库化验室做出的全部11个数据都是满意数据。

吴尔愉，中国第一批空嫂之一，全国五一劳动奖章获得者，全国劳动模范，第十七届全国代表大会代表。工作20多年来，她收到旅客表扬信几千余封，曾10多次被评为“最受旅客欢迎的乘务员”。

……

榜样的力量是无穷的。人们可能记不住一个个先进人物的名字，但他们的事迹却感染和影响着民航人。

凝聚力——让温暖在心中汇聚

首都机场安保公司的一线员工小郭在一次接受采访时说：“近来我们感觉领导更亲切了，不是高高在上的了。连大领导一到过节都来看我们。”

小郭提到的大领导，就是民航局局长李家祥。每年农历大年初一，在家家户户欢度新春佳节之际，他一定要前往首都机场，走进候机楼，来到值机柜台、塔台、客舱等民航第一线，给春节期间坚守岗位的民航职工拜个年，问候一声“你们辛苦了”。

不仅仅是在过年过节，这些年民航各级单位的党政领导走出机关、走向一线已经趋于常态化了。“冬日送温暖，夏日送清凉”是很多单位工会每年组织的常规活动，为一线员工扶危解困也是各级党组织必做的“功课”。

2012年3月，民航局机关党委启动了“走出机关，服务基层”结对共创活动，民航局党组成员充分发挥表率作用，确定了各自的基层联系点，并与联系点代表座谈，切实解决实际问题。民航局各司局也与基层单位形成了结对共创的关系，将走基层与谋发展有效地结合在一起。

5年来，民航各级党组织对民航职工的关怀，已经不仅仅局限在“领导下基层，机关走一线”的层面，而是通过扎扎实实的实际调研，深入了解一线员工的多层次需求，从而从机制上、政策上切实为基层做好事、办实事，为广大民航职工营造事业发展的上升通道。

东航现有职工7万多人，其中劳务派遣工比例达35.7%。自2009年起，东航就出台了劳务派遣工通过竞聘吸收为合同制员工的相关办法。经考试、考核合格的优秀劳务派遣工，根据岗位需要，可以吸收为合同制员工。仅2011年，东航集团就有近300名劳务派遣工通过竞聘成了东航的合同制员工。在2011年通过的《集团公司岗位及薪酬改革方案》中，东航空乘、空保等核心岗位，劳务派遣工和合同制员工已基本实现了同工同酬。劳务派遣工职业通道的建立，从根本上让他们感受到了企业的尊重。

“以前东航的劳务派遣工流失率很高，很多职工在东航获取了工作经验后，转到外航等相关企业工作。但是现在，劳务派遣工的流失率明显降低，而且很多之前离开的员工又回来了。”东航相关负责人告诉记者。

“关注民生”、“和谐社会”成为近些年的时代新热点，也影响着民航行业文化的价值取向。对民航行业本身而言，最大的“民生”莫过于所有民航员工的“快乐工作，幸福生活”。如何让员工找到“家”的感觉，真正以主人翁的姿态，享受民航的工作和生活，是近年来民航各单位文化建设追求的更高境界。

陈勇是一位普通的安检员，却是上海机场的一位大名人，他因为在机场自拍自导的《我的机场我的梦》系列电影中担任男一号而一举成名。这部电影于2012年3月23日在上海影城3号放映厅正式上映，机场的问询员、安检员、引导员、清洁工、装卸工等都是电影中的主创者。在上海机场为职工搭建的文化大舞台上，干部、员工、家属都是舞台上的主角。谁说企业文化就是“吹拉弹唱，活跃气氛”，员工在企业真正为他们搭建的舞台上，在展示才华的同时，更能享受人生。

“机场给了我们幸福的感觉。”这是陈勇说得最多的一句话。

保障力——让正气在心中回荡

华北、华东——中国空域最繁忙的两大区域，航班时刻资源的稀缺、腐败防御关口的缺失曾一度让这个领域成为腐败滋生的土壤。

2010年3月，在民航局党组领导下，党组纪检组、驻民航局监察局组织实施了在民航重点领域和关键环节开展反腐倡廉建设试点工作。民航华北局、华东局要攻克的难题就是如何让航班时刻资源在“阳光”下配置，他们选择的办法是“制度+科技”。

华北局针对过去在航权航班时刻管理上存在的问题和不足，以及首都机场航班时刻供需矛盾突出的情况，利用科技手段建设航班时刻管理系统，有效地推进航权航班时刻分配制度和行政审批方式的改革。同时，按照公开、公平、公正、透明的原则，以公开权力、规范权力、监督权力、制约权力为核心，以清理权力事项、规范权力运行流程、评估权力风险、制定防控措施为重点，编制了管理手册、风险控制手册。

华东局在运用民航航线航班管理系统，实现航线经营许可和增加航班审定网上公示的基础上，组织研发了华东地区航班时刻管理系统软件，建立了“一岗双责”、“双签字”的复核制度和集体审批制度，编制了管理工作手册，对航班时刻管理进行有效的监督。

改革后的航班时刻管理，人们通过网络浏览就可以一目了然，腐败现象被彻底扼杀在源头。

这个案例生动地展现了民航局党组学习贯彻党的十七大精神，以改革创新的魄力全面推进民航党的建设，积极探索民航反腐倡廉的规律，不断提高民航反腐倡廉科学化水平的积极成果。

党的十七大报告创造性地提出了反腐倡廉建设的重要概念，并把其与党的思想、组织、作风、制度建设并列为党的建设五大重要组成部分之一，使得全党对反腐倡廉建设的重视提升到前所未有的高度。

自2008年以来，民航局党组按照《建立健全惩治和预防腐败体系2008年－2012年工作规划》的总体思路，不断探寻民航反腐倡廉的规律。从2008年开展机关思想作风纪律教育活动，到2009年反腐倡廉工作会提出着力培养树立“正、勤、严、细、实”5种作风；从2009年民航局党组学习中央反腐倡廉文件提出做每一件事都应做到3个“经得起”，到同年9月民航反腐倡廉建设规律研讨会总结出的10条规律；从2011年民航反腐倡廉建设年度工作会议上提出的“八个关口前移”工作策略，到同年10月民航反腐倡廉建设试点工作经验交流会要求提高反腐倡廉科学化水平，都是民航局党组以科学发展观为指导，不断寻求民航反腐倡廉难点问题破解之道的过程。

2010年5月，在党的十七届四中全会精神的指引下，民航党建工作座谈会在上海召开。李家祥明确指出，民航党建工作的重点就是抓好班子、带好队伍。“船载万斤，掌舵一人”。反腐倡廉建设的关键在于班子建设。李家祥强调，加强党建工作，要选准用好干部，深化干部人事制度改革，形成充满活力的选人用人机制。各级领导班子要坚持和健全民主集中制，强化民主集中制观念，坚持集体领导、民主集中、个别酝酿、会议决定的方针，加强班子的团结。同时，还必须对干部特别是党员领导干部严格管理，抓好干部管理链条上的思想教育、执行制度、监督检查、问责追究和廉洁自律每一个环节，以管好干部为核心，以完善管理制度、规范办事程序为抓手，实现民航的政治安全。

2012年4月，为了贯彻落实中央纪委《关于加强廉政风险防控的指导意见》，民航局党组在先期充分调研、试点推进的基础上，制订印发了《民航行政机关廉政风险防控工作实施方案》。各单位各部门紧密结合自身特点和工作实际，坚持以规范权力运行为目标，以领导干部、重点领域和关键环节为重点，以制度机制建设为主线，以现代信息技术为支撑，从重点领域和关键环节入手，积极开展廉政风险防控工作。例如，民航局财务司进一步构建了财务信息管理系统和电子监控平台，按照“一切资金入大账，所有账户上系统”的要求，实现了对150多家预算单位的262个账套、598个账户的实时监控，并实现与审计部门联网，随时接受监督，从收入源头抓治理，从支出安排控腐败。

与此同时，民航的廉政文化建设如一缕清新的风，将“清明正气”吹进民航职工的心田：《廉政准则》的“五十二条不准”成为党员干部行动的“指南针”；企业开展的“家庭助廉”让“贤内助”成为“廉内助”；报纸开设《廉政在线》栏目让舆论助力廉政建设；《民航廉政读本》的出版，用身边活生生的案例为民航人敲响警钟。

“加强对干部的经常性教育和日常管理监督，发现苗头性、倾向性问题时早打招呼、早提醒，不让‘一失足成千古恨’的悲剧重演，是对干部的最大关心和爱护，也是以人为本的具体体现。”李家祥在文章中深情地说。

中国民航发展到今天，从民航大国迈向民航强国的宏伟蓝图从没有如此清晰地镌刻在所有民航人的心中。只有拥有强大的民航队伍，才能为强国梦的实现打下坚实基础。

民航这5年，党的建设和行业文化为民航人的内心注入了一股强大的合力，这种力量指引着、推动着、凝聚着、保障着这支日益强大的民航队伍，书写中国民航更美好的篇章。

（中国民航报 程凌 刘璐 郑雪）

首善之区的多彩腾飞

有年旅客吞吐量排名世界第二的北京首都机场，也有率先开展大众化航空试点、创造了中国民航“石家庄速度”的石家庄机场；在全球航空公司中盈利能力排名第一的国航总部坐落在辖区内，人均收入偏低、支线机场众多的内蒙古自治区也囊括在辖区内——华北地区民航业的发展可以用多姿多彩来形容。

“华北民航具有东部、中部、西部3个区域民航发展的特点。如何针对这些特点，采取不同方式发展辖区内各地的民航业，是我们每天都必须直面的课题。”民航华北地区管理局局长刘雪松如是说。

在过去的5年中，华北民航的发展取得了巨大的成就，强的更强，弱的奋起直追，在确保持续安全、加大国际化发展力度、为大众提供普遍航空服务等方面均有所建树。

压力下的蓬勃发展

提到华北民航，人们最先想到的是首善之区北京，是旅客吞吐量世界排名第二、繁忙紧张的首都机场。

近年来，按照民航局《北京首都航空枢纽建设实施纲要》中制定的目标和措施，推进首都机场国际、国内客货运输复合枢纽建设、支持航空公司提高国际竞争力、全面落实民航强国全球化战略任务，始终是民航华北管理局的工作重点。而鲜为人知的是，繁荣发展的背后有着巨大的保障压力。

保障安全的压力首当其冲。在高峰时段，首都机场每小时要保障近90架航班起降，每个航班要配备20多辆相关保障车辆，保障单位涉及航空公司、航食、安检、边检等，协调起来很复杂，安全管理难度很大。作为行业政府管理部门，民航华北局以持续安全理念为指导，提出“严格安全监管、完成重大任务、服务行业发展、加强自身建设”四项中心任务，努力构建政府安全监督管理体系，推进企业的安全管理体系建设。2008年，首都机场安全管理委员会成立，为32家驻场单位搭建了安全管理协调平台。

近年来，华北地区民航业的安全技术保障体系建设不断加强，基础设施建设不断完善，应急救援体系不断健全，确保了航空运输的持续安全。“十一五”期间，华北地区运输航空累计实现安全飞行414万小时，未发生运输航空飞行事故和空防事故，全区航空事故征候率呈下降趋势，运行品质逐步提高。

华北的天空十分繁忙，扩容增效是适应发展的最有力手段。2011年，华北地区空域优化调整方案正式实施。这是中国民航史上首次军民航携手完成的大范围空域优化调整，使首都机场每周可保障的进出港航班量增加了近600架次。根据该方案，华北地区航路航线结构得到优化，新辟固定航线7条，新辟和调整临时航线13条，实现了华北地区主要机场进场与离场航线的分离。此外，民航积极协调，开通平行航线或临时航线，以增大繁忙的京沪、京广航线上的航班容量，为未来的发展打下了坚实的基础。

首都机场时刻资源紧张，许多国内外航空公司都在排队等着开辟到北京的航线。为了公平、公开、公正地分配时刻，民航华北局实施了华北地区航班时刻管理系统“阳光工程”，充分利用航班时刻资源，优化和调整高峰时刻的数量和分布，及时查处航班时刻违规行为，对于提高航班正常性、提升安全裕度以及建立廉政监督体系发挥了重要作用。

北京特殊的地理位置赋予了华北民航特殊的任务，每年的党和国家领导人出访、外国元首和政要来访等专机飞行任务，以及重要国际会议、重要活动都缺少不了民航的优质服务保障。5年来，华北民航每年保障的专机、要客包机数量都超过200架次，在北京奥运会举办的2008年更是创造了年保障专机457架次的纪录。在履行国庆60周年、中非论坛、汶川抗震救灾、利比亚撤侨等党和国家赋予的重要使命过程中，华北民航不遗余力，圆满完成了各项任务，为国家经济建设和社会发展作出了重要贡献。

与区域经济发展相互促进

“没有首都机场，没有民航，顺义区就不可能有今天的生机和活力。” 曾在北京市顺义区工作了37年的北京市副市长夏占义这样说。以首都机场为核心的临空经济区辐射带动的经济总量、财政收入分别占北京市顺义区的70%和85%，吸纳本地就业人数达10万人。华北民航发展对于地方经济的巨大促进作用可见一斑。

5年来，华北民航始终坚持率先发展，扩大航空运输规模，提升航空运输服务能力，积极推进北京首都国际航空枢纽建设以及内蒙古呼和浩特、山西太原两个区域性枢纽建设，推进京沪快线建设，积极构建干线与支线、枢纽辐射式与城市对式相结合的国际国内航空运输网络，使民航与地方经济发展相融合。其运输总周转量、旅客吞吐量和货邮吞吐量增速一直高于华北地区GDP的增速。首都机场旅客吞吐量由2006年的4875万人次，增加到2011年的7867万人次，5年增加了近3000万人次。其中，内蒙古、河北地区的民航增长速度在全国名列前茅。如果说北京地区的民航发展是“水到渠成”，那么内蒙古地区民航的发展就是“艰难困苦，玉汝于成”了。

内蒙古地域辽阔，经济发展相对落后，民航的发展态势也一度比较低迷。在认真研究了内蒙古独特的地理位置和环境后，民航华北局认为民航是改善内蒙古地区通达性的最佳手段，大有可为。

曾亲自带队到内蒙古推广航线网络的民航华北地区管理局党委书记王瑞萍见证了内蒙古民航的发展壮大。“那时，内蒙古尝试启动模拟航空公司，把当时自治区内的11座机场连接起来。为解决内蒙古区域内民航运力不足的问题，内蒙古机场集团积极联系航空公司，将2架支线飞机放在内蒙古，把区内各支线机场的旅客集中到呼和浩特，再由那里中转到全国各地，在内蒙古形成了区域性的航空枢纽”。

在华北民航政府部门和企业的通力协作下，内蒙古地区民航业的发展风生水起，天津航空内蒙古分公司和内蒙古航空公司的相继成立，将进一步充实内蒙古自治区内的运力。

民航对于经济社会发展的巨大促进作用越来越受到地方政府的重视，刘雪松对此深有体会：“地方政府发展民航、建设机场的积极性越来越高，资金投入力度也越来越大，好多地方领导甚至成了民航专家。比如根河市副市长王晶，为了建机场、搞属地化航空公司，这两年不断学习民航知识，对民航已十分内行，反映了地方政府对民航的重视程度。”

让更多民众享受航空普遍服务

“十一五”是华北地区机场基础设施建设快速发展时期，先后完成了首都机场以及天津、太原、石家庄、呼和浩特等干线机场和海拉尔、乌海、锡林浩特、满洲里4座支线机场的整体改扩建工程，进行了包头、乌兰浩特、通辽、运城、大同5座机场的飞行区扩建工程。

目前，华北地区投入运营的民航机场共有24座，预计2012年的航班起降将达95万架次，旅客吞吐量将达11.9亿人次，货邮吞吐量将达210万吨。让更多人更方便地享受到航空普遍服务，是华北民航的发展目标。

根据华北地区航空发展不平衡的特点，在推动国际航空枢纽建设和网络型航空公司建设的同时，民航华北局积极推动大众化试点，扶持中小航空公司和中小机场发展。2010年6月，民航局与河北省签署了《关于加快推进河北民航发展的会谈纪要》，石家庄机场成为全国第一个航空大众化试点机场。该机场将政府航线航班补贴和自筹资金结合起来，采取保底运营、定额补贴的方式，吸引航空公司加大运力投入。民航华北局积极支持大众化试点，各相关单位在航空公司引进、机场建设、航线许可和航班时刻审批等方面，为河北民航发展提供了大力支持。2008年，石家庄机场旅客吞吐量突破百万人次，2011年突破400万人次，实现了3年翻两番。

降低票价是吸引旅客选择民航的重要因素。2010年，石家庄机场的票价水平同比下降了20%，2011年则同比下降了10%。2011年，石家庄机场的旅客吞吐量和货邮吞吐量同比增速分别为46.5%和32.6%，两项指标在全国民航机场中均排名第一，创造了民航业内独有的“石家庄机场发展模式”。以年旅客吞吐量402万人次计算，民航每年可为河北省创造综合社会效益112亿元，提供相关就业岗位3.3万个。

而对于更加偏远的内蒙古地区，民航华北局则将呼伦贝尔和阿拉善作为通勤航空试点，增强区域通达性。其中，呼伦贝尔根河林业机场成为全国首家拓宽通用航空服务领域试点，使原本用于护林的通用航空小机场承担了短途运输旅客的职能。这对提高国家对边远地区的应急救援能力、促进林区旅游业和服务业发展、方便边远地区百姓出行具有重要作用。“未来，我们将在阿拉善下辖的3个旗各建一座通勤机场，呼伦贝尔则要力争达到每个县有一座机场。我们在这两个试点地区简化了建设机场的审批程序，希望在试点过程中积累的经验能在更大范围内推广，争取在内蒙古呼伦贝尔地区率先实现‘县县通、及时达’。”刘雪松说。

落实《国务院关于促进民航业发展的若干意见》，完善首都机场作为进出中国第一大复合枢纽机场的功能，同时加大天津、太原、呼和浩特3个区域枢纽的建设力度；支持国航依托首都机场建设枢纽网络，同时大力发展支线航空，形成干支结合的航线网络；不断提高运输航空的服务水平，同时注重通用航空的进一步发展，积极推动阿拉善通勤航空试点和呼伦贝尔通用航空拓宽服务领域试点，为全国民航促进通用航空发展提供借鉴……华北民航的明天将更加美好。

（中国民航报 肇茜）

"龙头"引领华东活力迸发

这里有全国最具经济活力的土地，这里有全国最具发展潜力的天空。这里面积不足全国的1/10，航班量却接近全国的1/3。

华东地区良好的经济基础和区位优势，使持续发展的动力源源不断。华东地区既是我国经济、金融和贸易中心的所在地，又是人口分布密集的地区，尤其是长江三角洲地区，是我国经济发展速度最快、经济总量规模最大、最具有发展潜力的经济板块。

今天，华东地区运输机场总量达到40座之多，机场密度超过每万平方公里0.5个，有年旅客吞吐量超过千万级的大型机场6座，有货运量进入全球前三的浦东机场，有90多家外国及地区航空公司在这里构建完善的国际航线航班网络。这里还聚集了机队规模超过400架、年旅客运输量超过7000万人的国家骨干航空公司东航以及成立至今经营状态良好的两家国内民营航空公司春秋航空和吉祥航空，还有生机勃勃的通用航空市场，代表技术、理念、规模国内领先的航空产业聚集区……

作为华东民航事业的行业引领者，民航华东地区管理局致力于打造服务型政府，用超前的领导思维激发发展活力，使华东民航事业在过去的5年取得了长足发展，安全形势总体平稳，运输生产快速增长，通用航空稳步发展，基础建设全面推进，行业管理进一步深化。

"龙头"带动之下的生机

如今，华东地区年旅客吞吐量接近2亿人次，占全国运量的1/3；货邮运输量更是接近全国总量的一半。取得这样的成绩，与民航局和上海等华东地区各省、市人民政府合力打造上海航空枢纽港不无关系。

经常有人把中国的东部沿海比作一张弓的弓背，把长江比作一支上了弦的箭。那么华东的六省一市除安徽、江西两个内陆省份外，正好都处在弓背之上，而上海则是这支箭的箭头。

上海具备天然的地理优势，拥有广阔的经济腹地。2003年，国家决定在上海建设航空枢纽港，并作为中国民用航空局与上海市的重点支持项目。经过10年的努力，上海已初步建成亚太航空枢纽港，飞上海的外航已经从5年前的50余家增加到目前的90多家。到"十二五"末，上海两大机场的年旅客吞吐量将达到近1亿人次，货邮吞吐量将达到550万吨。已经连续保持4年排名全球第三的上海浦东国际机场的货运量，也将在未来几年跃升至全球第一。

2009年，东航、上航实行重组。新东航不仅打赢了扭亏为赢的经济仗，也在枢纽强企的地位上占据了上海市场"半壁江山"。重组后，东航和上航结束了同城竞争的格局，实现了价格共进、控制共行、航班共保、代码共享，资源得到统一使用。新东航在成功加入天合联盟后，航线网络可达168个国家的921个目的地，东航正在成为"具有世界竞争力的航空公司"。新东航在上海之地位已经与汉莎航空在法兰克福、英航在伦敦希思罗、法航在巴黎戴高乐之地位相当。

在推动地方政府建立专项基金扶持补贴基地航空公司的重点航线布局等方面，民航华东地区管理局可谓“不遗余力”，他们要让区内“龙头”带动全地区的发展，更要带动华东成为全民航的“龙头”。

此外，春秋航空作为国内第一家民营航空也诞生在华东地区，与之相生相伴的吉祥航空也守着上海这个码头，成立六七年来，这两家民营航空公司像中国民营航空的一对“双生花”，连年盈利，逐渐壮大，机队规模越来越大，航线网络越铺越广。作为我国民营航空业内业绩骄人的民企领军单位，春秋航空和吉祥航空一直得到华东局积极的行业指导和服务，特别是在时刻申请、航线开辟、安全监管等方面与国有航空公司一视同仁，特别值得一提的是，局方还对春秋航空的“低成本差异化服务”给予特别支持，召开史无前例的听证会，让中国的低成本航空在华东地区率先“破冰”起航。

“适度超前”的管理理念

长期以来，空域资源紧张是制约华东民航进一步发展的主要瓶颈之一。如何为新增运力赢得更大空间，民航华东地区管理局可谓是动足了脑筋、下足了力气。从2009 年开始，他们评估区内各大机场航班时刻容量、清查区内各大航空公司航班时刻的利用率，找出各大机场内虚占的时刻资源，供航空公司再申请利用。

华东局首先评估设置每个机场高峰小时航班量的“红线”。航班量过了“红线”就会威胁飞行安全，但是预留太多空间又会浪费资源。为此，他们对区内各大机场某一航季航班时刻的未执行情况进行阶段性清查统计，对于连续一个星期没有飞行的或全航季执行率低于标准的定期航班一律给予清除，并将清查出的航班时刻重新放回“时刻池”，以供新的需求申请所用。华东局航空运输委员会本着“公开、公正、公平、透明”的原则，对航权、航班和时刻实行集体审批许可，对那些未执行的航班进行果断清理。手中有数据，原因分析又彻底，所以被华东局处理过的航空公司都“心服口服”。

华东地区多为沿海省份，空域资源紧张，军民航飞行空域交叉重叠，冲突严重，航班流量控制的情况很多。此外，华东机场的布局也与地区经济发展需求存在一定差距，显现出“数量不够、密度不够、容量不足”的特征。目前，区内大型机场容量持续饱和，已开始大规模基础设施改扩建，但不少城市却苦于无地可迁。为此，华东地区未来将加快支线机场和通用机场的建设，使航空运输服务可覆盖更多人群。

在扶持支线机场方面，华东局对区内的支线机场都保证给一个上海虹桥机场的时刻。他们还采用了“以冷带热”的航线审批规则，对于愿意飞区内支线机场的航空公司，“鼓励性”地分配给繁忙机场的航班时刻。如四川航空开通的成都–九江–厦门航线、成都–赣州–厦门–航线以及山东航空开通的青岛–济宁–厦门航线，不仅让航空公司如愿以偿地获得了热点城市的航班时刻，也带活了3个区内支线机场的发展。华东局还在航线审批时支持老少边穷地区的发展：在浦东机场航班时刻基本饱和的情况下，为了鼓励春秋航空飞革命老区，批准了其浦东–遵义的时刻。

民航“十二五”规划已经实施了一年多，而《国务院关于促进民航业发展的若干意见》发布也已有数月，华东局对《若干意见》首次提出的“率先发展”和“主动适应”感受颇深。按照“民航运输机场建设规划”，到2015年，华东地区机场数量将达到45个。随着如今低空开放步伐的加大，通用航空发展态势迅猛，通用机场建设的未来需求将很大。华东局认为，要充分考虑通用机场与运输机场在布局上的统筹规划和协同性，在支线机场建设中也要充分考虑通用航空的发展需求。基于通用机场和支线机场的类似之处，华东局提出了“新建支线机场选址时，既有效节约利用土地资源，又为通用航空留足发展空间”的要求。目前，通用航空在华东地区年均增长率超过19%，已有通航企业27家、非经营性通航企业3家，正在筹建的还有21家。

安全发展依托"监管+科技"

华东地区已连续12个月未发生人为原因的运输航空严重事故征候。在总体平稳的安全生产形势下，华东局依然狠抓安全监管不放松，在安全监管工作中始终坚持"五个坚定不移"，即坚定不移地贯彻 "持续安全"理念不动摇，坚定不移地落实"四个责任"不动摇，坚定不移地把握安全发展中的"八大关系"不动摇，坚定不移地严把安全"九个关口"不动摇，坚定不移地推进依法行政、公平执政、廉洁从政不动摇，大力倡导"安全第一、管理为先、训练为本"的管理理念，脚踏实地地把各项监管工作做细、做精、做实。

华东局年初出台了《华东地区安全监管警示实施办法》和《隐患排查治理及重大安全事项挂牌督办》，同时，着力加强SMS、专业训练和运行控制三大体系建设。他们加强安全风险防范工作，促进安全关口前移，把涉及合并重组的航空公司、安全运行不稳定的航空公司、新成立的通航企业和安全保障设施设备配备不足的中小机场作为监管重点，加大监察力度，对其安全运行情况进行密切跟踪。此外，还深入开展技术排查工作，严把资质能力关。从去年至今，已开展针对机长教员、维修人员、管制人员、签派员等各类专业人员的技术排查共14000多人次，对排查出的一些业务不达标人员,分别采取了补训、降级、解聘、停飞、转岗等措施。

华东局在空防工作中积极探索、创新监管方式，扎实开展安保审计和SeMS建设，严把安检关口，狠抓机场治安管控，维护良好乘机环境。截至6月，该局已全面完成对区内39个机场的第一轮航空安保审计。

在新技术的应用方面，华东地区2012年已组织完成了上海两场区域导航（RNAV）飞行程序运行和厦门、淮安等机场的RNP APCH（精密导航技术）运行，为改善机场空域结构、加大既有空域条件下的飞行流量打下了坚实的基础。特别是厦门机场实施RNP运行、实现进离场航线分离以后，结束了厦门机场开航28年来"一个机场、半个天空"的历史，实现了战略突破。另外，山航在国内首家实施HUD（平视指引系统）运行，减小了航班运行受天气因素影响的程度,有效提高了飞行安全裕度。

产业集聚是航空发展之"潜"

2012年6月25日，在上海徐汇滨江地区的龙华机场内，一座筹划多年的上海国际航空服务业集聚区项目正式启动。上海国际航空服务业集聚区是民航华东地区管理局和上海市徐汇区政府共同推动的重点项目。集聚区将分适航审定中心、外航服务中心、安全技术中心、资源配置中心等板块，配置多类型复合功能。

依托上海枢纽机场建设和国家大飞机建设项目，上海国际航空服务产业集聚区将以航空专业服务业为核心，着力于发展航空高端、前端服务，辐射和带动整个航空服务链。通过审定中心集聚大飞机项目配套制造类公司总部和航空技术研发类企业落户，这里的航空产业氛围将逐渐形成，奠定航空服务产业集聚区的核心基础和航空服务业产业集聚的先发优势。而当第二期工程"航空服务中心"开工时，集聚区内相关配套将逐步完善，将继续集聚航空信息服务供应商、航空制造类公司总部、外国航空公司总部、技术服务、航空信息咨询、航空教育等主要客户群，争取引入民航相关行业组织，确立整个集聚区国际化的定位。

产业聚集的思路持续挖掘着华东民航的发展潜力。在上海浦东机场，已有UPS转运枢纽投入运营，DHL北亚转运枢纽已启动，未来联邦快递（FedEx）也将在浦东机场建设转运枢纽，中货航、国货航等国内货运航空公司也将陆续入驻。上海浦东机场西货运区聚集了世界上顶尖的货运巨头。这里紧邻全货机跑道即浦东机场第三跑道，具有460万吨的年货邮保障能力，有38个货机专用停机位。西货运区还建设了公共货站、基地货站和转运中心，与周边地区连成一体，形成了浦东机场综合保税区。目前，保税区已经初步形成了以航空物流、空运亚太分拣中心、飞机和发动机融资租赁、航空培训等为特色的临空服务产业集聚区。

产业聚集的理念还在通航领域“生根开花”。在通用航空市场快速成长的同时，华东地区还大力推动航空产业链发展，积极建设通用航空产业园区和制造园区。如山东滨州大高通用航空城以生态型、高科技作为基调，涵盖飞行员培训、飞行器组装、别墅度假、生态观光旅游、航空航天会展、公务机商务机托管、农业救灾等。江西在南昌、景德镇、九江3个航空产业集中的地区，布局“一城二园区”的格局，南昌航空城主要承载大飞机零部件研制基地和通用飞机等项目建设，景德镇和九江航空产业园则分别建设直升机系列生产线等通航产业。

中国正处于从民航大国走向民航强国的转型之中，弓已拉满，箭在弦上，箭头直指世界民航强国的宏伟目标。而华东民航正是要担当强国之役的弓箭手和排头兵。

（中国民航报 孟进　柏蓓）

书写中南务实精进新篇章

5年，播种期待；5年，收获梦想。回眸党的十七大召开以来的5年，伴随着地方经济的腾飞，中南民航奋发前行，取得累累硕果：

——运输生产总量显著攀升。中南民航辖区共拥有7个“千万级”机场，占全国1/3。2011年，辖区27个运输机场旅客吞吐量达1.5亿人次，起降166万架次，货邮运输量265万吨。

——安全水平有效保障。2011年运输飞行事故征候万时率0.02，人为原因事故征候万时率0.01，比全行业平均水平（0.041）低76%。南航安全飞行1000万小时，获得“安全飞行蓝天钻石奖”。

——坚持改革创新。中南地区率先开展了安全责任考核、低空空域改革等多项试点工作，创造性地推出行政执法手册、安全约见等制度机制。

——综合保障能力跨越式发展。中南民航圆满完成了广州亚运会、深圳大运会等重大航空运输保障和安保任务，成功应对了冰雪灾害、汶川地震、利比亚撤离中国公民等突发事件。

——促进地方经济持续增长。中南民航积极落实部省（区）战略合作会谈纪要，协助推动珠三角空域优化和珠海、株洲航空产业园等发展项目，推进湖南、广东、海南低空空域改革试点。2011年，通用航空作业量占全国的55%，年均增长率达20%以上。

5年间，面对区内经济社会发展差异下的航空发展不平衡，面对种种复杂多变的发展环境和艰巨繁重的工作任务，民航中南管理局在民航局党组的正确领导下，团结带领全局党员和干部职工，锐意进取，扎实工作，推动了中南民航各项事业安全、快速、和谐发展。

勇当民航安全监管“排头兵”

党的十七大以来，中南民航迎来发展的“黄金期”。运输生产量的节节攀升，给安全运行带来新的风险和更大的压力。如何织就一张缜密的安全网？作为行业主管部门，中南局及下属9个监管局给出了答案。

“中南6省民航单位点多面广，安全运行的规模大了，我们的监管工作也要与时俱进，通过完善机制、创新方法、推广新技术等手段，要坚决卡住一切影响安全的行为，防止超标准运行、超能力发展。”民航中南管理局局长蒋怀宇一语中的。

为守住安全线，中南局不断深化安全理念，先后提出“向制度要安全，向管理要安全，向技术要安全”“科学监管促安全，通联协作领发展，规范管理重民生，齐抓共管铸合力”等工作思路，不断将改革创新融入安全监管工作中。

率先在全行业创新安全监管机制方法，实行了主动报告减免责、安全预警、安全建议跟踪落实等制度机制。依托自主开发的安全管理信息系统，加强安全隐患治理，深化安全防范指导，上下一致、横向联动、运转高效的安全监管体系日益完善。

狠抓安全生产主体责任落实是关键。中南局通过签订安全责任书、建立安全档案、加强安全责任过程考核等方式，持续加大对安全决策、管理过程和隐患治理的监管力度。

新管理模式、新技术的先行先试为中南民航的安全保驾护航。2006年，民航局把安全管理体系（SMS）的试点放在中南地区，这一举措当时在业界引起较大的反响。如今，SMS建设已经取得了阶段性成果，并在全行业全面铺开。继SMS试点之后，中南局又率先开展了航空保安管理体系（SeMS）和安全绩效管理等试点工作，稳步推进国家安全纲要（SSP）建设，积极推动基于性能的导航（PBN）、平视显示器（HUD）等新技术的广泛应用，全方位提高航空安全保障能力和安全管理水平。

此外，推动执法重心下移也是中南局在高压力运行下保障安全的有效手段。中南局不断完善规章建设，细化出台了执法取证、简易处罚等制度，组织编撰执法工作手册，便利了监察员依法行政。据统计，中南局监察量逐年大幅攀升：2009年全年监察7000多次，到2011年超过10000次，平均每天监察300余次。

为提高监察队伍素质，在经费紧张的情况下，中南局仍然坚持高质量地开展监察员培训，并逐步扩大到全员法律培训，创造性地引入案例教学、情景模拟、专题辩论、互动教学等培训模式，收到良好效果。如今，中南局拥有一支由350人组成的专业素质高、执法能力强的监察执法队伍，一批具有丰富一线监管经验的年轻监察员相继走上了领导岗位。

5年来，在辖区航空运输量保持快速增长的态势下，中南民航安全水平不断提高：全地区运输飞行事故征候万时率由2004年的0.22，逐年下降至2011年的0.09，下降了59%；连续实现了第16个空防安全年。

倾力架起促发展的“空中桥梁”

“不论是从服务地方经济社会发展，还是从提高国际竞争力角度来看，民航业必须适度超前，主动作为，统筹各方力量。尤其是引导、调动地方政府的积极性，形成发展民航合力，一直是近年来中南民航工作的重中之重。”蒋怀宇表示。

河南以郑州新郑国际机场为核心大力发展航空经济，集聚了电子、光学、新材料等新兴产业，还辐射到开封、洛阳等周边城市，带动了河南省产业结构调整升级。通过与多种产业的有机结合，形成带动力和辐射力极强的临空经济区，成为区域经济发展的新“引擎”。2011年，郑州航空港区生产总值超过100亿元，同比增长84.1%；临空产业带动全省进出口总额增长70%。

自2012年6月以来，中南局落实民航局与中南地区6省（区）的会谈纪要精神，与各省（区）及广州、深圳、珠海、株洲、宜昌5个市的地方政府进行工作对接，已经采取52条有效的工作措施，并分别向地方政府和民航局提出78条和47条工作建议。中南局的一系列举措大大提升了民航业在地方经济发展和综合交通运输体系中的重要战略地位，得到了民航局和地方政府的高度肯定。

2012年3月16日，国内首家私人飞机运营服务中心4S店在珠海正式营业，标志着中国在通用航空私人飞机领域的一次重大突破。由于中南地区有发展通用航空的良好基础，民航局就把低空空域管理改革试点放在中南地区。于是，中南地区通用航空产业迎来了新的发展机遇。目前，中南局已经制定了通用航空发展规划，支持辖区内河南临空产业园区、湖南临空产业园区、湖北航空制造业、广东珠海通用航空产业园区的建设，促进海南国际旅游岛和海洋经济发展，加强广西与东盟的合作交流。目前，常德、宜昌、襄樊3个支线机场正在加快实施新技术ADS－B。同时，中南局正积极促成民航局在广东设立适航审定中心。该中心一旦建成，将进一步推动中南辖区通用航空器的设计和生产制造的迅猛发展。

在推进辖区内机场建设发展上，中南局更是不遗余力。中南局坚持走加强门户和枢纽机场建设，完善航线网络结构，以及支持“老少边红”地区民航发展，创新中小机场和支线航空可持续发展相结合的发展路径。广州白云机场作为中国最大的门户港之一，旅客吞吐量现已突破4500万人次。《国务院关于促进民航业发展的若干意见》更将白云机场定位发展为功能齐全、辐射全球的世界级航空枢纽机场。南航正大力向国际网络型航空公司进行战略转型，并明确提出打造以广州为枢纽核心的航线网络。另外，中南局还注重机场与其他交通运输方式的有效衔接，构建以机场为中心的城市综合交通枢纽，使民航与高铁、高速公路步入了“竞合”的良性轨道。

精心构建“幸福中南”

中南局党委认识到，坚持党建服务于中心工作，是把中南民航事业不断向前推进的根本保障。“我们要从确保持续安全、科学谋划发展、营造和谐氛围、加强自身建设这四个方面抓好各项工作，才能促进中南民航更好发展。这四个方面的工作缺一不可。”中南局党委书记梁启通深有感触。

近年来，中南局党委始终以抓基层、打基础为重点，坚持党建创新，推出了一系列具有中南特色的党建工作品牌。

在创先争优活动中，广泛开展机关支部和监管局党组织结对共建活动，将创先争优与安全监管、服务基层结合起来，推动了机关与监管局党组织建设的互促共赢；在学习型党组织创建活动中，建立了6个学习型党组织示范点，开设“悦读汇”网站和“微悦读”手机短信平台，率先将聘任制员工纳入党员教育管理范畴，让流动党员找到了“家”。

一次以“转作风，增效能”为目标的作风建设活动取得了明显成效。为巩固和扩大作风建设成果，党委又出台了加强作风建设的意见，建立首办负责制、出差统筹制等制度，在行政管理、财务管理、人事管理等方面完善了配套措施，推动了作风建设的常态化。

“中南局要形成具有自身特点的监管文化、用人文化、廉政文化和幸福文化。”梁启通说，“特别是在具体工作中，要做到‘三个优先’、‘三个突出’和‘三个从严’，即安全优先、监管优先和基层优先；突出抓好各级领导班子建设、干部队伍建设和思想政治工作；做到要求从严、管理从严和自律从严。”

为此，中南局提出要加快建立监察员责任链和人员资质管理追溯制度，有效解决主任监察员责任重、权利小、执法难的问题；建立了季度职工思想动态分析制度，及时发现影响稳定的不利因素，有效疏导和解决员工的思想问题；坚持领导干部基层联系点制度，从制度上强化了局领导与一线监管单位、干部群众的联系纽带；工会组织开展“送凉爽”、“送温暖”活动和文艺汇演、书画影展等群众性文体活动，坚持重大节日走访慰问老党员、老同志和生活困难职工，局领导与青年公务员座谈，多措并举保证了队伍稳定。

“安全发展”是基调，“运行顺畅”是准则，“创新高效”是抓手，“齐抓共管”是保障。今日之中南民航人，意气昂扬，求真务实，开拓创新，凝心聚力，朝着建设民航强国的宏伟目标奋勇前进。

（中国民航报社　梁永军　郭瑛）

厚土蓝天 东北远航

从中国最北端的漠河到辽东半岛，从大小兴安岭到长白山麓，20座航空港星罗棋布，31家航空公司竞逐蓝天，480条航线精心织就——东北，这片美丽富庶的黑土地，正通过东北民航与世界紧紧相连。

“东北振兴为东北区域经济带来了巨大的生机与活力。民航作为先导性产业，更应走在前面。”民航东北地区管理局局长陈锡兵如是说。

最近5年，东北民航的发展速度始终高于全民航平均水平，在确保持续安全、加快机场建设、推动运输生产和扶持通航发展上都取得了显著成就。

安全反思催生理念创新

安全责任如何界定和细分？做到什么程度才算切实履责？“8・24”事件后，一场关于安全工作的大反思在东北民航率先展开。反思的结果，是催生了安全理念的创新，推出一系列卓有成效的举措。

东北地区的航空公司均为各大航空集团的分、子公司，远离总部，在抓好这些公司安全主体责任的落实上，民航东北局采取了两个办法：一是直接与航空公司总部签订《安全责任书》，从根子上明确安全主体责任；二是局领导带队，主动赴航空公司总部调研，有问题当面解决。这两项举措受到航空公司的普遍欢迎。目前，民航东北局已先后与国航、南航、海航、深航、春秋航、奥凯航总部进行了面对面的沟通，并与民航华北、中南、华东管理局进行了安全监管工作交流，有力促进了航空公司主体责任的落实。

严把专业人员资质关，机长是重中之重。自2006年起，东北民航就坚持每年开展机长航线检查，坚持局方监察员亲自参加机长、副驾驶的转升级训练，坚持副驾驶升机长前参加局方理论考试的规定，收到了良好效果。近年来，东北民航资质普查范围已经扩展到管制员、机场和航油供应员以及维修人员。从2012年开始，东北局又开展了针对监察员的资质审查。争取利用一到两年时间，使监管队伍的资质能力得到显著提升。

风险是事故之源。东北民航在业内率先建立重大安全隐患挂牌督办机制，先后对8个重大安全隐患实行挂牌督办，跟踪治理，一批历史遗留的“顽疾”逐步得到解决。针对支线机场应急救护能力不足、消防救援能力不足问题开展重点整治，到2012年6月底，存在问题的11个支线机场全部完成整改。

为了从制度上规范安全管理，近年来，民航东北局先后制定了20多个工作程序和管理办法。其中，编制《东北地区运输机场工程行业验收程序》和《机场开放使用审查程序》，都是在业内第一个“吃螃蟹”的举措。监察员只要拿着这两本检查单手册“对号入座”，就能轻松完成任务。2012年，加格达奇机场成为国内第一家全程使用检查单完成行业验收和使用许可审查的机场。

反思和创新推动东北民航的安全水平跃上新的台阶。最近5年，东北民航辖区单位杜绝了飞行事故、航空地面事故、航空维修事故和空防安全事故，各项安全指标均控制在民航局规定的范围内。运输航空公司克服机型置换带来的不利因素，连续36个月没有发生人为原因运输航空事故征候；连续47个月无发动机空中停车事件；东北空管局连续实现了15个安全年；中国航油东北公司始终保持了供油“零事故、零伤害、零污染、零投诉”的安全佳绩，用户满意率达到100%。

要布点，更要做“活”

近年来，东北民航机场建设如雨后春笋，遍地开花。仅“十一五”期间，东北地区运输机场数量就从11个增至19个，机场密度从每10万平方公里1.6个增至2.3个，高于全国平均水平。东北民航还创造了2年开航4个机场的“龙江速度”。目前，黑龙江省已经拥有10个民用机场，机场数量居全国第五位。

长期以来，很多中小机场都难以摆脱“启用之时就是亏损之日”的困境。东北民航在实现机场数量历史性突破的同时，开始更多地思考机场运营问题。

黑龙江省地域辽阔，如今，这盘棋上已经布下10个点，但怎么才能把这些点连片做活？他们的做法是以哈尔滨为中心，大力发展省内支线航空，形成“以干带支，以支供干，干支联动，支支相连”的模式，并通过“经哈飞”辐射全国。此招一出，满盘皆活。

“8·24”事件之后，黑龙江支线航空市场一度陷入停飞的困境。黑龙江省委、省政府斥资1.8亿元用于支线补贴，出台多项优惠政策吸引航空公司投放运力，并派出公关小组，历尽艰辛，终于引进奥凯航空，实现了省内支线航空的全面复飞。

在东北地区20个机场中，四大机场的市场份额高达90%，地位举足轻重。从2010年起，东北民航提出打造“千万级机场”战略，加速推动四大机场突破千万人次年吞吐量。目前，大连、沈阳机场已经先后跻身“千万级机场”，实现历史性突破，哈尔滨和长春机场正奋起直追。

最近5年，东北民航始终保持着良好的发展势头，运输生产增速始终高于全国民航平均水平。靓丽成绩的背后，凝聚着各方力量的智慧、汗水和合作——

“十一五”期间，黑龙江、吉林、辽宁省政府均与民航签署了推动民航发展会谈纪要，在政策、资金等多方面给予支持，为东北民航的长远发展提供了有力保障。

2011年，民航局专门下发东北民航国际航空运输发展指导意见。不到两年时间，在各方努力下，东北民航与法兰克福、巴黎、温哥华等城市均已实现直航，改写了东北民航以日韩航线为主、不能直航欧美的历史。

在民航东北局的推动下，东北四大机场成立联盟，通过信息、服务共享和市场合作，提升东北民航整体实力。

大连机场发起设立“东北腹地及环渤海区域机场航空市场战略联盟”，成立国内大型机场联盟，有力地支持了大连机场“双枢纽”战略，加强了中转优势。

辽宁机场集团先后与南航、东航签署战略合作协议，与国航加强合作，引进区内第一家低成本航空公司春秋航空落户沈阳，强力助推沈阳区域枢纽建设。

目前，东北地区已经有7家航空公司设立基地，投放运力100架。东北地区，正成为航空公司下一轮战略布局的重点。

让东北的天空更通畅

长期以来，作为民航两翼的运输航空和通用航空却有着不同的境遇，可谓冰火两重天。前者是空域太拥挤，飞不饱；后者是束缚太多，飞不起来。东北地区也面临同样的问题。

随着航空公司运力投放的增加，东北的天空也日益繁忙，排堵保畅、提升运行品质成为一个重要课题。5年来，东北民航采取多项举措。一是科学量化空域和机场资源，对大连、沈阳、哈尔滨、长春机场实行容量评估，增加各机场高峰小时容量。二是争取军方支持，将东北地区进出东南沿海的航班从每月流控1500架次降低到300架次左右，解决了长期困扰东北民航的一个问题。三是不断优化航路结构，顺利实施了缩小垂直间隔（RVSM）、A588航路东移等工作，增加了空域容量，提高了安全裕度。四是建立全区统一的航班协调指挥平台，遇到大面积航班延误等情况时统一指挥，各单位明确分工，协调配合，有效化解矛盾。五是积极应用航行新技术。大力开展ADS-B试点、精心组织多个机场RNP飞行程序验证，稳步推进支线机场PBN项目。在多方努力下，东北民航的运行品质明显提升。

东北是国内较早开展通航活动的地区，农化作业、航空护林是传统优势项目，其中农化作业量占全国半壁江山。黑龙江垦区共有3000多万亩农田，已有2000多万亩实现农化作业。全区拥有91个通航机场、16家通航企业、36种通航机型、167架通用航空器，通航作业项目多达29类。这里有目前国内规模最大的通航企业——中国飞龙通用航空公司，在抗震救灾等多项重大活动中发挥独特作用；这里有国内最大的农林项目通用航空企业——北大荒通用航空公司，拥有M18等52架先进机型，作业范围遍及全国，远达南极。

作为民航通航改革的试验田，5年来，东北民航一直在为通航发展四方奔走，奋力鼓与呼。

5年来，民航东北局深入调研，完成了东北通航试点工作的实施方案，并建言献策，促成了通航作业补贴政策的出台。积极配合沈空探索低空空域管理改革模式，圆满完成长春飞行管制分区低空空域管理改革试点。2012年上半年，《沈阳飞行管制区低空空域管理改革试点实施细则》得到国家空管委的认可，正式实行。东北局还着手制定东北三省地区通航机场规划，简化通航机场建设程序，加强监管与服务，对通航企业“扶上马再送一程”。

2012年8月，以“共享蓝天、圆梦起航”为主题的AOPO国际飞行大会在沈阳法库通用航空机场隆重举行。东北局成立专门小组，全程跟踪并现场指导。这次活动盛况空前，10多万名观众现场观看精彩的飞行表演，央视全程直播，社会反响巨大。

如今，东北通航巨大的发展前景和社会效益正为越来越多的人所了解，越来越多的社会资本流向这里，东北通航的天空日益广阔和通畅。北大荒通航公司实力不断壮大，近两年再新引进32架通航飞机。到“十二五”末期，北大荒通航公司和中国飞龙通用航空公司飞机数量都将超过100架。沈飞集团成功接受塞斯纳公司订单，为L162机型进行整机组装。中一太客、大连汉华等公务机公司的加入，为东北通航发展增添了新的活力。

到“十二五”末期，东北民航将努力实现安全品质明显提升，安全水平好于全民航平均水平；努力实现运输生产快速发展，形成干线与支线、国内与国际、客运与货运、运输与通航协调发展。全区机场旅客吞吐量年均增长15%；努力形成功能完善的枢纽、干线和支线机场网络体系，实现大机场扩容和支线机场数量增加，全区民用机场力争达到29个；大力建设区域枢纽机场，积极打造国家在东北地区的国际门户机场，促进运输生产方式向枢纽辐射型转变。完成沈阳区域管制中心建设，实现雷达覆盖全区。

陈锡兵表示：未来的东北民航，将在机场布局、航线开发等领域更多地融入地方发展规划和大交通格局，为推动区域发展作出更大的贡献。

“潮平两岸阔，风正一帆悬”。黑土作证，蓝天作证，今天的东北民航，正如一个意气风发的少年，鼓满希望的风帆，期待着下一次远航！

（中国民航报　张雪）

“空中丝路”任翱翔

2000多年前，横贯亚欧大陆的交通线丝绸之路形成。此后从汉至唐千余年间，丝绸之路一直是东西方科技进步、文化传播、贸易发展、政治交流的重要通道。随着新中国民航事业的发展，日益繁忙的航路航线在广袤的大西北上空向西延伸，打造了我国对外开放的当代“空中丝路”。

自党的十七大以来，在科学发展观和建设民航强国目标的引领下，西北民航乘势而上，“空中丝路”银燕翱翔，成为促进西部大开发和西北地区经济社会发展的重要引擎。

确保安全 护佑银燕高飞

截至2012年10月上旬，西北民航已经连续保证飞行安全18年4个月，取得这个成绩实属不易。“在我们辖区的18座机场中，汉中、安康、庆阳3座机场的跑道还是1800米的，只能起降小飞机，波音737都落不了；而一些老机场的部分设备已经运行了超过10年，老化问题较为突出。此外，西北地区连续多年航班起降架次、年旅客吞吐量的增幅均高于全国平均水平，这一切都对西北民航的安全保障设施、保障水平和保障能力提出了挑战。但是我们始终坚持以安全为基，干部职工能吃苦，做事踏实，而且人又本分，放到哪里就能在哪里盯得住，保障工作比较到位，确保了辖区内的民航安全。”民航西北管理局局长王志清说。

5年来，民航西北局作为行业政府部门，始终把落实主体责任作为安全管理工作的一个重要抓手，努力提高安全管理水平。通过对辖区安全主体责任落实情况的排查摸底，民航西北管理局明确提出了要从建立安全生产责任体系、落实责任工作体系、完整的安全管理体系、法规规章落实体系、安全资金保障体系、安全教育和技能培训体系、优良的安全文化体系、严格责任考核追究体系这八个方面下工夫，进一步落实安全主体责任。他们狠抓各类人员资质管理，严把行政审批关口，提升国产民机运行的安全裕度；持续强化安全监管，开展了多次安全大检查和“打非治违”专项行动，努力降低安全运行风险；召开落实安全主体责任工作经验交流会，将安全管理落实到行动、落实到一线、落实到根本。从2008年至今，民航西北管理局共排查安全隐患3058项，下发整改文件1061份，经过对整改方案的评估和对整改措施的复核，到期隐患已全部完成整改。

西北民航各单位积极推进安全管理体系建设，以航空保安审计和SMS安全管理体系建设为重点，结合自身实际出台了一系列安全规章制度，完善了重大突发事件应急处置预案，安全应急能力有了进一步提高。西北空管局积极推进“五个体系”建设工作，加强技术和运行管理；东航、海航、国航、南航等航空公司推进安全文化体系建设，持续落实风险管理；西部机场集团提出了安全管理6点认识，并将安全管理纳入到集团化管控体系中；中国航油西北公司开展了“打造西北航油铁军”活动，推进飞机加油标准化作业流程；西北民航辖区内开展了以“三项行动”、“六抓”、“四完善”为主要内容的“持续安全在西北”主题活动，积极开展“安全体系建设年”活动，确保安全责任落实到岗位、持续安全理念落实到个人。

当好引擎 服务地方发展

随着西部大开发战略的深入实施，民航这个被称为国民经济“晴雨表”的先导性行业，在西北地区经济社会发展中扮演着越来越重要的角色。

2007年，西北地区旅客吞吐量仅为1527.7万人次，飞机起降18.2万架次，货邮吞吐量14.8万吨；而到2011年，这些指标已分别增加到3215.1万人次、30.42万架次、24.2万吨，年均增速分别达20.4%、7.9%、18%。2011年，西安咸阳机场旅客吞吐量达2116万人次，跨入世界繁忙机场前80名的行列；支线机场榆林机场的旅客吞吐量达91万人次，是“十五”末的10倍，创造了支线机场发展的“榆林速度”。

为了更好地满足区域经济社会发展对航空运输的需求，西北民航不断改善航线网络的连通性，加快航空运输发展，初步形成了以西安咸阳机场为枢纽、其他省会城市机场为省域中心节点、支线机场为远端触角的干支结合、承东启西、连通南北的航空运输网络，有力地促进了西北四省（区）产业结构优化升级和经济社会全面发展。

为了使偏远地区也能享受到高效、优质、充分的航空服务，西北民航进一步加快了基础设施建设步伐。2007年，西北民航固定资产概算总投资92.22亿元，2011年达到了140.22亿元。5年间，西北地区运输机场从12座增加到18座，新建了天水、玉树、中卫、固原、金昌、张掖6座机场，迁建了榆林机场，对西安、银川、嘉峪关、西宁4座机场进行了改扩建；同时，陇南、德令哈、花土沟、果洛等新机场建设也正在积极推进中。2012年5月3日，西安咸阳国际机场二期扩建工程正式投入运营，成为我国第七个进入双跑道运营新时代的国际机场，也是我国第五个可以起降目前全球最大客机空客A380的机场。

此外，连接亚洲、欧洲的重要空中通道欧亚航路从西北地区的辽阔空域中穿过。在全球经济一体化进程不断加快、国际交往日益频繁的今天，欧亚航路的飞行流量快速增长。为了更加科学、有效地利用空域资源，西北空管局积极改善空管通信系统、导航系统、雷达监视系统、航空气象系统和航行情报系统的技术设备设施，加快西安区管中心、咸阳二期空管等重点工程建设，总投资超过17亿元。

通过新建和改扩建机场、开辟航线、增加航班，西北民航各机场的业务量快速增长，辐射能力明显增强，直接拉动了地区经济增长，促进了城市发展，也形成了新的临空经济产业链。近年来，各地纷纷筹划建立临空经济区、航空产业园等，对城市的产业结构和城市形态产生了积极影响。咸阳空港产业园积极发展民用飞机维修、公务机托管、零部件支援以及航空物流项目，成为建设关中–天水经济区的重要支柱产业。兰州空港循环经济产业园、银川国际空港物流园区、西宁空港综合经济区建设，也都得到了长足进展。

勇于担当 服从战略全局

俗话说：“宝剑锋从磨砺出，梅花香自苦寒来。”过去5年里，西北民航服从党和国家战略全局，承担了多次重大航空运输保障任务，经受了保障能力和服务水平的全面考验。

2010年4月14日7时49分，青海省玉树藏族自治州玉树县发生了7.1级地震。灾情就是命令，作为西北地区民航行业管理部门的民航西北地区管理局在第一时间启动应急响应机制，迅速成立了西北民航玉树抗震救灾指挥部，并作出工作部署。西北空管局很快通过无线电短波通信手段与玉树机场取得联系。地震发生后不到5小时，东航股份西北分公司的飞机已飞抵西宁待命；14日15时23分第一架救灾专机在玉树机场平安落地，宣告打通了“空中生命线”。西部机场集团公司紧急抽调专业人员和专业设备奔赴抗震一线；中国航油西北公司抗震救灾领导小组迅速作出决定，调配280吨航油供给救援一线……西北民航广大干部职工全力奋战，力保空中大动脉的畅通，确保抗战救灾所需的人员物资及时运抵灾区。整个抗震救灾过程中，西北民航累计安全保障救援飞行839架次，重要飞行14架次，运送人员25727人次，救援物资3852.6吨，其中有80%以上的重伤员是通过空中运输得到及时救治。

2010年8月7日晚至8日凌晨，甘肃省舟曲县因强降雨引发滑坡泥石流，造成重大人员伤亡。灾情发生后，西北管理局立即启动了应急救援机制，召开紧急会议作出了部署。天水机场作为最靠近灾区的机场，全力做好救援航班的保障工作。时值雨季，加之飞机起降频次的增加和大型飞机起降，对道面影响较大。天水机场公司在西北民航各兄弟单位的支援下，克服了种种困难，力保机场排水畅通，及时抢修道面，顺利完成了救灾保障任务。

2011年4月28日，西安世界园艺博览会举行。此次盛会历时178天，参观游客超过1500万人次，为历届世园会之最。在此期间，西北民航肩负起世园会航空运输保障的重要任务，西安咸阳机场累计保障航班起降97017 架次，同比增长15.38%；旅客运输量1153.64万人次，同比增长20.88%。另外，单日出港旅客人数最高达到41382人。西北空管局保障本场起降10.36万架次，西安管制区共保障21.47万架次。

在一系列重大活动保障过程中，西北民航人从中积累了丰富的航空运输保障经验。有效的快速反应、有序的组织保障、兄弟单位间紧密的协作已经成为西北民航重大运输保障工作的特色和优势，行业系统性也在一次又一次的保障任务中得到加强。

通用航空 创出西北模式

2009年的金秋十月，在首届中国国际通用航空大会开幕式上，民航局局长李家祥向西安国家航空产业基地蒲城通用航空产业园授牌,中国唯一的通用航空试点园区在西北正式挂牌设立，西北通航事业自此站在了一个新的起点上。

为抢抓机遇，全面推进辖区通航事业的发展，西北管理局领导经过广泛的调研，提出了“鼓励、扶持、规范”的发展宗旨和“以点带面，重点突破，稳步推进”的发展思路，积极探索新的发展模式，使西北通航产业走出了自己的特色之路。

特色之一：航展搭台、企业唱戏。技艺精湛的飞行表演、精彩纷呈的航空设备器材展、高规格的通用航空论坛、全球媒体的高度关注、30余万观众的广泛参与以及过百亿元的签约合作项目……两年一度的中国国际通用航空大会正在成为国内通航产业发展的风向标。2009年10月，中国首届国际通用航空大会隆重开幕，近30家海外通用航空企业和国内约100家企业参加了展会。2011年，西安被国务院正式批准为中国国际通用航空大会永久会址。同年，在西安举行的中国国际通航大会上，参展客商总签约金额达106.3亿元，交易通用飞机157架，交易数量超过2010年全国通用飞机的交易总量。

特色之二：民资拥入，百舸争流。5年来，不论是行业政府、地方政府还是社会各界，对通航产业的认识有了大幅提升，民间资本投资通航的热情也空前高涨。2011年，西北地区17家筹建通航企业中，只有2家是国有资本投资。陕西蒲城内府通用机场成为西北地区唯一取得使用许可证的通用机场；敦煌飞天通用航空公司获得了西北管理局颁发的通用航空运营合格证，标志着甘肃省首家通用航空公司诞生并投入运营；西安海飞特直升机有限公司获得民航局145部维修许可证，西北地区无直升机维修单位的历史宣告结束；中飞通用航空公司完成了机载合成孔径雷达系统试飞，成为世界上第三个拥有该技术的企业。

特色之三：龙头带动，产业聚合。西安阎良航空基地作为目前我国唯一以航空为特色的国家级经济技术开发区，累计入区企业已超过420家。基地所属的通航产业园规划面积20平方公里，依托国内最大的通用航空机场——蒲城内府机场——发展成为集通航飞机设计与制造、通航企业运营、飞机试飞和飞行员培训、航空旅游博览等为一体的通用航空产业链，目前已有西安直升机、精工通航、中联航空、海飞特直升机、凤凰国际飞行学院等30多个通用航空企业入驻，为西北地区通用航空的可持续发展提供了强劲动力。

2011年7月～2012年7月底，辖区完成通用航空飞机起落18122架次，通用航空飞行时间4572小时,同比分别增长123．3%和137.9%。目前，通用航空呈现出需求旺盛、厚积薄发之势。

“大鹏一日同风起，扶摇直上九万里”。西北民航将在科学发展观的指导下，为古老的丝绸之路续写更加壮丽的新篇章。

（中国民航报　高文录）

以“新疆速度”跨越前行

5年前，党的十七大召开前夕，新疆民航恰好完成了“政企分开、政事分开”的体制改革。

事实证明，十七大之后的5年，恰恰是新疆民航历史上投资规模最大、发展速度最快、取得发展成就最显著的5年。从中央新疆工作座谈会，到19省市对口援疆；从民航局和新疆维吾尔自治区签订《关于加快新疆民航跨越式发展的会谈纪要》，到国务院颁布《关于促进民航业发展的若干意见》，一个个大事件，如同一节节分级助推器，将新疆民航送上了高速发展的轨道。

如今，在这片占国土面积1/6的土地上，分布着16个公共运输机场；以乌鲁木齐为中心，连接国内82个大中城市、国外32个城市的航线网络已经形成；疆内航空运输生产量连续3年增幅达20%以上，远高于行业平均水平；乌鲁木齐地窝堡国际机场成为国家确定的建设七个区域型航空枢纽之一，现代空中丝绸之路的打造正在逐步进行。

“山，快马加鞭未下鞍。惊回首，离天三尺三”。新疆民航的这5年，精彩纷呈，跨越前行。

持续压力下的持续创造

每年的12月31日23时50分，南航年度最后一架航班在疆内安全降落，标志着新疆民航又一个安全运营年的顺利实现，也意味着新疆民航又一次打破了由自己保持的全国最长运输飞行安全和空防安全纪录。截至2011年底，这一安全纪录被刷新为“57周年”。

然而，对于处在航空安全和空防安全防线最前沿的新疆民航来说，确保持续安全何尝不是“险中求胜”？在“7·5”之后新疆局势敏感的“神经”上行走，在“6·29”等一系列空防安全事件中行走，在奥运会、亚运会、世博会、“两会”、春运、撤侨、朝觐等一系列重大安保任务间行走，在运输压力增加与保障能力不足愈加凸显的矛盾里行走……

面对复杂多变的疆内安全形势，作为新疆民航事业的行业引领者和管理者，民航新疆管理局坚持把握好“实现民航安全发展的八个关系”，坚持局级干部包面，中层干部守线，一般干部看点，调动一切积极因素，狠抓安全工作落实。

新疆民航在全国率先启动安全普查工作，全面推进安全管理体系SMS和空防安全体系SeMS建设；先后成立阿克苏运行办和喀什监管局，推进监管重心向一线下沉；出台了重大安全隐患挂牌督办、行政约见等制度规范，严把人员资质关口；建设新疆民航应急指挥中心，增强辖区应急处突的能力；辖区内民航各运行保障单位也积极实施“持续安全”战略，大力推进安全管理体系建设，增强空管保障能力，健全全疆航油配送体系，努力提升安全运行品质。

数字显示，2006－2010年，新疆民航累计发生事故征候20起，事故征候万次率为0.28，远低于全国同期水平。

“57周年的安全纪录只是一个新起点，新疆民航的持续安全，靠的正是这种在持续压力中对纪录的持续创造而得以实现的。”民航新疆管理局局长许浩如是说。

不可同日而语的“新疆速度”

在民航业内，有不少人把新疆民航这5年来的发展称为“新疆速度”，这足见其跨越式发展的步伐之大。

事实上，在过去的5年中，新疆民航在运输生产上的发展也并非从一开始就保持一个迅猛增长的态势。党的十七大之后，新疆民航的运输量先是蓄势潜伏了两年，2008年，受国际金融危机等综合因素影响，三大指标中的客运量和货运量甚至还出现了下滑。

转折点出现在2010年。这一年，随着中央新疆工作座谈会的召开，新疆民航的运输生产各项指标开始突飞猛进。2010年，全疆旅客吞吐量突破千万，达到1169万人次，货运量突破10万吨，起降航班11.9万架次；2011年，乌鲁木齐机场跻身全国千万级大型机场俱乐部，旅客吞吐量由2009年的全国第21名上升至第17名，全疆机场完成旅客吞吐量1422.9万人次、货邮吞吐量11.6万吨、运输起降14.9万架次；2012年，乌鲁木齐机场的单月吞吐量在5月突破了100万人次，随后又在8月旺季突破了150万人次，单月增幅始终保持在20%以上，增速在全国21个大型机场中名列第一。2012年，新疆的客运总量预计将超过1600万人次，与2009年的824.5万人次相比，短短3年时间翻了近一番。

在运输生产规模不断扩大的同时，新疆辖区内的机场建设也在积极追赶着行业的整体步伐。在过去5年中，新疆民航先后完成了阿勒泰机场飞行区改扩建工程、喀纳斯机场新建工程、哈密机场复航改扩建工程、喀什机场航站区改扩建工程、吐鲁番机场迁建工程、博乐机场工程以及总投资达24.93亿元的乌鲁木齐国际机场三期改扩建工程，总投资达60亿元。疆内公共运输机场的密度从十七大召开前的每10万平方公里0.72个，增加到如今的0.96个，新疆也成为我国拥有机场数量最多的省区。厚积薄发的新疆民航在机场密度上悄悄地缩短了与全国平均水平的距离。

“新疆速度”还体现在不断加密的航线网络上。目前，共有49家国内外航空公司在新疆航空市场上运营，其中17家国内航空公司、13家国外航空公司运营定期客运航班，19家国内和国外航空公司运营不定期包机和专包机。新疆各机场实际运营定期航线达到140条，疆内城市环线正在逐步开通，19个对口援疆省市的直达航线已全部开通，乌鲁木齐国际机场的西部枢纽地位已经确立，新疆民航“东西成扇、疆内成网”的空中航线网络格局也已逐渐形成。

如此这般的“新疆速度”，不禁让人们对这个我国面积最大、陆地边境线最长、毗邻国家最多的西北边陲省区刮目相看。

行业政府的全新课题

航空市场的快速发展，为新疆民航带来了新的生机，同时也为行业政府提出了一个全新的课题：如何确保新疆民航在快速发展的同时保持健康发展？

2007年，党的十七大召开，当时还处在改革分立之初的新疆民航只有9家单位。在当时民航总局的统一部署下，以“政事分开，运行一体化”为特征的空管体制改革在新疆展开，民航新疆管理局空中交通管理局与民航新疆管理局分立，成立了民航新疆空中交通管理局。新疆民航完成了“政企、政事分开”的体制改革工作。

如今的新疆民航已拥有20余家单位，分工涉及政府、运输、机场、空管、油料、通航、航食、信息、维修等方面。针对这种现状，新疆民航管理局党委书记张忠华认为：“辖区的格局在变化，社会的理念在更新，政府的职能也亟待转变。”

基于对改革目的的深刻领会和对民航局政策措施的贯彻执行，民航七大区局中最为年轻的民航新疆管理局认识到，只有调整思路，简政放权，从“办民航”转变为“管民航”，才算顾大局、识大体，才是摆正了政府的定位，才能还利于民，共享发展成果。

为此，2011年，新疆管理局组成了多个调研组，积极“走出去”。从伊犁到阿克苏，从喀什到石河子，其脚步遍及了新疆160万平方公里的土地，了解支线机场遇到的难题，提高地方政府发展民航的积极性。2012年，新疆局发出了数封邀请函，竭诚“请进来”。南航、东航、海航、天津航、山东航等多家航空公司的掌门人带着精锐团队和发展规划飞临新疆的天空，共谋开拓新疆民航市场新的蓝海。

在“走出去”、“请进来”的过程中，新疆管理局采取了主动的姿态，像是一个主动的连接者，通过自身对政策和形势的研究、判断，将市场的需求与供应对接，将发展的盼望与力量对接，将遇到的难题与解决的钥匙对接，承担着一个服务型政府应尽的职责，为新疆民航驶入持续快速发展的快车道、打开新疆“蓝色经济”大门夯实了坚实的基础。

区域经济发展的新引擎

民航业的快速发展，往往能够成为区域经济发展的助推器。这一普遍规律在新疆同样得以显现。

党的十七大以来，新疆迎来了又一个发展的春天。中央新疆工作座谈会和全国对口支援新疆工作会议的召开，成为新疆实现跨越发展和长治久安的重要引擎。自治区大开发、大建设、大发展趋势强劲，中国-亚欧博览会和喀什、霍尔果斯开发区建设成为新疆新的经济增长点。

新疆的经济腾飞仿佛一触即发。在这样一个特殊的历史时刻，新疆民航绝不甘心只做一名看客。

早在2010年5月，中央新疆工作座谈会召开几天后，民航局就出台了《关于促进新疆民航事业发展的若干意见》。随后，民航局局长李家祥亲自带队前往新疆，与新疆维吾尔自治区政府签署《加快推进新疆民航跨越式发展会谈纪要》，并直接部署了1个月内19个对口援疆省、市全部通航新疆的任务。在此后的一年中，各地飞往新疆的航线每周平均加密至航班124个，援疆航线的航班平均客座率保持在70%～75%左右。这些航线不仅是运送援疆干部、援疆物资的通道，而且成为拉动受援地（市、州）经济社会发展的新引擎。研究表明，2010年新疆机场业对新疆经济贡献之和为305亿元，占新疆GDP（国内生产总值）的5.6%，创造总就业岗位21.5万个。

“民航业是一个地区的基础和先导性行业，是重大的民生工程。”新疆维吾尔自治区党委书记张春贤曾用这样的话来肯定民航对于新疆的特殊意义。他还多次公开对新疆民航长期以来为自治区经济社会发展所作出的重要贡献表示感谢。

出身交通部部长的张春贤，深知交通对一方发展的重要性。而着力发展自治区综合交通体系的自治区党委、政府也认识到，与其他交通运输方式相比，民航具有见效快、辐射广、投资小、用地少、耗能低、安全可靠、机动灵活等特点，于是积极地给予新疆民航相关的政策与资金支持。2012年1月14日，新疆维吾尔自治区党委、政府与新疆民航主要单位就新疆民航发展问题进行座谈，并宣布了对新疆民航系统奖励300万元的决定。随后，1月30日，自治区党委、政府又召开专题会议，听取新疆民航工作汇报，研究加快2012年新疆民航工程建设进度的相关工作，加密航线网络，支持民航在新疆综合交通运输体系中率先发展、跨越发展。

地方政府的大力支持给了新疆民航强大的发展动力，新疆民航必将继续做好区域经济发展的航空引擎。按照新疆民航的“十二五”规划，未来几年，新疆民航将进一步融入自治区综合运输交通体系，对地方GDP的贡献将超过220亿元，提供工作岗位将达到45万个。

奔腾急，万马战犹酣。尽管仍背负着安全压力巨大、保障能力欠缺、人才资源匮乏等诸多重担，但是，人民群众的盼望、中央政策的支持、民航局和自治区的关怀以及飞速发展的市场都在时刻催促着新疆民航不负时代，不断前进，续写“空中丝绸之路”新的辉煌。

（中国民航报　吴丹　通讯员　陈鉴）

大鹏同风起

这里有神奇瑰丽的西藏，这里有金孔雀的故乡云南，这里有风光旖旎的四川……丰富而独特的旅游资源，在健康快速发展的民航业的助推下，越来越成为大西南的名片。而今，随着西部大开发战略不断推进和成渝经济圈的成功打造，西南地区更加焕发出新的生机与活力。

自党的十七大召开以来，面对山地遍布、沟壑纵横、民族众多、交通不发达、经济发展相对滞后等不利因素，西南民航如同一只大鹏，以“只争朝夕”的精神，闯过多重难关，塑造着西部“巨人”的动脉，取得了令人瞩目的成绩。

——安全运行态势平稳。2007－2011年，民航西南地区完成各类飞行共466.9万小时，运输飞行事故征候万时率和通用飞行事故征候万时率低于全国平均水平，并呈逐年下降的趋势，未发生飞行事故、空防事故和重大航空地面事故。

——运行生产总量稳步提升。据统计，民航西南地区保障飞行架次2011年达到101.32万架次，比2007年的57.63万架次增加了43.69万架次，较上一个5年总量增长107.87%；旅客吞吐量2011年达到9042.92万人次，比2007年的5859.89万人次增长了3183.03万人次，较上一个5年总量增长100.05%；货邮吞吐量从2007年的77.74万吨增加到2011年的110.49万吨，较上一个5年总量增长73.87%。目前，西南地区旅客运输量约占全国民航旅客运输总量的1/5。

要安全 也要科学

1957年，周恩来总理对民航发展“保证安全第一、改善服务工作、争取飞行正常”的指示，正是在西南这片沃土上提出的。5年来，面对西南地区设备设施短缺、高高原机场和特殊机场众多，以及复杂航线多等困难和压力，西南民航人不畏艰险，迎难而上。西南民航各单位在民航西南地区管理局的指导下，坚持“安全第一，预防为主，综合治理”的方针，认真履行职责，安全水平稳步提高，在“安全”这条民航生命线上始终不放松，确保了西南民航的持续安全。

成绩的取得源于思想上的高度重视、手段上的不断创新、执行上的力度加大。长期以来，民航西南地区坚持每年与辖区各单位签订安全责任书，落实安全责任，并结合各个时期安全工作的实际，采取有效的安全监管工作举措。2007年，在全辖区范围内开展安全隐患排查治理专项行动和7项安全专项整治活动，制定了50条贯彻落实措施。2008年，各监管局和管理局机关各部门加大安全工作力度，认真开展了“规章落实年”活动，积极做好安全隐患治理排查和安全生产百日督查工作，全面开展安全审计和保安审计，推进安全管理系统建设。2009年，提出了“五个持续推进”的工作思路；不断加强安全责任体系建设，使隐患排查治理工作“常态化”；建立了四级安全警示文件，完善了安全预警机制。2010年，安全工作“关口前移”，安全监管责任体系化建设取得成效，安全监管上了新台阶。2011年，“能力建设年”将安全工作推向新的高潮，全辖区内以落实政府行业监管责任为抓手，以落实企事业单位安全生产主体责任为着力点，全面贯彻持续安全理念。这些举措，有力促进了西南民航行业的持续安全发展。

民航强国，科技先行。西南地区多样的地形、多变的气候，以及高原机场情况复杂更需要各类先进技术的运用。2008年6月27日，国航西南分公司一架空客A319高原飞机利用RNP精密导航技术平稳降落在拉萨贡嘎机场，结束了我国民航高原机场43年不能开放夜航的历史。高原机场通夜航，正是西南民航大力推进技术创新和新技术应用的结果。

5年来，西南民航不断加大投入力度，鼓励科技创新，加大新技术应用力度，先后研究确定了西南地区PBN实施路线图，组织指导了多种机型在高原机场的RNP运行；着手实施ADS-B工程，推广AIDC等新技术；不断加大空管项目建设投资力度，积极推广使用航行新技术，成都-拉萨航线成为国内第一条真正意义上的ADS-B航路；PBN、ADS-B等新技术在高高原机场和复杂航线得到了更广泛的应用。科技改变命运，科技推动发展，西南民航在新技术应用的道路上，走得越来越扎实。

促发展 一刻不停

2012年6月26日，历时近4年的建设、总投资达230亿元的云南昆明新机场——昆明长水国际机场——正式落成。作为我国第一座按照“绿色机场”理念修建的机场，昆明长水国际机场创下了国内机场建设多项第一：航站楼首次采用了大型钢结构制作的彩带作为支撑；减隔震技术在全国机场中居第一位；土石方量居国内机场建设之首；采用我国自行研制的国内行李自动分拣处理系统，填补了国内大型机场设备设施国产化的一项空白；昆明新机场两条跑道首次采用了全幅沥青道面。

而这仅仅是西南民航5年来辉煌篇章的一隅。此前，云南腾冲机场、西藏阿里昆莎机场和日喀则机场等多个机场正式通航，成都双流机场第二跑道、重庆机场第二跑道相继投入使用，都为西南民航的发展注入了新的活力。

5年来，西南民航机场建设稳步推进，完成长水、阿里、日喀则、林芝、文山、康定等新建项目和成都双流机场第二跑道及新航站楼等改扩建机场大型项目共29个，完成基础设施投资近600亿元。截至目前，西南地区共有民航运输机场38个。按飞行区等级划分，4E 级机场5个、4D 级机场6个、4C 级及4C级以下机场27个；按地区划分，四川11个、重庆3个、贵州7个、云南12个、西藏5个。2011年，成都双流机场年旅客吞吐量突破2900万人次，昆明巫家坝机场旅客吞吐量突破2200万人次，重庆江北机场旅客吞吐量突破1900万人次，在全国大型机场中分别排名第5、第7和第9。其他中小机场运输业务量也稳步提升。目前，西南地区机场数量已占到全国1/5以上，西南地区的民航基础设施状况得到了较大改善。此外，稻城亚丁、红源、毕节、黄平、六盘水等机场的工程建设正如火如荼地开展着，泸沽湖、洪河、乐山、巫山、那曲等机场建设也即将开工。

机场就像巨大的引擎。西南民航机场的健康快速发展，为航空运输带来了巨大的发展空间，带动了西南地方经济社会快速发展。以西南地区为基地的重庆航空，作为民航西南地区土生土长的航空公司，2007年开航后仅1年，飞机架数就从1架逐步发展到4架，运输旅客近53万人次，实现安全飞行9000多个小时。

重庆航空的强劲发展是西南民航航空运输5年发展态势的一个集中代表。截至2011年12月，在西南地区运营的基地航空运输公司共有16家，其中具有法人资格的航空运输公司9家，包括四川航空股份有限公司、成都航空有限公司、西部航空有限公司、重庆航空有限公司、贵州航空有限公司、华夏航空有限公司、云南祥鹏航空有限公司、昆明航空有限公司、西藏航空公司；航空运输公司的分公司7家，包括国航西南分公司、国航贵州分公司、国航重庆分公司、东航四川分公司、东航云南分公司、川航云南分公司、川航重庆分公司。在西南地区运营的通用航空企业有14家。西南地区客货航线共609条，其中国内航线522条、国际航线87条；各运输航空公司的机队总规模为261架，比2006年12月的158架增加了103架；5年内旅客吞吐量、货邮吞吐量、飞机起降架次分别达到35726.82万人次、465.3万吨、380.09万架次，5年年均增长率分别为14.4%、10.9%和18.4%。2011年，完成通用航空作业飞行约25万小时（含中国民航飞行学院训练飞行）。

讲奉献 不计得失

对于西南民航来说，这5年，是快速发展的5年，也是对社会贡献巨大的5年。除了成都双流机场、昆明长水机场、重庆江北机场3个跻身全国前10位的机场之外，坐落在高原以及西南地区这片土地上的干支线机场，托起一架架银鹰，带领着西南地区的百姓走出大山，也将世界的知名企业、先进科技带进了中国西南地区，促进了经济和社会的发展。

一座机场，一个支点，撬动的是区域经济的腾飞。2009年，腾冲机场正式开航。开航第一年，腾冲机场就交出了一张鼓舞人心的成绩单：2009年，腾冲机场累计完成航班运输起降3016架次，吞吐量25.76万人次，平均客座率为64.9%，货邮吞吐量134.4吨，周末和节假日航班几近爆满，成为了云南最繁忙和最具发展潜力的支线机场。到2010年，腾冲机场累计完成航班运输起降5228架次，旅客吞吐量46.57万人次，货邮吞吐量538.6吨。腾冲机场旅客吞吐量提前5年实现原先设计的45万人次的目标。

在被誉为"世界屋脊的屋脊"的阿里，自2010年7月1日阿里昆莎机场通航后，"天边的阿里"的各族人民得以圆梦蓝天，天堑变通途。

重庆机场改善了重庆的投资环境，有效促进了重庆与国内发达地区之间的经贸往来；提升了重庆的国际知名度，加速了世界了解重庆、重庆融入世界的步伐；方便了城乡居民出行的需求。

这5年，经过西南民航的不懈努力，西南地区人民的生活发生着翻天覆地的变化。5年来，扎根这片沃土，西南民航在这里成长，也肩负起了历史赋予的重任。

2008年，汶川大地震突发。这是新中国成立以来破坏性最强、波及范围最广、救灾难度最大的一次地震，给民航西南地区各单位造成了严重损失。灾害发生后，在党中央、国务院、民航局以及四川省委、省政府的正确领导下，西南民航各单位按照"有力、有序、有效"的要求，积极投入到抗震救灾工作中去。在此期间，民航四川地区共保障航班21095架次，救灾飞行4007架次，运送救灾物资4.1万余吨；保障党和国家领导人、联合国秘书长、韩国总统等专机和飞行37架次；完成了民航局、四川省政府下达的运送灾区伤员到省外就医的紧急任务共计99个航班，向19个省外城市运送伤员、家属和医护人员7900余人。此外，民航直升机指挥部共执行救灾飞行任务1032架次，向灾区运送各类救灾物资781吨；向灾区运送救援人员864人，抢运出各类人员2435人；在唐家山堰塞湖抢险工作中，米-26直升机共执行任务94架次，运送大型工程机械设备575吨，运送各类抢险人员和专家400余人。

2012年9月，云南彝良地震发生后，西南民航又一次第一时间启动应急预案，及时抽调飞机，执行包机飞行计划，于地震当天飞抵云南昭通，保障了云南省委、省政府抗震救灾工作组、部队官兵、医疗救援队第一时间到达灾区；为确保抢险救灾人员和物资尽快赶赴灾区，在严格制订震后安全工作方案和保障措施的同时，及时恢复了部分进出昭通的航班，并于9月10日开通昆明-昭通往返航班……一曲曲感人至深的民航英勇救灾的赞歌在祖国西南上空响起。无论何时，只要祖国和人民需要，西南民航总是不计得失，挺身而出、勇于担当。

做引擎 地区经济蓬勃发展

迈入"十二五"，西部大开发战略深入实施，制造业内迁、能源产业重点向西转移、绿色产业的蓬勃兴起以及西部综合交通枢纽网络建设的进一步实施等多项利好为西南民航的发展创造了新的发展机遇。

在西南管理局“十二五”规划中，西南民航发展的总体目标是：航空运输快速增长，发展质量有较大改善；安全形势总体稳定；基础设施建设进度加快，机场布局规划更为合理；行业发展失衡现象有所改善，行业资源约束有所缓解。到“十二五”末期，行业综合实力全面增强，在国家综合交通中的作用更加突出，基本适应西南地区经济和社会发展需要。

为实现这一目标，西南管理局结合贯彻落实《国务院关于推进民航业发展的若干意见》，将从六个方面全面推进西南民航建设的步伐。第一，实施大众化战略，进一步推进民航运输生产的稳步提升。第二，实施做强做大战略，进一步完善区内机场体系。第三，实施持续安全战略，加强区内民航运营的安全管理。第四，实施协调发展战略，加强市场管理，推进区内民航市场的协调发展。第五，实施可持续发展战略，实现西南地区民航长期、健康可持续的发展目标。第六，实施民航强区战略，进一步提升民航对西南地区经济社会的贡献值。

与此同时，随着西南各省（市、自治区）经济的发展，各省（市、自治区）对民航关注的升温，各地对新建、扩建机场的愿望愈发迫切。目前，四川省正大力推进西部综合交通枢纽建设；云南省正在建设面向西南开放的重要桥头堡；重庆市提出要把重庆机场打造为大型国际商业门户枢纽机场；贵州省拟建成覆盖全省的“一干十三支”民航运输网络；西藏自治区提出要加快构建综合交通运输体系，形成区内外、国内外协调联动的航空网络。

对此，西南管理局局长周毅洲表示，“十二五”期间，西南地区的机场建设将坚持“抓大促小，增加布点”的原则，以加快基础设施建设为核心，全力推进民航基础设施建设，进一步做大做强区内枢纽机场，以期在“十二五”末期初步形成以成渝昆三大机场为核心，各支线机场为外围，通用机场为补充的较为完善的民航机场体系。随着机场布局和航线网络日趋完善，区域航空枢纽功能逐步发挥，通航企业和民航制造企业正蓬勃兴起，西南民航在带动地区经济增长、促进民族团结和社会稳定方面将作出更加卓越的贡献。

发展中熔铸辉煌，艰难中彰显成就。在这片沃土的滋养下，西南民航这只大鹏将直冲万里云霄，绘就更加美好的未来。

（中国民航报　刘璐　何丹　通讯员　谢小军）

促进民航发展　空管建设先行

从1978年的不到5万架次到2011年的655万架次，改革开放的30多年间，民航飞行量增长了近130倍。其间，没有发生任何空管责任原因事故，民航空管总体安全态势比较平稳。

多年来，民航空管系统始终以保证民航飞行安全、航班正常和提高运行效率为主线，全面推进民航空管系统改革发展，不断增强综合保障能力，为促进民航事业持续健康发展作出了重要贡献。

随着社会经济发展和消费结构的升级，民用航空需求快速增长。民航空管系统作为国家综合运输体系和社会公益事业的重要组成部分和支柱行业之一，成为民航系统安全、顺畅、有序运转的中枢。以保障飞行安全、加速空中交通流量、为航空运输提供优质服务为中心任务的民航空管系统，已经成为保障航空运输安全和正常飞行的重要基础。“近年来，民航空管工作得到了来自军方和有关单位的大力支持。应该说，成绩的取得与良好的外围环境密切相关。” 民航局空管局局长王利亚说。

“民航要发展，空管是重点；航班要正常，畅通是关键。”民航局副局长夏兴华的一句话不仅道出了民航空管系统的重要性，更点出了发展中的瓶颈所在。预计到2015年，民航航班将超过1040万架次，空域资源紧张、安全压力加大、基础设施滞后等矛盾在民航快速发展的过程中逐渐凸显。

如何突破困境，引导行业升级？《国务院关于促进民航业发展的若干意见》的出台，为民航空管系统的未来发展进一步校准了“航向”。

空域改革需多方配合

《若干意见》提出：加大空域管理改革力度。以充分开发和有效利用空域资源为宗旨，加快改革步伐，营造适应航空运输、通用航空和军事航空和谐发展的空域管理环境，统筹军民航空域需求，加快推进空域管理方式的转变。加强军民航协调，完善空域动态灵活使用机制。科学划分空域类别，实施分类管理。做好推进低空空域管理改革的配套工作，在低空空域管理领域建立起科学的基础理论、法规标准、运行管理和服务保障体系，逐步形成一整套既有中国特色又符合低空空域管理改革发展特点的组织模式、制度安排和运行方式。

从2012年8月1日起，在国家相关部门的大力支持下，经过军民航有关单位反复研究出台的临时航线使用“主动释放”机制正式试行。临时航线从以往民航协调申请使用为主，转变为由军航 “主动释放”提供使用，是我国空域资源使用方式的一次重大改革。该机制实施一周便收到了良好的效果。以华东地区为例，在新机制实施后的一周内，11条临时航线累计实际开放使用时间比释放时间多了60%，仅上海地区大校场附近的V14临时航线，就供1200多架次航班使用；初步估算，仅这11条临时航线的使用，一年便可节省空中飞行距离近200万公里，减少燃油消耗1万吨。此举为《若干意见》的贯彻和落实开了个好头。

“空域是一种重要的国家资源，应被合理、充分和有效地利用。在军民航各单位的共同努力下，我国空域资源利用效率有所提高，运行管理环境有所改善，适应了一定时期民用航空使用空域需求。”民航局空管局空管部有关负责人对记者说，“我国现行空中交通管理体制，是在国家空管委的统一领导下，由空军统一组织实施全国飞行管制工作，民航空中交通服务单位和军航飞行管制部门分别对航路内外的航空器提供管制指挥服务。民航的可用空域资源仅限于航路、航线以及民用机场附近空域。”

随着我国民用航空的持续快速发展与军事航空现代化进程的不断加快，飞行繁忙地区空域资源紧张状况日益突出。现行的条块分割、静态划设的空域管理方式和日趋紧张的可用空域资源已难以适应逐步增长的军民航用户的使用需求，在一定程度上制约了我国民用航空事业发展。目前，我国民航航路航线总距离为17.7万公里。其中，固定航路航线为14.3万公里，占80%；临时航线为3.4万公里，占20%。近年来，全国航路航线总距离年均增长率远低于我国航空运输总周转量年均增长率。“随着民航航班量的不断增长，空域已经成为限制航班流量增长的主要因素。空域紧张问题不仅存在于航班密集的东部，而且也存在于西部。”中国民航大学教授赵嶷飞在接受记者采访时说。

“民航发展的重点在空管，空管发展的重点在空域。”民航局空管局空域管理中心主任苗旋说。要落实《若干意见》的精神，达到预期的效果，在空域改革的道路上，民航需要来自各方的支持。

提高空域使用效率路在脚下

航班流量大、密度高的现状给民航空管系统带来了巨大的压力，扩容增效被民航空管系统纳为工作重点。《若干意见》对此也有着具体的要求：调整完善航路网络布局，建设国内大容量空中通道，推进繁忙航路的平行航路划设，优化繁忙地区航路航线结构和机场终端区空域结构，增加繁忙机场进离场航线，在海洋地区增辟飞越国际航路。优化整合空管区划，合理规划建设高空管制区。

截至2011年底，我国日起降航班200架次以上机场的数量达到25个。“民航空管系统目前已完成了19个机场的主要方向进离场航线分离，实现了进场和离场单向进行，减少了飞行冲突。剩余的6个机场将加紧协调推进。”民航局空管局局长王利亚说。正是在此基础上，21个大型机场的高峰小时航班时刻容量标准调整成为可能，间接地增加了约1600个起降时刻。此外，为了加速空中流量，临时航线使用机制也得到了进一步的完善。2009－2012年6月底，临时航线从最初的77条迅速增加到125条。这些临时航线平均每年为航空公司节省燃油成本约5亿元，相当于年增加30万飞行架次。

为取得这些成果，民航空管系统付出了巨大努力。在可用空域资源增长缓慢的情况下，民航空管通过内涵式发展对有限资源进行“精耕细作”，缩小水平间隔，缩小垂直间隔，组织局部循环交通，整合高空管制范围，实施应用航行新技术，在“十一五”期间，以13.7%的可用空域资源增长保障了112%的飞行流量增长。

“尽管空管的安全形势较为平稳，但想要真正地满足民用航空发展需求，特别是距离民航强国战略目标，民航空管还有很大的差距。我们说19个大型机场的空域已得到了优化，但是从效果看，离预期有差距，主要体现在机场附近的空域进出点还比较少。”王利亚说，“中国大型机场的空域结构存在着先天不足的问题。像提到的21个大型机场，虽然做了许多工作，但在空域方面仍然面临着很大压力和问题。”以首都机场为例，作为世界第二繁忙机场，拥有3条跑道和一流的基础设施，T3航站楼全世界闻名。但是首都机场东侧空域没有进出点，仅有一个临时的进出点，需得到批准才可以使用。可以想象，空管安全运行的压力有多大。

当然，现实的困难永远挡不住前进的脚步。在民航局空管局下半年的工作部署中，记者看到这样一些有关提升空域使用效率的工作安排：推进京沪航路两端上升下降飞行分离、做好G212航路排堵保畅、推进飞行繁忙机场空域调整、继续推进北京接管郑州高空空域、推进航路网规划与实施……

“提高民航空管系统的管理水平，我们要做的是深化内部挖潜，练好内功，进一步提高安全保障能力。”王利亚说。

推进新一代空管系统需加快步伐

《若干意见》明确提出，要加快建设现代空管系统，大力推广新一代空管系统，加强空管通信、导航、监视能力及气象、情报服务能力建设，提升设备运行管理水平。完善民航空管管理体制与运行机制。

对此，赵嶷飞表示，现代空管系统应该具有“体制机制合理、设施设备先进、人才队伍完备、科技支撑有力，具备自主创新能力”的特点。而对于“加快建设”，赵嶷飞认为要从两个方面理解，一是尽快打破目前空域管理体制的桎梏，为民航的可持续发展创造必须的空间；二是转变目前被航班流量激增推着走的被动发展方式，立足国情、行情，全面提高我国民航空管系统自主创新能力，实现从执行ICAO（国际民航组织）标准向制定ICAO标准的转变。

近年来，以先进的通信、导航和监视为核心技术的新一代空中交通管理系统，由ICAO制定标准，并在全球倡导实施。美国的下一代航空运输系统和欧洲的单一天空发展计划，都属于新一代空中交通管理系统。我国也于2007年开始规划发展中国民航新一代空中交通管理系统。新一代空中交通管理系统（简称NGATM）是我国新一代民航运输体系的核心之一，其实施愿景是在20年的时间框架内，建立天空地一体化的中国民航空中交通管理运行模式和技术支持体系，为全面提高空中交通服务水平、安全保障水平和运行绩效搭建平台。届时，将实现飞行任务的四维航迹管理，拥有管制员辅助决策系统，增强飞行员的情景意识，使航空运行更精准、更安全，使机场和空域有更大的容量，从而提高空中交通的效率，降低成本，减少排放和噪声污染。

为支持民航空管的发展，加快现代空管系统建设的步伐，民航局从资金和政策上都给予了大力的支持。“在‘十二五’期间，民航空管项目几乎全额由民航发展基金支持建设，用一句简单的话来形容，就是‘空管点菜，民航局来买单。’”民航局空管局发展计划司投资处处长王坤之说，“此外，为了便于民航空管系统加快项目落实，民航空管系统的项目在报批方面都是成熟一个办理一个，上报一个评估一个。民航局还将审批权限下调。对于民航空管系统总额在800万元以下的项目，地方管理局可以直接审批。此外，民航局与27个省市签署的会谈纪要都将民航空管系统的项目纳入地方重点项目。这些措施的目的都是为了确保民航空管项目的及时建设。”

但由于多方原因，民航空管系统设施设备的整体建设进度滞后。“‘十二五’期间，民航空管项目尚未报批的仍有160多个，总额80亿元已经审批过的项目尚未开工。”王坤之说。对此，夏兴华也要求民航空管系统加快建设进度，做好项目储备。

“民航要发展，空管是重点；航班要正常，畅通是关键。我希望民航空管系统能够认真领会《国务院关于促进民航业发展的若干意见》对促进民航发展的重要意义，站在全民航的高度来看待民航空管系统的发展，推进民航空管系统的发展，使其能够真正与我们的民航大国、民航强国相匹配，成为建设民航强国的有力抓手。”夏兴华的话饱含期待。

（中国民航报　赵继岚）

让中国民航绿色起飞

当绿色办公、绿色生态、绿色饮食、绿色工业等名词逐渐成为人们生活中的一部分时，绿色航空也走进了大众的视野，绿色出行更是受到广大旅客的青睐和倡导。那么，如何让中国民航绿色起飞呢?

前不久颁布的《国务院关于促进民航业发展的若干意见》，明确提出了一系列切实打造绿色低碳航空的具体措施。系列措施的落实将使这一梦想离人们越来越近。

根据《若干意见》，切实打造绿色低碳航空，将实现到2020年我国民航可持续发展能力明显增强，初步形成安全、便捷、高效、绿色的现代化民用航空体系的目标。这既符合我国科学发展和可持续发展的需要，也是促进我国民航业科学发展的明智之举，为构建绿色民航指明了方向。

以绿色实现民航业可持续发展

正如民航局局长李家祥所言，改革开放以来，中国民航发展迅速，规模扩大，服务水平提高，管理水平提高，在经济社会发展中的战略地位和作用已逐渐凸显。航空已成为促进一个国家经济甚至社会发展的第五极。

数据显示，截至2011年，我国民航客货运输量居全球第二位，年运输旅客量达3亿多人次，航空作为一种交通运输方式已经成为越来越多的老百姓出行的首选。但与此同时，经济发展与资源环境的矛盾也日趋尖锐。如何实现民航业又好又快发展?

“在资源有限的情况下，若想实现民航业可持续发展，就要构建绿色民航。”民航局节能减排办公室副主任穆阳说，西方发达国家经过几百年的发展，在发展中没有限制地使用能源，排放大量的二氧化碳，造成空气污染，给世界发展带来了负面影响。“环境问题，归根结底是发展的问题，要在发展中实现绿色发展的可能。”

近年来，为实现绿色发展，国家大力倡导节能减排。民航也一直非常重视节能减排，在规划机场布局时充分考虑到民航发展与节约土地、能源等资源和保护生态环境相统一等规划原则。

同时，《中国民用航空发展第十二个五年规划》还对民航节能减排工作进行了全面部署，提出要全面推进节能减排，积极建设绿色民航，实施重点节能减排工程，积极推动节能减排关键技术的基础研究和应用，实现到2015年，我国民航吨公里能耗和二氧化碳排放量5年平均比“十一五”下降3%以上，新建机场垃圾无害化及污水处理率均达到85%的目标。

“民航节能减排要处理好与发展、安全和服务的关系，在确保安全和服务质量的前提下进行。这是制定节能减排政策和推进相关工作需要把握的原则。不能为了发展而牺牲环境、滥用资源，而是要在发展的基础上提高资源使用效率，减少对环境的影响。”穆阳说。

“作为发展中的国家，未来我国民航业如何在激烈的国际竞争中立足，将不仅关系到民航业自身的发展，更关系到中国经济社会的可持续发展问题。”中国民航大学教授赵凤彩认为，《若干意见》首次将“打造绿色低碳航空”作为促进民航业发展的主要任务之一，不仅对民航业节能减排有重要的推动作用，更对民航业提升未来国际竞争力、实现可持续发展具有重要的意义。“只有形成安全、便捷、高效、绿色的现代化民用航空体系，才能在未来的国际竞争中立足。”

绿色低碳正当道

在中国民航的天空中，正吹起一场节能减排的绿色“龙卷风”。近年来，机场、航空公司、空管纷纷重拳出击，全力以赴地响应国家号召，走在节能减排的前沿，引领了绿色风尚。

作为提供航空运输服务平台的机场，应当首先“绿”起来。穆阳介绍，建设绿色机场是一项比较复杂的工作，目前国际上还没有形成关于绿色机场的统一标准，美国、欧洲各国、日本等国家对于绿色的要求也各不相同。“中国民航目前发展比较快，有大量的机场有待新建和改扩建，存量的机场有待改造，因此，应按照《若干意见》的要求制定实施绿色机场建设标准，并在现有机场的改造上多下工夫，推动节能环保材料和新能源的应用。”

事实上，近年来，节能减排的理念已经在一些机场的新建和改扩建工程中体现出来。昆明长水机场作为国内首个新建的绿色机场很好地践行了绿色机场的理念，从用地、取材和设计上充分考虑了节能减排，改善了机场的空气质量，实现了节能环保。

而对于老旧机场的改扩建则是充分利用创新技术，进行综合、全面的节能减排和能源管理。穆阳告诉记者：“机场的能源消耗主要来自于候机楼、飞行区和地面车辆，那么节能减排就要从消耗能源的相关区域和设备，比如灯光、空调、水电系统等着手，因地制宜地采用新能源和节能新技术。”

上海虹桥机场在扩建工程中就充分利用太阳能，将太阳能光伏发电场建在机场西货运站的屋顶上。武汉天河机场探索机场助航灯光节能运行管理模式，让灯光无缝对接。

“节能减排措施有其外部效益，需要统筹规划，从全局考虑，争取减排效益最大化。”在如何协调和优化航空运输系统，从总体上实现节能减排目标的问题上，赵凤彩与穆阳不谋而合。

数据表明，从中国民航业能源消费结构来看，航空燃油消耗占94%以上。航空公司是航空燃油消耗的主体，减少航空燃油消耗是民航业减排的主要手段。

据了解，近年来，我国的航空公司在应用飞机节油新技术和选择节能环保机型上付出很多努力。

穆阳告诉记者：“目前，中国民航的燃油效率排在全球前列，通过引进节能环保机型，使整体机队年龄不超过8年，处于最好的运营状态。与此同时，我国民航的运行管理水平和能力也得到大幅度提高，甚至可与国际大航空公司相媲美。”

作为民航运输体系的中枢，空管也在节能减排上下了很大工夫。赵凤彩分析，从国外民航发达国家的经验来看，航空运输达到一定规模后，空中和地面的拥堵问题将使运营效率大幅降低，因此必须通过提升空管和机场运行效率，优化航线，减少延误，实现节能减排。

民航局空管局局长王利亚在前不久召开的《若干意见》座谈会上表示，目前，民航局空管局已完成了19个机场的主要方向进离场航线分流工作，提高了空域使用效率；积极推进节能减排，建立并完善临时航线使用机制，加速交通流量。

2009－2012年6月底，我国民航的临时航线从最初的77条迅速增加到125条，平均每年为航空公司节省燃油成本约5亿元，相当于年增加30万飞行架次。“下一步，民航局空管局将继续实行航路航线截弯取直，进一步提升服务品质，促进扩容增效，并加强与其他单位的协调，加快推进空域管理体制改革，提升空域资源配置使用效率。”王利亚表示。

突破重围　绿色起飞

打造绿色低碳航空势在必行。然而，在建设过程中也面临着不小的阻力：绿色理念的倡行、新技术的研究与应用、民航节能减排管理体系建设、制定应对全球气候变化对策等仍存在一些问题有待解决。

“中国民航正处于发展阶段，许多民航运营主体单位考虑更多的是发展与经营成本的问题。节能减排的前期投入比较大，这是令许多民航单位望而却步的主要原因。”穆阳说。

对此，赵凤彩认为，由于民航业节能减排的成本较高，国内在制定航空减排措施时，可以采用灵活的方式，如排放抵消等措施进行减排，以提高航空运输运营者节能减排的积极性。“但必须在可行性研究的基础上，考虑民航业和相关行业发展所能承受的限度，同时避免引起不同运输方式、不同运输企业间的不公平竞争或竞争扭曲等问题。”

民航局也进一步加大了对节能减排工作的支持力度，积极给予资金补贴。穆阳告诉记者，民航局和财政部已联合下发了《民航节能减排专项资金管理暂行办法》，将从公共财政资金和民航发展基金中安排专项资金，用于支持民航业开展节能减排工作，引导行业科学开展节能减排工作。

建设绿色民航，实现节能减排需要以新技术作为有力后盾。生物燃油这一改变能源使用方式的新技术在出现的一刹那，便引起了社会的广泛关注。那么，目前我国生物燃油的研究和应用，处于什么阶段呢?

赵凤彩说：“目前，从全球来看，航空生物燃油技术已经取得了重要进展。美国、巴西、日本等在航空生物燃油技术研究上处于领先地位，我国航空生物燃油的研发、生产、实验均处于起步阶段。”她指出，航空生物燃油技术不仅面临着生产成本等经济问题，还面临着如何实现在大规模生产情况下不与民争粮、不与粮争地、不毁林增加排放等问题。对此，国家需要加大政策扶持的力度。

穆阳表示，生物燃油的供应来源问题仍没有得到真正解决，生产链条长、涉及部门多而复杂等问题仍然存在。民航局将生物燃油作为重要核心技术，加强与其他部门的协调，推进生物燃油的研究和应用。

据统计，全球航空业碳排放量约7亿吨（约一半来自国际航空排放），占全球碳排放总量的2.4%。目前，中国的航空碳排放仅占中国碳排放总量的0.7%左右。

面对《若干意见》中提出的要制定应对全球气候变化对航空影响的对策措施，赵凤彩说：“应对气候变化问题是政治问题，也是技术问题，但归根到底是经济问题和发展问题。”从表面上看，应对气候变化问题对航空业的影响是类似燃油价格上涨一样增加航空公司的成本，但其影响远比燃油价格上涨复杂得多。

赵凤彩认为，对于国际航空排放问题，必须在《联合国应对气候变化框架公约》或ICAO（国际民航组织）等多边框架下，遵循国际法原则，通过协商，寻求解决方案。

穆阳也告诉记者，中国目前正在对相关问题进行研究并积极参与《联合国应对气候变化框架公约》和ICAO下的多边谈判，同时也在积极与其他国家进行双边协商，希望能够在公平、可持续发展的原则下，寻找到该问题的解决方案。

绿色起飞之路不再遥不可及，它就在眼前，就在脚下。只要民航运营主体与航空运输的参与者迈出一小步，那么中国民航就可以展开绿色的双翼，飞得更高、更远、更好。

（中国民航报　赵晋媛）

认真学习十八大报告 贯彻落实科学发展观

首都机场集团公司总经理　董志毅

举世瞩目的中国共产党第十八次全国代表大会，是在我国进入全面建成小康社会决定性阶段召开的一次十分重要的大会，是一次承前启后、继往开来的大会，是一次民主团结、求真务实的大会，具有重大的现实意义和深远的历史意义。在此次盛会上，胡锦涛同志代表十七届中央委员会所作的报告，系统总结了过去10年以来我国发展取得的历史性成就和宝贵经验，深刻分析了国内外形势，对我国改革开放和社会主义现代化建设作出了全面部署。报告主题鲜明深刻，内容博大精深，紧紧围绕坚持和发展中国特色社会主义这一主线，提出了一系列新观点、新论断、新表述、新概括、新要求、新任务、新部署、新举措，是一篇闪耀着马克思主义真理光芒的纲领性文献。下面，结合自己的学习和思考，谈一下对十八大报告的理解和体会。

报告是指导国家开展工作的纲领性文献

报告指出，我国进入全面建成小康社会决定性阶段，世情、国情、党情继续发生深刻变化，我们面临的发展机遇和风险挑战前所未有。这是对我国发展环境和阶段作出的重大判断。

综观国际国内大势，我国发展仍处于可以大有可为的重要战略机遇期，世界多极化、经济全球化深入发展，国际大环境总体上对我国发展有利，我国长期向好的趋势没有改变。这主要体现在两个方面：一方面是我国已站在可以发挥综合优势的新起点，改革开放30多年来特别是过去10年来我国现代化建设取得的举世瞩目的伟大成就，为我们今后稳步发展奠定了雄厚的物质基础，我们有信心也有能力保持经济持续健康发展与社会的全面进步；另一方面，是经济发展日益成为各国利益的交汇点。我国长期坚持开放合作的发展，自身的经济实力和国际影响力日益提升，已经成为世界经济的重要力量，特别是已经成为世界第二大经济体。随着世界经济政治格局发生的深刻变化，全球合作向多层次全方位拓展，我们与各方利益交汇点会进一步集聚和扩大。

与此同时，全面审视国内外环境，我国发展也处于面临诸多风险的矛盾凸显期。我国已进入深化改革开放、加快经济发展方式的攻坚时期，在发展过程中将会遇到越来越多的困难、面临越来越多的问题和风险，特别是发展中不平衡不协调不可持续问题仍然突出，收入差距扩大和社会矛盾增多等重大结构性问题，也面临着从未遇到的严峻挑战，国际环境不稳定不确定因素增多，都使我国发展面临着严峻挑战。

报告提出，科学发展观同马克思列宁主义、毛泽东思想、邓小平理论、“三个代表”重要思想一道，是党必须长期坚持的指导思想；中国特色社会主义道路，中国特色社会主义理论体系，中国特色社会主义制度，是党和人民90多年奋斗、创造、积累的根本成就，是当代中国发展进步的根本方向；建设中国特色社会主义，必须全面落实经济建设、政治建设、文化建设、社会建设、生态文明建设五位一体总体布局。为我们应对国内国际环境变化，推动社会主义现代化建设指明了方向，确定了目标。我们坚定不移地坚持科学发展观，从全局和战略的高度，准确把握国内外发展大势，统筹国内国际两个大局，抓住重要战略机遇期，沉着应对并妥善处理好各种风险和挑战，促进经济持续健康发展和社会的全面进步。

报告提出了推动科学发展的十个创新

一是对科学发展观作出了新定位。党的十八大报告将科学发展观同马克思列宁主义、毛泽东思想、邓小平理论、“三个代表”重要思想一道，列为我们党必须长期坚持的指导思想，实现了党的指导思想的又一次与时俱进。同时，对科学发展观的内涵进行了进一步阐述，对贯彻落实科学发展观提出了新的要求。我们知道，党的十七大报告对科学发展观的内容进行了概括和阐述，同时把它作为我国经济社会发展的重要指导方针和发展中国特色社会主义必须长期坚持和贯彻的重大战略思想写入了党章。党的十六大以来的10年里，我们紧紧抓住和用好我国发展的重要战略机遇期，战胜一系列严峻挑战，奋力把中国特色社会主义事业推进到一个新的发展阶段。我们之所以能取得这样的历史性成就和进步，最重要的就是坚持以马列主义、毛泽东思想、邓小平理论、“三个代表”重要思想为指导，勇于推进实践基础上的理论创新，形成和贯彻了科学发展观，为全面建设小康社会、加快推进社会主义现代化提供了有力的理论指导。同时，深入贯彻落实科学发展观仍然是一项长期艰巨的任务，面临着一系列极具挑战性的矛盾和困难。因此，对科学发展观在马克思主义中国化历史进程中的地位进行新的定位，以进一步发挥其对改革开放和社会主义现代化建设的指导作用，就具有十分紧迫的必要性。党的十八大报告鲜明地指出，科学发展观是马克思主义同当代中国实际和时代特征相结合的产物，是中国特色社会主义理论体系最新成果，把我们对中国特色社会主义规律的认识提高到新的水平，开辟了当代中国马克思主义发展新境界，并明确地把科学发展观确立为全党全社会必须长期坚持的重要指导思想。这是党的十八大报告最大的理论创新和历史贡献，对坚持和发展中国特色社会主义具有重大现实意义和深远历史意义。

二是对“中国特色社会主义”作出了新阐述。报告准确概括了以毛泽东同志为核心的党的第一代中央领导集体、以邓小平同志为核心的党的第二代中央领导集体、以江泽民同志为核心的党的第三代中央领导集体和党的十六大以来党中央对开创和发展中国特色社会主义所作的主要贡献，全面阐述了中国特色社会主义的基本内涵、内在关系，以及中国特色社会主义的总依据、总布局、总任务。十八大报告指出，90多年来，我们党紧紧依靠人民，把马克思主义基本原理同中国实际和时代特征结合起来，历经千辛万苦，付出各种代价，开创和发展了中国特色社会主义，从根本上改变了中国人民和中华民族的前途命运。中国特色社会主义道路，中国特色社会主义理论体系，中国特色社会主义制度，是党和人民90多年奋斗、创造、积累的根本成就，必须倍加珍惜、始终坚持、不断发展。这是党的十八大报告对中国特色社会主义作出的新的理论概括，具有极强的现实针对性和长远的指导意义。实践也充分证明，中国特色社会主义是当代中国发展进步的根本方向，只有中国特色社会主义才能发展中国。因此，全党全国各族人民要把中国特色社会主义作为共同信念，坚定对中国特色社会主义的道路自信、理论自信、制度自信，决不能走封闭僵化的老路，也不能走改旗易帜的邪路，只能走坚定不移走中国特色社会主义的新路，毫不动摇坚持、与时俱进地发展中国特色社会主义，不断丰富中国特色社会主义的实践特色、理论特色、民族特色、时代特色。

三是对中国特色社会主义总体布局进行了新拓展。党的十八大报告明确提出建设社会主义市场经济、社会主义民主政治、社会主义先进文化、社会主义和谐社会、社会主义生态文明五位一体的总体布局，并对经济建设、政治建设、文化建设、社会建设、生态文明建设进行了全面部署。这样，中国特色社会主义事业的总体布局就由“四位一体”拓展成为“五位一体”，丰富了中国特色社会主义的科学内涵，这表明我们党对中国特色社会主义建设规律从认识到实践都达到新的水平。对中国特色社会主义事业总体布局的认识，我们党经历了一个初步探索、逐步深化和日益完善的过程。改革开放初期，以邓小平为核心的第二代中央领导集体，提出要坚持物质文明、精神文明“两个文明”一起抓。党的十三届四中全会后，以江泽民同志为核心的党的第三代中央领导集体进一步提出在建设“两个文明”的同时，努力建设社会主义政治文明，形成了经济建设、政治建设、文化建设“三位一体”的总体布局。党的十六大以来，以胡锦涛同志为总书记的党中央，提出构建社会主义和谐社会的战略思想和重大任务，从而使中国特色社会主义事业的总体布局由“三位一体”扩展为经济建设、政治建设、文化建设、社会建设“四位一体”。在深入贯彻落实科学发展观的过程中，我们党对于生态文明建设的认识不断深化，党的十七大提出建设生态文明的目标，党的十八大明确把生态文明建设上升为中国特色社会主义事业总体布局的重要组成部分。“五位一体”总体布局是中国特色社会主义实践不断丰富发展的结果，是我们党对中国特色社会主义认识不断深化的结果，对于开创中国特色社会主义新局面具有重大意义，对全面建成小康社会提供了有力支撑。

四是对全面建成小康社会提出了新要求。党的十八大提出“为全面建成小康社会而奋斗”的新要求。小康社会是一个经济发展、政治民主、文化繁荣、社会和谐、环境优美、生活殷实、人民安居乐业和综合国力强盛的经济、政治、文化全面协调发展的社会，是中华民族走向伟大复兴的社会发展阶段。从十六大提出“全面建设小康社会”到十八大提出“全面建成小康社会”，虽然只有这一字之改，但却是一个质的飞跃，它把全面小康社会的美好图景更具体更生动地呈现在全国人民面前，也把我们党对发展中国特色社会主义的坚强决心和信心展现出来。我们知道，“小康社会”是由邓小平在改革开放之初提出的战略构想。随着中国特色社会主义的深入发展，小康社会内涵和意义不断地得到丰富和发展。在20世纪末基本实现“小康”的情况下，党的十六大报告明确提出了“全面建设小康社会”。党的十七大根据形势发展提出了实现全面建设小康社会奋斗目标的新要求。经过10年的努力，全面建设小康社会取得重大成就，为到2020年实现全面建成小康社会奠定了坚实基础。党的十八大根据我国经济社会发展实际，从五个方面提出了全面建成小康社会的新的目标要求，即经济持续健康发展，人民民主不断扩大，文化软实力显著增强，人民生活水平全面提高，资源节约型、环境友好型社会建设取得重大进展。特别是报告提出“实现国内生产总值和城乡居民人均收入比2010年翻一番”的“两个翻番”，使小康社会目标更加明确、更加贴近，同时标准也更严、要求也更高。大家都知道，根据党十六大确立的2020年全面建成小康社会的目标，到2020年，我国的GDP到2020年比2000年翻两番。按此目标推算，人均GDP就要超过3000美元，这是建成全面小康社会的根本标志（需去除人民币20年内的升值因素）。根据世界银行数据库提供的信息，2011年中国人均GDP为5445美元，假设2000年以来美元兑人民币价格不变，换算后我国人均GDP为2002美元，距离2020年3000美元目标还有1/3的差距。报告关于实现全面建成小康社会和全面深化改革开放的目标要求，是对什么是小康社会、如何建设小康社会认识的新飞跃，必将极大激发全国人民为实现全面小康社会美好前景而奋斗的热情。

五是对全面改善民生确定了新目标。党的十八大报告以“在改善民生和创新社会管理中加强社会建设”为标题，清楚地标明了社会建设的两个重点内容——改善民生和创新社会管理，而保障和改善民生是根本。首次提出“城乡居民人均收入”10年翻番。为确保到2020年实现全面建成小康社会的目标，十八大报告提出：“实现国内生产总值和城乡居民收入比2010年翻一番。”在保障和改善民生方面，党的十八大报告用较大篇幅进行了论述，提出了努力办好人民满意的教育、推动实现更高质量的就业、千方百计增加居民收入、统筹推进城乡社会保障体系建设、提高人民健康水平等重大任务。特别是在党的十七大提出的“两提高”，即提高居民收入在国民收入分配中的比重和提高劳动报酬在初次分配中的比重基础上，党的十八大报告进一步提出了“两同步”，即努力实现居民收入增长和经济发展同步，劳动报酬增长和劳动生产率提高同步。“两同步、两提高”为深化收入分配制度改革，实现发展成果由人民共享指明了方向。

六是对健全社会主义协商民主制度提出了新思路。健全社会主义协商民主制度，就是要建立完善与民主党派和社会团体组织的固定沟通机制。以前我们也有协商民主制度的探索，但还没有形成规范化的机制。我们要进一步提高规范性，明确协商对象、协商内容、协商方式，不断提高制度化水平。十八大报告在协商民主制度的阐述上，内容更丰富，层次更多。在内容上，不仅包括经济发展问题，也包含群众切身利益的问题。在层次上，不仅有高层之间的协商，也有基层之间的协商。在协商渠道上，扩大了范围，更容易广集民智，更能保证群众多元利益诉求的最大实现。同西方竞争式的民主相比，协商民主具有许多优越性，既关注决策结果，又关注决策过程，拓宽了民主的深度；既关注多数人的意见，又关注少数人的意见，拓宽了民主的广度。协商民主与选举民主的创造性结合运用，有利于最大限度地调动各方面积极性、协调各方面关系，维护社会团结稳定。

七是对社会主义核心价值观作出了新概括。党的十八大报告第六部分的一个鲜明亮点，就是对社会主义核心价值观进行了新概括。我们知道，社会主义核心价值体系是党的十六届六中全会提出来的，党的十七大和十七届六中全会对建设社会主义核心价值体系进行了全面部署。几年来，社会主义核心价值体系建设取得显著进展，取得明显成效。但是，社会上和学术界一直有一种看法，认为建设社会主义核心价值体系，有必要进一步探索并提炼出“社会主义核心价值观”，并对社会主义核心价值观作出多种概括。党的十八大报告在阐述加强社会主义核心价值体系建设时，吸收全国各方面意见，在广泛共识的基础上，用“3个倡导、24个字”对社会主义核心价值观进行了概括：“倡导富强、民主、文明、和谐，倡导自由、平等、公正、法治，倡导爱国、敬业、诚信、友善，积极培育社会主义核心价值观。”这个概括是分别从国家、社会、个人三个层面进行的，从国家层面看，是富强、民主、文明、和谐；从社会层面看，是自由、平等、公正、法治；从公民个人层面看，是爱国、敬业、诚信、友善。社会主义核心价值观的提出和概括，深化了我们党对社会主义的认识，对于推进社会主义核心价值体系建设，具有十分重要的意义。

八是对党的建设主线明确了新方向。十七大报告关于党的建设主线的表述是“必须把加强党的执政能力建设和先进性建设作为主线”。十八大报告指出要“牢牢把握加强党的执政能力建设、先进性和纯洁性建设这条主线”，在党的建设主线中增加了“纯洁性”要求，提出要增强党自我净化、自我完善、自我革新、自我提高能力。过去我们讲执政能力建设，主要是党执掌政权、领导社会、推进中国特色社会主义伟大事业的能力。这次针对党的自身建设明确提出这4种能力，反映了党在新的历史方位下对自身建设规律性的认识，体现了党对自身建设的高度自觉，提高这四个方面的能力是保持党的先进性和纯洁性的关键。

九是对党的建设的总体目标作出了新构想。十八大报告着眼于以改革创新精神全面推进党的建设新的伟大工程，对党的建设目标做了新定位，提出建设学习型、服务型、创新型的马克思主义执政党，这表明我们对执政党建设规律的把握更自觉、更全面、更深刻。党的十六大、十七大报告曾提出学习型政党，但服务型、创新型政党是首次提出，并且将其与学习型政党并列起来，这是报告关于党的建设目标的重要创新和显著亮点，对于加强执政党建设，实现执政方式现代化具有重大意义。

十是对党的建设的总体布局作出了新调整。关于党的建设总体布局五大重点建设的顺序，十七大报告的表述是思想建设、组织建设、作风建设、制度建设、反腐倡廉建设。十八大报告将反腐倡廉的位置从第五位调整到第四位，凸显了反腐败在党的建设中的重要地位。在新一届常委中，由王岐山担任中纪委书记，引起国内外对中央进一步加大反腐的普遍关注。外界分析认为，王岐山在过往的从政经历中屡次担当“救火队长”角色，被认为是“解决问题的高手”和“处理危机的铁腕”，由其领衔肃贪倡廉，显示党进一步加强治理贪腐的决心与力度。

报告通篇呈现了五个突出特点

在认真聆听和反复阅读胡锦涛同志的报告后，我感觉报告具有5个突出的特点，具体归纳为5个度，即高度、深度、宽度、新度、精度。

一是具有战略的高度，体现了理论性、哲学性。报告从实现社会主义现代化和中华民族伟大复兴的战略高度，结合世情、国情、党情，进一步丰富完善了中国特色社会主义的理论体系，坚持道路自信、理论自信、制度自信，具有高度的指导性，让我们更加坚定了走中国特色社会主义道路的信心和决心。同时，报告提出，“坚持走中国特色新型工业化、信息化、城镇化、农业现代化道路”，“促进工业化、信息化、城镇化、农业现代化同步发展”，对推动经济可持续发展、实现现代化的途径做了新的部署。

二是具有历史的深度，体现了延续性、实践性。报告提出的观点，延续了四代领导人建设社会主义中国的道路选择，特别是改革开放34年来一以贯之的接力探索。特别是在阐述中国特色社会主义建设，在总结过去取得的工作成就时，十八大报告提出了“三个自信”，就是动员全党全国要坚持道路自信、理论自信、制度自信。我们纵观新中国的发展史，更加坚定了一个信念，就是只有中国共产党才能救中国，只有共产党才能实现中华民族的伟大复兴。在此基础上，报告强调在新的历史条件下夺取中国特色社会主义新胜利，必须牢牢把握以下八项基本要求：一是必须坚持人民主体地位，二是必须坚持解放和发展社会生产力，三是必须坚持推进改革开放，四是必须坚持维护社会公平正义，五是必须坚持走共同富裕道路，六是必须坚持促进社会和谐，七是必须坚持和平发展，八是必须坚持党的领导。

三是具有时代的宽度，体现了人民性、时代性。报告结合时代特点和新时期人民的需求，强调在改善民生和创新管理中加强社会建设，强调发展成果“更公平”地惠及人民，提出“权利平等、机会平等、规则平等”。同时更加关注人民的知情权、参与权、表达权、监督权，更加关注公民的道德素质建设、精神文化建设，更加关注百姓的就业、就医、教育、社保等切身利益。报告在145处讲到“人民”，10多处讲到“民生”，30多处讲到“群众”，全方位地体现了以人为本的执政理念。报告指出，根据我国经济社会发展实际，要在十六大、十七大确立的全面建设小康社会目标的基础上努力实现新的要求。主要包括以下五个方面：一是经济持续健康发展，二是人民民主不断扩大，三是文化软实力显著增强，四是人民生活水平全面提高，五是资源节约型、环境友好型社会建设取得重大进展。

四是具有发展的新度，体现了统筹性、创新性。报告充满了勇于创新的精神，提出了新的观点、新的理论、新的思想，把科学发展观确立为党必须长期坚持的指导思想，明确了中国特色社会主义事业总体布局拓展为包括生态文明建设的五位一体，体现了天人合一、美丽中国、惠及子孙的理念。特别是报告中提出的“美丽中国”，把生态文明建设融入到经济建设、政治建设、文化建设、社会建设各个方面和全过程，形成生态经济、生态政治、生态文化、生态社会的氛围，建设一个美丽中国，使中华民族永续发展，是一个重大创新和突破。

五是具有建设的精度，体现了系统性、坚定性。报告提出了进一步加强党的建设科学化的新任务、新要求，可以概括为5点，即：一个新要求:全面提高党的建设科学化水平，全面推进党的建设新的伟大工程。二个坚持:坚持解放思想、改革创新，坚持党要管党、从严治党。三种形象：树立“学习型、服务型、创新型”的马克思主义执政党形象。四种能力：增强“自我净化、自我完善、自我革新、自我提高”的能力。五大建设：全面加强党的思想建设、组织建设、作风建设、反腐倡廉建设和制度建设。同时，报告还进一步表达了惩治腐败的坚定、坚决的高压态度，也使我们更加坚定了只有建设好党才能建设好中国特色社会主义社会的信心和决心。

十八大会议虽然仅有短短7天的时间，但是在这7天当中，我在反复阅读十八大报告、与代表交流、与媒体交流的过程中，有几点感受，在这里也与大家共同分享一下：

一是中国在世界的影响力越来越大了。我们在过去的10年里，一心一意谋发展，聚精会神搞建设，超越了日本，成为世界第二大经济体、世界第一大出口国、世界第二大进口国，并拥有最多外汇储备，是经济成长最快的国家之一，国际地位和影响力越来越大了。

二是参政议政的范围越来越大。十八大代表的选举方面，增加了基层党员、生产一线党员和工人党员（包括农民工）的比例，在大会报告的撰写方面，充分听取了各省区市、中央和国家机关各部委、各民主党派、全国工商联和无党派人士各层面的意见。

三是中国共产党党员的队伍越来越大。十六大时，共有党员6600多万人，10年来，已经发展成为8200万人。伴随队伍的扩大，我们的执政能力越来越强、执政素质越来越高。

四是党中央反腐的力度越来越大。党在十八大召开之前对薄熙来案、刘志军案进行严厉查处，已经表明了党反腐败斗争的坚强决心和鲜明态度。十八大报告关于“（腐败）问题解决不好，就会对党造成致命伤害，甚至亡党亡国”的表态，也进一步表明了党继续坚决打击腐败、推进民主进程的决心。

五是中央领导人的视野越来越大。胡锦涛同志所作的报告，以宽广的视野全面审视当今世界和当代中国，全面把握国家发展新要求和人民群众新期待，深刻总结了党团结带领全国人民坚持和发展中国特色社会主义的历史进程和宝贵经验，科学阐述了党和国家未来发展的一系列重大理论和实践问题，对全面推进我国改革开放和社会主义现代化建设、全面推进党的建设新的伟大工程作出了战略部署。

在新一届领导与中外媒体见面时，习近平总书记自信、平实、亲和、担当的作风，给中外媒体留下了非常深刻的印象。他的讲话直言不讳，谈责任，视人民生活为重，把人民摆在了很高的位置，说出了人民的心里话，“人民对美好生活的向往，就是我们的奋斗目标”，话语实实在在、温馨感人；谈问题，把反腐败列为第一，点出了4个急需解决的问题，即：贪污腐败，脱离群众，形式主义，官僚主义，这也正是人民最关切的问题。榜样的力量是无穷的。新一届中央领导给人的印象是，坚定自信，深度亲民，勤勉担当，视野博大，勇于进取，一定能够带领我们走向国家富强和民族复兴的成功之路。

源头活水向天来

——民航局鼓励和引导民间投资综述

春秋航空、吉祥航空、顺丰航空……这些人们非常熟悉的名字，已经成为中国民航飞速发展的名片。作为民航局批准成立的民营航空公司，它们的发展速度令人瞩目。

2011年，在全球航空货运业持续低迷的环境下，顺丰航空逆市而上，全年共完成航空运输量45.3万吨，约占同期国内（含港澳台航线）航空货邮运输总量的12%。凭借廉价航空模式，春秋航空去年运行飞机30架，已开通航线48条，净利润超过5亿元。

民营航空公司的快速发展，是我国民航业民间投资发展壮大的缩影。

2005年和2010年，国务院先后颁布关于促进民间投资健康发展的指导意见。在政策的鼓励和支持下，我国民间投资规模不断发展壮大，已经成为促进经济发展、调整产业结构、繁荣城乡市场、扩大社会就业的重要力量。

2010年，《国务院关于鼓励和引导民间投资健康发展的若干意见》（“新36条”）出台之后，民航局迅速研究落实，出台了《民航局关于鼓励和引导民间投资健康发展的若干意见》，这是第一份部门实施细则。随后，民航业涌现出了一批具有一定规模、管理日益完善的民营企业。民间资本如今已经进入除空管以外的所有民航领域，在有些领域甚至已经发挥着主体作用，成为促进民航业发展的新的源头活水。

既拆“玻璃门”也拆“弹簧门”

《民航局关于鼓励和引导民间投资健康发展的若干意见》的正式实施，使民间资本投资民航业的热情得到极大激发。在放宽投资准入的同时，民航局对各类所有制民用航空企业的管理政策实行同等待遇，既打碎了针对民间资本设障的“玻璃门”，又拆除了影响政策实施的“弹簧门”。

目前，我国具有独立法人资格的航空公司共有46家，其中民营独资和民营控股航空公司达到10家。“新36条”发布后，引入民间资本及其带动的资产增加共计724亿元。其中，新设民营航空公司吸引民间资本15亿元，民营企业通过扩大生产增加资产239亿元，上市企业融资吸引民间资本并带动资产增加470亿元。

实际上，早在2005年《国务院关于鼓励支持和引导个体私营等非公有制经济发展的若干意见》（“36条”）发布后，民航局就开始积极清理不利于民间资本进入的各项规定，制定出台新的部门规章、规范性文件和行业标准，保证民营企业享有公平的市场进入机会。

根据相关政策，民间资本可以以独资、控股、参股等方式，投资经营公共航空运输、通用航空、航空维修、航空燃油供应、航空地面服务、航空培训学校、航空客货运输销售代理等各个领域。对具有自然垄断性质的机场，则支持民营资本和外资以参股的方式进入。

民间资本进入民航业后能否生存，是检验鼓励和支持政策是否动真格的重要标准。为此，民航局在航线航班和时刻资源分配、飞机引进、财税以及金融政策等方面对民营资本一视同仁，改善了民营企业的经营环境，以实现民间资本的良性发展。

首先，大力改革航线航班管理制度。在国内（地区）、国际航线航班管理和通用航空管理上，民航局对民营资本和国有资本采取了同等政策，部分民营航空公司已获得了一些主要航线的经营权。2011年，春秋、吉祥航空便打破国有垄断，进入“京沪空中快线”运营。目前，全国21个旅客吞吐量1000万人次以上的机场，都有民营航空运输企业运营。各民营航空运输企业在国内航线航班密度和航线网络覆盖范围上已初具规模。

由于民营航空在我国起步相对较晚，历史时刻资源短缺。为解决这一问题，民航局以及各地区管理局做了许多努力和探索。华北、华东地区管理局给予奥凯航空在天津，春秋、吉祥航空在上海的基地公司待遇，享受时刻分配的优先权。民营航空在华北地区的石家庄、天津机场的航班比例都已超过30%；春秋、吉祥航空在上海虹桥机场的航班比例约为21%，在上海浦东机场占12.5%。

在飞机引进方面，民航局坚持在确保安全的前提下，支持民营航空公司发展。近10年来，民营航空公司飞机引进速度年均增长最快的达到165%，最慢的为20%，远高于行业平均12.7%的增长水平。一定的机队规模成为了保证民营航空企业搭建航线网络、提高市场份额的前提和基础。

在财税和金融政策方面，民航局对包括民间投资在内的各类投资主体同等对待，创新和灵活运用多种金融工具，加大对民营企业的融资支持。自“十一五”以来，民航局通过政府性基金相继给予民营独资、参股的航空公司各项补贴合计达57亿元。

通过这些努力，民营航空近年来保持着快速增长势头，安全形势平稳，经济效益稳步增长。2011年，民营航空企业运输总周转量、旅客运输量、货邮运输量三项指标的增长率比全行业平均水平分别高出26.8个、17.5个、40.2个百分点。近3年来，民营航空公司资产规模和主营收入年均增长78%和52%，而同期国有航空公司的这一数据是15%和18%。

安全高要求 发展多服务 健康多引导

在今年的民航安全考核中，民营航空公司——春秋航空——一举获得第一名，打破了只有大型国有航空企业才重视安全投入的偏见。

随着民营企业规模日益扩大，加强安全监管，提高安全保障能力成为行业主管部门的一项重要内容。民航局及所属单位加强持续监管，开展上门指导和安全排查，引导企业树立持续安全理念，抓好安全运行和队伍稳定，完善安全管理体系；还发布了安全保障财务考核指标，引导行业企业增强安全投入，提高了民营航空公司的安全运营能力和水平。

在鼓励和引导民间投资的大潮中，民航不仅走在前列，步伐更是迈得稳健。

为跟踪《民航局关于鼓励和引导民间投资健康发展的若干意见》的落实情况，确保各项政策落地生根，今年4月民航局专门下发督促落实的通知，组织开展了现场调研和检查。

从检查情况来看，民航各单位严格行政许可，积极鼓励引导民间资本投资设立通用航空、航空器维修等企业，不断规范民营航空企业提升安全运营能力，营造了有利于民营航空健康发展的政策环境。

为有效鼓励和支持民间资本投资，民航各管理部门转变职能，一视同仁地为各种所有制企业服务：鼓励民营企业开展技术创新和提供差异化服务，找准市场定位；及时发布民航产业规划、统计数据、调控政策等，引导民间资本投向；研究和预警行业发展中出现的各种风险，提示企业做好应对。

在航空货运整体低迷的背景下，民航管理部门支持民营航空企业增加投入，创新商业模式，提高国际竞争力。作为民航局批准成立的第一家民营快递航空公司，在政策支持下，顺丰航空机队规模从2009年底的1架，增加到2011年的7架自有全货机，运营国内10条航线，每周168个航班，并通过包机等形式把服务网络拓展至马来西亚、新加坡、日本、韩国和美国。

目前，经民航局批准的民营资本投资的航空制造企业有63家，其中的南山铝业公司是国内从事民用铝合金研发生产的知名民营企业之一。在南山铝业发展过程中，民航局积极派出工作组，帮助其制定发展规划，推动其引进高端人才，增强研发实力，加强国际合作，鼓励其“走出去”，参与国际竞争，取得了良好的效果。

民航业是技术密集型、人才密集型产业，专业人才对于航空企业的发展至关重要。为解决民营航空企业在快速发展过程中核心专业人才不足的问题，在春秋、吉祥等民营航空公司成立初期，民航局积极协调行业内大型国有航空公司，帮助其培养关键紧缺人才。在民航局的积极协调下，东航派出20名技术过硬的年轻机长，协助春秋、吉祥航空进行初始运营，采取轮流制的方式“帮飞带飞”，协助民营公司渡过初期难关。

促结构调整 增行业活力

民营资本自进入民航业以来，不仅在民航行业的一些薄弱环节发光发热，更为加快产业结构调整，解决行业发展存在的不平衡矛盾作出了贡献。目前，通用航空、航空器维修等领域已经形成以民营资本为主体的格局，整体充满活力。

通用航空是民航产业的重要组成部分，市场潜力巨大。截至2012年7月底，全国持有通用航空经营许可证的企业共有140家，其中民营企业数量多达103家。2011年，民营通航企业营业收入增长62%，高于行业平均水平30个百分点；资产规模增长40%，高于行业平均水平24个百分点。

民营企业在国内维修单位中所占比重也呈逐年增长的趋势。目前，国内民用航空器维修单位380家，民营企业占比达到24.1%。在规模扩大的同时，通过加大对维修基础设施的投入，强化维修深度，民营企业从过去的简单修理发展到现在的电子设备检修、翻修等复杂业务，具备了一定的市场竞争力。

在航空专业人才培养方面，民营飞行学校迅速发展。现有的10家飞行学校中有一半是民营投资。随着民营投资的进入，培训种类不断增加，越来越多的直升机学校出现，水上飞机学校也在筹备中。虽然总的培训量依然是国有的飞行学院占优势，但其所占比例逐年下降。预计到“十二五”末，民营航校培养的民航专业技术人员将超过国有院校。

在航空运输销售代理领域，民营投资发挥着更为重要的作用。2010年以来，华北地区新批准成立航空客货运销售代理企业394家，其中民营企业占75%，占总投资的65%。截至2011年底，全国航空运输销售代理企业共计13551家，其中大部分为民营企业。

对于民航业而言，深入贯彻落实“36条”，积极鼓励和引导民间资本，不仅有利于拓宽行业投资渠道，加快民航基础设施建设，形成多元化的投资格局，也有利于促进国有经济和民间资本的良性互动，有序竞争，使市场格局更加合理，行业更具增长活力。据了解，民航局将进一步贯彻落实《国务院有关促进民间投资健康发展的指导意见》，不断推进民营航空健康有序发展。今后民间资本的健康发展，将在建设民航强国的进程中发挥越来越重要的作用。

（中国民航报　王诗）

中国航展上的“数字启示录”

在大型国际航展上，与世界航空市场的飞机订单、产品推介、签约合作、市场预测等信息相关的数字会集中发布，代表了全球航空制造业的未来发展趋势。

380架，15家，这分别是中国商飞研制的国产大型客机C919的最新订单总数和最新客户数，这也成为了刚刚落下帷幕的第九届中国航展上的焦点之一。在两年前的第八届中国航展上，作为东道国的飞机制造商，中国商飞与4家中国国有大型航空集团和2家飞机租赁公司共签署了100架C919客机的启动订单，成为C919进入世界单通道民机市场过程中具有里程碑意义的事件。

在每一次大型国际航展上，全球航空市场上重要的飞机订单、产品推介、签约合作、市场预测等信息都会集中发布，从而也产生了一系列让人印象深刻的数字。这些数字通常代表了全球航空制造业的未来发展趋势，中国航展亦是如此。

国产大型客机——50架新增订单的背后

正如一些国际知名航展成为波音、空客、庞巴迪、巴航工业等飞机制造巨头斩获巨额订单的平台一样，中国商飞和旗下国产大型客机C919也连续两届成为了中国航展的主角。

在此次中国航展上，中国商飞宣布了C919新增的50架飞机订单。根据协议，河北航空与幸福航空各购买20架，美国通用电气金融服务有限公司（GECAS）继2010年在中国航展上购买10架后再次购买10架，美国东方航空也有意向购买。

短短几年时间便斩获了380架飞机的订单，看上去成绩斐然，这一数据甚至超过了庞巴迪2004年就开始研制的全新C系列客机。但值得注意的是，在“支持国产民机制造业”的前提下，中国商飞所获得的订单大多数来自中国的航空公司以及飞机租赁公司。由此看来，在目前世界单通道民机的竞争格局中，C919距离得到世界范围客户的认可仍有路要走。

然而，更让业内人士担心的并非订单数量，而是能否如期按时交付。作为《国家中长期科学与技术发展规划纲要（2006年～2020年）》确定的16个重大专项之一，C919于2008年立项，并得到了国家层面的支持。记者了解到，中国商飞已于去年完成了大飞机的初步设计工作，全面进入工程发展阶段。按照计划，C919将于2014年首飞，2016年交付给客户。

对于这样一个时间表，一些业内人士曾担心是否有些冒进。此前也有外媒撰文表示，按照现在的进度，C919已没有任何延误的空间，否则就将失去2014年的首飞里程碑。一位曾经参加过国内几个重大飞机设计项目的业内专家表示，C919目前还只是一个项目，不是产品。项目的特点是“临时性、独特性、渐进明细（指项目实施是自上而下、逐级分解、由粗到细、循环迭代、逼近目标的过程）”。他认为，各方提出的质疑，恰恰是在对中国民机研制的历史、项目的复杂性、实际运行情况等进行综合分析和判断后作出的善意提醒。

而从中国大型客机研制的“探路者”ARJ21飞机曲折的发展过程来看，适航取证也将成为C919必须面对的一道难关。

4960架新增飞机——未来20年聚焦中国

4960架新增飞机，这是中国商飞对于未来20年中国航空运输市场民用飞机需求量的预测，其中包括单通道客机3405架、双通道喷气客机868架、涡扇喷气支线客机687架，总价值超过5630亿美元，这与波音公司不久前发布的预测结果颇为相似。波音公司更为乐观地认为，未来20年中国将需要5260架新飞机，总价值达6700亿美元。制造商们趋同的预测结果背后，是对中国民机市场未来的充分信心。

中国商飞的报告预计，到2031年，全球共需要31739架干线和支线飞机，其中包括双通道飞机7258架、单通道飞机20662架、涡扇支线飞机3819架，总价值约3.9万亿美元。同时，未来20年，预计全球航空旅客周转量的年均增长率为4.9%，中国则以7.2%的年均增长率继续独占鳌头。届时，中国机队占全球机队的比例也将从现在的10%增长到超过16%，增长趋势将令全球瞩目。

波音民用飞机集团市场营销副总裁兰迪·廷塞斯指出了中国市场对新飞机的需求特点："中国市场对新飞机的需求75%以上是为了满足市场增长，而非替换老龄飞机。持续的强劲经济增长、日益频繁的贸易活动以及不断增长的个人财富是主要驱动因素。旅客对更便捷出行、更高效率和更低票价的期望也将起到促进作用。"

此外，波音公司的报告中指出，世界民用飞机发展的未来趋势将更加关注"绿色环保"和更好的经济性指标，紧紧围绕进一步提高气动效率、结构效率、动力系统效率和设备可靠性以形成突破。而民用飞机技术将集中于综合优化、新材料应用、人机环境、环保低耗等领域，设计原则也由追求最好性能向追求可接受性能下的低成本方向转变，信息化与工程化的融合将成为未来先进民用飞机的重要技术特征。

大型公务机占40%——"金砖四国"需求量居首位

在本届中国航展上，通用航空的热潮席卷而来。在没有太多大型飞机到访的情况下，数量众多的通航飞机以及相关企业的参展，令本届中国航展被很多业内人士打趣为"更像一个通用航空展"。尤其是在公务机静态展示区，世界知名的几家公务机制造商悉数到场。值得注意的是，来到中国航展现场的公务机以大中型为主，参观者可一睹达索7X、湾流550、环球6000、挑战者300、莱格赛650等机型的真容。

在航展期间，霍尼韦尔发布了第21期年度公务航空展望中文版报告。根据报告的预测，2012年～2022年，全球将交付近10000架全新的公务机，总价值为2500亿美元。其中"金砖四国"巴西、俄罗斯、印度和中国的计划采购量居全球之首，40%以上的运营商表示未来2年内将启动采购计划。

据霍尼韦尔对2012年公务机市场进行的调查显示，2012年公务机的交付总值较2011年增长了9%。霍尼韦尔航空航天集团亚太区公务和通用航空总监瑞惜杰告诉记者，增长主要是由于价格增加和公务机组和的变化，反映出市场上大型公务机不断升温的发展趋势。大型公务机在未来10年的公务机成交额中将占主导地位，约占新公务机总支出额的70%和交付总量的40%。这种趋势与中国市场对大型公务机的需求不谋而合。

然而，根据一般经验来讲，在一个通用航空发展较为成熟的市场中，合理的机型比例应为"金字塔"形，即中小型飞机占大多数，成为"塔底"；而大型飞机占少数，成为"塔尖"。但在中国等一些新兴的通航市场中，机型比例却呈现出了明显的"倒金字塔"形，客户对大型公务机趋之若鹜。瑞惜杰告诉记者，除了高增长外，"金砖四国"的机型需求相似度也非常高。在未来几年中，这些新兴市场对于大型公务机的偏爱不会改变。而随着整个市场的成熟和对使用成本更为深刻的认识，这种趋势可能慢慢发生转变，公务机购买者将会逐步趋于理性，购买适合自己的飞机。

（中国民航报　程婕）

让安全监管站上科技巨人之肩
——华北局安全监管技术平台山西试点工程建设纪实

民航历来都把科技应用作为安全管理的重要内容。近年来，民航安全管理水平不断提高，科技手段在安全管理工作中的不断应用、为民航实现持续安全提供强有力的技术支撑功不可没。民航华北管理局安全监管技术平台山西试点工程的正式运行，让行业政府安全监管人员从过去的“腿勤”、“手勤”发展为现在的“脑勤”，增强了科技对民航安全管理的支撑作用。

安全监察员足不出户，就可以把辖区内民航单位的“人-机-环”信息尽收眼底。

突发紧急情况出现，决策层通过视频连线，就可以第一时间看到现场，了解事态进展，及时决策指挥，运筹帷幄之中。

在民航山西监管局，从日常的安全监察到突发事件的紧急应对处置，从行政执法到应急指挥，都随着一个技术平台的建成，开始发生深刻的变化。这个平台就是2012年11月1日通过验收、在山西监管局进行试点的民航华北管理局安全监管技术平台。安全监管技术平台的启用，让安全监管站在了科技巨人的肩上，让安全监管人员有了“千里眼”“顺风耳”，使安全监察突破了时间、空间和人力的限制，更加规范、科学、高效。

正如民航局局长李家祥今年10月30日调研该技术平台建设情况时所说，科技是信息社会发展的基础，也是民航安全运行的重要保障手段，科技手段在安全管理工作中的不断应用，为民航实现持续安全提供了强有力的技术支撑。

责任与压力呼唤安全监管工作创新

2002年民航新一轮体制改革以来，民航持续快速发展与行业安全监管能力跟不上的矛盾，民航企事业单位逐渐向世界一流看齐的安全水平与行业安全监管技术手段跟不上的矛盾日益突出，各地区管理局和各省（区、市）监管局确保履职到位、确保辖区安全的责任与压力与日俱增。

就拿华北地区民航来说，共有200余名监察员，要承担辖区155.6万平方公里内上百家民航企事业单位、近万名专业技术人员资质与能力的安全监管，监管的对象既有我国三大骨干航空运输企业之一的国航，也有年旅客吞吐量居世界第二的北京首都国际机场，还有分布在东西横跨2400公里的内蒙古自治区的众多机场。如果没有坚强的技术作后盾，仅靠人工是难以完成“不留死角”的监管任务的。

形势与矛盾推动着行业政府安全监管模式的转变；责任与压力呼唤着安全人员依靠科技创新工作思路和方法。2009年11月，刘雪松由民航西北管理局局长调任华北管理局局长后，结合民航华北地区发展实际，对如何加大安全监管工作的科技含量、推进安全监管体系建设进行了系统、深入的思考。“安全监管对象是一个越来越庞大的系统，行业监管必须把有限的监管资源用到安全的薄弱环节上，把着眼点放在过程安全和系统安全上。” 刘雪松说，

“这就迫切需要建立一套标准化的工作程序，告诉安全监管人员应该做什么、怎么做、以什么样的标准去做。”

“安全监管工作必须由劳动密集型向科技密集型转变，由结果被动型向过程系统型转变，让安全监管人员进入核心安全生产运行的核心过程，抓住其中的关键环节。”华北局上下形成了共识。

“牛顿有一句名言，‘我是站在巨人的肩上’，安全监管也要站在巨人的肩上，这个巨人就是科技。没有科技作支撑，安全工作就没法抓。”刘雪松深有感触地说。

加大安全监管手段和技术的科技含量，提高安全监察效能，根本出路在于以科技为支撑，建立健全安全监管体系。华北局一手抓软件工程建设，组织编写《航空安全管理手册》，梳理日常监管中各项工作流程，统一工作程序和要求；一手抓硬件工程建设，提出了建立安全监管技术平台的设想和方案。

在山西先行先试探索安全监管新模式

作为行业政府建立健全安全监管体系的重要内容之一，建立安全监管技术平台，目的是通过采用技术型、信息化手段，整合现有的技术平台，研发能切实提高安全监察效能的综合技术平台。华北局决定联合科研单位先行先试，探索新形势下行业政府安全监管工作新模式。

2010年3月，华北局成立了华北民航安全监管技术平台项目研究领导小组和建设工作小组，开展项目需求情况分析研究和现场调研。

2010年，在“8·24”空难后开展的安全监管工作反思活动中，华北局向民航局安全检查组提出了建设安全监管平台的建议,得到了民航局领导、机关各职能部门和民航局信息中心的支持。

鉴于该项目覆盖了华北地区所有机场、航空公司、空管、航油等，系统功能复杂，实施难度大,华北局决定先在山西民航建设试点工程。

在国内有50多年专业从事民航高新技术应用开发经验的民航局第二研究所以大局为重，发扬了民航科研单位勇于担当的职业精神，承担了监管平台的建设任务。这让华北局切实感受到：“有民航自己的科研队伍，是多么重要。”

2010年11月，华北局安全监管技术平台山西试点项目获得民航局正式批复立项。

2011年3月16日，经过公开招投标，华北局与民航机场（成都）电子工程设计所签订《安全监管技术平台山西试点方案工程设计合同》。同年9月1日，华北局与民航局第二研究所签订《建设施工合同》。

经过研发，施工单位历经7个月的共同努力，华北局安全监管技术平台山西试点工程建设于2012年3月底完成，4月开始系统测试并进入为期半年的试运行阶段。

2012年11月1日，试点工程通过了验收，开始正式运行。

安全监管技术平台具有“三监管、一应急”四大核心功能，即“安全监察、安全监管、安全监控，应急传输”，实现了看得到、听得到、管得到的目标，为行业安全监管提供了有效科技支撑手段。

民航局副局长李健一直关注着试点工程建设的进程，并给予了具体指导。10月11日，他赴山西调研该项目工程时指出，山西试点工程是全国民航首个集民航运输、公司运行、机场、空管、空防等民航监管的各个领域的综合安全管理技术平台，也是在新形势下积极推进安全管理体系建设、不断提高监管效能所做的有益尝试。

信息集成、共享、互动的平台

安全监管，信息先行。安全监管技术平台最大的亮点就是依托信息集成技术，改变了安全监管信息分散的状态，实现了信息的共享。

安全监管技术平台集成了行业政府、民航企事业单位的“人-机-环”三大方面的实时信息。行业政府可以通过平台发布共享信息，如发布安全动态、安全通告、工作通知、规范性文件、法律法规等。登录平台还可查看航班动态信息、航班延误信息、气象动态信息和不安全事件信息等。

在人员方面，平台收集了包括监管局监察员的个人信息、民航企事业单位专业人员的资质信息、能力技术档案以及奖惩记录。通过对此类信息核查，监察员可以准确判断专业技术人员是否满足岗位资质。

在设施设备方面，民航规章规定或推荐的设备设施数量是多少，辖区民航企事业单位现有数量是多少 ，是否符合规章要求，在平台上一目了然；辖区内所有执管飞机的机型、年限、数量、适航性等也均毫无遗漏。通过对此类信息核查，监察员可以判明民航企事业单位是否满足当前运行保障条件需求。

在运行环境方面，平台主要记录了机场所具备的运行条件，包括跑道、滑行道相关数据，起降最大机型，机场运行种类，以及净空管理和不停航施工情况。

除了集纳静态信息外，平台通过接口还可以连接企业生产系统，使监察员全方位掌握生产运行的动态信息，实时监管企业安全生产。

安全监管技术平台还实现了局方与企业信息互动。东航山西分公司安全运行技术管理部经理刘北戈对记者说：“有了安全监管技术平台，获取信息更加及时，与局方的工作交流更简便，也更规范了。”

行政执法制度化、标准化的平台

现在，孙剑英和他的同事，每天一上班,就打开电脑,进入安全监管技术平台的首页,在自己头像下方的提示栏里,当天的工作列得一清二楚。这在山西监管局已成为制度，成为每名安全监察员的工作习惯。

“安全监管技术平台，也可以说是一个行政执法制度化、标准化的平台。”孙剑英说。平台上的“行政执法”模块，为监察员提供了行政许可、行政审批、行政检查、行政处罚、行政强制等网上操作平台。监察员在该平台上开展工作，必须按照标准化的流程进行，避免工作流程的变动性。同时，该模块通过对现有各专业检查单进行梳理，清理需要检查的项目及条款，明确检查条款所需检查的内容和评判标准，并编制出管理局统一的安全检查标准库。每位监察员在开始检查时，按照标准库的要求逐步实施即可，从而可以减少不同监察员的差异性，消除工作质量的变动性。

安全监管技术平台还实现了行政执法的记录管理,确保行政执法经得起问、经得起查、经得起历史的检验。

“告警”功能有效避免监管“漏网”现象

在民航各级安全监察员以往的行政检查中，对飞行、机务、签派、空管、安保等五大专业技师人员的资质监管、工作超时监察，是靠定期或不定期的抽查，难免会出现“漏网”现象。

“比如，辖区内有上千名飞行员，如果每月把所有飞行员执行安全规章的情况都检查一遍，那监察员别的什么都别想干了。以前，没有技术平台，监察员只能采取抽查的方法，这就有可能使违章行为逃脱处罚。依托安全监管技术平台，监察员就可以开展有针对性的重点检查。”孙剑英给记者打了一个比方。

安全监管技术平台实现了对每位专业人员资质和工作时间的实时监控。比如对航空公司的飞行员，每月的飞行时间不能超过100小时，如果超过80小时，平台就会出现黄色告警，提醒监察员给予关注；超过100小时，平台出现红色告警，监察员就立即介入调查，按规章实施处罚。这不仅使全部专业人员置于被监控之下，防止以往以随机抽查形式所带来的片面性和局限性，而且能够更好地为企业服务，在人员违章前及时提醒企业加以关注和管控。

告警功能还可以用于对企业的资质管理、老旧飞机的管控、设施设备使用期限的管理等，即只要是规章上有量化性规定的，都可以实现此功能。比如对于航空公司的老龄飞机，如果运行达到15年，就会出现红色告警，要求安全监察员对该飞机实施重点监控，特别是对飞机维修质量进行重点监控。

在安全监察中生成了安全隐患数据库，并对生产进行安全风险统计、分析、评估，可对风险高的生产环节进行重点隐患监察和排除，做到事前控制、风险控制前移，避免不安全事件的发生。

实时信息传输让突发事件应急处置更加高效

安全监管技术平台的实时监控系统连接了太原机场和运城机场的监控系统，监察人员可以通过机场摄像头查看机场实时生产过程，调用监控录像，用于不安全事件调查。这种全新的监管模式，通过信息、图像的实时传输，实现了对机场生产的实时远程监控， 突破了时间、空间与人力的限制，有效缩短了民航安全管理的距离，改变了过去走到才能看到的状况。

应急事件发生后，平台可提供应急事件现场实时图像，现场人员可以通过视频向局方介绍现场现状以及应急救援情况，为上级领导及时了解突发事件现场实时情况、领导决策以及发布应急处置指令提供依据，使民航局、管理局领导以及监察人员真正具有“千里眼和顺风耳”的能力。

平台构建了基于华北局的应急指挥系统，建立华北局一级指挥中心，山西监管局二级指挥中心，太原机场及运城机场应急处置中心，通过视频会议系统，有效提高了信息交互及时性和应急处置手段。

民航安全水平的每一次提高都是建立在科技进步的基础上的。华北局安全监管技术平台山西试点工程是信息技术在行业安全监管领域的创新实践，是实施科技兴安战略迈出的重要一步。山西民航机场集团公司总经理郝孝义向记者表示，机场集团积极支持华北民航安全监管技术平台建设，“平台山西试点工程建成后，对机场安全监管的力度和范围都更大了，对我们做好全省民航机场的安全监管也是很好的启示”。他相信，随着这个平台在整个华北地区乃至全国民航的推广，我国民航的整体安全监管水平将跃上一个新台阶。

“既然是试点，就大胆做，做出来看效果”。这是民航局领导对华北局安全监管技术平台山西试点项目的鼓励，也是期待。从获批立项，到正式运行，短短一年时间，试点项目效果已经初显。华北局有关负责人表示，将在民航局及机关各司局的大力支持和指导下，在总结试点工作经验的基础上，在辖区各单位推广使用安全监管技术平台，并与民航其他信息系统实现整合，为民航持续健康发展保驾护航。

（中国民航报　杨群峰　通讯员　康文生）

河北民航的发展之路

——访河北省副省长宋恩华

河北民航的发展曾一度陷入“尴尬”的境地。一方面，河北省地理位置优越，既有广阔的华北大平原、巍巍太行山，也有优良港口和黄金海岸，非常适合发展地面交通、水路交通，发展空中交通的需求显得不那么迫切；另一方面，河北省周边大型机场环伺，发展迅速、态势逼人，民航市场竞争激烈。

但最近几年，河北民航的发展速度让人惊叹不已。以石家庄机场为例，自1995年2月开航到2008年年旅客吞吐量达到100万人次，用了13年时间；1年10个月之后的2010年10月5日，其旅客吞吐量突破200万人次；2011年9月30日，仅用9个月时间，石家庄机场就实现了旅客吞吐量300万人次；到2011年12月29日，其旅客吞吐量突破了400万人次。石家庄机场的发展速度只是河北民航发展的缩影。在“十一五”期间，河北省旅客吞吐量年均增长高达45.05%，居全国各省市区榜首。

河北民航的发展为何能摆脱“尴尬”的局面？河北民航究竟选择了一条怎样的道路实现快速发展？河北省政府在民航发展中扮演了什么样的角色？未来的河北民航还将如何走下去？带着这些问题，本报记者专访了河北省副省长宋恩华。

“地面交通发达也需要民航业”

在河北省的综合交通体系之中，民航业是一块“短板”。2011年，河北高速公路通车里程达到4756公里，居全国第三位；河北港口设计通过能力达5.6亿吨，居全国第三位，完成货物吞吐量7亿吨，居全国第五位；河北铁路营运里程突破5400公里。与发达的地面交通、水路交通形成鲜明对比的是，河北民航起步晚、发展慢、规模小，运营机场只有4个，没有定期国际航线，国内航线航班密度低，通达城市少，运力短缺。2011年，河北省机场旅客吞吐量仅居全国第27位。

“河北民航的现状与河北省在全国的经济发展水平极不相称。”宋恩华表示。在他看来，民航是综合交通运输体系的重要组成部分，地面交通、水路交通、空中交通各有优势、各有特点、各有用途。地面交通解决的是省域内的交通，而空中交通解决的是河北省与全国、全球的交流问题，互相不可能完全替代。“正如北京市、天津市等非常适合发展地面交通的地区也要大力发展民航业一样，地面交通比较发达的河北省同样需要发展民航业。”

宋恩华给记者算了一笔账：2011年河北地区生产总值达到24228.2亿元，居全国第六位，人均GDP（国内生产总值）超过5200美元。按照国际公认的标准，人均GDP超过4000美元后，城乡居民对航空运输的需求将空前提高。按照全国人均每年乘机0.2次测算，河北省现有1400多万人次的航空市场需求存量。

宋恩华认为，民航业的发展可以拉近河北省与全国乃至世界的时空距离，打通对外开放的“空中走廊”，聚集资金、技术、信息等生产要素，带动相关产业发展，产生巨大的综合效益。机场是地方经济升级发展必不可少的基础设施。“当前及今后几年，我省正处在向建设‘经济强省’目标跨越的发力期。民航业作为区域经济发展的‘发动机’，作为消费结构转型的‘催化剂’，可以成为加快发展和加速转型的双重抓手。”

“错位发展”另辟蹊径

河北省区位特殊，内环京津，内有首都机场、天津滨海机场，且与周边的太原机场、郑州新郑机场相距较近。长期以来很多人都认为，在这个特殊的位置上，河北民航不可能发展起来。“但经过深入分析论证，我们认识到，目前河北省的经济社会发展已对民航产生了强劲需求，只要定位准确、措施得力，河北民航完全可以在夹缝中发展壮大。”宋恩华告诉记者，因此河北民航提出了“错位发展”的战略。

“错位发展”主要体现在两方面：一是加快推进大众化航空试点，打造河北低成本航空品牌；二是大力发展航空货运。

为加快推进大众化航空试点，打造河北低成本航空品牌，河北省积极争取民航局给予试点支持政策，支持石家庄机场探索开放第五航权试点；积极拓展大众化航空试点，争取邯郸机场、秦皇岛机场、唐山机场以及拟建支线机场，一并被列入国家民航大众化试点，以期能形成覆盖全省的大众化航空网络。此外，河北民航加大与低成本航空公司的合作力度，鼓励国内、国际低成本航空公司开通航线，并到河北设立航空基地和分公司。

在发展航空货运方面，河北民航坚持客货并举，充分利用政府支持航空货运发展的政策，探索经停石家庄机场的国际定期航班运营新模式，吸引国内外大型货运航空运输企业、物流企业、货运代理进驻，打造华北地区航空货运基地。

“错位发展”战略很快就见到了成效。2011年，不仅河北民航迅猛发展，通过民航的带动作用，河北省还收获了更大的社会、经济效益。

宋恩华向记者展示了2011年河北民航发展带来的社会、经济效益：根据国际机场协会和民航局研究数据分析显示，仅2011年石家庄正定国际机场402万人次的旅客吞吐量，就为河北省创造了社会效益72亿多元、相关就业岗位2万余个。春秋航空、河北航空等还利用自身优势，直接投资旅游业经营，扩大了旅游市场份额。河北的红色旅游、历史文化旅游、自然风光旅游、休闲度假旅游发展很快，正在形成新的战略性支柱产业。民航发展的强劲态势，激发了国有大型企业投资民航业的热情。河北航空投资集团自成立以来，有计划、有步骤地推进各项工作，在航空主业发展、重点项目建设、关联产业谋划等方面都取得了积极进展。石家庄空港工业园区项目落地步伐加快，目前已有16个项目正式签约，总投资82.78亿元，洽谈项目涉及国外和省内外多家大型企业集团。

民航业的发展，不仅拓宽了河北的投融资渠道，而且对产业结构优化升级、延伸产业链条、拉动区域经济发展，产生了明显的驱动作用。

优先发展需要政府推动

“近年来，河北省高度重视民航发展。张庆黎书记、张庆伟省长到任后，对民航工作非常关注，多次进行视察，作出重要批示，并专门拜访民航局为河北民航发展寻计问策，提出了民航优先的发展战略，把发展民航列入重要议事日程，当做全省的一件大事摆上位置，强力推进。”宋恩华一语道出了河北省委、省政府对民航的高度重视。河北省对民航的重视不是停留在口头上的，而是给予了民航业真金白银的补贴，切实出台了一系列促进民航业发展的政策措施。

宋恩华向记者介绍道，省政府出台了支持石家庄正定国际机场发展、支持河北航空公司发展、鼓励行政事业单位因公出差人员从省内机场往返、河北省军民航联席会议制度等政策性文件，对石家庄正定国际机场旅客吞吐量翻番给予1亿元奖励，设立了石家庄机场建设发展专项资金，对机场建设发展贷款给予全额贴息，对客货航线培育给予补贴。

省政府在完善机场集疏运体系上也下了不少工夫。按照客运零距离换乘、货运无缝化衔接的要求，河北省加强了机场与铁路、公路、港口、城市公共交通的有机衔接，努力把机场打造成为与现代综合交通运输体系紧密衔接的枢纽或节点。“目前，石家庄机场先后在邢台、沧州、保定、定州、衡水等地建立了城市候机楼，开通了到石家庄市区以及保定、邯郸、衡水、邢台、定州等地的机场直通班车。石家庄机场高铁站至机场候机楼之间的捷运系统建设已经完成论证，今年将与机场新候机楼一起投入使用。”宋恩华说。

为加快民航相关产业发展，吸引大型国有企业冀中能源集团投资民航业，河北省还采取了“以地补天”的策略，开展了多种经营，包括积极吸引航空运输服务企业在河北设立地区总部、分支机构；加快临空产业发展，谋划建设了石家庄空港工业园；大力发展旅游、会展、商贸物流、金融保险等民航相关产业，加快提升产业规模和核心竞争力。

毫无疑问，河北省委、省政府这些看得见、摸得着的政策措施推动了河北民航“优先发展”。

“未来民航将是综合交通运输体系中重要的中心节点”

宋恩华对河北民航的未来很有信心。他预测：“十二五”期间，河北民航的发展速度仍会高于全国平均水平，年均客运发展速度将保持在30%以上。他的信心既来自于“十二五”期间，河北省将一如既往地支持鼓励民航发展，更来自于不久前出台的《国务院关于促进民航业发展的若干意见》。

“现在，《国务院关于促进民航业发展的若干意见》已经出台，我们也正在准备制订《关于推进民航事业发展的若干意见》。未来我们可能继续在支线机场建设运营、基地航空公司引进发展、重点航线开辟、通用航空发展等方面推出扶植措施。特别是在通用航空方面，我们已经进行了发展课题研究，准备制订《河北省通用航空产业发展意见》和《河北省通用机场布局规划》。将来，通用航空要被作为发展的重点和支持的重点，在机场基础设施建设、运营，人才引进、培养等各方面都给予大力支持。”宋恩华透露。

根据河北民航“十二五”发展规划，河北将确保民航与其他运输方式衔接顺畅，促进综合运输体系的发展。记者了解到，目前，河北省正在制订《全省机场集疏运体系规划》，依据省内各机场的功能定位及发展规划，构建与之相适应的衔接顺畅、运行高效，便捷、安全、全天候式集疏运体系，保证机场集疏服务能力充分、质量上乘，实现各运输方式“零距离换乘”。到2015年，基本建成高速公路、机场专用路汇集，机场轨道交通和城市公交、出租车多种运输方式共存的集疏运网络。特别是要谋划高速铁路、城市轨道在集疏运网络中的布局，打造以机场为核心的城郊型综合交通运输枢纽。

“未来，河北民航业在综合交通运输体系中将起到重要的中心节点作用。”宋恩华如是说。

（中国民航报　陈嘉佳）

西北民航插上科技的翅膀
——记西北民航PBN技术推广工作

2012年12月2日13时19分，春秋航空公司一架空客A320飞机对银川河东机场RNP（基于性能的导航技术）进离场程序、进近程序、运行标准和导航数据库编码进行了全面且系统的验证试飞后安全着陆。这标志着银川河东机场基于性能导航的验证试飞取得圆满成功。

民航西北局于2008年11月正式启动PBN（基于性能导航，包括RNVA和RNP两种导航规范）验证试飞工作。至此，除4个特殊机场外，民航西北局辖区的其余14个机场提前4年顺利完成民航局要求的PBN新技术验证试飞任务。

向传统挑战 大胆求新求变

在中国西部，青藏高原的腹地，有一块高耸的土地，平均海拔4200米，唐古拉山脉、巴颜喀拉山脉在这里会聚，长江、黄河、澜沧江在这里发源。这里就是素有“江河之源”“名山之宗”“牦牛之地”“歌舞之乡”和“唐蕃古道”美誉的青海省玉树地区。

2009年8月1日，位于巴颜喀拉山以南巴塘盆地的玉树机场正式通航。由于玉树机场地形复杂、航路通信监视手段薄弱、对飞机性能和飞行技术要求高、起飞重量对温度异常敏感、航班减载严重等多种原因，RNP导航技术对机场安全正常运行必不可少。

为了提高玉树机场的运行能力，民航西北局及时组织实施了东航空客A319飞机对玉树机场RNP飞行程序的运行验证试飞。民航西北局领导班子亲自带队，机组利用先进的RNP精密导航设备进行验证，并顺利完成了双向进近、降落、离场、复飞和单发应急着陆等计划程序的验证。从此，西宁-玉树航线成为我国第一条由国内航空公司使用的RNP4航路。2009年9月15日，民航西北局批复东航空客A319飞机在玉树机场正式使用PBN AR程序。

2010年6月8日，宁夏固原六盘山机场完成了RNP APCH（公共程序）程序验证试飞，成为国内第一个在新建机场制作这一飞行程序的机场。

两个机场成功试飞后，自2011年起，民航西北局加快了PBN推广步伐。2011年，民航西北局先后完成了对张掖机场、金昌机场、西宁曹家堡机场、格尔木机场、敦煌机场5个机场的RNP飞行程序验证试飞工作。2012年是西北民航PBN新技术项目实施最集中的一年，全年共有西安咸阳机场、榆林榆阳机场、兰州中川机场、庆阳机场、嘉峪关机场、中卫沙坡头机场和银川河东机场7个机场完成了验证试飞工作。至此，西北民航顺利完成PBN新技术推广工作。

新技术的推广使用是近年来民航局大力倡导、积极推动的一项重点工作。民航西北局两届领导班子高度重视此技术在西北地区的快速推广，统一部署，严密组织，亲临现场，指挥并参加各机场的验证试飞。民航西北局航务、通信导航、气象、飞标等相关业务部门严密组织，稳妥推进，规范验证试飞的程序标准，指导运行程序设计和审批。

创新发展理念 狠抓技术推广

与传统的飞行程序相比，使用基于性能的导航技术的飞行程序，航空器可以利用最佳航迹飞行，从而缩短飞行时间、缩小飞行距离，提高飞行效率，扩大空域容量，有效缓解空域矛盾。由于动手早、行动快，西北民航尝到了PBN带来的甜头。

2010年4月14日7时49分，青海省玉树藏族自治州玉树县发生了7.1级地震。在抗震救灾过程中，西北民航累计安全保障救援飞行839架次，运送人员25727人次、救援物资3852.6吨。其中，有近90%救援飞行使用的是PBN程序，每个航班最多增加载量6吨，相当于每个航班多运送70多人。航班满载着药品、物资，及时运送着伤员，挽救了无数的生命，大大提高了救灾效率。RNP技术的价值在这一时刻得到充分体现。

玉树机场3年来的统计显示，飞机从P193航路点至落地，传统程序需要27分钟，而使用PBN AR程序只需要17分钟。在温度、风速等其他条件不变的情况下，使用PBN程序，机场10号跑道最大起飞重量由传统程序的52.5吨增加至58.8吨。

西宁机场进近实施RNP运行后，最后下降梯度由6.1%降到5.2%，不仅方便了机组操作，而且增加了安全裕度。玉树机场实施RNP运行后，标准仪表离场的起飞爬升梯度由7.7%、7.6%分别下降为4.1%、4.5%，有效提高了飞行安全性。

东航西北分公司飞机在实施RNP运行后，实现了更稳定的进近。飞机每次都以相同的构型和速度对准中心线进近到达跑道，而且接地后有足够的跑道长度减速。东航飞行教员、机长葛涛介绍说，采用PBN新技术，大幅减轻了机组的工作负荷。作为飞行员，他们坚信，这个技术会对西北民航未来的安全、发展起到更大的作用。

在西北地区的新建机场中，高原机场和复杂机场较多，存在导航台选址困难、导航台信号屏蔽、导致飞行程序设计困难等问题。如能在建设前期就考虑采用RNP技术运行，就可有效减少地面导航设施，降低在地形复杂的高原、山区建设导航设施的成本。2010年初，民航西北局作出决定，原则上，辖区所有新建机场必须具备PBN导航技术运行条件。自2010年6月以来，固原机场、张掖机场、金昌机场3个新建机场先后实施了RNP程序验证试飞。目前正在建设的青海花土沟机场和德令哈机场从选址到开工建设，都把实施RNP程序运行作为基本要素来考量。

"民航从诞生之日起，就与先进科学技术结下了不解之缘，科技进步已经渗透于民航工作的方方面面。这些年来，西北民航安全性的提高，很大程度上得益于航空科技水平的提高。因此，抓PBN的推广运用，就是抓解放思想，就是抓科学发展，就是抓西北民航发展方式的转型。要改变西北民航相对滞后的现状，实现跨越式发展，就必须创新发展理念，特别是在新技术推广运用方面，要敢于先行先试。"民航西北管理局局长王志清说。

PBN全面运行 安全迈上新台阶

验证试飞工作的结束，仅仅是第一步，PBN技术在辖区内全面推广和运用才是最终目标。

如何使PBN新技术优势尽快转化为生产力，同时最大限度地控制预防新、老技术过渡阶段的安全风险？这个艰巨任务很快被提上民航西北局的议事日程。

PBN新技术推广运用过程实质上就是不断查找风险、不断分析风险、不断控制风险的过程。为了全面总结前一阶段的推广经验，为下一步实施运行奠定坚实基础。12月4日，民航西北管理局在宁夏银川召开了"PBN，你的风险在哪里"专题研讨会。会上，有关专家充分肯定了PBN在提升安全裕度、提高空域利用率、降低运行成本、增加机场容量等方面发挥的积极作用，同时，就PBN程序的安全运行与风险防控进行了研讨交流。

几年来，西北地区对PBN技术的掌握和应用，经历了一个由理论到实践、由初级到高级、由局部到全局的过程。下一步，西北民航将积极谋划、统筹处理好推广运用与保证安全、航班发展的关系，加速推进PBN技术在辖区的全面运用。

针对PBN技术的全面推广运用，民航西北局确定了“循序渐进、积极稳妥、精心准备、严密组织”的指导原则，提出了关注卫星导航源和导航数据库变化、高原复杂机场极其复杂气象条件下PBN运行管理、传统程序与PBN程序混合运行管理、PBN运行资质管理、PBN人员培训管理等10条风险防控措施。民航西北局要求，各单位将PBN纳入到安全管理体系中，将PBN新技术逐步延伸到通用航空管理中，按照民航局路线图的要求，2016年前完成全部机场的PBN运行。

（中国民航报　高文录）

实现民航持续安全要确立科学的思维方式和思想方法

——在2013年全国民航工作会议暨航空安全会议上的讲话

中国民用航空局局长 李家祥

一、思维方式和思想方法决定事业成败

思维，是人类特有的思想活动，是人们在表象、概念的基础上进行判断、分析、综合、推理的认识过程。任何思维活动，都是思维主体、思维客体和思维工具（思维形式和物质技术手段）有机结合的动态过程，三种要素结合方式不同，就形成了不同的思维方式和思想方法。

思维活动，是人们一切活动的先导与起点。有什么样的思维方式和思想方法，就有什么样的工作思路和方法，也就会产生不同的工作效果。毛泽东同志讲："思想上政治上的路线正确与否是决定一切的。"其实，最终是思想上的路线正确与否是决定一切的。思维方式和思想方法的总和就是思想路线。

（一）科学的思维方式和思想方法就是让人想明白的方法

思维方式和思想方法是社会实践发展的产物。从历史的角度看，人类思维方式经历着由低级到高级、由简单到复杂不断发展的过程。其变迁大致经历了三个阶段：古代以直观、表象为特征的整体性思维方式，近代以分析、分解为特征的形而上学思维方式，现代以注重整体和联系、结构和功能为特征的辩证系统思维方式。我们所说的科学思维方式和思想方法，就是辩证系统思维方式。这是一种与现代生产力水平、物质技术水平和社会生活水平相适应的思维方式和思想方法。

从哲学的角度看，马克思主义哲学为辩证系统思维方式的形成和发展奠定了认识基础。确立科学的思维方式和思想方法，必须具备一定的马克思主义哲学基础。马克思主义哲学博大精深，要学懂学通用好并不容易。从事实际工作的同志，可以按照邓小平同志"学马列，要精，要管用"的要求，重点把握好六对哲学范畴：

第一，主观和客观。人们认识事物都有一个出发点，一种是从主观出发，一种是从客观出发，这就形成了两种认识路线。科学的思维方式和思想方法要求我们从客观出发，按照事物的本来面目看待和分析事物，把握事物的客观性，避免凭主观意志看问题，依感情偏好作判断，按个人利益下结论。我曾经说过："不妄想，心想事成；意如实，万事如意。"不妄想，意如实，就是要从客观出发，就是要符合实际。

第二，片面和全面。有些人看问题，只见树木，不见森林，就像盲人摸象，这是片面的认识方法。系统地、完整地、全面地看待和分析事物，就要把握事物的全面性，不能坐井观天，要站在高处"俯瞰""鸟瞰"；不能自以为是，偏听偏信。"兼听则明，偏听则暗"，

凡事都要调查研究，全面系统地掌握情况。

第三，孤立和联系。看问题肤浅还是深刻，往往和认识事物的方法有关。孤立地、表面地看问题，就一定肤浅；联系地、本质地看问题，就一定深刻。其实，一切事物、过程乃至整个世界是个统一的整体，是由无数相互联系、相互依赖、相互制约、相互作用的事物和过程所形成的。我们看待和分析事物，不能就事论事，而要“由此及彼，由表及里”，把事物放在各种联系之中去考察，并且要“去粗取精，去伪存真”，充分把握事物的内在本质联系。

第四，静止和发展。事物发展的内在动力源于其内部矛盾运动，静止是相对的，发展是绝对的。内因是变化的根据，外因是变化的条件。因此，我们看待和分析事物，不能思想僵化，既要用转化的眼光看问题，又要用发展的眼光看问题，还要用历史的眼光看问题。

第五，认识和行动。其实这是理论与实践的关系问题。人的一切认识都来源于实践，都是为了实践。实践丰富认识，认识指导实践，实践检验认识。“空谈误国、实干兴邦”，就是要脚踏实地，把工作落到实处、求得实效。

第六，人的因素和物的因素。人是世界一切事物中最积极最活跃的因素。人既是实践的主体，又是实践的目的，人是衡量实践活动的价值尺度。人的一切活动都是为了人的生存和发展。以人为本，就是发展是为了人，同时追求实现人的全面发展。人的全面发展就是人的全面素质的提高。

这六对哲学范畴，是把握马克思主义哲学世界观和方法论的通道，也是通往科学思维方式及思想方法的桥梁。只要我们真正领会，灵活运用，就能够成为清醒的人、明白的人、智慧的人。任何事情，只有想明白了才能干明白，想不明白怎么干也干不明白。通俗地讲，科学的思维方式和思想方法就是让人想明白的方法。

（二）思维方式和思想方法正确与否，是事业兴衰成败的关键

思维方式和思想方法正确与否，从大的方面说，决定着党和国家事业的成败。中国革命和建设之所以能够不断战胜艰难险阻，从胜利走向胜利，至关重要的是我们党始终能够确立科学的思维方式和思想方法，坚持实事求是的思想路线。毛泽东思想的精髓是实事求是；邓小平理论的实质在于解放思想、实事求是，坚持真理的实践标准；“三个代表”重要思想和科学发展观的精髓，都是坚持了解放思想、实事求是、与时俱进的思想路线。党在不同历史时期的指导思想，其中一脉相承的是实事求是。实践证明，实事求是，是保证党的事业永远立于不败之地的正确思想路线。

从个人来说，思维方式和思想方法正确与否，则决定着个人事业、工作、生活是否成功、顺利。正如西方经济学者薛佛所说：“一个人思维方式和思想方法正确与否，决定着个人终身收入的高低。”人们常说，性格决定命运。其实，性格的背后是思维方式和思想方法。

在民航安全工作中，思维方式和思想方法正确与否，也会产生完全不同的工作效果，进而决定着民航安全形势的好坏。60多年来，民航经历过4个事故高峰期，从统计的一等、二等运输飞行事故数量看，1958年～1961年合计5起，1966年～1979年合计9起，1985年～1989年合计6起，1992年～1994年合计9起。这四个事故高峰期，有许多客观原因，但根本的还是主观原因。第一、第三和第四个高峰期，共同的特征是没有处理好安全与发展的关系，一方面生产规模高速膨胀，一方面基础十分薄弱，专业技术人员尤其是飞行员队伍远远跟不上发展的需要。第二个高峰期正值“文革”期间，在极“左”思潮的冲击下，民航队伍对业务学习放松了，技术训练任务不能落实，技术水平严重下降，造成了一个漫长的事故高峰期，教训极其惨重。

这些都说明：思路决定出路。思路正确打胜战，思路错误打败仗，没有思路打乱仗。这个道理已经被实践反复证明，也必定为将来的实践反复证明。

（三）要把科学的思维方式和思想方法当成真正的财富

每逢重大历史关头，善于首先在思想路线上解决问题，是我们党宝贵的历史经验。毛泽东思想、邓小平理论的确立，是党和国家的事业经历了重大历史波折之后的结果。“三个代表”重要思想和科学发展观的确立，是在党和国家的事业没有大起大落的情况下提出的，这是党遵循毛泽东思想、邓小平理论的精髓，在思想路线上见微知著、及时调整、与时俱进的结果，是我们党更加成熟的表现。

党的历史经验给予我们两点深刻启示：第一，在实际工作中，要学哲学，用哲学，努力养成良好的思维品质；第二，抓班子，带队伍，首先要从端正思想认识入手，在广大干部职工中倡导科学的思维方式和思想方法。

当前，民航安全工作中或多或少地存在一些不正确的思维方式和思想方法。概括起来，主要有五种：

第一，表现为“重形式轻内容”的形式主义思想方法。形式主义的特点是，想问题、办事情往往割裂形式与内容的关系，单纯地从形式出发，搞花架子，做表面文章，不讲实效，满足于热热闹闹、轰轰烈烈，“驴粪蛋表面光”，哗众取宠走过场，送往迎来显风光，东拉西扯想借光。有的在工作中满足于提个新口号，搞个新套套；有的总喜欢搞庆典、办论坛；有的习惯于发奖杯、送锦旗、搞表彰；有的满足于开了多少会、讲了多少话、发了多少文；有的安全检查多而不精、秀而不实、查而不严；有的重表态、轻行动，重评比、轻落实，忽视了基础性、长远性工作，看似工作没少做，其实基础很不牢。

第二，表现为“人情难却”的主观主义思想方法。主观主义最大的特点，就是观察和处理问题时，从主观感情、愿望、意志出发，忽视实际需要。主观主义是人最容易犯的毛病，因为人处理问题很容易带主观框框。比如，有些同志就很难过“人情关”，在飞行员放单飞、转标准、升教员时，有时不符合条件，也碍于情面签字批准了。“8 · 24”空难的教训，根源就是资质能力不过关的人当上了机长。

第三，表现为“生搬硬套”的教条主义思想方法。教条主义的主要特点是，忽视客观实际，只知从某些条条框框和固定经验出发看待事物，不考虑本单位的情况。贯彻上级精神，只管照抄照转，不能结合本单位的实际提出具体措施；学习别人的经验，不考虑活学活用，而是直接拿来，有的手册在本单位使用了，手册上还留有原来单位的名称。这些都是教条主义思想方法的表现。

第四，表现为“各自为政”的本位主义思想方法。本位主义往往从本单位、本部门、本地区的狭隘利益出发，无视安全工作的整体性、系统性、联系性，不顾大局，不识大体，其结果必然妨碍整个大局，最终也妨碍了局部。

第五，表现为“见物不见人”的思想方法。这种思想方法忽视人是根本的因素，仅满足于要资金、购设备、建设施，重硬件，轻软件，忽视人的资质建设。

错误的思维方式、思想方法最终都是要出问题的。对此，我们要有清醒的认识，要善于学习和发扬党在思想路线建设上的成功经验和优良传统，努力实现思维方式和思想方法的科学转变。

二、不断深化对民航安全工作特点和规律的认识

确立科学的思维方式和思想方法，是为了准确把握安全工作的基本特点、内在规律和发

展趋势，进一步提升安全工作的针对性和有效性。

民航安全工作的特点和规律有以下几个方面：

安全具有客观性、相对性。过去，人们总认为“无危为安，无损为全”，一直把出不出事作为衡量安全与否的绝对标准。实际上，国际民航组织把安全定义为“一种状态，即通过持续的危险识别和风险管理过程，把人员伤害或财产损失的风险降至并保持在可接受的水平或其以下”。因此，零事故是愿望，是奋斗目标，但在现阶段还达不到。既然安全不是绝对的，我们就要全面辩证地看待安全工作。没有事故并不等于没有问题，而出了事故也不能对安全工作全盘否定。安全工作所有的努力，就是要使安全状态始终保持总体平稳，让安全水平始终为航空界、政府和公众所接受。

安全工作效果具有滞后性。安全工作措施特别是基础性工作，其效果往往不是立竿见影的，很可能经过一段时间才会显现。我经常讲，如果实现了安全，为安全所做的一切工作，外人可能是不知道的；如果发生了事故，安全工作上存在的问题就一下子暴露无遗。安全工作效果的滞后性，容易使人思想麻痹、心存侥幸。认识这种滞后性，才能保持警觉，知道隐患在哪里，在消除隐患上下功夫，防止隐患结成串、连接成“事故链”。

安全运行风险具有可控性。大家常常说，民航业是高风险行业。但只要通过人的主观努力，认真汲取国内外航空安全事故和事故征候的教训，紧紧抓住安全工作重点及薄弱环节，增强风险防控能力，安全运行风险是可控的，事故也是可以预防的。

安全工作具有系统性。民航业是一个系统性非常强的行业。安全是多系统、多层次、多环节共同工作的结果，决不能就安全抓安全。要善于用系统方法，处理好系统与系统、整体与层次、层次与层次之间的关系，使安全链条始终处于良性状态，这样安全工作才有可靠的基础。

安全法规具有强制性。民航安全法规是民航安全实践的结晶，是在一次又一次血的教训基础上总结出来的。严格执行法规，正是为了避免重蹈覆辙。然而，仍然有一些人习惯于随意性、经验式的操作与管理，有法不依，有章不循。法规意味着刚性约束，如果得不到有效执行，就失去了应有的权威。我们经常强调严格管理，关键要严在“格”上。所谓的“格”，实际上就是安全法规。

安全科技应用具有高效性。科技应用对提高民航安全裕度作用明显。比如，实施精密进近的事故率是非精密进近的1/7，应用增强型近地警告系统（EGPWS）使可控撞地飞行事故率降低了95%。航空运输之所以成为当今最安全的交通运输方式，一个重要原因就是广泛地应用了高新科技和先进的设施设备。

安全管理方式具有阶段性。回顾我国民航发展历程，安全管理大致经历了摸索管理阶段、经验管理阶段和规章管理阶段，特定的阶段形成了特点条件下的安全管理思路和方法。在摸索管理阶段，民航基础差、底子薄，当时有效的方法只能是“飞飞整整，整整飞飞”，要求“干中学，学中干”，强调“人盯人”的管理模式。在经验管理阶段，强调安全管理经验的总结和推广，1992年提出的“八该一反对”，1994年提出的“四不放过”，就是颇具影响的安全工作经验。在规章管理阶段，民航安全法律法规不断健全，企事业单位不断完善安全运行手册，各级行政机关不断强化依法开展安全监管意识，安全管理的思路和方法更趋科学。

在这个过程中，运输航空事故率总体呈现下降趋势，特别是进入新世纪以来，安全水平提高更快。从统计看，运输航空百万小时、百万架次重大及以上事故率，1950年－1959年平均分别为27.1次、125.5次，1960年－1969年平均分别为6.8次、20.9次，1970年－1979年平均分别为7.6次、19.2次，1980年－1989年平均分别为4.5次、9.8次，1990年－1999年平均分别为1.5次、2.1次，2000年－2009年平均分别为0.11次、0.21次。而2000年－2009年，百万架次重大及以上事故率世界平均水平为0.54次，中国民航安全水平大大好于世界平均水平。

从摸索管理阶段、经验管理阶段到规章管理阶段，是一个安全管理不断进步的过程。安全管理处于什么阶段，是由其特定的物质基础、管理基础和认识基础决定的，当物质条件、技术水平以及对安全工作的认识水平提高到一定程度时，安全管理必然进入一个新的阶段。可以说，这是我国民航安全管理的发展规律。我们相信，随着物质设备条件和安全认识水平进一步提高，尤其是人的素质达到一个人文自觉的程度，民航安全管理一定会进入人文式管理阶段。

三、切实转变抓安全的思维方式和思想方法，不断提高民航安全工作质量

安全工作充满了辩证法。我们要善于把全面、联系、发展、变化的辩证思维转化为科学的安全工作方式方法。

用全面的眼光看，安全工作没有“全净空”。任何事物都不是绝对的。看待和分析问题，要有辩证的眼光。拿安全工作来说，成绩和问题往往是同时存在的。而且，在一定条件下，二者经常相互转化。所谓“知危而安，知乱而治，知亡而存”，说的就是这个道理。在安全工作中，要能够看到“尺中之短”和“寸中之长”，及时觉察“福中之祸”和“祸中之福”，善于处理“危中之机”和“机中之危”，增强工作的预见性和主动性，做到未雨绸缪。

用联系的眼光看，安全工作不能“单打一”。事物的联系性决定了安全工作必须统筹兼顾，不能只抓一点、不及其余，也不能头疼医头、脚疼医脚。否则安全工作就会按下葫芦浮起瓢，长期处于疲于奔命、被动应付的状态，从而失去工作的主动性，到头来就是费劲的事没少干、力没少出，事却频发。要学会“弹钢琴”，十个指头都要动，综合考虑影响安全的所有因素。安全管理体系（SMS）就是运用了这种思想和方法，把安全工作看做一个系统，把任何一个安全问题放在系统中分析，就能掌握工作的主动权，收到事半功倍的效果。

用变化的眼光看，安全工作没有“固定式”。安全管理不可能有完全相同的管理环境和运行环境。安全管理科学认为，变化是潜在的事故致因，安全管理就是要对这些变化进行及时的、适当的管理，这就注定了安全管理是一个动态的过程。安全工作没有“固定式”，要防止用一成不变的眼光和态度对待安全工作，要注重效果，从实际出发，因时因地、因人因情而变，并且不断认识变化的规律，不断总结新的经验、新的做法，使安全工作常抓常长进、活抓出活力。

用发展的眼光看，安全工作没有“终点站”。安全问题是伴随着人类的生产实践活动而产生的，只要社会生产活动一刻不停止，安全问题就不会终结。所以，安全工作只有起点，没有终点，需要持之以恒的精神。如果只重视“突击战”，忽视“持久战”，时间一长，思想上就放松了，行动上就懈怠了，安全形势就容易出现周期性波动，这就违背了安全工作的规律。因此，要做到警钟长鸣，常抓不懈，切不可急于求成。我常讲：抓安全要常态化，就像吃饭要吃家常饭，家常饭是常态的、可持续的，鲍鱼鱼翅是不能持续的。

总之，我们强调切实转变抓安全工作的方式方法，就是要摒弃那种“运动”式、“刮风”式等华而不实的安全工作方式，更加注重安全管理的规范性，把安全工作纳入制度化轨道；更加注重安全管理的长效性，建立完善安全长效机制；更加注重安全管理的持续性和实效性，用工作的常态化实现安全的长效益。

在具体工作中，要把握好以下方面：

实践持续安全理念要从实际出发。安全理念是安全管理的“根”和“魂”，会外化为安全管理行为，影响安全管理结果。

安全理念来自实践，要结合实际贯彻。实践是丰富多彩的，也是千变万化的。随着行业

的发展，民航专业化分工越来越细，各单位的安全侧重点、遇到的安全问题各有差异。安全工作要避免上下一般粗。安全理念来自实践，只有结合实际贯彻才有生命力。空喊安全理念看似重视，实质上是懒惰的表现，也解决不了任何安全问题。各单位的安全工作各异，学习借鉴不能照抄。安全理念只有结合本单位实际，才管用，才能入脑入心。

安全理念反映了安全工作的内部联系，不能与其他工作割裂。安全理念重在解决发展中的实际问题。安全工作与发展、效益、服务、训练等方面紧密联系，在实际工作中要统筹思考，拿出看得见、摸得到、有效果的举措，防止安全理念与实际工作“两张皮”。

安全理念具有相对稳定性，不能说变就变。安全理念是安全工作特点和规律的反映，具有一定的稳定性，不是随便乱提的。否则，容易把大家的思想搞乱，把安全工作搞虚。

推进队伍体系建设要抓住重点。人，始终是航空安全的根本要素。民航业的快速发展，对人才的需求越来越大，素质要求越来越高。在民航安全工作中，要始终把队伍体系建设作为重点。队伍有数量和质量两个方面，要在确保质量的基础上追求数量。

要坚持不懈狠抓重点单位关键队伍建设。航空公司、机场、空管是民航安全生产运行的三大主体，其中航空公司又是重中之重。在航空公司中，抓住飞行、机务、运控等队伍，飞行安全就有了最基础的保证；其中，飞行员队伍又是重点。同样，在机场、空管等单位，都有各自的安全生产运行重点部门，抓好这些重点部门的队伍建设，也能收到牵一发而动全身的效果。当然，强调重点单位、关键部门的队伍建设，并不意味着其他单位的队伍建设不重要。在安全工作中，任何单位都要结合实际，抓好关键队伍建设，这才抓住了根本。

要坚持不懈狠抓关键专业技术人员资质能力建设。人员资质能力直接决定着安全结果。要继续抓好关键专业技术人员资质能力建设，在重点抓好飞行员队伍资质能力检查的同时，把范围扩大到机务、签派、管制员以及安全管理人员、各级领导干部上。

要持续跟踪容易“砸锅”的重点人员。一个行业、一个单位的安全成绩是各方面共同努力的结果，事故却有可能因一个人而引发。对某些经常让人不放心的“个别人”，要心中有数，防止“个别人”成为“砸锅”的人。领导干部最容易犯的有两个错误，一是自己做了力不胜任之事，二是使用了力不能及之人。在安全工作中，就是要坚决防止力不能及之人担当力不胜任之事。

推进责任体系建设要各自有别。确保安全的过程就是安全责任落实的过程。

安全责任是有层次的。这几年，我们反复强调要落实“四个责任”，即企事业单位的安全主体责任、行政机关的安全监管责任、单位（部门）领导者的安全领导责任、员工的安全岗位责任。其中，主体责任是根本，监管责任是保障，岗位责任是基础，领导责任是关键。

落实责任要担责。安全责任是法律规定的，落实责任应该是分内的事，做好了是应尽之责，做得不好必须问责。从“8?24”空难处理结果看，一旦失责，无论是承担安全主体责任的企业，还是承担安全监管责任的行政机关；无论是单位的领导，还是具体岗位的员工，都无法置身事外，一律都要追究责任。因此，在责任面前，都要有高度的事业心和责任感，自觉主动地履行好职责。

落实责任要防止责任的外部化、虚泛化。防止责任外部化，主要是防止对主体责任认识不足，以安全工作的综合治理，或安全工作的系统性，淡化主体责任；以安全工作的外部力量，代替主体单位的内涵力量。防止单位内部安全责任虚泛化，就是要防止以集体领导代替个人负责，以笼统负责代替具体职责。

推进法规体系建设要着眼于法规的完善与落实。安全法规是安全工作的依据，要把法规的完善和落实统一起来。

安全法规建设要适应行业发展的需要。我国民航法规体系逐步健全，对保障安全起到了至关重要的作用，但仍然不能满足民航业快速发展的需要。当前，民航运行种类日益增多，运行人员成分日趋复杂、来源多样，新机型、新设备、新技术不断引进，安全生产管理机制、企业运行模式也在不断发生变化，但一些管理规范相对滞后。法规体系建设要能适应行业发展的要求，及时跟进。

各类政策法规要为安全管理提供支撑。安全法规之间要相互衔接、相互配合，共同为安全管理提供有力支持。经济政策也要为安全管理服务，比如备降资源的问题，在机场规划设计的时候就要考虑进去。要综合运用航权航班时刻政策、民航发展基金等政策手段，引导企事业单位自觉落实安全法规标准，加大安全投入，提高安全保障能力。近几年，航空安全保障财务考核机制，就起到了很好的作用。

要依法监管、敢于监管、严格监管。权力运行，需要监督；安全规章标准的落实，也需要监督。行政机关行使的是法律赋予的安全监管权力，企事业单位规格再高、规模再大，也是被监管对象，必须服从监管。行政机关要大胆履行职责，监管监管，首先要敢；如果不敢，何谈监管；管而不严，如同没管。行政机关在安全监管上，原则性要强，态度要坚决，不能因为情面而丧失安全监管的严肃性。

推进设施设备体系建设要配套实用。行业发展速度越快，对设施设备的需求就越大。设施设备建设要充分考虑运行的需求，建设和使用一旦脱节，就会为安全运行埋下隐患。

新技术建设要空地配套。技术配套有利于充分发挥整体效能。比如，机载设备只有考虑到将来运行的机场和航路上的飞行环境，才能充分发挥其安全功能。采用新的航行技术，也要考虑机载设备能否达到运行的要求。在安全设施投入方面，不能“光买马，不配鞍”。个别单位就是因为安全设施不配套，致使一些安全隐患长期得不到整改，降低了运行标准和等级。

新技术应用要“人、机、环”同步。新技术和先进设施设备的广泛应用，对人员技术素质要求更高了。要从“人机系统”的角度，加大专业技术人员的培训，使其熟练掌握设施设备的原理、性能和使用，做到人、机、环三者紧密结合。要以引进新技术、新设备为契机，优化业务流程，改进安全管理方式和方法，使管理方式与技术应用相适应，发挥新技术、新设备的整体作用和系统功效，逐步形成现代安全管理模式。同时，还要积极防范传统技术与新技术转换过程中的安全风险，做到万无一失。

不断深化民航安全管理要扩大资源、整体联动、创新文化。

要扩大空域资源，积累安全信息资源。争取空域资源，扩大民航安全发展的空间。空域与陆地、海洋一样是一个国家不可再生的生产资源，是民航运输不可或缺的生产资料。近10年来，民航的发展需求和空域资源不足的矛盾越来越突出，要进一步加大军民航协调力度，争取相关部门更大的支持，在利用空域资源、释放空域资源上取得新的进展。

积累安全信息资源，扩大民航安全工作的基础。信息是管理的基础，没有信息就没有管理。民航安全运行、安全监管、安全决策，都是以安全信息的收集、整理、分析、运用为基础的。民航安全水平的高低，很大程度上取决于信息管理水平的高低。现在，我国民航安全管理水平与民航发达国家比较还有差距，安全信息管理相对落后是一个重要方面。要把安全信息提到战略性资源的高度来认识，注重安全信息积累，使民航安全管理建立在充分的安全信息基础上。

要整体联动，形成安全合力。由于运行主体日趋多元化，民航安全系统变得越来越复杂，安全管理要考虑的因素越来越多，对安全运行的联动性提出了更高的要求。

从安全工作的整体性出发，形成完整的安全运行链条。对于一个单位而言，可以说工作离开了谁都行。因此，每一个人都要注意谦虚谨慎。而对于行业来说，确保行业的正常高效运行，离开了任何专业都不行。因此，各专业之间要相互尊重、紧密协作。航空运输业是由多个专业部门和环节组成的现代运输产业，民航企事业单位只有在分工与协作中，才能形成完整的“安全链”。行业运行主体越多，就越要树立“大民航意识”，民航的各级工作都要为安全生产一线服务，民航的各类专业都要为飞行服务，民航的所有工作都要对旅客生命财产安全负责。

从安全工作的开放性出发，凝聚确保安全的内外合力。我国民航业的管理体制、投资主体以及发展责任发生了很大变化，与此相应，安全责任主体也发生了很大的变化。抓安全工作，要善于调动各个方面的积极性，使行业内外形成合力。地方政府对所属机场负有加强安全保障的责任、加大资金投入的责任、保护机场净空的责任、维护机场运行秩序的责任，要通过多种途径和方法促使其落实好这些责任。旅客和货主也是这样，只要我们引导好，也可以成为维护民航安全秩序的参与者。

从安全工作的层次性出发，着力解决影响安全的深层次问题。安全管理，要注意处理好治标与治本的关系。所谓治标，就是要解决安全运行当中单个的、孤立的、偶发的问题；所谓治本，就是要解决体制性、结构性因素引发的深层次问题。我国民航尽管经历了三轮改革，但体制机制还没有完全理顺，其矛盾必然会反映到安全工作上来，这些还要通过深化改革加以解决。

要创新安全文化，促进民航安全管理向人文式转变。安全生产成为人的人文需求和人文自觉，从“要我安全”到“我要安全”，是人文式安全管理的特征。现实中，阻碍安全管理创新的因素很多，但主要还是文化观念上的障碍。一些监管局在履行安全监管职责时，常常因为行政级别低而备受冷落，这是与传统文化中只看重身份、地位，缺乏公正的法治精神有关的；有些单位发生不安全事件后，不但不主动报告，还迟报，甚至谎报、瞒报，说明我们的诚信文化建设还有较大的差距。变革安全管理方式，首先要创新安全文化，要积极倡导和实践“诚信、责任、法治、共享”等安全文化核心价值观念。安全文化的实践过程，是一个良好的安全意识和安全行为的养成过程，既要大力提倡，又要潜移默化，有赖于长期的积淀与传承、积极的培育与塑造，最终根植于广大从业者的心灵中。

坚持科学发展 实现持续安全 发挥战略作用

——2002年－2012年民航大事记

科学发展,成就辉煌。自2002年以来，中国民航在党中央、国务院的正确领导下，坚持以邓小平理论和“三个代表”重要思想为指导，认真贯彻落实科学发展观，在建设民航强国的征程上迈出了坚实步伐，取得了巨大成就。

2002年——

1月1日　北京时间零时起，各民航机场正式启用修改后的《国际航空气象电码》。

2月3日　山东航空公司彩虹公务机有限公司正式成立。

2月7日　国务院批准民航总局组建空中人民警察队伍。

3月3日　国务院《关于印发民航体制改革方案的通知》同意国家计委会同有关部门和单位研究提出《民航体制改革方案》。

3月12日　中国民航首度使用白皮书。

同日　山东航空集团公司正式成立。

3月16日　西安飞机公司（集团）有限责任公司、武汉航空公司与深圳金融租赁公司签订购买及租赁3架新舟60飞机合同和5架意向协议，这是我国首次通过租赁方式销售国产飞机。

3月20日　经民航总局批准，第二批民用机场高度表拨正程序和过渡高度层改革开始实施。

6月1日　民航总局、外贸部联名发布《外商投资民航业的政策规定》。

同日　《中国民航航空人员医学标准和体检合格证管理规则》开始实施。

6月21日　由民航总局、外经贸部、国家计委以民航总局第110号令公布《外商投资民用航空业规定》，自8月1日起施行。

7月11日　哈尔滨飞机公司的H4110A直升机获得民航总局颁发的型号合格证。

7月12日　国内首支武警反劫机中队在上海成立。

8月1日　中国军航、民航开始实施统一的《飞行间隔规定》。

8月16日　中国国际航空公司使用波音737飞机成功跨越北极，圆满完成北京–纽约航班的极地飞行验证任务。

8月18日　中国东方航空武汉有限责任公司成立。

8月29日　四川航空股份有限公司成立。同时，四川航空集团公司成立。

10月1日　民航总局与环保总局联合发布并正式实施《环境影响评价技术导则——民用机场建设工程》，这是民航总局首次发布关于机场建设工程中环境保护方面的标准。

10月11日　中国航空集团公司、中国东方航空集团公司、中国南方航空集团公司三大航空运输集团和中国民航信息集团公司、中国航空油料集团公司、中国航空器材进出口集团公司三大航空服务保障集团在北京宣告成立，标志着中国民航企业联合重组和行政管理体制改革进入新阶段。

11月4日　民航总局发出《关于国内航线联营问题的通知》，决定取消国内航线联营。

11月6日　民航总局适航司向国产运–8F400型飞机和16克飞机座椅颁发了型号合格证和TSOA证。

11月18日　中国和卢森堡两国政府《民用航空运输协定》在北京签订。

11月20日　民航总局印发《山东、湖南、青海三省民航行政管理和机场管理体制改革试点实施方案》，全面启动民航省（区、市）行政管理和机场管理体制改革试点工作。

11月28日～29日　民航总局党委首次提出在本世纪头20年实现从民航大国到民航强国历史性跨越的民航行业发展战略。

12月23日　民航总局为直–11型直升机颁发民用生产许可证。

2003年——

1月1日　重新修订的《民用航空机场特殊天气报告标准与规定》（民航空发[2002]168号）正式实施。

1月14日　民航总局下发《关于恢复民航地区管理局通用航空企业审批权限的通知》（民航运发[2003]9号），从4月开始恢复民航地区管理局乙、丙类通用航空企业审批等权限，并增加有关职责。

1月26日　执行台商春节包机首航任务的台湾中华航空公司的波音747–400大型客机降

落在上海浦东机场，成为53年来首架降落祖国大陆的台湾民航客机。

3月4日　中国和埃塞俄比亚两国政府《航空运输协定》在北京签订。

3月28日　中国民用航空湖南省安全监督管理办公室挂牌成立。

4月1日　新加坡货运航空公司开辟新加坡经我国澳门、南京至美国芝加哥的航线，并在厦门、南京拥有上下国际货物的权利。这是中国政府首次向外国航空公司开放货运第五航权。

4月2日　中国和冰岛两国政府《航空运输协定》在雷克亚未克签订。

4月8日　民航总局成立非典型肺炎预防控制工作领导小组。全面布置了民航系统防控非典型肺炎工作。

4月15日　民航总局、公安部、人事部、财政部联合下发《中国民航空中警察组建方案》。6月17日组建工作全面启动。

4月21日　民航总局就民航系统进一步做好非典型肺炎防治工作发出特急通知。

6月19日　青海民用机场有限责任公司、民航青海安全监督管理办公室同时挂牌运转。

7月7日　民航总局党委研究通过《关于特聘技术专家和中青年技术带头人选拔管理办法》，决定每年在民航重点专业技术领域选拔30名特聘专家、100名青年技术带头人予以重点扶持和培养，以组建民航专家队伍。

7月15日　民航国内航空运输价格改革方案听证会在北京举行。

7月28日　民航总局向重组合并后的中国国际航空公司颁发了运行合格证书和运行规范。

8月19日　中国与尼泊尔两国政府《航空运输协定》在北京签订。

8月30日　民航总局和公安部联合印发了《民用机场公安机构改革方案》，确定除首都机场集团公司所属机场（含首都国际机场、天津滨海国际机场）、西藏自治区内机场及中国民航飞行学院所属机场的公安机构外，机场公安机构和民航省（区、市）局公安处随同机场下放，一并移交地方人民政府管理。

9月1日　北京、上海、广州进近塔台实施英语陆空对话。

10月30日　北京–上海–广州航路实施雷达管制。

11月21日　中国民用航空江西安全监督管理办公室、江西机场集团公司正式挂牌成立。

11月22日　中国民用航空山东安全监督管理办公室、济南国际机场股份有限公司正式挂牌成立。

11月25日　中国民用航空安徽安全监督管理办公室、安徽机场管理有限责任公司正式挂牌成立。

11月26日　中国民用航空重庆安全监督管理办公室、重庆机场（集团）公司正式挂牌成立。

同日　中国民用航空江苏安全监督管理办公室正式挂牌成立。

11月28日　中国民用航空吉林安全监督管理办公室、吉林省民航机场（集团）公司正式挂牌成立。

12月12日　中国国际货运航空有限公司在北京挂牌。

12月18日　陕西省机场管理集团公司正式挂牌成立。

同日　中国民用航空黑龙江安全监督管理办公室、黑龙江省机场管理集团有限公司正式挂牌成立。

12月19日　中国民用航空内蒙古自治区安全监督管理办公室、内蒙古自治区机场（集团）有限责任公司正式挂牌成立。

12月20日　中国民用航空山西安全监督管理办公室、山西机场（集团）有限责任公司正式挂牌成立。

12月26日　中国民用航空广西安全监督管理办公室、广西机场管理集团有限责任公司正式挂牌成立。

12月28日　中国民用航空浙江安全监督管理办公室正式挂牌成立。

12月29日　中国民用航空河南安全监督管理办公室、河南省机场管理公司正式挂牌成立。

12月30日　中国民用航空辽宁安全监督管理办公室、辽宁省机场管理集团公司正式挂牌成立。

同日　中国民用航空河北安全监督管理办公室、河北省机场管理集团公司正式挂牌成立。

同日　中国民用航空贵州安全监督管理办公室、贵州机场集团有限公司正式挂牌成立。

同日　中国民用航空福建安全监督管理办公室正式挂牌成立。

2004年——

1月1日　中国民航空中警察上岗执勤。

同日　商务部允许港澳服务企业在内地以合资、合作、独资的形式设立国际货运代理企业。

1月12日　中国和泰国签署全面开放两国国际航空运输市场的协议。

1月14日　民航总局发布《一般运行和飞行规则》，自6月1日起施行。1990年5月26日发布的《中国民用航空飞行规则》同时废止。

2月25日　广东省机场管理集团有限公司正式成立。

2月26日　中国民用航空总局与美国联邦航空总局在北京就进一步加强中美民用航空领域在安全、效率和能力方面的合作签署协议。

2月28日　湖北机场集团公司挂牌成立。

3月5日　天津民航安全监督管理办公室成立。

同日　民航总局下发《民航总局关于进一步加强民航空管工作有关问题的意见》。

3月12日　桂林两江国际机场公司、南宁吴圩国际机场公司、北海机场公司、柳州机场公司正式成立。

3月18日　民航总局、国家发改委联合下发《中国民用航空总局、国家发展改革委员会关于国内航空运价管理有关问题的通知》，配合《民航国内航空运输价格改革方案》的实施就有关问题进行了说明。

3月23日　中国和澳大利亚两国政府《民用航空运输协定》在堪培拉正式签订。

3月29日　四川省机场集团有限公司挂牌成立。

4月7日　民航总局和香港特别行政区民航处在京共同签署《航空器事故调查和搜寻救援合作安排》。

同日　中国民用航空总局和美国贸易发展署在京签署《航空合作项目备忘录》。

4月12日　民航宁夏安全监督管理办公室和宁夏民用机场集团有限公司挂牌成立。

4月13日　天津市人民政府与民航总局签署了《关于天津机场建设与发展问题会谈纪要》。

4月16日　民航新疆管理局、民航新疆管理局空管局、新疆机场集团有限责任公司挂牌成立。

4月20日　《民航国内航空运输价格改革方案》正式实施。

4月26日　民航总局与云南省人民政府共同签署了《关于云南省民航机场移交书》，标志着云南省10个民航机场的属地化改革工作圆满结束。

6月1日　民航总局第120号令《一般运行和飞行规则》，即CCAR－91部开始实施，使通用航空飞行从此有法可依。

6月28日　中国与阿根廷两国政府《航空运输协定》和《谅解备忘录》在北京签订。

7月7日　奥凯航空有限公司经民航总局批准成立。

7月8日　民航总局正式将兰州、敦煌、嘉峪关、庆阳四个机场移交甘肃省人民政府管理，民航机场属地化管理画上句号。这标志着国务院2002年6号文件规定的民航新一轮体制改革各项任务完成。

7月24日　中国与美国两国政府《民航运输协定》在北京正式签订。同时，中美两国的航空部门正式签署了为期6年的《中美扩展航空服务协议》。

7月28日　民航总局下发《关于维护民用航空秩序保障航班正常运行的通知》。11月14日，民航总局与公安部联合发布该《通告》。

8月5日　广州新白云国际机场正式启用。

8月6日　中国与塞舌尔两国政府《航空运输协定》在北京草签。

8月8日　中国国际航空公司西藏分公司在拉萨成立。

8月17日　中国与墨西哥两国政府《民用航空运输协定》在北京签订。

8月21日　中国南方航空股份有限公司和天合联盟签署加入天合联盟的谅解备忘录。

8月23日　民航总局发布《外国公共航空运输承运人运行合格审定规则》（编号CCAR－129），自2005年1月1日起执行。

9月1日　中国BSP国内电子客票正式实施。

10月2日　在国际民用航空组织第35届大会上，中国以150票的高票数首次当选为该组织一类理事国。

10月28日　成都双流国际机场股份有限公司正式挂牌成立。

11月8日　中国石油、中国石化、中国航油联合设立中国航空油料有限责任公司。

11月17日　民航总局和澳门特别行政区民航局两地航空运输备忘录在澳门签订。

11月23日　《外国公共航空运输承运人审定及监督程序手册》发布。

11月26日　民航华东地区管理局向扬子江快运航空有限公司颁发《航空承运人运行合格证》。

2005年——

1月24日　民航总局、商务部和国家发改委共同发布民航总局第139号令《〈外商投资民用航空业规定〉的补充规定》（CCAR-201LR-R2），自2月24日起施行。

1月29日～2月20日　祖国大陆民航飞机与台湾民航飞机首次双向对飞。

2月28日　第十届全国人民代表大会第十四次常务委员会批准《统一国际航空运输某些规则的公约》（《1999年蒙特利尔公约》），公约于7月31日对中国生效。

4月1日　《航空煤油销售价格改革方案（试行）》开始执行。

4月14日　中国民用航空总局宣布已与印度民航部签署关于扩大中印两国间航空运输安排的谅解备忘录。

同日　民航总局下发《民航航班时刻管理试行办法》，对民航航班时刻管理办法进行改革。

4月15日　杭州萧山国际机场有限公司与香港机场管理局签署合资协议，杭州萧山国际机场成为中国内地首个整体合资的民用机场。

4月18日　中国和加拿大两国政府《新航空运输协定》在北京草签。

5月27日　中国和西班牙两国政府签署了《关于促进中西两国航空运输发展谅解备忘录》。

6月1日　《大型飞机公共航空运输承运人运行合格审定规则》（CCAR-121部）第二次修订施行。

6月31日　《国家处置民用航空器飞行事故应急预案》和《国家处置劫机事故应急预案》发布实施。

7月1日　自即日起，海关实行旅客申报制度改革，要求从空港进出境的旅客一律填写《中华人民共和国海关进出境旅客行李物品申报单》，向海关申报。

7月11日　民航总局印发《中国民航2008年北京奥运行动计划》。

7月29日　民航总局批准设立中国联合航空有限公司。

7月31日　《统一国际航空运输某些规则的公约》（简称《蒙特利尔公约》）对中华人民共和国生效。

8月15日　《国内投资民用航空业规定（试行）》正式施行。该规定放宽了民航业的投资准入及投资范围。

9月26日　中国航空运输协会在北京正式成立。

同日　民航总局成立突发事件应急工作领导小组及办公室。

10月7日　《民用航空器飞行事故应急反应和家属援助规定》发布实施。

10月18–23日　中国和美国两国政府签署了中美双边航空安全协定、中美航空合作项目的协议。

11月8日　安徽民航机场集团有限公司成立挂牌。

11月26日　民航总局下发《民航总局关于促进支线航空运输发展的若干意见》。

12月7日　民航总局与新疆维吾尔自治区人民政府在乌鲁木齐签署了《关于加快新疆民航发展的会谈纪要》。

12月12日　中国和秘鲁两国关于修改双边航空运输协定及扩大两国航空运输安排的谅解备忘录在北京签订。

12月19日　内蒙古自治区人民政府与首都机场集团公司签订内蒙古民航机场集团托管协议。

12月　民航总局在北京与俄罗斯民航局举行双边会谈，签署谅解备忘录。

同年　我国航空运输总周转量世界排名由第三位上升至第二位。我国与肯尼亚正式签署航空运输协定。《新一代空中交通服务平台、关键技术及其应用》获得国家科学技术进步一等奖，《机场行李自动分检系统》获得国家科学技术进步二等奖。

2006年——

1月16日　中国民航空警总队和国航股份公司在北京为民航空警总队一支队暨国航空中保卫支队举行正式成立挂牌仪式。

1月18日　民航总局与内蒙古自治区签署了《关于加快内蒙古民航发展的会谈纪要》。

1月20日～2月7日　2006年两岸春节包机进一步实现了“增开厦门航点”、“扩大旅客范围”和“大陆先遣人员赴台”等新突破。海峡两岸12家航空公司在北京、上海、广州、厦门至台北、高雄间共飞行了72班往返包机。

2月14日　中国与缅甸两国政府《航班协定》在北京签订。

2月21日　中国飞龙专业航空公司首家荣获CCAR-135部运行合格证。

2月28日　民航总局发布《国内航空运输承运人赔偿责任限额规定》，3月28日起正式施行。

3月6日　国家民政部批准成立中国民航科普基金会。

3月7日　中国与阿富汗伊斯兰共和国举行双边航空会谈，就航线表、运力额度、第五航权和包机飞行等事宜达成谅解备忘录。

3月20日　《中国民用航空国内航线航班经营许可规定》施行。

3月21日　民航总局印发《关于深化民航改革的指导意见》。

3月29日　经国务院学位委员会终审批准，我国第一个飞行硕士学位授予点在中国民用航空飞行学院诞生。

3月31日　中国航空运输协会在北京宣布《中国民用航空运输销售代理资格认可办法》正式实施。

4月18日　民航总局和美国联邦空管局《关于在进出对方国境的本国航班上部署空中警察并开展相关合作的谅解备忘录》正式签订。

4月25日　新疆通用航空有限责任公司获得民航总局颁发的CCAR-91部运行合格证。

5月22日　中国和坦桑尼亚两国政府《航空运输谅解备忘录》在北京签订。

同日　中国国际航空股份有限公司与星空联盟在北京签署了国航加入星空联盟的谅解备忘录。

5月24日　中国民航安全学院在北京正式挂牌成立。

5月25日　民航华东地区管理局向长城航空有限公司颁发航空承运人运营合格证和运行规范。

同日　民航总局为上海国际货运航空有限公司颁发公共航空运输企业经营许可证。

5月30日　教育部正式批准同意中国民用航空学院更名为中国民航大学，8月26日揭牌。

同日　中国东方航空公司4架大型运输飞机承载着1036名灭火官兵和数十吨设备，执行了首次从大西南到大东北的紧急运兵任务，这是新中国成立以来首次大规模武警森林部队的南兵北调。

6月1日　全国试行由国家税务总局统一监制的航空运输电子客票行程单作为旅客购买电子客票的付款、报销凭证。

6月8日　国家发展和改革委员会、空中客车公司联合发布，空客A320系列飞机中国总装生产线选址天津。

6月14日　两岸客运包机节日化框架性安排正式实施。

6月19日　中国与阿富汗两国政府《民用航空运输协定》在北京签订。

6月27日　民航华东地区管理局向上海国际货运航空有限公司颁发了航空承运人运行合格证。

6月30日　民航华北地区管理局向中国国际货运航空公司颁发了公共航空运输承运人运行合格证和运行规范合格证，国货航成为独立航空运输承运人。

7月3日　民航总局与西藏自治区签署了《关于加快西藏民航发展的会谈纪要》。

7月20日　台湾中华航空公司一架编号为18707的波音747-400全货机安全降落上海浦东国际机场，揭开了两岸不经第三地中转的专案货运包机业务新篇章。

7月24日　ARJ21-700飞机型号审定审查组现场办公室在上海正式启动。

7月28日　民航总局向中国货运邮政航空有限责任公司颁发国际运行暨CCAR-121-R2合格审定证书。

8月25日　民航总局正式向金鹿公务机公司颁发了公共承运人运营执照，批准其更名为金鹿航空有限公司。

9月1日　西藏林芝机场顺利通航。

9月4日　中国和希腊政府推进中希航空运输的谅解备忘录在北京签订。

9月29日　台湾长荣航空公司BR712航班载着306名旅客从台北飞抵上海浦东国际机场，顺利完成了2006年两岸中秋包机首航。

10月11日　经民政部批准，中国民用机场协会正式成立。

10月19日　民航总局和湖北省人民政府共同签署了《中国民用航空总局、湖北省人民政府《关于加快湖北民航事业发展的合作备忘录》，审议通过了《武汉实施民航运输综合改革试点工作方案》。

11月　中国与阿尔及利亚两国政府《民用航空运输协定》在北京签订。

11月22日　民航总局与欧洲航空安全局签署了与空客公司合作项目的谅解备忘录，为空客A320飞机天津总装线提供适航支持环境。

11月29日　民航总局与安徽省人民政府签署了《关于加快安徽民航发展会谈纪要》。

12月10日　国航CA907航班从北京起飞，经停西班牙首都马德里至巴西圣保罗，这是中国与南美之间开辟的第一条空中航线。

2007年——

1月15日　中国与塔吉克斯坦两国政府《民用航空运输协定》正式签订。

2月14日　民航总局制定的《通用航空经营许可管理规定》正式实施。

2月27日　民航二所研制的“机场生产运营指挥高度系统”荣获2006年国家科技进步二等奖。

3月17日　民航总局下发《关于限制携带液态物品乘坐民航飞机的公告》，于5月1日起施行。

3月22日　中国和澳大利亚签署关于开展航空保安合作的谅解备忘录。

3月28日　中国民用航空上海航空器适航审定中心成立。

4月20日　中国民航维修协会正式在北京挂牌成立。

4月23日　新西兰和中国航空服务协议修正案正式生效，两国航空公司将被允许签订商业代码共享协议。

4月25日　民航总局和广西壮族自治区人民政府在南宁共同签署了《关于加快广西民航发展的会谈纪要》。

5月9日～10日　以“全球民航业的和谐与发展”为主题的2007年中国民航发展论坛在北京举行。民航总局发表了《中国发展新一代民用航空运输系统的愿景》的主旨演讲。

5月29日　中国南方航空股份有限公司宣布首次招收自费飞行学员，这是对航空公司传统招飞模式的变革。

6月2日　中国民用航空总局与美国联邦航空局签署了《中国民用航空总局与美国运输部联邦航空局会谈纪要》。

6月6日　北京首都国际机场新专机楼正式启用。

6月12日　两岸端午节包机首航。

6月14日　由民航总局制定的《中国民用航空总局规章制定程序规定》即日起施行。

7月4日　民航总局下发《关于调控航班总量、航空运输市场准入和运力增长的通知》。

7月10日　中国和美国两国政府《民用航空运输协定》在西雅图正式签订。

7月23日　中国与沙特两国政府《民用航空运输协定》在北京正式签订。

7月28日　呼和浩特白塔机场新航站楼投入使用，同时更名为呼和浩特白塔国际机场。

8月6日　由国航、东航、上航、南航、海航5家航空公司共同实施的“京沪空中快线”开飞。

9月10日　民航总局与江西省人民政府就加快江西省机场建设和航空运输业发展有关问题进行会谈并签署纪要。

9月18日　国际民航组织第32次缩小垂直间隔工作组会议在北京召开，会议决定同意中国民航于当年11月22日实施缩小垂直间隔。

9月22日　在加拿大蒙特利尔举行的国际民航组织第36届大会上，中国以历史上最高票连任国际民航组织一类理事国。

9月28日　民航总局与江苏省人民政府在无锡签署了《关于加快江苏民航发展的会谈纪要》。

10月22日　第44届国际民航组织亚太地区民航局长会议在西安举行。

10月27日　甘肃天水军民合用机场举行首航开通仪式。

11月15日　中国南方航空股份有限公司正式加入天合联盟，成为中国内地首家加入国际航空联盟的航空公司。

11月22日　从即日零时起，在我国8400米以上、12500米以下的空域实施缩小飞行高度层垂直间隔，飞机的巡航高度层由过去的7个增加到13个。

11月28日　民航总局为银河航空有限公司颁发公共航空运输企业经营许可证。

同日　民航总局为纪念周恩来总理对中国民航重要批示50周年座谈会在北京人民大会堂举行。

12月29日　中国民用航空沈阳航空器适航审定中心在沈阳成立。

2008年——

1月27日　《全国民用机场布局规划》获得国务院批准。

1月10日～2月4日　南方冰冻灾害，民航安排610班疏散因冰雪害受阻的旅客、8架次货包机运送50吨除冰液等物资。

2月8日　民航总局印发《关于加强国家航空运输体系建设的若干意见》，对国家航空运输体系建设目标、原则、具体措施等进行了明确的规定。

2月29日　作为奥运重点工程之一的北京首都国际机场3号航站楼建设正式投入使用。

2月　祖国大陆的国航、东航、南航、海航、上航、厦航和台湾的华航、长荣、远东、复兴、华信、立荣12家航空公司实施两岸春节包机。

3月1日　《民用机场收费改革方案》和《民用机场收费改革实施方案》经民航总局、国家发改委批准，自即日起执行。

3月26日　上海浦东国际机场第二航站楼和第三跑道正式启用。

4月7日　即日起禁止旅客随身携带打火机、火柴乘坐民航飞机。

4月1日～5月3日　奥运火炬境外传递航空运输保障共历时33天，飞行97000公里，共飞越48个国家和地区，降落25个境外城市，飞行了27个航段，共计安全飞行145小时。此次包机创中国民航多项纪录。

5月～7月　中国民航在四川汶川特大地震抗震救灾中，从5月12日～31日协调安排专门包机255班，运送人员21993人，运送物资5505吨。

6月17日　中国与朝鲜两国政府《航空运输协定》在平壤重新签订。

6月18日　黑龙江漠河机场正式通航。

6月25日　胡锦涛总书记考察北京奥运会交通设施、专程视察首都国际机场3号航站楼扩建工程并对民航工作作重要指示。26日，民航局发出通知，要求全行业各单位认真学习、贯彻落实胡锦涛总书记的指示精神。

7月1日　8时（北京时间）起，民航北京、上海、广州区域和终端范围内在原有基础上进一步缩小间隔标准区域范围内为10公里，进近范围为6公里。

8月～9月　在北京召开奥运会和残奥会期间，中国民航共保障涉奥飞行9278架次，保障人员抵离131629人；保障国际贵宾1395批，共计9286人，包括总统、总理等100余位注册国际贵宾。

10 月10日　民航局局长李家祥在《人民日报》第七版发表《安全发展是实践科学发展观的必然要求》，提出民航“持续安全理念”。

10月19日　奥凯航空引进的国产新舟60涡桨飞机成功首航。

10月22日　四川康定机场正式通航。

10月26日　中国民航的MD－82飞机正式告别中国市场。

10月28日　第十一届全国人民代表大会常务委员会第五次会议审议批准《移动设备国际利益公约》和《关于航空器设备特定问题的议定书》在我国生效。

11月12日　成都至拉萨夜航航班首飞成功，拉萨机场结束了43年无夜航的历史。

12月15日　海峡两岸空中双向直达航路正式开通。

2009年——

1月6日～7日　全国民航工作会议在北京召开。中共中央政治局委员、国务院副总理张德江出席会议。

1月12日　中共中央政治局委员、国务院副总理张德江到首都机场3号航站楼视察民航春运保障工作。

1月22日　财政部、民航局联合下发通知，决定对国内运输航空公司2008年7月1日至2009年6月30日应缴纳的民航基础设施建设基金实行先征后返政策。

1月24日 民航局为昆明航空有限公司颁发公共航空运输企业经营许可证。2月15日，该公司揭牌及首航仪式在昆明巫家坝国际机场举行。

1月30日　中国东方航空集团公司和深圳航空有限责任公司分别与西班牙TopFly国际航空学院签订飞行员培训协议，中共中央政治局常委、国务院总理温家宝出席签字仪式。

2月3日　内地与澳门间航空运输安排新备忘录签字仪式在澳门举行。

2月6日　广州白云机场联邦快递亚太转运中心正式运营。

2月16日　云南腾冲机场正式通航。

2月26日　中国国际航空股份有限公司上海分公司成立。

3月2日　国务院印发《国务院办公厅关于印发中国民用航空局主要职责内设机构和人员编制规定的通知》。

同日　民航局批准海南航空股份有限公司设立深圳分公司；批准深圳航空有限责任公司设立江苏分公司；批准山东航空股份有限公司设立厦门分公司。

3月7日　香港、广州、深圳、澳门、珠海大珠三角地区五大机场在广州召开高层研讨会，联合签署《行动纲领》。

3月17日　民航局批准中国东方航空股份有限公司将云南分公司改制为具有独立法人资格的全资子公司。

同日　民航局印发文件，中国民用航空各安全监督管理办公室更名为中国民用航空安全监督管理局。

3月24日　山东航空股份有限公司厦门分公司正式成立。

3月30日　深圳航空有限责任公司江苏分公司挂牌成立。

4月8日　中国民用航空局与美国贸易发展署在北京举行第五届中美航空论坛。论坛召开期间，民航局局长李家祥会见美国贸易发展署、美国商务部、美国联邦航空局等部门高级官员，就双方共同关注的问题进行广泛深入的交流。李家祥与美国贸易发展署执行署长里·扎克（Leocadia Zak）代表双方签署中美航空合作项目赠款协议及环保合作备忘录。

4月13日　国务院第553号令发布《民用机场管理条例》，自2009年7月1日起施行。

同日　民航局批准中国国际航空股份有限公司设立湖北分公司。

4月26日　海峡两岸关系协会与台湾海峡交流基金会领导人举行第三次会谈，签署《海峡两岸空运补充协议》。双方同意在台湾海峡北线航路的基础上开通南线和第二条北线双向直达航路，并继续磋商开通其他更便捷的新航路。

4月27日　民航局批准将大新华快运航空有限公司经营许可证名称变更为天津航空有限责任公司。6月8日，该公司揭牌运行。

4月29日　中共中央政治局常委、国务院副总理李克强到北京首都国际机场考察人感染猪流感防控工作，听取民航局局长李家祥对机场防控人感染猪流感工作情况的汇报。

5月6日　中共中央政治局常委、国家副主席习近平视察民航数据通信及新航行系统科研基地。

5月14日～15日　以“全球民航业的挑战与对策”为主题的2009中国民航发展论坛在北京举行。民航局局长李家祥作题为《清晰行业宏观调控理念，实现民航平稳较快发展》的主旨演讲。

5月21日 由民航局与中央电视台联合摄制的大型电视专题片《随共和国腾飞——新中国民航六十年》（共6集）和历史纪录片《“两航”起义始末》在北京正式开机拍摄。

5月31日 中国东方航空集团公司和云南省人民政府在昆明正式签署《战略合作协议》。中国东方航空集团公司所属中国东方航空股份有限公司与云南省国资委成立双方共同投资的有限责任公司，持股比例分别为65%和35%。

6月3日 民航局批准四川航空股份有限公司设立云南分公司。

6月9日 国务院学位办批准中国民航大学为工商管理硕士（MBA）专业学位研究生培养单位，这是中国民航获得的首个MBA学位授予权。

6月16日 民航局为幸福航空有限责任公司颁发《公共航空运输企业经营许可证》。

6月20日 中国民用航空局局长李家祥与克罗地亚交通、海洋和基础设施部部长博日达尔·卡尔梅塔在萨格勒布签署《中华人民共和国政府和克罗地亚共和国政府航班协定》。

6月30日 民航局和河南省人民政府在郑州举行《关于促进河南民航发展的会谈纪要》签字仪式，民航局局长李家祥和河南省省长郭庚茂在会谈纪要上签字。

7月21日 海南航空股份有限公司深圳分公司挂牌成立。

7月29日 海峡两岸北线第二条双向空中直达航路和南线双向空中直达航路正式开通运营。至此，海峡两岸空中双向直达航路增至3条。此前，海峡两岸只有1条于2008年12月15日开通运营的北线双向空中直达航路。

8月1日 青海玉树巴塘机场正式通航，飞行区等级4C，跑道长3800米，可起降空客A319型飞机，总投资71418万元。

8月5日 民航局下发《关于开展民航空管安全管理体系建设的通知》。按照空管SMS建设总体推进计划，在试点工作完成后，2009年下半年进入空管SMS全面建设阶段。

8月13日 中国国际航空股份有限公司台湾分公司、中国南方航空股份有限公司台湾分公司成立。

8月17日 民航局批准中国东方航空股份有限公司以换股吸收合并的方式联合重组上海航空股份有限公司。11月30日，两家航空公司合并获证监会有条件通过。

8月19日 深圳航空有限责任公司台湾分公司成立。

8月22日 伊春林都机场工程通过行业验收，8月27日正式开航，飞行区等级4C，跑道长2300米，总投资23108万元。

8月31日 海峡两岸定期航班首航，两岸航空运输步入定期化阶段，每周往返班次数由常态包机阶段的108班增至270班。此前，大陆民航主管部门已向海峡两岸16家航空公司颁发定期客货航线经营许可。两岸开通的定期航线共计32条（不重复计算），其中，8条航线为独家经营；开通的包机航线共计14条（不重复计算）。

9月1日 黑龙江大庆萨尔图机场通航，飞行区等级4C，跑道长2600米，总投资43444万元。

9月8日 民航科教大会在北京召开。

9月10日 民航反腐倡廉建设规律研讨会在北京召开。会议总结归纳了民航反腐倡廉建设10个方面的特点和规律。

9月13日 第15届世界航线发展论坛在北京开幕。

9月24日 由中国东方航空股份有限公司和美国普惠公司联合投资设立的上海普惠飞机发动机维修有限公司正式开业。这是亚太地区最大的飞机发动机维修中心。

10月9日 民航局批准深圳航空有限责任公司设立北京分公司。

10月16日 黑龙江鸡西兴凯湖机场正式通航，飞行区等级4C，跑道长2300米，总投资23468万元。

10月17日 2009年中国国际通用航空大会在陕西省渭南市蒲城县内府机场开幕。这是中国首次设立的国家级通用航空产业特色会展。民航局局长李家祥为中国民用航空局通用航空产业试点园区授牌并致辞。

10月20日 中国东方航空股份有限公司浙江分公司成立。

10月30日 山东航空股份有限公司台湾分公司成立。

11月11日 纪念“两航”起义60周年座谈会在北京人民大会堂举行。中共中央政治局常委、全国政协主席贾庆林出席座谈会。

11月13日 民航局局长李家祥与智利外交部长马里亚诺·费尔南德斯在新加坡签署《中华人民共和国政府和智利共和国政府航班协定》。

11月23日 民航局第194号令发布《民用航空安全信息管理规定》（CCAR-396-R2），自2010年1月1日起施行。

12月13日 我国首次基本的所需导航性能进近（RNP APCH）航班运输飞机验证试飞取得成功。

12月22日 民航局批准鹰联航空有限公司股权重组，引进中国商用飞机有限责任公司、成都交通投资集团有限公司为公司新股东。

12月23日 民航局下发《关于进一步做好航权航班和时刻管理工作的通知》文件，进一步规范对航权航班和时刻的管理工作。

2010年——

1月4日 民航局第195号令发布《大型飞机公共航空运输承运人运行合格审定规则》（CCAR-121-R4），自2010年3月10日起施行。

1月11日 由民航局空中交通管理局、民航数据通信公司和北京航空航天大学共同承担的“空地协同的民航空域监视新技术及装备”项目获国家技术发明一等奖。

同日 民航局同意鹰联航空有限公司更名为成都航空有限公司。1月22日，该公司挂牌成立。

1月13日～14日 2010年全国民航工作会议在北京召开。中共中央政治局委员、国务院副总理张德江出席会议并发表《注重质量效益，确保持续安全，努力促进我国民航事业科学发展》的讲话；民航局局长李家祥作题为《中国民航人要为建设民航强国而努力奋斗》的报告，从四个方面论述民航强国建设。

1月25日 民航局出台《关于促进西藏民航事业发展的若干意见》。

2月8日 中国东方航空股份有限公司、上海航空股份有限公司召开联合重组工作总结大会，宣告中国东方航空股份有限公司和上海航空股份有限公司成功完成联合重组。5月28日，上海航空股份有限公司作为中国东方航空股份有限公司的全资子公司正式挂牌运营。

2月25日 民航局批准民航第二研究所组建中国民用航空航油航化适航审定中心。3月16日，该中心挂牌成立。

3月3日 上海虹桥国际机场扩建工程通过民航行业验收，飞行区等级4E，跑道长3300米，总投资1392800万元。3月16日，虹桥机场2号航站楼、第二跑道启用，虹桥机场从此开启双跑道同时运行、双航站楼分居跑道两侧的全新运行模式。

3月8日 民航局批准中国东方航空股份有限公司设立四川分公司。

3月11日 民航局印发《民航航班时刻管理办法》，明确航班时刻分配、使用的过程及办法，并对航班时刻管理的监督工作提出要求。

3月16日 民航飞行校验中心、民航第二研究所、广州民航职业技术学院和民航局机关服务中心的管理关系调整为民航局直属。

同日 民航局第196号令发布《中国民用航空应急管理规定》（CCAR-397），自2010年5月1日起施行。

3月22日 民航局批准将金鹿航空有限公司经营许可证所载企业名称变更为北京首都航空

有限公司。5月2日，该公司挂牌成立。

3月27日 新疆乌鲁木齐国际机场3号航站楼启用。

3月29日 中国民航科学技术研究中心更名为中国民航科学技术研究院。

同日 民航局197号令发布《民用航空飞行签派员执照管理规则》（CCAR-65FS-R2），自2010年5月1日起施行。

4月13日 国家发改委与民航局联合下发《关于民航国内航线头等舱、公务舱票价有关问题的通知》。自2010年6月1日起，民航国内航线头等舱、公务舱票价实行市场调节，具体价格由各运输航空公司自行决定。

4月14日 青海玉树发生7.1级强烈地震，民航局立即启动应急响应，在西宁成立抗震救灾指挥部，全力保障救灾飞行。截至5月5日，民航共执行青海玉树地震救灾专包机飞行任务606架次，运送救灾人员1.3万人次，救灾物资1300余吨，伤员4000多人。

4月18日 民航局局长李家祥赴青海玉树检查指导抗震救灾工作，要求在3个月内完成玉树机场新建目视助航灯光、站坪以及联络道工程。

4月23日 财政部和国家税务总局联合下发《关于国际运输劳务免征营业税的通知》。自2010年1月1日起，对我国境内单位或个人提供的国际运输劳务免征营业税。据此规定，航空公司国际航空运输在去程免征营业税的基础上，回程也可免征营业税。

5月11日 中国民用航空局局长李家祥会见国际民航组织秘书长雷蒙·邦雅曼。双方签署《中国民用航空局与国际民航组织谅解信函》，该协议为中国民航未来5年内选派借调人员赴国际民航组织工作奠定法律基础。

同日 国际民航组织亚太飞行程序项目办公室在北京举行揭牌仪式并召开第一次项目指导委员会会议。

同日 中国民用航空局局长李家祥会见美国联邦航空局局长巴比特，双方签署《中国民用航空局与美国联邦航空局民航技术合作协议备忘录》。

5月18日 新疆吐鲁番机场迁建工程通过行业验收，7月9日正式通航，飞行区等级4D，跑道长2800米，总投资43611万元。

同日 民航局为新舟600飞机颁发型号合格证，标志着新舟600飞机已满足我国运输类飞机的适航要求。

5月21日 民航局印发《促进新疆民航事业发展的若干意见》。

5月26日 民航局党组印发《关于在民航基层党组织和党员中深入开展创先争优活动的实施意见》。

6月8日 中国南方航空股份有限公司与天合货运联盟在上海签订入盟意向书，11月3日，正式签署入盟对标协议，成为国内首家加入国际货运联盟的航空公司。

6月14日 因6月10日吉尔吉斯斯坦南部奥什地区发生骚乱，中国南方航空股份有限公司紧急派出包机执行撤侨任务。截至6月17日，共执行9架次飞机，接回滞留在吉尔吉斯斯坦的侨民1321人。

6月18日 民航局与新疆维吾尔自治区人民政府签署会谈纪要，加快推进新疆民航跨越式发展。民航局局长李家祥和新疆维吾尔自治区党委书记张春贤出席签字仪式。截至7月20日，19个对口援疆省市与新疆的空中通道已全部连通。

6月19日 河北唐山三女河军民合用机场改扩建工程通过行业验收，7月13日通航，民航飞行区等级4C，跑道长2700米，总投资29316万元。

6月21日 由全国政协提案委员会牵头，国家发改委、财政部等有关部门参与组成的联合调研组就“关于建议国务院出台《关于加快发展民航业的意见》的提案”在北京进行调研。7月22日，调研组在北京举办座谈会，民航局领导针对《关于建议国务院出台〈关于加快发展民航业的意见〉的提案》做进一步介绍。

6月24日 宁夏固原六盘山机场通过民航行业验收，6月26日通航，飞行区等级4C，跑道长2800米，总投资45875万元。

6月29日 民航局与河北省人民政府签署《关于加快推进河北民航发展的会谈纪要》。民航局局长李家祥和河北省省长陈全国在会谈纪要上签字。

同日 河北航空公司成立大会暨“冀中能源号”首航仪式在石家庄机场举行。该公司是由河北航空投资集团公司控股、四川航空集团公司和沈阳中瑞公司参股，重组东北航空成立的。

6月30日 民航局与四川省人民政府签署《关于加快推进四川民航发展的会谈纪要》。民航局局长李家祥和四川省委书记刘奇葆出席签字仪式。

7月1日 西藏阿里昆莎机场通航，飞行区等级4D，跑道长4500米，总投资164740万元。

7月9日 新疆博乐民用机场工程通过行业验收，7月10日正式通航，飞行区等级4C，跑道长2600米，总投资32613万元。

7月15日 重庆黔江舟白机场试飞成功，2010年11月22日正式通航，飞行区等级4C，跑道长2400米，总投资31518万元。

7月22日 民航局局长李家祥应约会见美国驻华大使洪博培，双方就中美民航关系和合作进行交流。

7月23日 成都双流国际机场第二跑道投入使用。

7月28日 中国东方航空云南有限公司（筹）揭牌。该公司是由中国东方航空股份有限公司与云南省国资委共同投资组建的合资公司，其前身是东航云南分公司。公司注册资本36.6亿元，其中东方航空股份有限公司占注册资本的65%，云南省国资委占注册资本的35%。

7月28日 民航空管工程技术研究所在四川成都挂牌成立。

8月5日 国家发改委与民航局联合印发《通用航空民用机场收费标准》，自2010年9月1日起施行。

8月19日 中共中央、国务院、中央军委召开青海玉树全国抗震救灾总结表彰大会。民航6个单位被授予“全国抗震救灾英雄集体”荣誉称号，6名个人被授予“全国抗震救灾模范”荣誉称号。

同日 国务院、中央军委印发《关于深化我国低空空域管理改革的意见》。

8月30日 2010年国际民航组织国际航空保安公约外交大会在北京召开，这是新中国民航成立60年来第一次承办的以法律为主题的国际性会议。会议通过2010年《北京公约》和2010年《北京议定书》，这是民航史上第一个以中国城市命名的国际公约。中共中央政治局委员、国务院副总理张德江出席开幕式并致辞。

8月31日 民航局第198号令发布《民用航空情报工作规则》（CCAR-175TM-R1），第199号令发布《民用航空情报人员执照管理规则》（CCAR-65TM- III-R4），第200号令发布《民用航空电信人员执照管理规则》（CCAR-65TM -I-R3），第201号令发布《民用航空空中交通管制员执照管理规则》（CCAR- 66TM-I-R4），第202号令发布《民用航空气象人员执照管理规则》（CCAR-65TM-II-R3），自2011年1月1日起施行。

9月9日 中共中央政治局委员、国务院副总理张德江视察青海玉树机场灾后重建应急工程。

9月26日 江苏淮安涟水机场通航，飞行区等级4C。

10月2日 在加拿大蒙特利尔举行的国际民航组织第37届大会上，中国以151票高票当选一类理事国，这是自2004年以来中国第三次连任一类理事国。

10月12日 民航局批准中国邮政航空有限责任公司实施股权重组。重组后，中国邮政速递物流股份有限公司持有中国邮政航空有限责任公司100%股权。

10月15日 因巴基斯坦发生水灾，中国政府紧急向巴基斯坦提供人道主义救援。8月19日～10月15日，民航局先后调派大型客货飞机21架，飞行98架次，累计空运救援人员471名，轮式装备7台，各类救援物资1337吨。

10月18日 民航局印发《关于推进民航行业文化建设的指导意见》。

10月26日 民航局和陕西省人民政府签署《加快陕西民航发展会谈纪要》，民航局局长李家祥和陕西省代省长赵正永在会谈纪要上签字。

10月28日 2010年民航强国论坛暨民航行业文化建设与传播理事会成立大会在北京召开，民航行业文化建设与传播理事会名誉理事长、民航局局长李家祥在会上作题为《建设民航强国需要大力弘扬民航文化》的主旨演讲。民航行业文化工程正式启动。

10月30日 西藏日喀则机场通航，该机场飞行区等级4C，跑道长5000米，总投资53265.6万元。

11月1日 民航局印发《民航局关于鼓励和引导民间投资健康发展的若干意见》。

11月5日 民航局批准春秋航空有限公司重组改制为股份有限公司。

11月10日 民航局第204号令发布《民用航空空中交通管理运行单位安全管理规则》（CCAR-83），自2011年1月1日起施行。

11月23日 中国民用航空局局长李家祥与俄罗斯联邦运输部部长列维京在圣彼得堡签署《中华人民共和国政府和俄罗斯联邦政府航班协定》及《中华人民共和国政府和俄罗斯联邦政府航班协定议定书》。

12月6日 具有中国自主知识产权、由民航局主持的“十一五”国家863计划重大项目“新一代国家空中交通管理系统”通过科技部验收，国家科技支撑计划空管重大项目“中国民航协同空管技术综合应用示范”启动。

12月9日 民航局和青海省人民政府签署《关于加快推进青海民航发展的会谈纪要》。民航局局长李家祥、青海省委书记强卫、青海省省长骆惠宁出席签字仪式。

同日 财政部、海关总署、国家税务总局联合下发通知，在“十二五”期间，对国内航空公司用于支线航线飞机、发动机维修的进口航空器材（包括送境外维修的零部件）免征进口关税和进口环节增值税。

同日 北京首都国际机场2010年旅客吞吐量突破7000万人次，居世界第二位。

12月21日 重庆江北国际机场第二跑道及配套设施扩建工程投入使用。新建跑道长3200米，总投资348846万元。

12月21日～22日 全国民航航空安全工作会议在北京召开。民航局局长李家祥作题为《确保安全必须进一步严把飞行员资质能力关》的讲话。

12月23日 民航局与湖南省人民政府签署《关于加快推进湖南民航发展的会谈纪要》。

12月24日 民航局向中国商用飞机有限责任公司颁发C919大型客机型号合格证受理申请通知书。

12月30日 国务院批准民航机场管理建设费“十二五”期间继续征收，并与民航基础设施建设基金合并为民航发展基金。

12月31日 民航局第205号令发布《外商投资民用航空业规定》的补充规定（四）（CCAR-201LR-R4），第206号令发布《外商投资民用航空业规定》的补充规定（五）（CCAR-201LR-R5），自2011年1月1日起施行。

2011年——

1月1日 自该日起，免征支线飞机执飞国内支线航班机场管理建设费。

1月7日 民航局党组向中共中央政治局委员、国务院副总理张德江作专题工作汇报，张德江对民航2011年工作和“十二五”期间的发展作出重要指示。

1月10日 中国民航科学技术研究院成立大会在北京人民大会堂举行。中共中央政治局委员、国务委员刘延东出席大会并发表重要讲话。这是中国民航第一所综合性科学技术研究院。

1月11日 2011年全国民航工作会议召开。会议传达中共中央政治局委员、国务院副总理张德江对民航工作的重要指示精神。民航局局长李家祥作题为《切实落实安全生产主体责任，扎实推进民航持续安全战略》的讲话。

1月13日 民航局批准中国货运航空有限公司、上海国际货运航空有限公司、长城航空有限公司实施联合重组，以中国货运航空有限公司为主体，整合上海国际货运航空有限公司和长城航空有限公司。5月31日，重组后的中国货运航空公司在上海挂牌成立，股权结构为：中国东方航空股份有限公司持股51%，中国远洋运输集团公司持股17%，长荣航空股份有限公司持股16%，新加坡货运航空有限公司持股16%。

1月17日 中共中央政治局委员、国务院副总理张德江到民航局检查指导民航春运保障工作。

1月30日 民航局印发《民航业人才队伍建设中长期规划（2010年～2020年）》。

1月31日 因埃及爆发大规模反政府示威游行，民航局派出飞机执行接回我国公民任务。截至2月1日，共派出8架次飞机赴埃及，接回滞留旅客1796名。

2月23日 民航执行大规模从利比亚撤离我国公民紧急航空运输任务。截至3月5日，民航共执行包机91班、182架次，派出机组和工作人员2200余人次，接回我国公民26240人。在如此短的时间内安排包机大规模接运人员，在中国民航史上尚属首次。

2月24日 国务院新闻办公室召开中国民航发展和“十二五”展望新闻发布会。民航局局长李家祥应邀介绍中国民航“十一五”发展情况以及“十二五”发展思路，并回答中外记者提问。

3月1日 中国民用航空局局长李家祥和瑞士联邦驻华大使顾博礼（Blaise Godet）在北京重新签署《中华人民共和国政府和瑞士联邦委员会航空运输协定》。

3月7日 民航局下发《民航局关于建设民航统一清算体系的指导意见》。7月1日，民航举行统一清算签约仪式，所有机场航空性服务收费都通过1个统一清算平台集中清算。

同日 民航局与江苏省人民政府签署《加快推进江苏民航发展会谈纪要》，民航局局长李家祥和江苏省省长李学勇在会谈纪要上签字。

3月13日 由于日本发生强烈地震和海啸，福岛核电站爆炸引发核泄漏。自该日起，民航执行运送至日本灾区救灾人员、援助物资和接回我国公民任务。截至3月21日，民航共执行300余个定期航班，安排56个加班，运回66500余人。

3月15日 民航局发布《航空发动机适航规定》（第207号令），自2012年1月1日起施行。

3月16日 按照民航业国际化人才培养“百人计划”工作安排，首批到国际民航组织借调人员启程赴加拿大蒙特利尔，开始为期1年的借调工作。

同日 中国东方航空股份有限公司浦东至纽约航线ADS−B验证飞行成功，成为国内首家获得ADS−B正式批准的航空承运人。

3月20日 民航局出台《关于加快推进行节能减排工作的指导意见》。

3月24日 民航局批准厦门航空有限公司实施股权重组，重组后公司的股权结构为：中国南方航空股份有限公司持股51%，厦门建发集团有限公司持股34%，河北航空投资集团有限公司持股15%。

3月31日 民航局与辽宁省人民政府签署《关于加快推进辽宁民航发展会谈纪要》，民航局局长李家祥和辽宁省省长陈政高在会谈纪要上签字。

4月2日 民航局印发《中国民用航空发展第十二个五年规划》。

4月7日 全国民航规划暨机场工作会议在贵阳召开，民航局局长李家祥发表题为《更好地发挥民航业在加快经济发展方式和调整经济结构中的战略作用》的讲话。

同日 民航局与贵州省人民政府签署《关于加快贵州民航事业发展会谈纪要》。民航局局长李家祥和贵州省省长赵克志在会谈纪要上签字。

4月11日 中国民用航空局局长李家祥会见欧盟新任驻华大使艾德和，双方就中国与欧盟间民航领域双边关系交流与合作问题交换意见。

同日 民航华北地区管理局为北京航空有限公司颁发运行合格证，该公司正式投入运营。

4月19日 北京飞机维修工程有限公司获得民航局颁发的安全管理体系（SMS）运行手册，成为中国民航首家获得SMS运行批准的维修企业。

4月21日 中国民用航空局局长李家祥与喀麦隆交通国务部长马伊加里在北京签署《中华人民共和国政府与喀麦隆共和国政府关于在两国领土之间及其以远地区建立定期航班的航班协定》。至此，我国已与16个非洲国家正式签署政府间航空运输协定，与6个非洲国家草签航空运输协定。

4月25日 民航局与广东省人民政府签署《关于加快广东省民航科学发展的战略合作框架协议》。

4月26日 四川航空股份有限公司云南分公司挂牌成立。

5月10日 中国民用航空局局长李家祥会见国际民航组织秘书长雷蒙 · 邦雅曼。双方就进一步深化中国民航与国际民航组织合作等问题交换意见。

5月11日 中国民用航空局与美国运输部签署关于建立中美民航发展政策高官对话机制协议。

5月11日～12日 以“民航业与转变经济发展方式”为主题的2011中国民航发展论坛在北京举行。民航局局长李家祥在论坛上作题为《中国航空公司要加快谋划“飞出去”战略》的主题演讲。

5月17日 民航局与广西壮族自治区人民政府召开加快推进广西民航发展座谈会。民航局局长李家祥与广西壮族自治区主席马　签署《关于加快推进广西民航发展的会谈纪要》。

5月23日　南昌昌北国际机场新航站楼正式投入使用。

5月24日　民航局与宁夏回族自治区人民政府召开座谈会，民航局局长李家祥与宁夏回族自治区党委书记张毅签署《关于加快推进宁夏民航发展的会谈纪要》。

5月26日　民航局与甘肃省人民政府召开加快推进甘肃民航发展座谈会，民航局局长李家祥与甘肃省省长刘伟平签署《加快推进甘肃民航发展会谈纪要》。

6月2日　民航局批准上海吉祥航空有限公司重组改制为股份有限公司。

6月10日　中国和格鲁吉亚在第比利斯签订《中华人民共和国政府和格鲁吉亚政府民用航空运输协定》。

6月21日　中国东方航空股份有限公司携其全资子公司上海航空股份有限公司正式加入天合联盟仪式在北京人民大会堂举行。中共中央政治局委员、国务院副总理张德江出席签字仪式。

6月22日　中央电视台“心连心”艺术团赴民航慰问演出。

6月28日　民航局空管局与南京信息工程大学共建的民用航空气象研究中心（基地）成立。

同日　民航局局长李家祥为中共中央党校学员作题为《更好地发挥民航业在加快转变经济发展方式和调整经济结构中的战略作用》的专题报告。

6月29日　民航庆祝建党90周年暨表彰大会在北京召开。民航系统32个先进基层党组织、50名优秀共产党员和22名优秀党务工作者受到表彰。

6月30日　浙江温州永强机场新国际候机楼启用。6月5日，国务院批复同意该机场升级为一类口岸。

7月5日　全国政协副主席、科技部部长万钢视察中国国际航空股份有限公司飞行训练中心和运行控制中心。民航局局长李家祥陪同视察。

同日　天津航空有限责任公司设立内蒙古分公司。

同日　西藏航空有限公司获得民航局颁发的公共航空运输企业经营许可证。7月26日，该公司首航并正式投入运营。这是全球首家高高原航空公司。

7月18日　中国东方航空云南有限公司获得民航局颁发的公共航空运输企业经营许可证，8月2日举行成立仪式。该公司由中国东方航空股份有限公司与云南省共同投资组建，双方出资比例分别为65%和35%。

7月19日　扩建后的长沙黄花国际机场航站区正式启用。

7月21日　民航局批准成立大连航空有限责任公司。12月5日，民航局为该公司颁发公共航空运输企业经营许可证。

7月26日　深圳宝安国际机场第二跑道启用，该机场实现双跑道运行。

8月3日　民航局印发《中国民航安全生产“十二五”规划（2011年－2015年）》和《中国民用航空安全规划纲要（2011年－2020年）》。

8月9日　民航局第208号令发布《民用运输机场突发事件应急救援管理规则》，自2011年9月9日起施行。

8月18日　民航局与内蒙古自治区人民政府召开加快推进内蒙古民航发展座谈会，民航局局长李家祥与内蒙古自治区人民政府主席巴特尔签署《关于加快推进内蒙古民航发展的会谈纪要》。

8月25日　内蒙古阿尔山机场投入使用，飞行区等级4C，跑道长2400米，总投资27870万元。

8月29日　甘肃金昌金川机场通航，飞行区等级4C，跑道长3000米，总投资34313万元。

9月6日　中国民用航空局局长李家祥会见韩国新任驻华大使李揆亨，双方就加强中韩两国民航关系等交换了意见。

同日　大连周水子国际机场三期航站楼竣工。

9月7日　更名为库车龟兹机场的库车新机场正式通航，飞行区等级4C，跑道长2600米，总投资33099万元。

9月16日　中国民用航空局局长李家祥会见贝宁总统亚伊，双方就相互关心的问题交换了意见。

9月17日　中国民用航空局局长李家祥会见法国交通运输部长蒂埃里·马里亚尼（Thierry · Mariani）。

同日　中国民航大学举行建校60周年庆祝大会，中共中央政治局委员、国务院副总理张德江出席大会并发表重要讲话。

9月27日　中国民用航空局与俄罗斯联邦运输部共同发布声明，反对欧盟就航空排放采取任何单边、强制性、未经双方同意的做法。

10月9日　民航局与海南省人民政府签署《关于加快推进海南省民航科学发展的战略合作会谈纪要》，民航局局长李家祥和海南省代省长蒋定之在会谈纪要上签字。

10月10日　民航局批准成立中国民用航空温州安全监督管理局、中国民用航空青岛安全监督管理局、中国民用航空桂林安全监督管理局、中国民用航空三亚安全监督管理局、中国民用航空丽江安全监督管理局、中国民用航空喀什安全监督管理局。

10月14日　国家发改委和民航局联合发文，调整完善民航国内航线旅客运输燃油附加与航空煤油价格联动机制。自2011年11月1日起，国内航空煤油综合采购成本累计变化幅度超过每吨250元／时，燃油附加最高标准方可按联动机制有关规定进行调整。

同日　民航局与江西省人民政府签署《关于加快推进江西民航发展的会谈纪要》。民航局局长李家祥与江西省代省长鹿心社在会谈纪要上签字。

10月17日　中国南方航空股份有限公司引进的中国首架空客A380客机投入商业运营，首航执飞北京–广州航班。

10月24日　中国民用航空局局长李家祥与拉美民航委员会主席罗德里格斯签署谅解备忘录。

10月28日　我国首次将航空生物燃料用于客机试飞取得成功。

10月31日　中国民航代表团与乌克兰国家航空署副署长Grechko率领的乌克兰民航代表团举行会谈，并签署谅解备忘录

11月7日　民航局发布《运输类飞机适航标准》（第209号令），自2011年12月7日起施行。同日，发布《运输类飞机的持续适航和安全改进规定》（第210号令），自2011年12月7日起施行。

11月19日　中国民用航空局局长李家祥代表我国政府与东南亚国家联盟各成员国签署《中华人民共和国政府和东南亚国家联盟各成员国政府航空运输协定》及《关于各方任何地点之间无限制的第三和第四种自由业务权的第一议定书》。

11月23日　中国民用航空局局长李家祥与俄罗斯运输部部长列维京在圣彼得堡签署《中华人民共和国和俄罗斯联邦航班协定》及《中华人民共和国和俄罗斯联邦航班协定议定书》。

11月24日　民航局国际合作服务中心与外航服务中心合并运行，合并后的名称为中国民用航空局国际合作服务中心。

12月6日　民航局与黑龙江省人民政府签署《关于进一步加快黑龙江省民航事业发展会谈纪要》。民航局局长李家祥与黑龙江省省长王宪魁在会谈纪要上签字。

同日　民航局成立中国民用航空局运行监控中心。

12月9日　民航局与云南省人民政府召开加快云南民航强省建设座谈会，民航局局长李家祥和云南省人民政府代省长李纪恒签署会谈纪要。

12月12日　民航局与福建省人民政府签署《加快推进海峡西岸经济区民航发展会谈纪要》。

12月13日　民航局与浙江省人民政府召开加快推进浙江民航发展座谈会。民航局局长李家祥与浙江省代省长夏宝龙签署《关于加快推进浙江民航发展的会谈纪要》。

12月14日　民航局许可河北航空有限公司实施股权重组。重组后，该公司股权结构为：河北航空投资集团有限公司持股91.72%，四川航空集团有限责任公司持股6.9%，沈阳中瑞投资有限公司持股1.38%。

12月16日　广东揭阳潮汕机场通航，飞行区等级4D，跑道长2800米，总投资406400万元。

12月20日　民航局下发《关于推进民航东北地区国际航空运输发展的意见》。

12月22日　中共中央政治局委员、国务院副总理张德江到民航局调研。

12月26日～27日　2012年全国民航工作会议暨航空安全会议召开。会议传达中共中央政

治局委员、国务院副总理张德江在民航局调研时的指示精神。民航局局长李家祥作题为《实现民航安全发展要把握好八个关系》的讲话。

12月　经国务院新闻办、国家工信部批准，中国民航报社中国民航出版社旗下的“中国民航新闻信息网”正式更名为“中国民航网”，原网站域名（http://www.caacnews.com.cn）保持不变。

12月　民航局在全国年旅客吞吐量500万人次以上机场全面推广“桥载设备替代飞机APU运行”专项工作。设备全面投入运行后，可为航空公司节约大量航油支出，同时减少机场区域二氧化碳排放，降低环境污染水平。

2012年——

1月5日　民航局向中国航空工业集团公司直升机设计研究所颁发了AC313民用直升机型号合格证，我国自主研制的亚洲最大吨位民用直升机开始投入航空市场，并填补了国内航空市场空白。

1月17日　中共中央政治局委员、国务院副总理张德江到首都机场检查指导民航春运保障工作。

同日　在国际民航组织（ICAO）航行委员会第189届会议第一次会议上，我国航行委员台枫当选为该委员会副主席。

2月6日　民航局与河南省人民政府召开座谈会，民航局局长李家祥与河南省省长郭庚茂分别代表双方签署《关于加快河南省民航发展的战略合作协议》。

3月1日　民航局与安徽省人民政府签署《关于加快推进安徽民航事业发展的会谈纪要》。民航局局长李家祥、安徽省省长李斌出席签字仪式。

3月7日　民航局与湖北省人民政府签署《关于加快湖北民航发展的会谈纪要》。民航局局长李家祥、湖北省委书记李鸿忠、湖北省省长王国生出席签字仪式。

3月24日　西安咸阳国际机场二期扩建工程竣工。5月3日，该工程正式投入运营。

4月1日　财政部颁布《民航发展基金征收使用管理暂行办法》，于4月1日起正式实施。

4月5日　民航局与上海市人民政府签署《关于加快上海民航发展的战略合作协议》。民航局局长李家祥、上海市市长韩正出席签字仪式。

4月8日　中国东方航空集团公司与武汉市人民政府签署战略重组东航武汉公司协议，双方共同增资17.5亿元。

5月8日　江苏扬州泰州机场举行通航仪式。

5月9日　上海民航职业技术学院成立大会举行。该学院是在民航上海中专的基础上组建的。

5月18日　北京航空有限责任公司开航。

6月7日　民航局与西藏自治区人民政府召开促进西藏民航跨越式发展座谈会。双方签署《关于促进西藏民航跨越式发展的会谈纪要》。

6月11日～12日　国际航空运输协会第68届年会暨世界航空运输峰会在北京举行。国务委员兼国务院秘书长马凯出席开幕式并致辞，民航局局长李家祥出席开幕式。

6月26日　昆明长水国际机场举行竣工典礼仪式，民航局局长李家祥为新机场颁发机场使用许可证并讲话。6月27日晚开始转场，28日昆明长水国际机场正式启用，昆明巫家坝机场正式关闭。昆明长水国际机场历时近4年建设，总投资达230亿元，是我国第一座按照“绿色机场”理念修建的，荣获国家最高等级的“三星绿色设计认证”。

6月28日　零时起，京广分流航线和昆明地区空域结构优化方案开始正式实施。

7月6日　国务委员兼国务院秘书长马凯接见“6·29”中国民航反劫机英雄机组全体成员。同日，民航局隆重举行“6·29”反劫机斗争表彰大会，表彰奖励“6·29”中国民航反劫机英雄集体和个人。

7月8日　《国务院关于促进民航业发展的若干意见》正式印发，这是新中国成立以来第一部全面指导民航业发展的纲领性文件，标志着发展民航业上升为国家战略。

7月20日　国务院新闻办公室召开新闻发布会，邀请民航局局长李家祥、财政部副部长李勇、国家发改委基础产业司司长黄民围绕贯彻落实《国务院关于促进民航业发展的若干意见》，回答了中外媒体记者的提问。

7月25日　贯彻落实《国务院关于促进民航业发展的若干意见》座谈会在湖北武汉召开，来自发改委、财政部、公安部、海关总署、质检总局、国家空管委等国家相关部门、各地方政府、民航行政机关和企事业单位的200余名代表共商如何贯彻落实《若干意见》，促进民航业发展。

7月28日　成都双流国际机场2号航站楼投入使用，进入试运行的第一阶段。

8月1日　零时起，在国家相关部门的大力支持下，经过军民航有关单位反复研究出台的临时航线使用“主动释放”机制开始试行。这是我国空域资源使用方式的一次重大改革。

8月3日　广州白云国际机场扩建工程开工仪式在广州白云机场举行，中共中央政治局委员、广东省委书记汪洋出席仪式并宣布工程开工，民航局局长李家祥、广东省省长朱小丹出席仪式并致辞。

8月8日　中日两国在北京签署了关于扩大两国航空运输安排的会谈纪要。新增航点后各航空运输企业在对方境内通航点数量达25个。

8月16日　中国国家主席胡锦涛、哥斯达黎加共和国总统劳拉·钦奇利亚·米兰达在北京人民大会堂出席中哥民航当局合作文件签字仪式。中国民用航空局局长李家祥与哥斯达黎加旅游部长艾伦·弗洛雷斯签署《中国与哥斯达黎加民航当局关于便利建立中哥航班联系的谅解备忘录》。

8月20日　民航局与浙江省人民政府深化合作座谈会召开。民航局局长李家祥分别与浙江省委书记赵洪祝、省长夏宝龙进行了会谈，双方就局、省合作深入交换了意见，达成了共识。

8月22日　民航局与青海省人民政府深化合作座谈会在青海省西宁市召开。民航局局长李家祥分别与青海省委书记强卫、省长骆惠宁、常务副省长徐福顺、副省长骆玉林进行了会谈。双方就完善青海省机场布局、加大民航专业人才培养力度、完善支线机场配套设施等问题深入交换意见并达成共识。

8月28日　民航系统贯彻落实《国务院关于促进民航业发展的若干意见》电视电话会议在北京召开。

9月28日　11时，中国南方航空股份有限公司CZ3596航班平稳降落在广州白云机场，标志着南航连续保证了219个月的空防安全纪录，平安运输旅客5.4亿人，实现安全飞行1000万小时。民航局局长李家祥发来贺电，民航局副局长李健向南航颁发了“飞行安全钻石奖”和“保障飞行安全先进单位”奖牌。

10月5日　外交部部长杨洁篪、交通运输部部长杨传堂、商务部部长陈德铭、国家质检总局局长支树平、国家旅游局局长邵琪伟、国家海洋局局长刘赐贵、国家食品药品监督管理局局长尹力等部委领导，在民航局局长李家祥的陪同下，参观空管局运行管理中心，了解“双节”长假期间民航整体运行情况。

10月16日　民航局局长李家祥与天津市市长黄兴国签署《关于加快推进天津民航发展的会谈纪要》。

10月17日　“8·30”编造虚假恐怖信息案在湖北省襄阳市高新区法院开庭审理。公诉机关认为，犯罪嫌疑人熊毅故意编造爆炸威胁恐怖信息的行为，造成航班备降，严重扰乱了社会秩序，社会危害性较大，应依据《中华人民共和国刑法》第291条的相关规定，予以从重处罚，提出对熊毅判处5年以上有期徒刑。

10月18日　零时起，民航飞行高度层与航路航线灵活使用方案，银川-乌鲁木齐航路和京沪航路北端优化方案正式实施。

10月23日　海航集团在巴黎宣布完成对法国蓝鹰航空48%股权的收购，成为仅次于法国GoFast集团的蓝鹰航空第二大股东，这也是国内航空公司首次投资欧洲航空公司。

10月24日～25日　民航局和山东省人民政府召开座谈会，民航局局长李家祥与山东省省长姜大明签署《关于加快推进山东民航发展的会谈纪要》。

10月30日　民航局局长李家祥与山西省省长王君在太原签署《关于加快推进山西民航发展的会谈纪要》。

11月6日　加拿大蒙特利尔当地时间11月5日，国际民航组织第197届理事会作出决定，将国际民航组织亚太地区分办事处设在北京。这是国际民航组织设立的第一个地区分办事处。

11月6日　民航圆满完成党的十八大代表航空运输保障工作。

后记

2012年，随着《国务院关于促进民航业发展的若干意见》出台，党的十八大胜利召开，各地发展民航的积极性高涨，民航在转变发展方式、调整经济结构中的战略作用更加突出。在世界经济不景气的情况下，中国市场依旧火热，尤其是在二线城市，各大航空公司纷纷开新航线，欲抢占先机。中国民航主要运输指标保持平稳较快增长。

2012年，昆明长水机场建成并转场，西安机场T3、成都机场T2、杭州机场T3、北京南苑机场新航站楼投入使用，北京第二机场建设获国务院批准，广州机场扩建、武汉机场三期工程开工。航空运输颁证机场达183个，开展14个新建机场选址。

2012年，近两年来持续升温的通航产业，终于迎来了期盼已久的资金扶植。12月11日，民航局、财政部联合印发的《通用航空发展专项资金管理暂行办法》正式颁布实施。而这也是首个真正意义上的针对通航产业的专项补贴政策。

……

2012年，《中国民航业发展报告》坚持为各级部门的宏观决策与行业监管提供参考依据，汇总“十二五”规划发展政策和理论。保存行业史料、交流行业经验、引导行业行为、促进行业发展是我们不变的理念。

中国民航干部管理学院、中国民航机场建设集团公司、东北财经大学、中国民航科学技术研究院等单位给予《中国民航业发展报告》大力的支持和帮助。在此，《中国民航业发展报告》编委会表示诚挚的感谢！

2012已经过去，2013我们将站得更高……